INTO AN UNKNOWN
AMERICA
北 美 客

劉群 Leo 著 青森
文化

橫貫北美

尋找 1985 的四個夏天

自由的代價是死亡，即使這樣，他們也曾經無盡的逍
遙過。

——致敬 《逍遙騎士》

喜歡旅途中的我們，那一刻，不屬起點，也不屬終點。

一輩子，我們註定與無數人擦肩而過，只有少數人，
卻總不能忘記。

遠行歸來，發現原來糾結的那些根本算不了什麼。

目　錄

1 第一夏 *The First Summer*

2 第二夏
The
Second
Summer

Preface

唐‧吉訶德式的 9,387 公里遊歷

一頭野毛驢路過一個磨坊，看見裡面有一個正在拉磨碾米的小磨驢，兩頭驢子就都停下腳步，攀談起來。

磨驢問，你看見過大海了嗎？

野毛驢說，看見過啊。

磨驢問，是不是有我磨坊的一半這麼大？

野毛驢說，那要大很多。

磨驢問，那是不是和我的磨坊一樣大？

野毛驢說，那還是要大很多。

磨驢又問，是不是有我的磨坊兩倍這麼大？

野毛驢說，那還是要大很多。

磨驢想不出來大海的樣子了。

終於有一天，磨驢鼓起勇氣走出了磨坊，走啊走，走到了海邊，看見大海這麼大，遠遠超出了自己的想像，磨驢的腦袋頓時爆炸了，眼淚傾盆。

在生活中，每一個人何嘗都不是一頭磨驢呢？

我打小的時候，就發現自己是一頭不安分的磨驢。

為了糊口，我創辦了一家給房地產商賣房子出點子的公司，十多年來，我被困在一間 12 個平方米的磨房式辦公間，日日給祖國各地的特朗普們絞盡腦汁，幫他們把手上滯銷的房子賣掉，債台高築的房地產商常常被像大姨媽一樣不穩定的政策打壓，如果房子不能按時按價賣掉的話，他們焦慮得像一隻隻捕食失敗的貓頭鷹，咕咕亂叫，這種焦慮會傳染給混凝土森林裡的很

多人，於是乎大家閉起眼睛，也都焦慮得像貓頭鷹，一起咕咕……咕咕咕亂叫起來，有人在叫的時候還偷偷放一個屁。

我在這座近 3,000 萬人口、容易迷路的城市生活了 30 多年，這座城市遍地是白領貴族，卻正重返「奴隸」社會，人們搖搖晃晃地跟著別人的腳印，一步一步在翻越房奴、車奴、卡奴、孩奴四座大山。很多個深夜，在酒桌上，我鼓起勇氣啪啪啪地拍著瘦弱的胸脯，捶著大腿，豪言要去遠方遊歷，不要在這裡迷失自己，但是，次日清晨渾濁的太陽光總像大頭針一樣，紮破了我勇氣的氣球。

直到某個颱風天，我猛地睜開長期緊閉的貓頭鷹眼，走出磨房，我看見大風掃過垃圾箱，破爛不堪的塑料袋被猛地扯向天空，一瞬間它騰空了，它在樓宇之間盡情地跳舞、旋轉、急墜、飛翔，這短暫的飄蕩，剎那間自由的舞蹈，如此攝魄，讓我癡癡呆呆地看很久很久，忽然想到，連破爛不堪的塑料袋都可以去空中起舞，哪怕只是極其短暫的自在搖曳，為何偏偏我自己卻不能？人還不如一隻塑料袋？

磨驢或許也可以有一次出逃。

我打算做點什麼。

我撅著屁股爬上凳子，在辦公桌對面的牆上懸掛了一面 1.5 米寬的美國地圖。

在一品豪庭或帝景府邸之類的樓盤銷售會議間隙，我常常戴著高度近視的黑框眼鏡，像中華田園犬一樣湊在地圖上面，來來去去仔細研究那些地名，很長一段時間，這成了我在這座城市的生活樂趣所在。

美國地圖的英語地名大都對應一個中文名字，比如，Washington 下面標注有中文「華盛頓」三個小字，早期翻譯家沒譯成「花生燉」或「清洗頓」。我常常呆想，如果把西雅圖（Seattle）音譯成「細牙兔」，會不會很可愛？還有費城（Philadelphia），假如純粹音譯，變成「廢了呆呦廢呀」，是否更好玩？可惜，地名通常都不能太醜，如紐約（New York），就沒有譯成「扭腰」，芝加哥（Chicago）沒有翻譯成「吃家狗」，猶他州（Utah）沒有翻

譯成「誘她」州。於是，66 號公路上的鬼鎮 Oatman 被譯成打怪獸的「奧特曼」。

但是，我發現也有例外，最厲害的是 Rapid City，這個西部的小城被地圖社赤裸裸地音譯成「拉皮爾德」，字面意思是「拉皮條的你很有德行」，而附近的 Grand Rapids，則按字面翻譯，成了「大急流城」，看了這名字就是一通神往。

亞利桑那州還有一個小地方叫 Why！估計我走到那裡，問路人甲「這是什麼地方？」當地人一定回答，「Why！」我搞不准會楞在那裡，宛如被當頭棒喝，暗自琢磨，「對啊，我為什麼要來這裡呢？Why？Why！」從此，又多了一則禪宗公案。

大約 2016 年的春天，我第一次在華盛頓到洛杉磯之間劃了根長長的紅線，這條線路像是一根驚悚的血線橫臥在我辦公桌對面的地圖上：從首都華盛頓出發，經紐約到波士頓，然後一路往西，到尼亞加拉大瀑布後、芝加哥，沿最長的 90 號洲際公路往西，經過鮑勃・迪倫的家鄉明尼蘇達州，原印第安人大本營拉皮爾德，西部槍王狂野比爾被槍殺的地方，穿過黃石，到達摩門教的總部鹽湖城，車頭再向南，經猶他州去大峽，從北沿出來繞過峽谷谷地，開上 66 號公路，從金曼到拉斯維加斯、「鬼鎮」奧特曼，繼續一路往西，奔往洛杉磯的聖塔莫尼卡海灘，66 號公路的盡頭，在海邊老式的旋轉木馬上，結束旅行。

考慮到 8 月，北美大地灼熱不堪，我選擇較涼快的北線公路橫貫美國。

——這就是我後來第一個夏天的「出走」計劃，41 天，6,681 公里自駕橫貫北美，一個聽起來略微恐怖的距離，這個距離，相當於從上海到迪拜的飛行距離，特別是異域他國遊歷，會不會有語言障礙？會不會被打劫或遭遇車禍？會不會因為只有中國駕照被捕？爸媽年歲已高，會不會在我不在的時候突然發病？某國企公司客戶會不會發飆？出發前一周，我一度陷入了莫名的焦慮。但是，我後來明白，當我決定要橫貫美國，決定要出發的時候，最困難的那部分已經完成。

結果第一年除了被美國警察捉住吃了幾張罰單外，我爸去醫院吊了兩天

鹽水外，其他都還勉強順利，於是到了第二年的夏天，我又「磨驢卸磨症」發作，繼續猖狂出走。我漸漸發現每年夏天是出走的好時光，簡直就是監獄放風，其他時間，磨驢的頭頸都要在辦公室套上繩索，兩腿跑地，眼盯電腦PPT，鼻孔吐大氣，死命拉磨。

第二個夏天，2017年，花了39天，我從美墨邊境悲傷而「有毒的」隔離牆開始駕車，大體沿西海岸線一號公路北上2,279公里，經過聖地牙哥、洛杉磯、矽谷、舊金山、紅杉國家公園，到達西雅圖。路上去探訪了慷慨的吝嗇首富保羅·蓋蒂捐的藝術中心，史提夫·喬布斯長大的社區，位於靜謐湖畔卻不太低調的比爾·蓋茨大宅，被落魄藝術家歌聲包裹著的一間咖啡館。

第三年，我是在西海岸待了31天，申請了加州柏克萊大學的夏校。我住在一個車禍受重傷、歪脖子的79歲單身老太太家裡，每天步行去學校，路上會看到公園裡打野球的人、張貼著禁止吸毒的燈柱子、以及定時在超市門口討飯的流浪漢。讀書休息期背著包去爬了一座不通電的山，一個越戰老爺爺帶我去看碩大的火星，還去了納帕酒莊、舊金山等地遊蕩。

2019年，第四個夏天。我在東海岸的哈佛大學讀短期班並駕車北上緬因州，共花了大約30天左右，在波特蘭，因酒後和友人激烈爭執政治問題，當眾一通「螳螂飛腿」，結果被警察活捉入「肖申克」監獄5小時，出獄後，跟著一個老船長在海上住了3天，他開著一艘海盜式的老爺縱帆船，在荒島上教我手撕龍蝦，我還把了一陣子方向盤。突然，有一天下午，他跟我說了一個秘密：他爸爸到過延安，見過毛主席！在緬因，還遇見一個「中國通」越戰老兵，跟我講了中國製造的手榴彈如何救了他的命；最後，親眼看到了恐怖小說大師史提芬·京每天碼字（Code Word，即打字）的家和那個「鬧鬼」的小鎮班戈，以及寫入他書中的那一大片不太陰森的陰森墓地。

唐·吉訶德是我的偶像。他滿腦袋不現實的理想和古怪念頭，他遊走天下，四處碰壁，常常頭破血流。我一直覺得，人如果沒有古怪念頭，宛如黑暗森林裡一具沒有思考的活屍體，抑或是太陽暴曬下那張脫水的人皮。我欣賞唐·吉坷德一肚子的異想天開，一頭顱的瘋狂想法，以及為這些想法而敢

於走出去的勇氣。他騎著一匹瘦弱老馬「駑騂難得」離開家鄉。我比他條件好太多，有三個夏天，我都是從安飛士（Avis）公司租車，第一年是輛壯如母牛的福特越野，該坐騎除了有喜歡瘋狂喝油的壞習慣外，其他表現都要比「駑騂難得」正常。第二年是一輛白色的現代，個子小小，白白淨淨得像個幼兒園寶寶。第三年主要是讀書，外出主要靠搭車。第四年是一輛道濟雙門，通上電，就是一台震耳欲聾的舞台音響。它們絕對像唐·吉坷德僕人桑丘·潘沙的小毛驢一樣忠心耿耿，帶我走完全程。

於是，我把借來的車都叫「驢子」。

一頭磨驢騎著「毛驢」，走在地球上唯一「帝國」的土地上。

「毛驢」馱著我橫跨、縱貫整個美國，我尋訪了一些美利堅大咖的足跡，如華盛頓、老布殊、朱克伯格和普莉希拉·陳、鮑勃·迪倫、瘋馬、狂野比爾、羅伯特·甘迺迪、瑪麗蓮·夢露、保羅、蓋蒂、王薇薇 Vera Wang、史提夫·喬布斯、史丹福夫人、霍華德·舒爾茨、比爾·蓋茨、史提芬·京等，我試圖從這些人生活過的地方或軌跡，篩糠似的一陣通靈，走進他們的世界，觸摸他們情感深處的隱秘點。

在路上，磨驢也與無數普通人擦肩而過，他們當中有教授、民宿老闆、船長、獄卒、警察、餐廳老闆、店員、同性戀、華人和各地移民，也碰見些不太普通的普通人，他們有犯人、異教徒、黑人騙子、超級富翁、性工作者、流浪漢等等。

多數擦肩而過的人都像荷葉上的露珠一樣，消失了，但是，總有一些人卻註定一輩子不能忘記。——那些有趣、溫暖而堅定的生命，在這個浮躁、善變的時代，讓人心治癒。

例如，我一直仰慕老布殊，特地去了趟華盛頓近郊一家破舊的烤鴨店。這曾是老布殊最愛下的館子，據說去了 120 多次。他退休後也常常擠進大堂，坐在用餐人群中，用卷餅包住生菜、大蔥、黃瓜和鴨肉，蘸了醬，大嚼特嚼。這個愛搞笑的總統，臨死的那一天，奄奄一息的躺在休斯頓家裡的床上，吊著最後一口氣，還在跟他的好友貝克夫婦開玩笑。那一刻，貝克夫人把她的

手放在他的額頭上說，「我們愛你。」老布殊俏皮地睜開一隻眼睛，說，「好吧！那要快點！（愛）」。這個老頭很重感情，他當年在北京當美國駐華聯絡處主任期間，愛上了烤鴨，愛上了北京。他後來常常向兒女回憶起 1975年的北京，當年的一家烤鴨店，在北京某某醫院旁，綽號叫「病鴨餐廳」，他說那裡有一道一道的鴨子菜，端上來的烤鴨腦袋沒有病，而且漂亮得很。

在路上，我還遇到了個極有趣的美國「孫悟空」。這位黑皮膚小哥是亞利桑那州人，剃了光頭，著一件絲綢的中國功夫衫。他從小愛看中國功夫片，自學了一套棍法，掄、劈、戳、撩、舞花，至少我這個外行看上去挺像一回事。他按照電視節目裡面的樣子，動手做了一根足有 1.8 米長的金箍棒。他的父親去世後，他扛著這根金箍棒，抱著父親的骨灰盒，搭車去遙遠的蒙大拿草原，圓他爸生前的一個心願。結果，在高速公路上，有人報警，說他拿了一把長柄步槍……

第三夏，我住在房東老太瑪麗·安的家裡，她是一個半年前在車禍中折斷脖子的老太，大概 79 歲左右，單身。傷痛恢復後期，她的脖子依然僵硬不太好動，走路宛如「機器人」。她卻每天幫我打掃愛彼迎（Airbnb）客房、拖地、吸塵、洗毛巾、清洗馬桶，偶爾，她還去外面給客人做培訓演講，週末晚上還在家做菜開派對，她擁有令我吃驚的活力。老太人很幽默，每天樂呵呵，特愛拿男女關係的笑話耍弄好友馬修。週末聚會，她曾問馬修這麼一個問題：「每個女人都有兩個版本：精裝本和平裝本，前者是社交場合給別人看的，濃妝艷抹，光彩照人；後者是在家裡的，換上家常服、睡衣，訴苦。你希望得到哪一個版本？」馬修老實地說，「我愛看精裝本。」瑪麗·安笑道，「那你當心，你要出軌了！」馬修好奇，問：「為什麼？」老太說，「因為，婚姻中的丈夫往往只能看到妻子的平裝本，精裝本都是別人的妻子。」大家頓時笑岔氣了。我想，有一種女人，過了一定年齡，就特豁達、樂觀，她可能就是。

他們的故事一定比我提筆寫下來的要精彩。

讀了他們的人生，會發現自己原來糾結的那些東西根本算不了什麼。

橫貫北美的最後一天，我到車行還了「驢子」，然後去了洛杉磯海邊。雙腳深陷沙子，腐臭的海鳥糞散了一地。太陽從太平洋翻滾的波濤裡沉了下去，殘月被點亮了，刺骨的寒冷開始包裹著沙灘，海邊的人們收拾起墊子，三三二二往回走。遠處海邊的旋轉木馬，透著一種遙不可及的微弱燈光，歡笑聲正時有時無地被風吹過來。我忽然體會到，在這顆星球上，不可思議的廣袤大地上，無數人兒都正趕回到自己的窩裡，在世界上不同的空間裡，在用五花八門的方式、不一樣的價值觀生活著，但是，從本質上說，他們和我們一樣，都是人。如果沒有這場遊歷，我可能永遠無法遇見，也永遠無法理解星球另一半的普通人，而且，打死我也想像不出，他們的人生居然有時候也可以治癒我們，他們的空間居然也可以清洗我們的大腦。

　　記得旅途中有個傍晚，精疲力盡的我把「毛驢」停在小旅館的空地上，走進一間有異味的房間，拉上發黃的窗簾，一頭栽倒在還算乾淨的硬床上，呼呼大睡。半夜餓醒時，像幽魂一樣摸起來，去外面的販賣機上找吃的，走廊上日光燈暗戳戳地一閃一閃，空地上的雜草叢裡蟲子在尖銳的鳴叫、遠處公路上仍有車子疾馳的轟隆聲，天上掛著一片弦月，一顆星星也看不見，整整幾分鐘的空白，像被清洗了一樣，我不知道我是誰，我也想不起來我在哪裡，這種鬼魂附體的感覺真好。

　　喜歡這種感覺，因為這一刻的自己，既不屬起點，也不屬終點。

　　四年了，磨驢的心是時候回家了。

　　四年前的月亮早已沉下去，四年前的人兒再也遇不見了，然而四年前的故事才剛剛開始落筆……

1 第一夏 *The First Summer*

Into an Unknown America

1 「醃魚大王」華盛頓的意外死亡

那條兇橫的大狼狗呲著牙，突然，把頭轉向了我。

豎著牠的尖耳朵，黑棕色的鼻尖湊近我的大箱子上，悄無聲息地嗅著。

我的心一陣緊張地抽搐。

突然想起了那包康師傅海鮮方便麵，還有一包臭鹹菜，是不是它們出了問題？

嗅了一陣子，警犬沒有咆哮的跡象，而是把一米多高的頭滴溜溜轉向我，不知為何，在我的胯下嗅了嗅，這時，我看見了一對黑漆漆的、泛著「狼光」的小眼珠子，我警惕地向後一縮，任何警犬在嗅你的時候，你都會不自覺地產生犯罪感，似乎牠隨時嚎叫著把我撲到在地，對我的要害部位一通撕咬。好在，今天的牠似乎沒有什麼收穫，尾巴一搖跟著主人輕快地走了。

我長舒一口氣，拉著箱子，以警犬鑒定過的「良民」身份過了華盛頓入境前的最後一道檢查。

2016 年 7 月 8 日，進入美國。

從北京到華盛頓，長達 14 個小時的痛苦飛行，輕微缺氧的經濟艙空氣中，混合著刺鼻的咖啡味、啤酒味、飯菜味，個別腳丫子的汗味，某些大腸尾部發出的可疑氣味，以及鄰座大哥吃完牛腩飯機餐後「嗽」地一聲對天打嗝的膻味，所以，推開機場的大門，看到的是一片妙不可言的藍天，以及微風輕送的幽香空氣，心情立即就像雪糕融化在口中一樣舒坦。

我坐穿梭巴士去了安飛士，取我預訂的一輛福特，這輛黑色的越野車高頭大馬，有一個網狀的車頭，渾圓的臀部，公里數顯示它正值壯年，它將陪伴我從大西洋畔的華盛頓出發，41 天繞道北線，大約跑 6,600 多公里橫貫美

國，我暗暗乞求它和唐‧吉訶德的那匹瘦骨嶙峋的老馬「駑駼難得」一樣忠貞不渝，或者退一步，能夠像他的僕人桑丘‧潘沙的小毛驢一樣也可以，半路偷個懶、拉肚子都沒問題，只要帶我走完全程，把我拉到洛杉磯的聖塔‧莫妮卡的海邊，在那兒，面對太平洋，按喇叭驢吼兩下。

於是，我把這輛車叫「毛驢」。

我開著「毛驢」出遊的第一站是拜訪一座墳墓。

美國國父喬治‧華盛頓的墓。

他葬在弗農山莊，從華盛頓市區開車大約 20 分鐘就到。這裡曾是他和妻子瑪莎住過的家。停好「毛驢」，走上甬道，遠遠望見小坡上矗立著一棟紅頂的喬治亞式鄉間別墅，坡下一大片一大片的綠蔭，在 8 月夏季的驕陽下，蒸騰著大地的熱氣。

1799 年 12 月 14 日，身體「貌似」健康的喬治‧華盛頓，在眼前這座山莊，僅僅 21 個小時，就從患病到死亡，一天都不到，美國歷史上最重要的人居然就這樣神速而離奇地死去了。而且他死的時候，身上被放了 40% 的血，在 21 小時中，華盛頓到底染上了什麼疾病？他遭遇了什麼事情？是什麼直接導致了年僅 67 歲的偉人突然死亡？──成為醫學界長期爭議的疑團。

現在二百多年過去了，好奇心把我帶到這座舉世聞名的山莊。

遊客如織。

一個金髮女郎在這棟別墅朝南的門廊上自拍，她捋了兩次頭髮，還做了一個瞪大眼睛的驚訝表情，我不由地看了一會兒，心想，不觀察，都不知道女人在自拍時有多努力。門廊外的景色十分開闊，俯瞰寬廣的波多馬克河緩緩流淌，對面馬里蘭的 5 英里以內的滿目墨綠，盛夏太陽直射下的氤氳景色都盡收眼底。那些高大的橡樹，站在山坡上一動都不動，注目著天上捲曲的雲朵。

凝目山莊的外牆，已有些開裂，幾隻螞蟻在裂縫裡興高采烈地探出頭來。

「你好！」我大聲用中文和馬圈裡的一匹母馬打了個招呼，牠愣愣地盯

著我，鼻子呼哧出一口熱氣，吧嗒吧嗒甩了兩下尾巴，幾個馬蠅迎面嗡嗡嗡衝我飛了起來，我慌忙逃走。

繞過馬圈、牲口柵欄一二百米，就看見一個簡單的院門，幾根石柱寥落地立在那裡，紅色磚牆的尖拱狀墓室，最多也就是一個鄉村汽車小站規模的建築，這就是國父喬治・華盛頓的墓地？

他和他的夫人瑪莎並肩睡在小小的墓室裡，墓室入口安裝了一道防盜鐵柵欄和兩扇額外的鐵柵欄門。這讓我想起治安不太好的廣州某居民小區，密密麻麻都是類似的防盜柵欄。

你不可想像，美國歷史上最重要的人葬得居然如此簡易，如此市井。

據說，華盛頓最早葬在山莊山坡下的家族墓地時，波多馬克河夏季氾濫，再加一場豪雨，差點把華盛頓的棺材沖爛；當年墓地大門是用較薄的木板搭建，農莊的幾頭大黑母豬吃飽了出來晃悠，到這兒，用鼻子奮力一拱，就哼哼唧唧地闖進墓地，盡情地「拱」、「蹭」、「耍」，大搞破壞！

他死了 31 年後，某個夜黑風高的晚上，一個被弗農山莊「炒魷魚」的花匠悄悄地翻進陵墓的矮牆，打算用鋒利的斧頭砍下華盛頓的頭顱，好在拍賣市場上賣出一個高價。他輕鬆地進入地下室，撬開了棺材，由於視線不好，也可能是太緊張，呼地一刀劈下去，還好——砍錯了頭，他砍下華盛頓一親戚的頭顱⋯⋯次日白天，山莊農工四處驚呼，「頭沒有了！頭沒了！」，後來發現是虛驚一場。

盜竊國父華盛頓的頭引起了當時輿論的一片譁然，他的侄子約翰・華盛頓（當時弗農山莊的主人）終於出面，為叔叔做了一個新的賓夕凡尼亞大理石棺材，1837 年，國父的老棺材被第一次打開，也是最後一次，約翰後來帶有某種獵奇心理的描述：屍體沒有受到時間的影響，保存完好，並且以其「大尺寸」而聞名，華盛頓大約有 1.8 米高，在 18 世紀算是很高大的了，而且有一個「碩大的頭」和「巨大的手」。

當年，很多人希望把他葬在國家廟堂之側，「建一個帶玻璃穹頂的地棺」，供萬人瞻仰。而華盛頓生前就反對把自己「偶像化」，臨終，他希望自己葬在弗農山莊，睡在自己耕耘勞作的這片農場上。

我來美國「騎驢」旅行之前，讀了《華盛頓傳》，理解他終生的目標是——建立一個沒有個人崇拜和獨裁，沒有帝王的國家。記得有一段寫到，他親眼目睹了部下是如何慶祝北美獨立的：他們把英王喬治三世的雕像當街推倒，用鐵榔頭砸下巨大的腦袋，像拖著一個石頭軲轆一樣「咕嚕咕嚕」在全城遊行，盡情羞辱那個「偶像」。我認為，他或許想到，很多政治偶像往往是這個結果，所以，乖乖隆地咚（方言，感嘆說話），還是不要變成偶像得好。

這位「傑出的凡人」就這樣靜靜地躺在了波多馬克河邊上。

簡樸的農莊墓地，並沒有阻止每年近百萬人來探望他的步伐。

我眼前的墓地樹木長得還算茂盛，可是，在從前可不是這樣。很多人長途跋涉到此，通常在墓地撿點小東西帶回去，有一階段全國流行「薅樹葉」，遊客跳起來或者像猴子一樣爬到樹上去摘他們的紀念品，墓地的樹和花都被拔成了瘌痢頭和禿頭。——這一幕曾經在中國的旅遊景點是多麼的稔熟。

當年，「薅樹葉」最厲害的老兄是俄羅斯駐美國大使，他親自揮舞砍刀，呼地一聲切下一棵墓地旁邊的樹枝，拍馬屁送給了沙皇亞歷山大一世。

我再從墓地溜達三四百米，回弗農山莊。

聽導遊介紹，這裡一切保留著 1799 年他去世的樣子。

但是，1799 年 12 月 14 日的 21 個小時裡，這座房子裡到底發生了什麼事？

這是一棟紅牆白瓦的兩層樓，客廳被漆成淺綠色。牆上掛著肖像畫、風景油畫以及巨大的鏡子，我看到，白色捲曲的窗簾有一道墨綠的花邊。據說，每一處建築、每一件家具，甚至每一處油漆都由喬治·華盛頓親自確認。

——這位總統偏愛數學、測量和記帳，工作作風一絲不苟。

12 日 10 時左右，天氣冷冽。華盛頓跨上馬，像往常一樣，到莊園各處巡視。大約下午 1 時開始下雪，很快就下起冰雹來，然後又變成一陣穩定的寒雨。有過艱難軍旅生涯的華盛頓毫不在意這點雨雪，我估計他僅僅瞥了一眼門外的雪，那些鵝毛雪有沒有讓他想起當年福吉谷的冬季營地，饑餓的、衣衫襤褸的大陸軍？

他穿上外衣，不顧零下的氣溫，繼續策馬到各處巡視，下午 3 點才返回

家裡。到了 13 日夜裡，他叫醒妻子瑪莎，說自己病了，呼吸不暢，說不出話來。瑪莎立即把管家叫了過來，三人商量了一下，決定給他採取放血療法。這是歐洲流行了上千年的「萬能治療法」，法國國王路易十五得天花據說也是採用此方治好，中世紀最早只有僧侶會此術，後來普及到連理髮師都會了，像風一樣從歐洲傳遍北美大地。管家用刀切開華盛頓手臂上的靜脈，放了一些血，但是，情況並沒有好轉。一小時後，他的私人醫生趕到，華盛頓堅持說，「放血！」接著又給他放了兩次血，盆子裡一大堆黑紅色的血，仍然無效，華盛頓的呼吸更加困難了。

華盛頓得重病的消息迅速傳播出去，他極好的人緣和名望，令該地區的其他醫生也陸續騎馬趕到了莊園，參加會診。但是令人吃驚的事情是，他們的到來並沒有改變什麼，在華盛頓和老醫生的堅持下，再次開掛放血。8 小時，前後 4 次放血，約有 2,500cc 的血被嘩嘩地放掉，即使華盛頓身高馬大，血液量比常人多，但估計他身體上的 40% 的血被稀裡糊塗地放掉了。到了 14 日下午，華盛頓臉色宛如一張白紙，已經徹底不行了，彌留之際留了遺囑。

從得病到死亡，僅僅 21 個小時。

我估計華盛頓酷愛綠色，他曾經長眠的那張床，床幔都是米色大格子布紋，而背景全是凝重而沉穩的綠色。但是，綠色並沒有帶來長壽。

醫學界關於華盛頓的去世一直有爭議。一些人認為，華盛頓死於急性咽炎導致的呼吸道梗阻。有人認為當時的醫生是膽小而沒有勇氣進行氣管切開術，其實，更多的是技術不成熟，因為氣管切開術需要麻醉和矽膠氣管放入，這在當時的農莊是不現實的。另外，「放血放到死」的古老治療法，不但毫無作用，還導致嚴重失血和休克，加速了他的死亡。

我另外瞎想，他會不會也是死於某種急性肺炎？因為，從人類死亡概率上說，死於急性肺炎的機率比死於急性咽炎的機率要大太多。

我從弗農山莊出來，緩坡下就是開闊的波多馬克河，這條藍色的緞帶從阿巴拉契亞山脈上飄下來，把五角大樓、林肯紀念堂、弗農山莊像一串冰糖葫蘆一樣串起來。波多馬克河自上游衝闖而下，進入華盛頓特區後變得十分

壯觀，到了大瀑布處，更是剎不住車的感覺，奔騰下瀉百里。

這裡盛產美味的鱸魚。假如把手伸進河水中，似乎能夠聞到河水中的一種魚腥味。

華盛頓特別愛醃鱸魚，他簡直就是個「醃魚大王」。

他在弗農山莊開了三個醃魚廠。翻閱賬本，僅 1770 年，他就醃製了 48 萬尾魚，收入可觀，是個標準謀生有方的大財主。

我可以想像，春天河裡魚兒歡騰，「醃魚大王」華盛頓身著考究的工裝，指揮農莊的奴隸、監工、傭人們全部到河邊抓魚，10 英里的河岸線上，他自己衝在一線，除了指揮，他甚至有時候跳進河裡去拉網，然後大家一起掏內臟、清洗和醃製⋯⋯

讓我這個東方人無法理解的是，他為何那麼愛醃魚、愛農活，愛做一個「土」財主，卻不愛大好江山？不愛千年社稷？

這麼一位叱吒南北的將軍，名望所歸之時——他為何不趁戰爭勝利的東風，軍權在握，壟斷北美，接著黃袍加身？在戰爭結束後，他的很多老部下紛紛建議他稱帝，在北美建立帝制，他似乎也完全有機會這麼幹，一如比他小 37 歲的法國皇帝拿破崙那樣，成為一名軍政大權一攬的獨裁者。但他好像一點點這樣的想法也沒有，他是不是有點缺心眼，有點愚蠢呢？

他甚至放棄全部的權力，騎著馬沿著波多馬克河，傻乎乎地、急衝衝趕回家，過他種樹養豬放馬的「醃魚大王」式鄉紳生活？

難道，男人的最大志趣不應該是征服天下，指點江山，唯馬首是瞻，「受命於天」嗎？

天下都是你的，幾條醃魚又算什麼呢？——至少有不少東方的人通常是這麼看。

我查了一下，差不多是在同一個世紀裡，中國的康熙皇帝要死了，他的九個兒子為了當皇帝，展開了瘋狂的陰謀角逐，親人間無情的迫害、殺戮。

相比之下，華盛頓則在獨立戰爭結束後，於 1783 年 12 月 23 日那一天做了件完全「不可思議」的事情：這位掌握軍政大權的開國者，美國人心中的救世主，走進「國會大廈」，在議員的對面他僅獲得了一個普通座位。議

長發完言，華盛頓站起來，鞠躬向議員們表示尊敬，他說：「現在，我已經完成了賦予我的使命，我將退出這個偉大的舞台，我謹在此辭去我所有的公職。」——這就是那場影響人類歷史進程的「交權」。

儀式一結束，這位國父就迫不及待地打道回府，他的全部想法僅僅是趕在那一年的聖誕前，回到他施肥養花、殺豬餵馬的鄉間，回到我眼前的這棟鄉土莊園，回到他的愛人瑪莎身邊——那個給他愛和力量的寡婦。

他最關心的問題是，農地何時可以除草除蟲翻耕？哪裡需要加寬排水溝？釀酒廠的秫酒口感如何？葡萄藤和無花果樹今年長得還算豐茂嗎？

他喜歡的事情和當今社會的人幾乎一樣：穿著精緻，挽著他老婆的手，在這座田園風景裡散步。

他為何如此鍾愛這座莊園，愛農莊不愛江山？

我在農莊裡逛了無趣了，就坐在弗農山莊的後門廊上，給我遠在德州的同學老孟打了個電話，老孟是個天才，哥倫比亞大學歷史系碩士畢業，喜歡死磕文史哲，今天突然有人找他探討歷史問題而不是休斯頓的房價和房產稅問題，我可以想像他從座位上慢慢彈起來、推著他高度近視眼鏡的樣子，他還是略帶上海青浦口音，說，「儂曉得吧？華盛頓有兩個隱秘劇情影響了美國的進程！」

我一下子也有了興奮點。

「快說說看，哪兩個隱秘事情？」

他說，歷史學家埃利斯曾用電影《月亮上的男人》來概括華盛頓，他說，華盛頓總是游離在塵世之外，不怎麼說話，宛如來自遙遠朦朧的月亮。

老孟說，「華盛頓的第一隱秘劇情是——童年。」

他說，「弗洛伊德認為童年決定人的一生。」

「那麼，在華盛頓的童年發生了什麼嗎？」

他說，「你還記得在大陸流傳的一個段子嗎？話說喬治·華盛頓小時候，他的父親是一個農莊主，有一次，父親送給他一個禮物，是把小斧頭，希望他去砍雜枝亂草，他拿著斧頭在花園裡東看看西看看，一斧頭下去，砍倒了

父親最喜歡的一棵櫻桃樹。他父親知道後把華盛頓叫了過來，大發雷霆，怒問道：『是你砍倒了我的櫻桃樹嗎？』小華盛頓猶豫了片刻說：『爸爸！我不能說謊！櫻桃樹是我砍倒的！』他父親笑著說：『砍就砍了吧，那個什麼，咱能先把斧子放一邊嗎？』」

我說，「這個段子的最後一句不知是哪位大神篡改的，變成了笑話，到處亂飛。」

他開始掉書袋，說，「這個故事是假的，是華盛頓的第一位傳記作者威姆斯編的。但是，威姆斯與華盛頓是同時代人，他編的故事也透露了重要的信息：華盛頓爸爸就非常喜歡農莊生活，他可能也希望孩子繼承這種生活的樂趣。傳記作者設計他爸爸送孩子斧子做禮物，而不是木馬之類的其他玩具，這是十分耐人尋味。因為，他爸爸奧古斯丁不但是個擁有上萬英畝土地的莊園主，而且他喜歡親自上陣，指揮田園作業。爹死的早，華盛頓的母親又帶著小華盛頓學養馬、種花、植樹、捕魚，農活中有許多童年的樂趣。」

他說，「童年的經歷對於人生來說如同空氣一樣的重要。」

「等華盛頓長大了，那連綿起伏的森林、牧場和農田就是他的心靈之家，他的名言是：『我寧願跟一兩個朋友走在弗農山莊，也不要周旋於政府高官之間。』——你不能不說這個偏好影響了整個美國歷史。」

我說，「我對這一點很認同，因為看看雍正皇帝的童年就知道了！他從小就是在冷漠的宮廷，圍繞皇權，親人相互傾軋之中長大。」

我打得手機發燙了，但是老孟話匣子沒有停，他說，「影響華盛頓的第二隱秘劇情是：夫人。」

「那個紅磚拱門的華盛頓墓室裡，還睡著另一個人，是他的妻子」。

他說，「這個倒霉的瑪莎，一輩子做了兩次寡婦。我相信第一次死了老公已經給了她沉重的心靈創傷，第二次更是驚心動魄地過早來臨了，命運好像在捉弄她。」

「華盛頓天生愛寡婦！他喜歡聽年長寡婦的話。因為他的父親去世很早，他的母親就是一個老寡婦，守寡 46 年。他生命中的第二個寡婦——瑪莎是弗

吉尼亞最有錢的寡婦，顯然，華盛頓主動向她求婚，其實，華盛頓的心當時是另有所屬的。但是，出乎意料的是，他們兩個人婚後的情感非常之好，頗有魚水之歡。

華盛頓可能小時候發高燒導致睪丸受損，無法生育，他的寡婦老婆帶來的兩個拖油瓶——瑪莎的兩個孩子，他始終待如親生孩子，這給他帶來了天倫之樂。」

「我估計，瑪莎一度成了一個寡婦大贏家！她的家庭話語權非常之大，她對華盛頓當選總統這件事情相當失望，她總是碎碎念念地對華盛頓說，她只想在弗農山莊過平靜的生活。」

「這種想法奇怪嗎？我們從共情的角度來思考一下，對於一個寡婦來說，一個曾經失去丈夫遭受過沉重精神打擊的人，一個在『丈夫離開』這個問題上可能有應激性心理障礙的女子，她最關心的是什麼？她認為最重要的是什麼？」

我說，「對於寡婦心理，我倒是很有體會的。我家以前有一位姓何的鐘點工阿姨，河南人，她 20 多歲的時候，第一任丈夫因為在工地上搬磚頭的時候，不慎從樓頂跌落，腦血管破裂當場死亡，給她造成了應激性障礙。此後，再婚，儘管嫁給了村子裡最不起眼的老光棍，但是，她最擔心的事情還是乞求他能夠平安無恙，每年春節，全家人團聚，是她最大的樂事。但是，前兩年，老光棍在一個工地上摔傷，腰椎斷了，成了半植物人，她再次受到打擊，精神也漸漸失常了，常常跪在地上對人說，『我剋夫，但是，你們不要殺我！』看來，對於寡婦來說，能夠和後一任丈夫廝守在一起，平靜地度過餘生，應該是最大的心理訴求。」

老孟說，「是這樣的。華盛頓在對外作戰時，她唯恐聽到不好的消息，訪問美軍冬季的營地，偶爾傳來一聲槍響，也令她驚恐不已。你可以想像，在獨立戰爭期間，這位寡婦日夜擔驚受怕，害怕噩耗傳到弗農山莊，害怕他的第二任丈夫又突然殉命戰場，這對一個寡婦來說，不啻於把她永遠地綁在了『剋夫』的命運十字架上。她也一萬個不願意當總統夫人，她給友人的信中，把自己描述成為『囚徒』。所以，她渴望華盛頓平安歸來，與她廝守於

山莊，永不離開。在夫人這種深深的情感影響下，就真正理解了華盛頓為何不愛坐江山，為何急急忙忙回家了。」

弗農山莊旁有幾棟磚土的農舍，那是奴隸幹活的公棚和宿舍。有一間房子裡面，上下鋪八張床，我目測了一下，和我睡的床尺寸大小差不多。

我沒有找到宰豬的地方，因為華盛頓曾經在打仗的時候，還寫信回來指示：哪幾頭豬應該被屠宰掉。他是個極其親力親為的人，何時抓魚，何時除蟲，不同的勞工有何不同的勞動習慣和性格，收穫季節如何配給他們食物和冧酒，這個勤勉的鄉紳都會一一指示。

想起我來美國前一直看的那本《清教徒的禮物》，儘管華盛頓本人不是清教徒，但是，早期殖民北美的歐洲人中，清教徒觀念影響了社會的主流價值觀，華盛頓應該也深受其影響。

清教徒思想有兩個特點，第一是像華盛頓這樣的親力親為的工匠型人生。

記得 6 年前我去舊金山拜訪全美最貴櫥櫃——Studio Beck 的老闆，他是個 60 多歲的億萬富翁，令我吃驚的是，他居然親自開著一輛車接我去看他的樣板櫥櫃，帶著我一間一間的參觀，並親自給我泡茶，親自向我解說了兩個多小時的產品，要知道我可只是一個小小的潛在的合作夥伴而已。這在中國是不可想像的事情，老闆通常都有司機、秘書、助理等一大堆人繞著。

不少北美人都有工匠精神，比如，政治家富蘭克林就喜歡自己動手發明東西，一個電閃雷鳴的暴雨天，富蘭克林和他的兒子冒生命危險去體驗雷電，他把一個帶金屬鐵絲的風箏放上天空，閃電掠過，富蘭克林用手靠近鐵絲，觸摸到一種恐怖的麻木感，他激動地大聲呼喊：「我被電擊了！我捉住『天電』了！」——後來另外一個叫利赫曼的也親自動手，重複試驗，很不幸，他被雷電唎嚓一下劈死了。

華盛頓也是這樣的親力親為的匠人。

據說他非常重視個人儀表，為了弄出英國紳士的銀色頭髮的效果，他會自己給自己戴上一個錐形的紙盒子，把臉包住，然後向頭髮上劇烈地撒白色的滑石粉，這樣，銀髮效果就形成了。

他是幹農活的行家裏手：打麥，嫁接果樹，剪羊毛，捕青魚，撈鱒魚。他寫道：「我每天日出而作。」為了讓農莊所有零件都運轉起來，他每天 7 點鐘用餐，然後騎馬巡視莊園。在田間忙活完一整天，直到晚間才更衣用晚餐。

他還親自對莊園進行設計和裝修。他沒有雇用任何像樣的建築師，僅僅依靠幾本參考書，像當代家庭主婦參考《安邸 AD》雜誌一樣，裝修房子，建造屋舍。

而通常而言，像華盛頓這樣工匠型的人往往對帝王權力沒有太大興趣，如明朝的木匠皇帝朱由校，因為他和華盛頓一樣是工匠愛好者。這位「木匠皇帝」每日流連於刀、鋸、斧、鑿、油漆之中，在皇宮裡整天嘎吱嘎吱拉大鋸，做榫頭，上油漆，到了廢寢忘食的地步。──他只是陰差陽錯當了皇帝。

因為，在他們內心世界已經有了人生志趣的路徑。

我認為受清教徒思想影響，華盛頓這類人會比較「重視他人福祉」。

清教徒們為自己謀取幸福的同時，他們也信奉上帝的另一句話：「盡我們所要用的，加恩降惠，使我們一方面利及別人，一方面提高自己的心靈。」──造福他人。

於是乎，你會看到比爾‧蓋茨，曾經的世界首富，沒有人能夠否認他是追求利益的，然而他成立比爾‧蓋茨基金會，裸捐了他全部財產──至少 500 億美金以上。股神巴菲特，追隨蓋茨的步伐，將全部 380 億美金的財產捐給了蓋茨基金會。臉書創始人朱克伯格在女兒出生之際，宣佈此生將捐出其持有的 99% 的臉書股份（現值 450 億美元），目的是「讓女兒長大後的世界變得比現在更好」。

華盛頓 8 年總統任期結束，人們清理他的個人開支帳目時發現──由於總統年薪不夠日常開支，他每年都賣掉自己的一部分莊園的土地，來補貼日常政務接待開支的缺口。

華盛頓生活在 18 世紀，蓋茨和巴菲特屬 20 世紀，而朱克伯格代表著 21 世紀，這種考慮他人福祉的思想，其文化根源是一致的。

我想，對比特朗普（時任總統）和眼下的民粹主義思潮，我們還可以看到華盛頓的利他主義精神嗎？「美國至上」思路，從本質上說，是不是和華盛頓的立國精神背道而馳呢？這個國家，是不是正在走向「醃魚大王」華盛頓希望的那個國度的反面？

坐在走廊上休息，我望著日夜奔騰的波多馬克河，雨後河水渾濁，落葉和碎木一併流淌。

臨別時，我又去華盛頓的墓地轉了轉。

我想，做皇帝，做「醃魚大王」，從人性上說，哪一個更幸福呢？

據說，華盛頓回到弗農山莊幹活的時候，很多吃瓜群眾慕名前來看他，大家一起吃吃茶，聊聊天，高高興興地住幾天蹭幾頓飯才走。

而晚年的清帝，權利的巔峰，一個人孤獨地在紫禁城裡踱步，一種千古的寂寥和苦悶。

打算離開弗農山莊時，天色變暗了，悶熱的弗吉尼亞憋屈得馬上要下雨。

入口進來的地方，一個 18 世紀的黑人大叔，嘴巴嘟嘟地翹著，長衫麻褲扛著鋤頭，昂然在我前面走著；大草坪上，遊蕩的幾個 18 世紀打扮的「奴隸」，一個黑人老婦挎著籃子，籃子裡放著針線和紡錘，還有幾位扛著老式的散彈槍——這是紀念館用角色扮演的方法在還原歷史。

但我覺得他們根本沒有入戲，因為怎麼看怎麼都覺得，「奴隸們」的眼睛裡全是一副吊兒郎當的眼神。他們遠度重洋而來的祖輩，哪會是這種眼神？！

上了「毛驢」，我猛踩油門，衝著黑雲籠罩的華盛頓市區，大力駛去。

雨並沒有落下來。

2 吃烤鴨的老布殊與差點被吃

「今晚，我們去吃中餐吧？！老布殊經常去的那家！」

7 月 10 日，我到華盛頓的第三天傍晚，有一位叫方正的復旦附中老友來看我，打算請我好好搓一頓。

想到中餐，就想到冒著熱氣，火辣辣、嫩噠噠的麻婆豆腐，配上一碗大青菜，一碗白米飯，我「咕咚」咽下了一大口口水，來美國才幾天，腦子一點怎麼不想家，但是，我的胃是如此地在執念中翻滾。

但是，他在微信裡面告訴我，「老布殊吃的不是川菜，是北京菜。」

方正出現在我面前時，穿著白色帶領的 T 恤和牛仔褲，和 30 年前中學時代的打扮一模一樣，只是頭髮上多了些許白絲。儘管好多年不見了，但是，我們的分別像是在昨天。他現在是美國斯普林特通訊公司的工程師。記得 90 年代初，全家給他湊了 5,000 美元的學費，在一個大雪紛飛的寒冬，他去了中西部的愛荷華州一所小私立大學讀書，轉機日本時，大衣口袋裡鼓起一大塊，被懷疑是炸彈，帶去小房間搜身後，發現是一本英漢字典。他如今定居華盛頓。

方正到愛彼迎民宿接上我，二人直奔郊外。

大約 20 多分鐘，就看見路邊有一家非常不起眼的中餐館，宛如上海城鄉結合部的街邊小吃店，紅色的假屋簷上有小小的「北京飯店」四個漢字，一對黃色的小鴨子裝飾在漢字的兩邊，如果不仔細看，根本看不清。

我完全不能想像，老布殊生前最愛吃的北京烤鴨店，就是這麼一個「鬼地方」？

方正跟我停在門口，他摸這門口的一塊玻璃對我說，這是防彈的。因為，老布殊和一些政要經常光顧這裡，老闆特地裝上了一面防彈玻璃。

　　我說，你怎麼知道的？

　　他說，看網上介紹。老布殊在 40 多年時間裡面，大約 120 次光顧了這家飯店。所以，網上都戲稱，這是老布殊的北京飯店。

　　進到餐廳裡面，我吃了一驚，發現門裡門外絕對是「兩重天」，外面小吃店的樣子，裡面居然是一股濃濃的中國宮廷風。面積也很大，足有幾百平方米。每一大間的頂上都掛著深色的清代八面宮燈，花開富貴的刺繡牡丹大屏風，紅木字畫，一對金色的小獅子。如果門口再配兩個戴瓜皮小帽的小太監，尖了嗓子吆喝一聲「老爺——有請！」，就更絕了。只是可能這家店太久沒有裝修，宮燈的漆黯淡了，紅木屏風的外面有一陣老舊的包漿，地毯也是舊舊的，有了歲月的漬痕，一切有種凋落的感覺。

　　入口進來就是烤鴨店店主徐老闆和老布殊總統、小布殊總統的大合影。

　　徐老闆戴鮮紅的領帶，居中站立，兩位足足比他高出一頭的總統宛如中國年畫中的哼哈二將，一左一右夾住他，還咧著大嘴巴。老布殊的嘴巴大開，嘴角上揚，好像隨時都在哈哈笑，樂觀而有感染力。徐老闆的紅領帶顏色也太奇怪，乍一看，宛如紅領巾。整個飯店滿牆都是名人政要和徐老闆的親密會見，足有上百幅，克林頓總統、菲律賓總統阿基諾、泰國王后、沙特王子以及即上百位國際達人、華盛頓政要，都和店主合影，群星一個個環繞著徐老闆，徐老闆在照片裡兩眼放光，炯炯有神，瞬間變成「宇宙第一老闆」，只是畢竟是煙火氣重的餐廳，時間又跨度幾十年，仔細一看，徐老闆的每張笑臉上都蒙了一層薄薄的豆油。

　　徐老闆在豆油中笑得很踏實。

　　店裡白人食客明顯比亞洲食客要多，年長的服務員，宛如能口占一絕，報出了老布殊最喜歡的四道大菜：北京烤鴨、椒鹽蝦、蒜香肉絲、羊排。

　　「你們要不要來一隻北京烤鴨？」這裡直接可用中文點菜了。

　　「不要！不要！」我們兩個異口同聲，「我們是上海人，所以，不喜歡吃北京烤鴨。」

「那麼來個兩面黃和椒鹽蝦吧。」

「兩面黃？」「北京飯店裡賣兩面黃？」我的眼睛發光了，哈哈，這可是地道的蘇州和上海菜，那個兩面炸成金黃的麵，澆上蘑菇、青菜和滷汁，拋進嘴巴裡嚼起來「吧唧吧唧」脆脆的，很有勁，再配上嫩蝦。

我的肚子已經在咕咕咕地叫喚了。

不到十分鐘，兩大盆端上來，我一看兩面黃，頓時暈了，兩面都不黃！滷汁似乎沒有澆透，吃在嘴裡一點味道也沒有；那個布殊總統愛吃的椒鹽蝦，也是同樣的問題，裡面的肉沒有佐料浸漬進去，只有一點鹽的感覺，整體上淡而無味。原來，中餐到了美國，就變成了這樣子了？這家北京飯店人山人海，據說週末需要提前一週訂位。但是，如果在競爭異常激烈的北京，估計這樣的餐廳有點懸了。

可憐的老布殊，我心裡念叨。

老布殊當選總統後，第一頓早飯是與美聯儲主席格林斯潘一起吃的，而晚飯就選中了這家北京飯店的烤鴨和椒鹽蝦。「宇宙第一老闆」徐老闆介紹，有一年的 12 月份，他突然接到一個電話，說是一個熟客要來，他知道是老布殊。由於飯店沒有獨立的包間，老布殊夫婦來了以後，他就用簡單的一角屏風象徵性地隔一下，幾個他的工作人員坐在外桌。整個餐廳照常營業，人來人往，也沒有戒備森嚴。老布殊點了烤鴨、蝦和羊排。幾個人一共花費了大約 400 美元，人均低於華人的消費，只是給小費比較大方一些。北京飯店的創始人，目前徐老闆的爹——徐大老闆去世的時候，老布殊特地打來電話慰問他，足足談了 15 分鐘的電話。

「他是一個很有人情味的人。」徐老闆曾對媒體這麼說。

老布殊是哪一年迷上北京烤鴨的呢？

我推算，大約應該是 1974 年，他擔任美國駐華聯絡處主任時，那一年他49 歲。一上來他還坐著克萊斯勒轎車，但是不到一個月，他就跳上了 28 吋的鳳凰自行車，像許多中國人一樣，蹬著兩個軲轆，在首都的大街小巷轉悠，去接觸普通的老百姓。在風沙大的日子，他也戴上口罩，做個自行車「蒙面

大俠」，但還是常常滿頭塵土。休息天，他和妻子芭芭拉逛北京的胡同，由於那時候，外國人在中國很少見，他們經常被胡同裡的北京大媽大伯團團圍住，「老外！」「老外！」叫個沒停。他和芭芭拉帶了一隻小小的「矮腳長耳狗」外出散步的時候，當時中國人不常見這種狗，路人會驚奇地指著弗雷德說：「Mao! Mao!（漢語貓的發音）」。那一年，他被尼克遜的「水門事件」帶來的華盛頓複雜局面搞得焦頭爛額，心情抑鬱，突然，來到異域風情的北京，遇見當地紅撲撲臉蛋、眼神單純的熱情民眾，反而給了他一段生命裡的暖色時光。

他在北京最喜歡的一家餐廳叫「病鴨」，因為就開在醫院隔壁。大蔥配掛爐烤鴨的皮產生的特殊口感，讓老布殊的舌蕾迷戀上了。華盛頓的媒體曾經調侃老布殊，說這傢伙，只對兩樁事情忠誠，一是對共和黨，另外就是對北京烤鴨。

老布殊坦率而幽默的個性在北京大受歡迎，他「快樂得幾乎像患了欣快症」。他喜歡打網球，常與副總理萬里一起玩雙打，兩人成了球搭子。他一直用中國的網球術語「放蔣」，指的是放蔣介石跑路，意思是「要玩就玩個大的」。

那一年，他見到了毛主席。81 歲的毛正坐在一把扶手椅上，兩位女服務員攙扶他站起來，他說自己的身體狀況很差，風趣地說自己「不久就要上天了」。在說到美中關係中的某個特殊問題的重要性時，他說還不如「Fang Gou Pi」，於是現場一位女翻譯很難為情地將它譯成英文：「A Dog Fart.（放狗屁）」。

作為一個虔誠基督徒，每到星期日，布殊夫婦都到教堂做禮拜。1975 年夏天，布殊把自己的兒子喬治、尼爾和馬文，以及女兒多蘿西都接到北京過暑假，這年，未來的總統小布殊剛從哈佛大學商學院畢業，而女兒多蘿西則在生日那一天，走進了拱形入口、破舊的崇文門教堂，操老北京口音的關牧師口誦經文，把幾滴淨水滴在多蘿西的額上——這是文革期間第一位西方人在北京接受洗禮。整個受禮過程，都要經過一個富有戰鬥精神的無神論者的翻譯，最後，聖餐禮的執行者對多蘿西說，「你現在是一個共產黨國家的小

教堂的終生成員了。」

我和方正吃飯的時候，聊起老布殊。我覺得，在美國總統中，他是少數對中國老百姓抱有真誠好感的人。他一生共 20 多次訪華，堅守對華接觸策略。因為經過整整一代人的隔閡，布殊是第一批進入東方醒獅的美國人，他親歷了兩個冷戰大國之間的高層決策，他始終在思考：你是否了解你的對手中國？如何面對未來的美中關係？

他一直在思考，與中國做對手？還是與中國交朋友？他的答案是明顯的。

老布殊生前只要提到在北京的那段歲月，他馬上容光煥發。北京的風景、北京的氣息、北京的味道，還有北京的聲音。他的日記這麼寫：

「我將難以忘卻的聲音。公園裡一大清早的歌聲——大多數是響亮而甚為優美的男高音，組織出操的孩子那抑揚頓挫口號聲，鬧事區永遠不絕於耳的汽車喇叭聲，自行車鈴鐺的叮噹脆響聲，孩子們在附近公園裡嬉戲的歡笑聲，無處不聞的過度宣傳的大喇叭廣播聲……還有七八月份裡的蛐蛐兒（即蟋蟀）的叫聲。」

我一度迷戀他的傳奇故事，我曾看到一個材料，說，除了吃烤鴨，老布殊自己也曾經差一點被當成烤鴨吃掉。

1944 年 9 月 2 日，天空晴朗，才 19 歲的年輕的「老布殊」駕駛著魚雷轟炸機在南太平洋上空飛行，他在搜尋轟炸目標——一座日軍控制島嶼上的無線塔台。他和他的戰友在做 35 度俯衝，轟炸父島。聽起來 35 度不算什麼，但是如果在復仇者轟炸機裡，會覺得彷彿是筆直地往下掉的。飛機四周都是日方防空高射炮的黑煙。他的飛機突然顛簸了一下，彷彿是一隻巨拳打穿了肚子，他看見火焰在機翼的折縫裡跳動，向油箱蔓延。但他還是在繼續俯衝，並朝目標扔下四顆 500 磅重的炸彈。此刻飛機已經著火，他艱難地爬到艙口，縱身一跳，跳傘時，傘衣撞到了機尾，吊著破損的救生傘，他墜入大海。他在水中踢掉了腳上厚重的靴子，浮了上來，抓住了原是他駕駛艙坐墊的一隻小橡皮筏子。

那些島嶼被日軍控制，於是他拼命地向外海游啊游，在烈日的海上漂浮

了幾小時後，有兩艘日本小艇發現了他，試圖活捉他。

島上的日軍會挑選一些被俘美軍飛行員，開膛破肚，掏出他們的肝臟，舉行食人的儀式，以證明他們作為天皇的勇猛士兵。之前有美軍士兵被「獻祭」，烤了「吃掉」了。如果老布殊被捉住，很可能也逃脫不了悲慘命運。

望著那艘帶機槍的日本小艇，膏藥旗一點點變大，嘰哩嘎啦的日語聲也已經被風送過來，「我以為我也要死了」，垂死掙扎的他，絕望地看著那片太平洋。

幾乎絕望的一刻，他不會想到，他不但會活下去，而且，有一天，他會成為美國歷史上最長壽的總統；幾乎絕望的一刻，他不會想到，他未來會和初戀女孩攜手73年人生；幾乎絕望的一刻，他不會想到，他的兒女中還會誕生一位總統。

那一刻幸運女神突然露出迷人的笑容，他的戰友杜格開著復仇者式飛機發現了他，並從空中用機槍掃射，驅走日軍的小艇。最後，一艘附近的美軍潛艇「長鬚鯨」號收到信息，找到了他。老布殊欣喜地看到大批鯊魚出沒的水域浮出了一隻潛望鏡，然後是艦身，一個滿臉大鬍子的人站在艦橋上，手裡端著一個黑傢伙，那是一台小型電影攝像機。多年後，他開玩笑說，他劃著筷子衝向浮出水面的潛艇時的速度，打破了100米自由式劃槳的世界紀錄。那段登艦的影像，讓他成名。

我對方正說，「我發現老布殊的早期人生和約翰·甘迺迪總統極其相似，兩個人都參加了二戰，一個人開魚雷艇，一個駕駛魚雷轟炸機。一個被撞沉，一個被擊毀，都在海上漂浮很久後獲救。」

老布殊有著驚人的幽默、樂觀和活力。

有一次他做演講，為了緩和現場氣氛，於是他就先說了一段往事，說他年輕時住的公寓隔音條件很差，隔壁當時住著兩對夫婦，兩位女主人每到晚上就會「款待」她們的丈夫，一點也不顧忌「隔牆有耳」，導致未來的美國第41任總統和第43任總統晚上總是睡不好覺。這個帶點性色彩的玩笑頓時讓一本正經的聽眾們笑翻了，現場馬上活躍起來。

自從魚雷轟炸機上跳傘逃生後，老布殊就愛上了跳傘，90歲那年，已經得了嚴重柏金遜綜合症，手腳發抖、發僵，靠輪椅代步的老布殊決定，再跳一次傘來慶祝自己的生日。

　　生日那天，天氣晴朗，在緬因州3,200米的高空，他和「金騎士」陸軍跳傘隊員綁在一起，縱身跳入藍天，打開傘的時候，他說感覺好極了。小布殊、芭芭拉和200多位各地的親朋好友現場觀摩了他的90歲一跳。記得，他80歲生日的那次跳傘，老布殊曾邀請他的昔日死敵、後來的老友戈爾巴喬夫與他一同跳傘，但遭到拒絕。戈爾巴喬夫說，「我這年齡，跳傘太危險，會要了我的命！」作為老布殊的朋友，他趕到跳傘現場，將一瓶伏特加酒塞到了老布殊手裡。布殊的包容讓他擁有很多好友，其中最驚奇的是，他的政治對手、競選時攻擊他、把他趕下台的前總統克林頓，最後也成了他的終身好友，「幾乎每天通電話」，二人甚至情同父子。

　　老布殊跳傘總是選緬因州的聖安妮教堂的庭院作為降落點，因為這是她母親結婚的地方，他常來禮拜，他說，「萬一降落傘打不開，落在這裡也正好省事！」

　　老布殊告訴小布殊，假如你想去跳傘，我可以把我的降落傘借給你，但是，我的雨傘不借！

　　我吃飯的桌子對面，就是一個深色的中式屏風，上面雕刻著竹蘭梅菊等四季雅物，這個屏風一隔，就是一個簡易的包房，華盛頓的高官們如果來就餐，也最多用這個屏風簡單地遮擋一下視線而已。門口的防彈玻璃，則是估計可以防止刺客的AK47掃射。

　　老布殊從總統位置上退下來後，也常常來這家烤鴨店吃飯，他有時候沒有預訂位置，和普通人一樣擠進來，坐在大堂的公共區域用餐，他常跟食客、服務員們開聊幾句。老布殊特別愛聽笑話，他會把頭往後仰，大笑一番，「卻從來記不住最搞笑的那一句」，老友辛普森透露。

　　和他相愛了整整73年的芭芭拉因病離世，追悼會上，坐著輪椅的老布殊久久凝望著眼前的棺木。不久，他就因血液感染而住院治療，生命奄奄一息。

臨終的那一天，鐵杆老友（前國務卿）貝克夫婦來看望老布殊，後者已經臥床三四天且沒有進食，但當天早餐居然一口氣吃了 3 個煮雞蛋、酸奶和果汁。告別時，貝克太太把手放在老布殊額頭說，「我們愛你。」老布殊躺在床上，睜開一隻微弱的眼睛，仍然在努力地開玩笑說，「那你得快點兒！（愛）」臨終前幾個小時，他和兒女們都通了電話，其中對小布殊說，「我也愛你」。在前一天，有人問老布殊今天要不要去醫院，他笑著說，「不用了。」他似乎已經決定這一天要和芭芭拉、夭折的女兒羅賓在天國牽手了。據說，他走得非常平靜，沒有一點兒掙扎。

小布殊在葬禮上淚中帶笑地回憶了他的爸爸：他熱愛戶外運動，愛看狗逐鳥群，愛釣鱸魚，即使在離不開輪椅的最後日子裡，他也會自得其樂地坐在沃克角的門廊裡，看著壯闊的大西洋，沉吟不已。

「他教會我們如何帶著勇氣和喜悅去迎接死亡。」小布殊原話。

我和方正在「北京飯店」掙扎著把椒鹽蝦丟進嘴巴裡咀嚼，吃沒有味道只有鹽分的蝦，宛如嚼蠟，看樣子要消滅這麼一大盤東西，我們的戰鬥力是不行了。這時，年長的男服務員一溜煙跑過來，很熱情地問，「怎麼樣？好吃嗎？」

我們含混而尷尬地點點頭。

突然，隔壁一桌唱起了歌，好像是「祝你生日快樂」中文的生日歌，我扭頭看見服務員們都聚攏過來，其中一個捧著個點了五根蠟燭的大蛋糕，站在隔壁那桌人的主人後面，放聲歌唱，祝福。那一桌白人估計沒有一個聽得懂中文歌詞的，但都笑得很歡，估計有人混在裡面唱，「你是一頭大灰狼，給我五毛錢花花」什麼的，也沒有人能夠辨別出來。唱完後，整個飯店的所有客人們都劈里啪啦地鼓起了掌，像是一口油鍋在煎豆子。

方正用信用卡付完賬單，在小費的比例上，鄭重地寫了 15%，因為他覺得飯店很有紀念意義，但是飯菜口味不行，他是一個一板一眼的理工男。

從座位上站起來，穿過走廊，穿過那面掛克林頓和阿基諾夫人的牆壁，我們路過門口結帳台的時候，我瞥有個年輕的女服務員和剛才那個年紀大的

男服務員在台子旁邊聊天，因為是用中文聊，所以，我的耳朵像警犬一樣豎著。

只聽那個年輕的對年長的說，「啊呦，這兩個吃兩面黃、戴眼鏡的給的小費那麼低，太小氣了！」我回頭看了她一眼，她故意沒有看到我們，好像把「小氣！」兩個字說得特別重，這是故意說給我們聽的嗎？

我心裡頓時翻了兩個白眼。

走出門的時候，忽然想起，布殊和華盛頓精英都是很大方的，給很多小費的，相比之下，我們帶了意見的小費幾乎就不是小費，那是不是被老布殊的豁達給「連累」了啊？哈哈。

3 騙子、膠囊和紐約司機

　　晚上 8:20，我怒氣沖沖地從劇院入口處一路小跑出來，去找門口的那個黑人票販子，麥迪遜廣場門口人頭攢動，他已經跑得無影無蹤了，像一個屁消失在人堆裡。

　　這是紐約的麥迪遜廣場花園，「紅毯女王」珍妮花‧露柏絲估計已經穿著超級大 V 領口的禮服，在裡面的劇院開唱十多分鐘了。

　　大門口邊上站著個警察，我像抓住了救命稻草，心想，他如果一直在這裡執勤的話，應該看到那個黑人老傢伙。我上去，跟他說了情況：劇場開演 10 分鐘左右，一個黑人老頭在門口向我兜售門票，由於已經開演，他說 300 美元的票子，只要 70 美元，我說 66 元成交。我帶著即將看到珍妮花‧露柏絲的美好心情走到很裡面的檢票口，工作人員告訴我，那是假票。

　　我問警察，你有沒有看到一個中等身高，年長的黑人票販子？這是一個個子比我還矮小的警察，我第一次看到美國的警察如此矮小，這在美國人的身高中，絕對屬卡通級別的，通常他們都是高我一頭的。他同情地看著我說，「我什麼也做不了，因為這裡很多票販子，每天都有同樣的事情發生。」

　　「天吶！」我幾乎衝警察吼了起來，「每天都有這樣的事情發生，那麼你為什麼不把他們都抓起來？」

　　「不好意思，對此，我無能為力。」他聳聳肩，「我只是受指派，前來維持今天劇院內部的安全。」「對於這種事，你只能自己當心，這些票販子賣的票子多數是假的，專門針對遊客，所以，你們一定要到網上去買票。」他反過來教育了我一番。最後，他給我指了條路，「你去櫃檯看看吧。」

於是，我餘怒未消地拿著票子來到櫃檯，櫃檯人員面無表情地看了看我，然後拉開抽屜，從裡面拿出一枚小巧的圖章，在我的票子上「咚！」地敲了一個血紅的印章，上面寫著一個我不認識的單詞「Counterfeit」。

我拿出手機詞典，查了一下，「偽造！」

這張假票做工精良，有逼真的斜黑體「票務大師」印記，翻過來是這家公司的廣告語「喜歡、聆聽和愛」，此外，票面上「珍妮花‧露柏絲」、「星期六」和「晚上八點鐘」都是打印上去的，這說明底版是印刷，而節目、時間由於每一場不同，都是後面打上去的。你無法想像，這張票子居然是假的？這幫紐約黑人的偽造工藝也太他媽的牛逼了！

於是，我決定把這張假票留作紀念。

一張假票的記憶替代了珍妮花‧露柏絲的歌聲。

我走出麥迪遜廣場花園的正門，這時候又有個脖子上掛了兩串金項鍊的黑人老兄，圍攏上來，問我票子要嗎？我說，「我已經觸霉頭買了你們壞人的假票了！」他是一副生意人的包容大度，說，「這次我帶你進去，你進去以後再給錢，怎麼樣？」我沒有理他的把戲，推開他徑直走開，他一路跟著我，「你說多少錢，都可以！給個價嘛！」

這是我到紐約的第一個晚上。

今晚我已經預訂了心儀已久的膠囊旅館，第七大道，靠近時代廣場的 Nap York。

我在二樓被分配了一個長條形的小衣櫃，護照、錢包、小包等重要東西都鎖在裡面，手裡只取了當天換洗的短褲、T 恤，此前，我已經把大箱子寄存在了一樓。

忽然覺得自己啥也沒有了，有一種很輕鬆的感覺。

一間膠囊 92 美元一晚，這個價錢在中國你絕對可以住四星級的賓館了。在膠囊旅館你沒有 24 小時住房奢想，每個人最多只可以連住 9 個小時，1 個小時洗澡，7 個小時睡眠，1 小時洗漱，一切被壓縮到骨子裡。二樓住宿區不

可以吃東西、不可以會客、不可以大聲說話、不可以跳舞，估計也不可以做愛。清教徒應該會喜歡這裡。如果連續入住，需要每天在前台辦理退房、入住手續。

黑色的走廊很安靜，一側是一間間黑色的兩平方米不到的小隔間「膠囊」，裡面的高度大約可以坐起來勉強不撞破頭，把漆黑的簾子拉起來，裡面就是你的世界，與其說是像一個膠囊，倒不如說是像極了一個黑暗的棺材。

我在通道旁的小小單人沖淋間裡洗澡，脫得光溜溜的，還在洗頭，突然電燈滅了，我和我白花花的肉體一起浸漬在宇宙的黑暗中，足足一分多鐘，我的眼睛開始適應黑暗，發現牆壁上有一點點微弱的光，我滿手肥皂地摸過去，啪，燈又打開了，上面都是我的白泡沫。我看到，開關上面標注著「5 分鐘延時」。這也太扣（即吝嗇）了吧？

洗好澡，在悄無聲息的走廊上，我突然一回頭，發現後面立著一個人。由於環境太暗，我的臉幾乎撞上她。是一個束馬尾的日本姑娘，估計也是背包旅遊到此，她和我點點頭，我們幾乎同時鑽進自己的小棺材。

在自己獨立的「棺材」裡，有一盞閱讀燈和充電的插座。

兩雙鞋子並排在外面。

——像極了一對殉情了的、入殮中的情侶。

鑽到裡面，盯著黑黢黢閃耀著星光的「棺材」頂部，既有輕微的幽閉壓抑，也有母親肚中的安全踏實。說不清楚，一種混合、特殊的興奮感覺纏繞著我。

深夜，睡不著，我在牆壁上用食指敲了三下，嘟嘟嘟，黑暗中。

沒有任何回音。大家都在沉睡。

為什麼，一個人呆在很小的空間裡，反而比較有安全感呢？思來想去，沒有答案。

我在棺材裡，終於睡去。

次日，一早退房。

行李可以寄存，人的肉身不能寄存。

所以，肉身要出門晃悠，我打算去華爾街。

上了一輛出租車，司機皮膚黝黑粗糙，說英語的口音比我還要重半斤，我問他是從哪裡來的？他說他是巴基斯坦裔，來美 20 多年，入了美國籍。我猛拍了他一下肩膀說，巴基斯坦和中國是「兄弟」，叫「巴鐵」（巴基斯坦鐵兄弟的簡稱），我們是「好基友」。曾經有人開玩笑說，巴基斯坦除了巴基斯坦人不是中國製造，其他東西都是中國製造，比如公路、鐵路、工廠以及四川火鍋和肉包子。

行車期間，「巴鐵」突然問我「你的 balance 怎麼樣？」

什麼意思？！我腦子翻騰起來，是問我的銀行存款餘額還有多少？

我狐疑地答道，「我不知道！」。他笑了，又問了一遍，這下我聽明白了，他是問我的爸爸媽媽在哪裡？他們怎麼樣？印巴人民都把 P 發成 B，他其實問我「你的 parents（父母）？」，我回答，我不知道，這個太尷尬了。

路上堵車，我順口就問他，你怎麼看特朗普？

他說，「特朗普很搞笑，他有次演講說，多年來，在民主黨的領導下，我們的祖國美利堅處在懸崖的邊緣，現在，我自豪的宣佈，我會趕跑希拉莉，我終將帶著偉大的美利堅向前邁出一個大步！」

XSWL（即笑死我了），是誰說的，全世界所有的出租車司機都是政治家。

我發現這位口音很重的司機語言能力很強，非比一般的人，特能說。問他以前幹什麼的，他說他曾是警察！而且做了整整 14 年。那警察怎麼來開出租車了呢？原來，這位「巴鐵」警察兄弟有心酸史。兩年前，在一次紐約州附近的圍捕執勤過程中，持刀歹徒負隅頑抗，堅貞不屈，做傲雪欺霜式猛地往外躥，他上去要攔腰抱住他，想抱著來一個後滾翻，誰知沒留神，歹徒偷偷把暗藏在褲兜裡的彈簧刀打開了，上來就是一下子，被一刀刺中左前胸部，那一刀離心臟只有 1 英寸，出了很多血，痛得幾乎昏厥過去，差點掛掉了，在醫院住了整整 30 天，出來以後，他下定決心，不當警察了，美國的警察工作他媽的實在太危險了，not safe。那我問他怎麼再就業，他說一邊開出租車，一邊在一間學校讀法律，打算出來以後另外謀生。我面前馬上浮現出這位巴鐵兄弟去相關事務所做助理工作的可愛樣子，一身正裝，一口印巴口音，my client's balance are belly belly unhabbi……（我的客戶的父母非常非常不高興）。

「出租車司機在美國是和牛仔、淘金客最接近的職業。」

作家 E.B 懷特曾經在 70 年代說的。

在二三十年代，紐約出租車司機可能會和他的乘客分享一瓶走私酒，在 70 年代，則可能與乘客分享大麻，這有助於讓枯燥的開車時間生動起來。這是個魔幻城市特有的。他說，紐約市從來沒有像現在這樣，如此不安、擁擠，現在的車比 10 年前開的更快了，司機們過去是帶著熱情開車，現在更像是不顧一切地拼命開，為了最後的小費。儘管司機們都抱怨生意不好，但經常在街頭找不到空車。

與此同時，打車（即截車）成了在紐約生活必須掌握的一門技術：你抓住了門把手，打開車門，卻發現另一側車門已經有人在往裡鑽了。

很多時候，人們都在到處追車。

晚上，從走入紐約格蘭街地鐵站，乘扶梯上樓後看見街上景色，感覺自己徹底穿越了，穿越回了十多年前的香港某地。這就是紐約唐人街的心腹地帶，好像是遠離曼哈頓的另一個世界。

我和朋友相約在 Joe's Shanghai 鹿鳴春，這家小籠湯包很有名氣。招牌蟹粉小籠的味道十分不錯，皮薄餡嫩。時間緊迫，於是，我們也滿大街地去追出租。好不容易以吃「保心丸」後百米衝刺的幹勁，搶到一輛不拒載的車，到了唐人街。但是，一到鹿鳴春，看到門口的長龍，我就打退堂鼓了。

還好，旁邊有一家錦江飯店。

這是上海錦江飯店的山寨版，招牌上的宋體字都是仿的。斜對面是操著成都話的大四川菜館，拐角就賣包子的天津鋪子，以及一個福建人的海鮮大酒樓，此外還有港式麵館，一個台灣人的飯莊，感覺兩岸三地天南地北，全中國人民來美國「大團結」了。

請客吃飯的朋友叫 Tony，他金絲邊的眼鏡，連連說 Sorry，說他坐了 Uber 過來，路上太堵太堵了，還好他坐的那輛車的墨西哥司機特能侃。墨西哥司機說，一位中國牧師與一個出租車司機同時死了。令這位牧師感到不滿的是，那個出租車司機被送上了天堂，而他被送上了相反的地方。他痛苦萬

分地對聖彼得說：「為什麼會這樣？我祈禱的次數肯定比他多呀！」聖彼得回答他：「也許是這樣，你在主持禮拜時人人都在睡覺，而出租車司機在為人們服務時，人人都在祈禱上帝。」

「我估計這個老墨司機，每次客人上車，你是中國人，牧師就是中國人，如果是德國人，牧師就又換成了德國人了。反正逗得客人哈哈笑，於是我多給了他 5 元小費。」

這家山寨版錦江飯店，菜做得勉強可以，在中國大概最多打三顆星的貨色，而且也不是地道的上海菜，裡面混合了山東菜和四川菜的味道——或許這讓所有在異鄉飄零的人，都能從其間吃出家鄉的味道，當然，如果老美來，他們心中的中國就是這個樣子的。

紐約就是這樣的，「你可以在唐人街找到故鄉的歸屬感；也可以在小希臘找到地中海的錯落時光；還可以在小意大利的街道找到黑白電影中昔日黑手黨血拼的錯覺……紐約，就是這樣一個大熔爐，要比一個七色彩虹更加富有多樣性。」「本地人賦予了它固定與連續的特性，那些移民們卻讓它具有了熱情。」

一位叫沙隆曼的紐約司機說，那年，他接了筆生意，是兩名外地來的老人，他帶著他們到處逛，遇到他們以前年輕時約會常去的景點就停車。

車開到紐約中央公園時，沙隆曼朝後視鏡裡打望後座的兩位年過 70 的老人。他們像兩個年輕人一樣緊緊纏綿在一起親嘴，像藤蔓一樣糾纏著彼此，一點不像是 70 多歲的老人，而是宛如正在熱戀、旁若無人的中學生。

當車慢慢開出中央公園南出口，他們於是坐正。

「抱歉，」那位女士說，「把你的出租車當成別的東西用了。」

「嘿，沒事兒，」沙隆曼說「出租車就是給人親吻的地方啊。」

這話聽起來好溫暖。

讓我想起上人口密密麻麻的鋼筋混凝土城市，很多情侶都沒有自己的隱私空間，我的家鄉上海尤其如此，我的一個女同學說，她是在出租車後排第一次找到了那屬自己的一點點隱私的地方，把初吻給了她的初戀男友——住

同一個弄堂裡的穿燈芯絨褲子、帆布跑鞋的高中同學。

回想起來，突然發現自己也有類似的經歷。

很多很多年前的某個冬天，我和一個我愛慕的女生一起去北京旅行。記得冬天灰濛濛的。那個出租司機，穿鼠灰色的舊中裝，開一輛鼠黃色的小麵包車，車子的發動機遇高溫會像土撥鼠一樣一躥一躥，花上兩塊錢就可以送你到很遠的地方。我們一上車，他就從中南海秘史談到美國大選，從克林頓拉鍊門談到慈禧太后。他把同去的女生逗得前仰後合，我側臉一瞬間，看見了她瀑布頭髮下明閃閃的眼睛裡的那點光亮，我再也無法壓抑自己的情緒，一下子就抓住她冰冷的手，吻上了她的嘴唇，當時腦袋裡一片空白，就知道自己的牙齒碰到了她的牙齒，那一年，她還戴著糾正牙齒的牙套，牙套上的鐵絲刮傷了我的舌頭。

這是我們第一次接吻，第一百次接吻的第一次。

那個鼠灰色北京司機，在中途突然不說話了，突然很安靜！我以為他發現我們接吻了，不料，他卻說了一句，不好意思，我開錯路了，我一看碼表，哇！多了十塊錢……但是我說，大爺你就儘管開吧，不著急。

說這話時，我清楚地記著當時的自己正甜蜜地舔著口腔裡的那一絲血。

星雲法師說，人活在世界，要能被他人利用，你在世界上才有存在的意義。司機一直被我們利用，挪他們的後座作他用。

第二天，肉身還是無法寄存在膠囊。於是，我問一個司機，紐約哪裡還可以去看看？

一位哥斯達黎加裔司機把我們帶到了第五大道中央公園旁的古根漢姆博物館，這是賴特的最後一個作品，賴特沒有看到這件作品完成就撒手人寰了，這座被稱為世界上最美的房子，那個螺旋型上升的參觀走廊，使得博物館本身也變成了一件被參觀的作品。

司機說，你們博物館出來後，再到對面的中央公園走走。我很喜歡那裡，一大片綠地，一個湖泊，在曼哈頓的密集高樓圍合下，肆無忌憚地撒著野，提供了一種鄉村景致。那裡人們會有禮貌地呈扇形圍坐在樂團前面的長椅上，

欣賞著音樂。夏日的微風搖曳著樹叢，使它們的葉子有了生命，賦予了它們開口的能力。

我非常欣賞哥斯達黎加司機的推薦品味。

從古根漢姆對面的中央公園走出來的時候，正想著對紐約司機的讚美語。

一輛黃色出租車狂風一樣疾馳過街頭，嘎地在拐角突然一個急轉彎，差點撞上一個金髮女郎，那個姑娘紅顏轉紫，勃然大怒，蹬蹬蹬緊追上兩步，猛地拍那車的後備箱蓋，口裡是一通地道的美國國罵。司機不加停頓揚長而去之時，還不忘從駕駛位上探出腦袋，衝著姑娘，一個長長拉丁美洲口音的國罵，f-u-c-k--y-o-u-u-u-u!

天，這個場景一下子把我拉回了冬天的北京，瞬間備感親切。

4 男扮女裝和百老匯第一神劇

紐約三日，水土不服。

站在第六大街的街口，滿地都是急急忙忙闖紅燈的人，節奏和上海一樣。一個吸了毒或者是精神不太正常的長鬍子流浪漢，大白天蓋著報紙半躺在陽光燦爛的馬路上，向路人自言自語。地鐵布萊恩特公園站台的一個角落裡，散發著一陣陣尿的騷味，氣味悶在地下空間裡，讓人窒息。走著走著，冷不丁有個戴粗項鍊的黑人大哥一身汗漬味地湊上來，臉幾乎要貼到我的臉，向我兜售一些票子，油亮的胳膊上紋了密密麻麻的紋身。

曼哈頓的高樓群遮蔽了狹窄的天空，我在西四十四街邊喝咖啡的時候，仰頭看天，看了許久許久，連一隻飛鳥都沒有看到，比起新加坡的滿街烏鴉，老北京街頭冬日跳躍的麻雀，紐約的街道上少了很多自然生機。

人們的表情似乎也比其他地方的人冷漠，我如果口吐白沫，哎喲哎喲四肢抽搐倒在第六大道上，不知道需要等多久才會遇上一個好心人？有沒有人做過類似的街頭實驗？

但是，到了夜晚，街燈、廣告牌、大屏幕被擰亮，百老匯附近所有劇院門口的老式霓虹燈閃耀起來，紐約的精氣神就來了。

只有百老匯，讓這個充滿尿騷味、流浪漢的地方，秒變成一座偉大的城市。

我住在西四十四街的最西面，拐角是印度阿三開的雜貨店，距離時代廣場附近的百老匯劇院紮堆區也就幾個街區。這天午後，我從那家蘸辣醬的地道西安餃子館出來，抹了把油光光的嘴巴，才走上幾十步路，就看到一個巨

大白色面具的臉懸在梅傑斯帝克劇院（Majestic Theatre）的門口，不遠處還有《獅子王》和《漢密爾頓》等長盛不衰的經典音樂劇招牌。

一位滿下巴白色泡沫、正在刮鬍子的「紅髮女郎」出現在時代廣場上一個巨大屏幕上，《杜絲先生》音樂劇廣告立即吸引了我的眼睛，「戲劇托尼獎獲得者！」──這廣告語是壓垮我錢包的最後一根稻草，並像吸塵器一樣立即吸走了我口袋裡的錢。

因為要看戲了，我從旅行箱底部翻出唯一一件皺巴巴的淡藍色襯衫，去燙已經來不及了，我只好用手把皺的地方用力擼了幾下，又用屁股坐上去壓了一陣子，然後自己安慰自己，「百老匯對一個長途旅行的人應該會很寬容。」就出發了。

這個劇場在萬豪酒店的三樓，我發現我的 80 多美元的位置還不錯，居然在最前面的第七排，劇場估計盡可能地多排位置，第一排幾乎都要吻到舞台了。周邊坐滿了穿著考究的白髮年長者，有的甚至都穿著深色西裝，女士脖子上掛著亮晶晶的黑珍珠配飾，我對自己選的位置感到特別滿意，坐下去翹起了二郎腿。同時，也略有點愧疚：淡藍色襯衫在這群人中就顯得更皺更遜了。

開場前五分鐘左右，一位金髮高鼻子服務員突然出現在我面前，他身後跟著兩位衣著考究、表情溫和的老年觀眾。他仔細查了我的票，說，「不好意思，你的票不是一樓七排。」

「什麼？！」我睜大了眼睛。

「你的票是二樓七排的！」金髮高鼻子服務員說著，他手指了指天上。

「我可以看看他們的票嗎？」我問。

服務員把老人的票遞給我，我瞥了一眼，票價 300 多美元。

「OK。對不起！」我說我 80 美元的位置怎麼這麼好呢？！於是，我就在大家的注視下，擠出一樓七排，狼狽不堪地趕到了二樓。好在，二樓的觀眾看來和我真是一夥的，旁邊有一位也沒有穿襯衫，他穿著有領頭的白色 T 恤，藍色的休閒褲子，褐色的平底鞋。我們相視一笑──花 80 元看戲的心情和花 300 元看戲的心情是不一樣的。

今天，很多人是衝著百老匯的金嗓子桑迪諾來的，他拿到了托尼獎，他不但能演能唱，關鍵還能迅速地脫衣服。因為，這部戲是男扮女裝戲，要不停的脫衣服，換衣服，再脫衣服，再換衣服。

《杜絲先生》講男演員邁克爾因為脾氣倔強，和每一個劇組都鬧掰，導致被業界拉黑找不到工作，生活陷入窘迫之中。但是一次偶然的機會，他偷偷起了「杜樂茜」的女人名字，男扮女裝去電視劇試鏡，居然從此大紅大紫，他愛發表意見的性格也變成了備受歡迎的女權主義，獲得無數粉絲。一個肌肉男開始向這個「杜樂茜」示好，不停在「她」面前脫衣服裸露上身；而邁克爾對女搭檔有好感，卻礙於女性身份，陷入了困境……這部劇最早在芝加哥試演大獲成功，男主角一身紅裙的扮相震撼舞台，然後，再殺入紐約百老匯。百老匯是音樂劇的世界盃。

雖然我蹩腳的英語只能看懂八成，但是該劇還是讓我從頭笑到了尾，特別是鄰座在笑的時候，我的笑聲要立即蓋過他。該劇的音樂似乎一般，只有一句「help me help you to help me to help you to help me」讓觀眾的興奮到達了頂點。

演出結束，照例在劇院門口堵門。

每出來一個演員，大家就尖叫一聲，個別女生的聲音高得宛如叫床。散場時間，整個時代廣場附近 40 多個百老匯劇場的門口，尖叫聲此起彼伏。

可愛的桑迪諾出來的時候，一看就是個戲精，他能夠滔滔不絕地在人群中說個不停，說他上台要去領托尼獎的時候，突然一陣尿急，憋壞了。我覺得他的上身太健碩，肩膀這裡的肌肉發達，演女人其實不太像，但是，這樣男扮女裝的戲劇效果似乎更強烈些。

百老匯歷史上的第一神劇叫《摩門經》，觀眾反應，看完後「連屎都要笑出來了」！觀眾們在座位上、走廊上笑得滾來滾去！自 2011 年上演以來，一票難求。不但在紐約通常需要提前幾個月訂票，就是去各地巡演，即使到倫敦西區，也有數百名粉絲徹夜排隊買票，而門票在網上被黃牛黨以數百英鎊的高價出售。這部戲開創了五億美元的收入紀錄，獲得 9 項托尼獎。電台

主持理查德・培根說，「看這部戲是一生中最美好的兩個小時！」這部戲甚至在百老匯有了站票，不少人為了看這部戲，站在欄杆後面看兩個小時，一點也不覺得累。

但是這部戲也是百老匯裡最下流、最髒話連篇、最令人瞠目結舌、最具攻擊性的、最甜蜜，也是有史以來最最有趣的音樂劇——《時尚》雜誌說。

作為匆匆路過紐約的遊客，我當然也不會有票看這部百老匯名戲。但是我上網搜了一下 bilibili，發現有熱心的網友觀看了此劇，並且估計用針孔攝像頭全程偷拍了該劇，而且偷拍水平非常高清，一點都不晃動，還配上了英語字幕，於是，我立即有了比站票還要差的「針孔票」。——偉大的、很黃很暴力的、很有哲學思想的導演凱塞（音有點像開塞露，即甘油條）知道了會不會氣得吐血三升。

配上一瓶啤酒，一碟花生米。我在膠囊飯店樓下的桌子上，上網觀看了這部史上第一神劇。

《摩門經》講兩個摩門教的傳教士，一個聰明的高富帥，一個廢柴的矮挫窮，兩個人結伴去非洲北烏干達傳教。他們發現這裡情況不妙，「路上都是餓死鬼，八成都得愛滋病」，而烏干達人只要一遇到倒霉的事情，就會朝天豎中指，唱「Hasa Diga Eebowai!」，他們覺得說這個會好過些。高富帥就問，這是啥意思？當地的導遊告訴他，就是「我操你媽，上帝！」頓時把傳教士給驚呆了。（除了摩門教，基督教也躺槍。）矮挫窮還跟著後面稀里糊塗地連唱了 13 遍的「Hasa Diga Eebowai!」。

此外，烏干達人認為跟處女做愛可以治好愛滋病，所以當地處女已經不多了，他們開始找嬰兒！矮挫窮傳教士覺得這樣不行，得改變他們，得更接地氣地傳播摩門教，就把摩門教的經書，篡改成為如何防止痢疾，為什麼不能對少女進行割禮，以及得了愛滋病不要和處女、嬰兒打炮，而是可以去找青蛙。這位廢柴還編，說摩門教教主約瑟夫・史密斯當年也得了愛滋病，要找嬰兒，結果被上帝給制止了，上帝告訴他可以去找青蛙。

結果，摩門教在原始棚屋的烏干達居民中大受歡迎，他們幻想心目中的聖土就是摩門教總部所在地鹽湖城，他們認為用村裡的打字機可以發短消息，

他們把鹽湖城 Salt Lake City 激動地發音發成 Sal-ta Lay-ka Siti。

我的「針孔票」裡可以清晰地聽到，演員每一次呼喊 Sal-ta Lay-ka Siti，場內觀眾就大笑一次。

這部戲每過一會兒就會蹦出一個「Fuck」，髒話之多令我瞠目結舌，由此可以想像百老匯製作、言論自由的幅度。

結尾，摩門教總部聽說了高富帥和矮挫窮在非洲傳教獲得的巨大成就，就派專員去驗收，結果吃驚地發現經書被重口味篡改，幾乎嚇尿了，遂不再承認這是摩門教。於是，兩個傳教士只好在烏干達創立了一個新的宗教，和全戲的開篇一樣，一群烏干達人和美國鹽湖城的摩門教徒一樣，也穿著白襯衫、打領帶，開始四處傳播「摩門新教」。

我笑得花生米差點卡在氣管裡。看得出全劇惡搞摩門教，絕對無下限，並對當代聖徒信仰、大眾偶像、宗教、全球化、軍閥主義，甚至百老匯名劇《獅子王》，都進行了玩命的挖苦。我想，該劇挑選的是美國本土的摩門教，如果挑選的是其他某某某教，估計劇院早就被炸平了。紐約的包容只要走到時代廣場附近就可以看到，有人居然在大樓上高懸著卡達菲的巨大畫像，敵對國家首領的畫像居然被允許公共展現，這在任何亞洲國家都是不可以想像的事情，誰敢把印度總理的像掛在巴基斯坦城市的某座高樓上呢？

我覺得一代神劇《摩門經》想表達的是：這個世界上，沒有什麼是真正神聖的！

看完此劇，我的第一大疑問是：摩門教會不會氣得火冒三丈？這可是一個有過千萬信徒的美國第四大宗教組織。

查了摩門教教廷對此劇的正式申明：這部劇可能想讓觀眾開心一晚上，但是一卷神聖的《摩門經》卻將改變人們一輩子的生活，讓他們更接近基督。——如此平和地回答，頓時令我對這個教會的印象大好。

據說，看完戲的觀眾走出百老匯劇場，就立即碰到彬彬有禮的真的摩門教徒，穿得和戲裡的人一模一樣，白襯衫、深色領帶，問：「想來一本真的嗎？」

紐約的摩門教人數受此劇的影響，反而有了大幅的增長。

頗值得深思。

　　我住在曼哈頓的時代廣場附近，這一帶環繞著約40家左右的百老匯劇院，堪稱世界的戲劇中心，但是，一些新作家的作品和小劇團無法在這裡演出，他們就嘗試在紐約其他地方的劇院——外百老匯，他們是百老匯的商業替補和人才儲備，如著名的《Q大道》和《鐵血總統》都是首先在外百老匯上演，吸收了高額投資後，再移到百老匯。除了外百老匯，還有外外百老匯，雲集了幾百個小小的劇場和空間，無數實驗劇、先鋒劇、各類個性化的奇特藝術團體。有了這些亂糟糟的五花八門的東西，才使紐約魅力迷死人。

　　外外百老匯中還有一座我心中的烏托邦——格林威治村，這裡曾是反主流文化大本營，連嬉皮士運動和垮掉的一代都發祥於此地。那些咖啡館外的長凳子上坐過馬克·吐溫，尤金·奧尼爾；凱魯亞克的《在路上》從這裡找到了靈感；燈光昏暗的搖滾酒吧裡，鮑勃·迪倫鼓起勇氣討了一個試唱的機會，並在這裡唱過《答案在風中飄蕩》；那些舊書店裡面曾流連過惠特曼的身影，回蕩著他的「從此我不再希求幸福，我自己便是幸福。」；還有幾間簡陋破舊的小劇場，羅拔迪尼路和阿爾柏仙奴曾到這裡尋找運氣；當然，在格林威治成功的人，只有一百萬分之一，多數歌手、演員、作家都是徘徊在煤氣燈咖啡館外的失意者。這裡曾是激進思想和思潮醞釀的場所，但可惜，由於紐約大發展，房價如擎天巨浪，只有非常混得開的藝術家可以扎根下來了。

　　那些邊緣的窮困藝術家又要漂泊去哪裡呢？

　　聽說，如今的格林威治已經充滿了中產階級遊客，拿著相機，好奇地四處轉悠。

　　我不希望親眼看到心中的精神烏托邦的消失，我害怕那裡已經完全不是我心中的樣子，我擔心曾經夢繞的情結全部被現實的橡皮擦無情地擦去。

　　有些夢是不可以去追，當你追到了，夢就破碎了。

　　我的夢終於還是沒有讓它破掉。

5 夏天戴貂皮帽子的人

　　在紐約的最後一晚，我在愛彼迎上訂了一個在布魯克林的房間，那是這個地區常見排屋的一間，突窗細柱的維多利亞式，外牆抹得蒼白，銘記著一些細微的裂痕，她們就像經過精心打扮的半老徐娘，滄桑不失雍容。

　　網上的照片很漂亮，但是扛著行李箱一級一級走下樓梯，天！心頓時被澆了三大桶涼水。床是在潮濕的半地下室，難怪這麼扎心的便宜！屋子裡只有一扇裝了鐵欄杆的氣窗，用手抓緊鐵欄杆，如果假裝掙扎著去瞅那只露一線的天空，場景就是基督山伯爵被關在孤島上的死牢。這天估計有攝氏 30 度以上，空調居然搞罷工，於是用愛彼迎的聯繫號碼，打電話叫女房東來，等了許久，女房東沒有來，她一個戴無框眼鏡的男朋友滿臉抱歉地趕來了，說是搞不清楚空調的狀況，因為房東出門去亞洲長途旅行了，我當時腦海中就浮現出尼泊爾山麓上獨自走著或是泰國清邁的街邊懶懶躺著的那些背大包的傢伙。

　　好吧！將就一下，我一屁股坐在潮濕、悶熱的床上，床咯吱咯吱的，倒下去的時候，感覺身邊隱約有螞蟻爬來爬去，午夜，一個巴掌「啪的！」拍到牆壁上，什麼也沒有打到，手痛得抽筋。輾轉反側，直到了凌晨，氣溫似乎有些轉涼，才終於沉沉睡去。

　　上午紅著兔子眼睛出門溜達，天氣炎熱，富蘭克林街對面是一座教堂，兩個屁股像可愛的大河馬似的非洲裔信徒穿著雪白的襯衫、黑西裝晃著下肢，鑽了進去。

再往前走一陣子，著短褲短袖的我都已經熱得不行了，正在擦額頭的汗，突然我覺得自己撞鬼了，一個古怪的靈異街景出現了：好幾個戴著大圓頂的黑皮毛帽子、穿著長袍黑西裝的男人沉穩地走在大街上。我凝目望去，其中一個頭上大帽子居然是貂皮毛的！像個13吋的大蛋糕倒扣在頭上。臉的兩側蓄著長長捲曲的「麵條」式鬍子，垂落下來。他們牽著同樣黑帽黑袍的孩子的手，匆匆穿行在幾個街區之間，這宛如電影裡中世紀歐洲冬天的打扮，突然出現在時尚紐約的夏天，穿越而震撼，甚至有一點鬼異感，我簡直不敢相信自己的眼睛。

他們是誰？難道就不怕熱嗎？？

我光是看看，腦門上就嚕嚕地起了一排痱子。

這靈異感覺的場景是怎麼一回事？

我特地走近了一對黑袍父子，試著跟他的眼神交流一下，但他看也不看我，完全就是無視我的存在，仿佛我就是一團看不見的空氣，筆直地遠去了，那個孩子也低著頭匆匆跟著。我們是在同一個空間裡，卻是完全不同的時間刻度上的人？

後來，我跳上一輛豐田優步（Uber）車趕去第四大道會我的高中同學，猴瘦猴瘦的拉美籍司機告訴我，「這些夏天戴厚皮棉帽的人都是猶太人！」他特別強調了一下，「他們是超級猶太人！」。我好奇地問這位老墨，「你怎麼看待猶太人？」他說，「他們有非常非常聰明的大腦，所以，大熱天也要戴一個大毛帽子保護頭部。」另外，「他們害怕再受到種族迫害，所以，他們生很多的孩子。」他最後誇張的總結：「他們很有錢，他們控制了美國的金融，他們控制了大半個美國！」「他們是 Super Jews ！ Super ！！」他的聲音變得很尖，猛打方向，搖下車窗，向窗外的街道吐了口口水。

後來，我發現司機只說對了一半。

這些帶大毛帽的是正統派猶太人，但大都不富裕，而且不少人都在貧困線上掙扎。

這些最傳統的猶太人不少是哈西德教派的，他們恪守傳統猶太戒條，從清晨起床到夜晚進入夢鄉之前，都受各種規範約束。他們完全生活在自己人

的社區裡，孩子讀自己辦的猶太人學校，多數只和猶太人做生意，只去猶太人開的店裡買東西，他們是同外界最隔絕的猶太人。他們按時聚集在一起舉行流傳了上千年的宗教儀式，儀式後，男人手拉手圍成圈子唱啊跳的，地板踩得震天動地，一直搞到凌晨。

紐約還有一類改革派的猶太人，他們完全融入美國生活，不少是社會精英、金融大佬。

這些給人靈異感的奇葩猶太人，他們為何穿得如此穿越？一種說法是，他們大都是波蘭、東歐猶太移民的後代，被俄國人、波蘭人、德國人迫害，陸續逃到以色列和美國，他們哪怕是在盛夏，也要「返祖」，死守祖先的一切，包括超級「抗冷」的大皮毛帽子。

大哥，難道你們就不熱嗎？聽聽他們睿智的反擊，「戴了帽子，太陽曬不到，自然就不熱了？」「因為我們不熱，是心感覺不熱」。

其實，我覺得他們不熱，完全是因為屋子裡面有——空調。

他們主張多呆在家裡讀經，的確是熱得死人的夏天的一個完美藉口。

下午 1 點鐘，我摸到第四大道旁一間後現代風的咖啡館裡，在滿眼粗獷的木頭、抹水泥的房間裡，我見到了當年復旦附中五班的女同學 Y 女士。

讓我吃驚的是，十多年不見，我幾乎已經完全認不出來她了。

她從一個羞澀的女生，變成了腰身略顯粗壯的黑皮膚大媽，黑褲配圓領黑衫。

作為上海最好重點中學的學生，她在 1989 年炎熱的夏天，參加一年一度氣氛緊張得令人大小便失禁的高考，經過這場一考定終身的考試，然後各奔東西。但是，25 年前，穿過大門口神情焦慮、內分泌失調的家長後援團，她昂昂然走進考場，語文、數學、英語、歷史四門功課，齊刷刷交了白卷，高考成績 0 分，震驚全校。

「Y 高考 0 分！」班主任老師幾乎要一口血噴在黑板上。

如今，25 年過去了，在第四大道旁的咖啡館，我問她這是為什麼？

她的笑容有些寒冰消融之後的溫陽，和小時候不一樣的感覺。剪得非常

非常短的頭髮，還上了摩絲，乍一看，幾乎就是一個男士的髮型。歲月的印痕已經爬上了我們彼此的額頭。她說她當時自己也不知道這究竟是怎麼啦？只知道自己的青春期很漫長，令人感到孤獨的窒息，一種死亡般的漫長。她極其叛逆。她的父親是大學老師，他們是冤家，根本談不攏，說上三句話就要吵，家裡仿佛兩台會吵架的機器。她高考交白卷，就是對父親最大聲的抗爭。高考第二年，父母先移民到肯塔基州，不久，她也隨後申請來肯塔基讀大學，但還是和老家一樣，見面就劈里啪啦一通吵，幾乎沒有任何消停。父親所有的觀點，她都不認同。她痛恨他的父親。

大學後她就搬到紐約來工作，有一天，她猛然明白，這一切到底是怎麼回事？她發現自己只喜歡女生，是一名拉拉（即女同性戀者）。她青春期史無前例的叛逆，很大的原因是，她發現自己內心深處喜歡某個女生，而無法得到滿足，甚至無從傾述。同性戀在極度保守的八九十年代的中國，是一種不可想像的壓抑和痛苦。那時候，上海 49 路公共汽車站旁的一個臭氣熏天的公廁，同性戀們偷偷用粉筆把電話號碼留在污牆上，相互交換信息，還僅限於極少數知道內情的男同性戀者。她對高考的叛逆，對父親的不滿，對上海的忿恨，或許就是來源於這種亙古的壓抑和午休無止的原始折磨，遇到了專制、說教、偏執的父親，變成了地球撞擊火星的慘烈。

「逃到紐約後，我發現這裡是心靈的自由之地，真正的故鄉」，她說。她從來沒有發現一個地方，可以像紐約這樣包容和多元，這裡，她開始跟別人學做地產中介，後來自己開了一間事務所。她正式談過幾個拉拉朋友，漸漸有了傾訴對象。她和藝術家們做朋友，並開始用中英文雙語寫詩，在某個畫家的家裡做菜、讀詩度週末。

她再也沒有回過上海。

「紐約是寂寞而四處遊蕩的靈魂的一個歸屬，在這裡，你總能找到屬於自己的那份自由。」她說。

最後，我問她，你現在還有戀人嗎？

她說，分手了。她現在單身。

「你的父親呢？」「他前些年在肯塔基去世了。」她說。

「那麼你和父親最後和解了嗎？」

「不！儘管他去世很多年了，」說起往事，她如此堅決，「我到現在還是沒有完全原諒他，他去世那麼多年了，我好像也沒有什麼想念他的，因為想起他，就想起我痛苦的 18 歲。」

「那麼你有沒有覺得，你其實挺像你父親的呢？」這句話在我的嘴巴裡轉了兩圈，終於還是沒有說出口。

紐約是移民抑或是逃亡者的天國，但是要逃亡者把自己的心完全地從過去逃亡出來，又談何容易呢？

咖啡結束，我們一起拐去第五大道散散步，往中央公園的方向溜達。

近 56 街的時候，看到一棟殺氣騰騰的玻璃幕牆大樓，頂部如七把「達摩克利斯」利劍作勢砍下，底部夾角處宛如暗伏刀斧手，指向對面的海瑞溫斯頓珠寶店大樓。

好凶！好狠！好毒的設計！在中國的風水中，這種寶劍飛劈，是要「剋」第五大道的命啊！把珠寶業大王海瑞溫斯頓壓在身下不得翻身的感覺。如果，在香港這麼設計，隔壁大樓的老闆肯定無法淡定了，跳起來罵娘或者來一個反設計，對著七把寶劍安一面巨大的鏡子「反射回去」。

這棟樓掛著巨大的金字招牌——「特朗普大廈」！

難怪這廝是要做總統啊。

Y 說，「這個頭髮詭異的傢伙造房子凶，對移民的態度更凶巴巴，他說墨西哥移民大多是毒販和強姦犯，要嚴格收緊移民政策，導致無數移民申請不到永居證。他可能忘記了他自己其實是美國移民政策的最大受益者——身高 179、胸圍傲人的超模妻子梅拉尼婭，是個地地道道的移民，她還是唯一出生在共產黨國家（南斯拉夫）的第一夫人，直到 26 歲，才依靠模特工作，甚至拍裸照，艱辛輾轉到紐約的。」

進入特朗普大廈就是一陣「土氣、豪氣」撲面而來。中國房產商看了特朗普估計三呼「兄弟」了，因為他們也都愛死了土豪金。從 66 層開始就是特朗普的三層複式豪宅，他的土豪窩可鳥瞰中央公園，地板、牆壁和柱子都是

大理石製成，盤子、吊燈、花瓶、裝飾都鑲著 24K 金，英國記者報道中寫特朗普的客廳還是法國國王路易十六會客的凡爾賽鏡廳風格，奢華得已經衝出銀河系了，白宮太寒磣了……不過，多半人看了這貨的房子後留言說，特朗普品味有點「三俗」。

英國記者把路易十六的鏡廳與特朗普的大廈比，是不是有點不厚道？因為前者的鏡廳被人民打劫一空，路易十六也上了斷頭台。筆者翻了一下時間，吃驚的發現，特朗普就任總統是 1 月 20 日，而路易十六上斷頭台的時間是 1 月 21 日。

傍晚打算坐船去看自由女神。

走得腳掌發硬，終於看到曼哈頓下城 17 碼頭，我擠在人頭攢動的大廳裡，等待一艘雙層的渡輪吐出無數蝗蟲，然後又把我們這些蝗蟲吞噬下去。

這艘通往史丹頓島的通勤輪渡，是唯一免費近距離看自由女神的方式。

漸漸到了下班高峰，那些通勤者們或許早已厭倦了這艘船上日復一日的重複生活，而遊客們卻點燃了通勤時光的熱情。無論是戴著橘色絲巾、遠眺的優雅法國老太，還是從中國北方來的著魔一樣不停自拍的高鼻子姑娘，抑或是操意大利南部口音、又蹦又跳的幸福一家，抑或是來自哥斯達黎加的披薩小店主，臉上都洋溢著一種隱約看大戲前的興奮。

綠色女神戴七道尖芒冠冕一點點靠近，她體型似乎有點發福了，右手高舉火炬，左手捧一本法典，腳下是打碎的腳鐐，動作似乎比常人忙！看到自由女神像，某些國家人的心情其實是很複雜，這同西方遊客不一樣。因為，少數國家，自由女神一直被宣傳作洪水猛獸。一旦校園裡面出現塑料的或者是泡沫做的自由女神，通常就是學生運動的標誌，緊接著就是流血與衝突了。

我站在船的最尾部，坐船看自由女神的時候，船尾一直跟著一艘全副武裝的巡邏艇，浪濤滾滾，該艇架著機關槍，緊盯本船不放。據說，是防止遊船上的恐怖分子襲擊自由女神。就在去年（2015 年），紐約警方接到報信，說是「911 唯一在逃犯要炸掉自由女神像」，（這個故事編的太牛掰了！）一時間搞得非常緊張，當天，愛麗絲島緊急撤離了 3,200 人，後來發現是一場惡

作劇，西弗吉尼亞的一個聾啞人利用 iPad 的聽障輔助裝置撥打的「搗蛋」電話。

　　其實要炸自由女神像，比追求心目中的女神要難百倍。從天上，自由女神附近是禁飛區，非法飛行物會立即被發現進行迫降，如果不迫降，會有兩架 F16 出面直接發射 AIM-120 導彈，精準毀滅；從地面，接近自由女神都要安檢，攜帶的便攜式炸藥很難過關；從海上，有海岸巡邏隊，巡查密度就如同馬蜂群盯著他們的窩，看看我乘坐的這艘通勤船就明白了。那麼如果挖個地洞呢？通過地面塌陷，自由女神像一歪脖子不就喀嚓了嗎？就是這個隧道工程太浩大，估計還沒有挖到岸邊就有一副鋥亮的手銬等著你了。

　　自由女神本來是庇護人民的，現在她自己則被人民全副武裝地庇護著。

　　通勤船到了史丹頓島，我大約等了一刻鐘，多數遊客又重新登船原路返回曼哈頓，這樣等於免費看兩遍自由女神。我中學的時候隔壁班有個女生眼睛特別漂亮，漂亮得幾乎可以讓我獻上膝蓋，我每天午後從他們班級門口也是一樣的來回走兩遍，試圖看她個夠。

　　回程，多數的遊客都是從右舷擠向左舷，駛過女神島後，一個獨立的小島緩緩進入視線，島上有一個紅磚雙塔的殖民時期建築，這是美國移民局的舊址。上個世紀上半葉，那些受迫害的東歐猶太人，為了活命，不少擠在大西洋客輪甲板下面最便宜的統艙，缺少淡水和食物，在旅途和風浪、跳蚤疾病做鬥爭，被折磨得奄奄一息。這樣海上漂泊數周，直到有一天，突然，所有的人像發了瘋似地奔向甲板，擠作一團，尖叫：「自由女神！自由女神！」但是，下了船，他們發現還有更恐怖的一刻在等待他們。

　　那就是，我眼前的愛麗絲島，一個令移民腿肚子打顫的地方。他們能否順利進入美國，全靠島上移民官的「六秒鐘過堂」。成百上千的人操著不同的語言熙熙攘攘地擠在鋪著方磚的大廳入口處，那冰冷的鐵柵欄、那蓋帽下面無表情海關職員、居高臨下的醫生和精神病學專家。「你從哪裡來？」「你有盤纏（即旅費）嗎？」「你的精神是否正常？」這些疲憊不堪、神色驚慌的逃難人群，哪一個像正常的人？許多人都因官員的苛刻詢問而緊張得腿軟，甚至一頭大汗。

愛麗絲島拒絕傳染病、同性戀、妓女、或者需要救濟的人。因此，有婦女因沒有足夠的盤纏而怕被拒入境，就匆匆在島上找個人結婚。而被拒入境走投無路自殺的人也並不在少數。上世紀初，島上的醫生使用一種鐵制小工具把要求移民者的眼睛略微地撐開一點，以便檢查其是否患沙眼之類的眼疾。許多人在給親戚朋友的信中提及此事，此話傳到大西洋客輪的甲板上便走了樣，說是移民者上了愛麗絲島後眼睛要被挖掉，或者至少眼鏡是明令禁止戴的。

　　在紐約自由女神像基座上，刻著這樣一首詩：「都給我吧，把那些疲憊的人、窮困的人，渴望自由呼吸的芸芸眾生，喧鬧海邊的可憐蟲，都送到這裡來，無家可歸、顛沛流離的人們。在金門之旁，我高舉明燈。」

　　據《紐約客》網站報道，特朗普要求修改自由女神像下的這首詩，他說，這首詩的基本意思就是對那些「爛國家」的人發出的公開邀請，「應該在最後用大寫字母加上這句話——來自爛國家的除外！」，這樣「他們看到這首詩會立刻調轉船頭回老家」。

　　這讓我想起一則故事，有一對吝嗇無比的父子，天寒，有個窮人來他家討飯吃，怪嘴巴的兒子說，「我在紙頭上畫一碗飯菜，把那個窮鬼打發掉！」怪頭髮的父親怒道，「笨蛋！還浪費那個紙頭幹嘛啊？我對他放兩個屁，就算是大餐了。」

　　下了船，天終於完全黑了。

　　自由女神和愛麗絲島變成了遠處的昏暗地平線的一部分。

　　曼哈頓的燈火通明，每個離開通勤渡輪噔噔噔走上岸的人，仿佛都是一根根移動的火柴頭，正在把這座魔幻的城市點燃。

6 哈佛：一個廁所門口的艷遇

7 月 16 日，波士頓從夏夜的安詳中醒來，清晨空氣中帶著一些涼意。

我伸了個懶腰，從軟得沒有骨頭的床上跳下來，這是哈佛大學旁邊奧斯頓附近的一處民宿。推開窗，天空透著一種淺淺的藍，一道緋紅的漣漪在天邊，太陽還沒有升起來，我的福特牌「毛驢」靜靜地躲在樓下側面的停車位上，它可能需要喝油了。

我跑步出門，一排英式聯排別墅後面是片綠地，巨大的紅豆杉一閃而過，拐角是一個逾百年的小教堂，粗糙的巨石外牆，細瘦的尖頂硬生生地戳向天空。

跨過碧玉一樣的查爾斯河，哈佛賽艇隊在水上還沒有蹤影，對面就是劍橋鎮，滿眼紅磚的房子、教堂的尖頂和綠色糾纏在一片廣袤土地。

今天早晨的目標是 4 公里外，一棟帶鐘樓的大房子，大名叫普福爾茨海默舍堂，昵稱為福舍鐘樓（PfoHo Belltower）。跑到林尼亞街 56 號的時候，已經上氣不接下氣了，這是一棟五層樓的紅磚大樓，中間四個白色的簡易羅馬柱，頂部是一座漂亮的鐘樓眺望著四方，還戴了一頂藍色的帽子。

這座福舍鐘樓外面看有點像教學樓，其實裡面有很大的學生套房還有聚會的酒吧，並有梯子可以上到鐘樓。因為還沒有開門，我就在外面轉轉。

誰能想到？就是在這個鐘樓的酒吧裡，一個廁所門口的艷遇，一個女人一生中的十分鐘，改變了她的一生，成了世界上最幸運的女人。——哈佛的廁所也是滿滿的機會。

這位女生出生在越南華僑難民家庭，父母在海上擁擠不堪、異味刺鼻的難民船上顛簸了一個多月來到美國，先是住在難民營，為了生計，他們後來在波士頓開了一家小中餐館，每天起早貪黑工作 18 個小時，無法顧及這位女孩，於是她被她的奶奶帶大。奶奶不會英語，用嘰里呱啦的廣東話教她：「女孩要自強。」她讀一所很普通的公立學校，有一天，她突然問老師怎麼才能考入哈佛？把老師給鎮住了。後來，她在全國的科技比賽中獲獎，並以「天才學生」身份進入哈佛生物學系，成為這個難民家族中的第一位大學生。

2003 年一天晚上，這位相貌平常的華裔女生跟著友人，來到我眼前的這棟五層樓福舍鐘樓的酒吧，參加了一個告別晚會。晚會的主人，因創辦了一個惡作劇網站 FaceMash，闖入學校的主伺服器，盜取學生資料，並讓哈佛學生在一堆照片中選擇外貌最佳的人進行投票打分，搞爆了哈佛大學主伺服器。校方震怒，據說學校管理委員會「要見他」，可能馬上要被哈佛大學開除。朋友們正為他開一個告別會。

來參加告別晚會的人很多，在鐘塔酒吧外面上廁所也需要排隊，排隊的十分鐘間，晚會的主人正好在這位女生對面的位置，大家都有一點點酒膽，她主動和他聊起了天。這位女子臉部扁平，胸部還算發達；而晚會主人，則是一個不善泡妞的電腦駭客。但是，兩個人在廁所門口，似乎一見鍾情，接下來發生了一件永生難忘的浪漫事件，晚會主人脫口而出：「我三天後就要被趕出學校了，所以我們需要儘快開始約會。」

於是他們開始熱戀，第二年並搬到了一起住。

這位在哈佛主修計算機和心理學的晚會主人最終沒有被包容的學校開除。第二年，僅僅二年級的他，又突發奇想，要建立一個網站作為哈佛學生交友平台。他大概只用了一個星期的時間，就建立了一個社交網站，取名叫臉書（Facebook）。然後，他申請了哈佛的休學（哈佛允許學生休學創業，未來可回來繼續讀書）。再後來，大家都知道了：臉書漸漸有了 10 多億用戶，他也一度成為美國三大富豪之一，地球上最年輕的白手起家的八零後。

晚會主人就是朱克伯格，而這位女生就是普莉希拉·陳，朱克伯格的華裔夫人。

朱克伯格曾經邀請普莉希拉・陳到臉書工作，但是，她決定在支持朱克伯格事業的同時，自己不是當一個花瓶，而是去實現少年的夢想，當一名兒科醫生。

我從福舍鐘樓又一路往回跑，再次經過查爾斯河的時候，肚子已經餓得咕咕咕叫了。肚子餓的滋味不好受，像一頭小老鼠在滾燙的胃裡鑽來鑽去。

作為難民家庭背景的普莉希拉・陳，她的奶奶一定餓過肚子，告訴過她饑餓的體會。我想，這樣的家庭也培養了她極其簡樸的生活習慣，也影響了朱克伯格。大家熟知的他，平時只穿一件廉價的灰色 T 恤或者連帽衫，開二萬美元的日本車，在買房之前他倆長期住在一個一室一廳的普通公寓中。他們的婚禮也是超級的樸素，婚禮定在了朱克伯格自家後院舉行，出席賓客還不到 100 人。他們花 4 個月時間秘密籌備婚禮。受邀賓客原以為是去參加普通派對。當普莉希拉穿著白色的婚紗，朱克伯格破天荒打著黑色的領帶，二人穿過院子的花園時，大家才恍然大悟，原來「這是一場精心策劃的婚禮」。當天的小型婚禮上，食物全部是「家常菜」，大多由他們鍾愛的兩家當地小餐館提供。

自己生活極其簡樸的同時，對社會是極其慷慨。2015 年，她的第一名女兒出生。當天，他們宣佈把自己持有的 99% 臉書股份捐贈給「陳・朱克伯格基金會」，大約 450 億美元，全部用於慈善事業，其中包括貧困兒童的疾病治療和提供平等教育機會。

我在腦子裡搜了很久——在東方世界，有沒有這樣對自己節儉到吝嗇程度，卻對社會極其慷慨的人，很少很少，可能只有香港的邵逸夫有一點點這樣的影子了。

午後逛去哈佛的老校園，本部校園並不大，錯落的紅磚建築圍簇著幾個大草坪，如一位沒有脂粉氣的理工男，好在有雄偉的中央圖書館和尖頂的紀念教堂，他們給數百年的歷史校園別上了精緻的徽章。

暑假的校園人頭攢動。

我聽到很多親切的大呼小叫的口音，廣東話、四川話、北京話，不少來

自中國的「四眼」學生「朝聖團」。在一面巨大的美國星條旗下，他們團團圍著約翰‧哈佛先生的雕像，摸他的左腳，凹造型（上海話，即搔首弄姿）拍照。

青黑色的哈佛先生看上去年輕俊朗，他的左腳前端已經被人們摸出了金黃色，鋥亮鋥亮的，看上去和全身很不協調。所有摩擦左腳的人都認為這一舉止會帶來好運：學子考試可中前茅，夫妻房中甜暢痛快。

但是有沒有聞到一股刺鼻的尿騷味？因為哈佛本科生有這麼一個傳統，畢業前一定要爬到雕像上，對著哈佛先生的左腳上尿尿，完成這個惡作劇，算是對自己過於緊張的大學生涯的一種釋放壓力的發洩。

此外，哈佛學生中還流行另一項釋放壓力的傳統——原始尖叫（Primal Scream）。每學期考試前，午夜 12 點，聚在老校園北面的小廣場上，大家脫得光溜溜的，黑夜中，白花花的一大片一大片。先是集體扯著喉嚨像狼一樣嚎叫一陣子，然後開始裸奔。有參加的同學事後說，「其實並沒有想像中的那麼尷尬，因為你身邊會有上百個和你一樣不穿衣服的人。」「開始擔心自己的弟弟太小，後來發現沒有人的身材是完美的，也就釋然了」。當然也有人表示，跑步時會遇到幾個熟人，突然發現他們身上沒了衣服，「大家瞬間一陣安靜」……尖叫是提倡自由的意志，裸奔沒有了衣服，估計代表思想脫去了內褲。

我站在一個參觀團後面，這個團由一位大學生自願者導遊帶領。他是一個高鼻子金髮的 20 歲人，頭髮飄逸，穿著隨意，上衣像是剛剛從臥室地板上一把抓起來匆匆穿在身上，下身是一條不超過 10 美元的網購運動褲，但是挺能說的，站在雄偉的圖書館門口台階上，還不時揮舞一下右手，像是列寧同志在 1918 年的那場告別演講，人群中不時發出陣陣的笑聲。

他說，「先有哈佛，後有美國」。「哈佛是美國自由精神的發祥地，你只要一日執有哈佛的 ID，將終身有效。」但是，哈佛先生的雕像卻堆積了三個謊言，俗稱「三謊雕塑」。約翰‧哈佛先生的像基鐫刻著三行字：「約翰‧哈佛」、「建校者」和「1638」。但是，這三行字裡卻隱藏著三個著名的「謊

言」。第一，這個雕像並非約翰‧哈佛本人，當年哈佛先生並未留下照片，後來建雕像時，隨便找來一個年輕英俊的學生會幹部來作模特的；第二，哈佛大學也不是哈佛先生創建的，他的前身叫「劍橋」，後來改名為「哈佛」，是源於牧師哈佛先生，把自己財產的一半和所有圖書捐獻出來，為感謝和紀念他就改了校名；第三，哈佛建校是在 1636 年，而並非「1638 年」。

他最有意思的觀點是——哈佛最初只是一個「山寨版」的劍橋。英國的清教徒移民來到波士頓後，部分劍橋的移民希望孩子在新的家園也能夠受到英式教育，於是他們在查爾斯河畔仿造劍橋建造了美國歷史上第一所學府——哈佛學院，哈佛所在地的地名直接就叫劍橋。

現在看，這的確是赤裸裸的山寨啊！就好比，我們安徽鄉下要仿造生產蘋果手機，山寨廠廠長一拍大腿，直接把廠改名叫「蘋果廠」。但是，萬萬沒有想到的是，380 年後，山寨最後超越了效仿對象，目前哈佛在多數大學排行榜上都是全面碾壓劍橋的。這種情況其實在歷史上並不少見，比如中國的聯想電腦一直抄襲 IBM，學其所長，最後硬生生是把 IBM 的個人電腦業務直接收購了。拉貝曼在 1990 年提出了後發優勢理論，可能最經典的案例就是哈佛大學了。

次日一早，我從教堂對面藍白相間的民宿房子裡搬出行李，把最後一個雙肩包塞進忠厚的「毛驢」後背箱裡，但是沒有塞好，關門的一瞬間，包一骨碌滾到了地上，裡面的幾個蘋果撒了一地。彎腰去撿東西的時候，抬頭看見二樓，華人的房東老先生和老太太手挽著手，站在門廊上，神情安詳地看著我。

在甬道上站了會兒，看一眼最後的波士頓，天空湛藍湛藍的，幾片孤雲遊蕩在純淨裡的風中，這裡的夏天比上海涼爽許多。

那棟房屋的尖頂在夏日的陽光中，閃閃發亮。

我在方向盤後，啃了口蘋果，駕著「毛驢」，開始了往西的奔走。

7 「雷神之水」的誘惑

　　套著只露出眼睛的藍色雨衣，我擠在船頭，旁邊是一對緊緊抱在一起約50多歲的情侶，他們的頭髮耷拉在雨衣外面。不遠處傳來大瀑布的吼叫，更大的雷霆似乎在醞釀。

　　我們的船向著一片迷霧中的瀑布航行。

　　一隻死去的河鷗在深藍色的水波中時隱時現，牠是在瀑布旁飛的時候，被雨霧打亂了視線，誤入垂瀑的激流嗎？

　　雷聲近了，轟隆隆，轟隆隆，印第安人的傳說，這種滾雷式轟鳴，是天上的雷神在說話。船終於搖搖晃晃駛入馬蹄瀑布巨大環幕般的懷抱。

　　——這是我離開波士頓後一路往西，7月18日，到達尼亞加拉大瀑布。

　　進入雨霧之中，所有的乘客突然感到船身一震，瀑布的外圍水體硬生生砸到了船上，冰涼的雨點從天上急墜下來，抹在臉上，跌落人群。濕身的一瞬間，耳邊充斥著世界各種語言的尖叫，那滿眼望去高懸無邊的瀑布猝然墜入深潭之間，如萬隻犀牛在奔騰，千隻公獅咆哮宣佈自己的領地。船開始劇烈的晃動，懷疑即將被拽著下沉，讓我不自覺用手抓緊了欄杆。——這當然是船長玩的鬼把戲，故意造成震撼效果，讓我們體會一下什麼是「雷神之水」，一點冒險帶來的刺激。

　　和我擠在一起的中年男女，女的身材已經發福，男的頭髮稀疏，他們居然撩去了雨帽，在船頭直落的瀑布雨霧水中，擁吻在一起，我側面望去，兩人已經忘我地把舌頭攪到了一起。

我把頭別過去，我好像不習慣看別人在我面前接吻。他們的棕色頭髮著了雨水，黏成稀疏的幾綹，搭在額頭上，熱吻的樣子似乎完全不管不顧船上可能有單身狗的存在。我從他們十指緊扣的樣子分析，他們該是熱戀中的情侶吧，因為如果是夫妻，通常這個年齡，中年女人不嫌棄丈夫滿嘴口臭或者煙酒味就不錯了。扶著劇烈晃動的扶手，船從雨霧中晃出來後，我們閒聊了幾句。

「11 年前，2005 年我們來過這裡。」男人說，我吃驚地看了他一眼，他的眼神很溫軟，還緊緊攥著女人胖胖的手。

女人打斷了他的話，「理查，你記錯了，我們是 12 年前來的尼亞加拉，2005 年年底大衛出生了，那年我們沒有出遠門。」男人說，「好吧，算你對。」他把頭轉向我，說「我們每年都留一周時間給我們自己，讓她媽看幾天孩子。」

尼亞加拉，灰色渾濁的河水在我眼前橫亙著，瘋狂而迷人。

它以時速 35 公里的流速跌下巨大的懸崖。站在瀑布的底部向上望去，52 米高的半圍合的馬蹄瀑布面，無休無止的巨水從天垂落，讓你心生敬畏。

簡直不可以想像，就在前不久，這裡上演了一場「命運的奇跡」：一名 40 多歲男子從我眼前的瀑布上游約 10 多米的地方縱身一躍，跳入尼亞加拉河，隨即被湍急的水流順著瀑布衝下來，幾乎是垂直摔到瀑布下的深潭裡，在波浪中翻滾沉浮了一陣子，竟然還好好地活著，成為少數未使用安全護具墜入瀑布的生還者。

須知大瀑布的平均流量每秒達 2,407 立方米，下落的衝擊力足以將任何木製容器擊碎、將金屬容器壓扁。我自己用末速度公式計算了一下，從大瀑布頂部下墜、撞向深潭的最高速度可達每小時 69 公里左右，這個速度可以把脊椎折斷、頭顱砸壞，讓你粉身碎骨。

我坐在大瀑布旁喝了一杯拿鐵，用手機查到尼亞加拉的一個官方網站，開來讀了兩句，發現一件不可思議的事情：第一位從大瀑布頂部跳下的居然

是個女人，而且是一個身材發福的小學退休教師。

　　我永遠不敢想像，我以前同樣胖乎乎的小學老師會做類似的事情，通常我們在走廊上劇烈奔跑，她都要聲嘶力竭地喊「當心摔倒！」來制止我們。

　　63 歲的安妮·泰勒（Annie Edison Taylor），密歇根州退休教師，她的丈夫在此之前也去世了，她完全失去了生活的重心（宛如米蘭·昆德拉的《生命中不能承受之輕》？）從來沒有任何冒險經驗的她，決定幹一番驚天動地的大事出來——「跳大瀑布」，以此冒險實現成名的人生夢想。

　　這位小學退休老師決定大幹一番了，她選用白色的肯塔基橡木，找人訂做了一個密閉桶，橡木板被七個鐵箍緊緊固定在一起。漂流桶中間的直徑為86 釐米，長 146 釐米，還釘了一個 100 多磅重的鐵砧放在桶底壓艙。她細心地把木桶的內側填滿布頭軟墊，再用氣泵將桶內的氣壓打到每平方英寸 30 磅（以抵消瀑布水流衝擊木桶的壓力）。為了測試木桶的強度，她先把一隻貓放在了桶裡從瀑布上衝下，貓確實安然無恙後，她決定自己上陣。

　　1901 年 10 月 24 日，她生日的那天，體重 160 磅的她穿著一件肅穆典雅的黑色長裙，別著朵大胸花，戴著厚實的寬簷帽子，莊嚴地抱著她的貓鑽進了桶裡，然後把蓋子擰緊。一艘小船將木桶拖進了尼亞加拉河的主流，下午 4 點左右，連接船的繩子被割斷，桶朝加拿大一側漂去，大約下午 4 點 30 分，人們看到那桶從懸崖邊緣滑落，翻了幾個身，隨垂瀑急墜下來。對岸圍觀的人群屏住了呼吸，有人發出尖叫。不到一分鐘後，橡木桶重重撞擊在瀑布底部的潭面上，忽上忽下沉浮在水中，並繼續它的漂流。一刻鐘後，救援人員沿著加拿大河岸靠近泰勒的桶，把它拖到一塊岩石上，有人擔心她已經身受重傷或者不省人事。砍掉桶頂將她放了出來的那一刻，令所有人驚訝，安妮·泰勒完好無損，她神情有些飄然，她唯一受傷的地方是前額上的傷口，那是她被人拉出木桶時刮傷的。

　　從桶裡放出來後，泰勒夫人第一句是：「以後，誰也不該再幹這樣的事了！」

　　安妮·泰勒因此成名，上了媒體的頭條，曾在美國四處演講了一陣子。但她是一個小學老師出身，而不是商人，不善經營，並未利用關注賺到錢，

人們很快遺忘了她。她晚年常住在尼亞加拉瀑布區，在街道上吆喝她壯舉的紀念品，還擺姿勢和好奇的遊客合影來賺點小錢，她喜歡和遊客開玩笑，她說，「我再也不會第二次嘗試跳瀑布了！」「我寧願走進一門大炮裡。」

後來她那個著名的橡木桶也被人偷掉了。她活到了 83 歲，死前一貧如洗，但是人依然樂觀開朗。

我讀資料時發現，安妮·泰勒跳瀑布那年，又有 16 人義無反顧地跳入尼亞加拉瀑布，他們都採取了保護措施，但只有 10 人生還。上世紀 20 年代，英國冒險家斯蒂芬斯（Charles G. Stephens）乘坐安有鐵梁、鐵箍的木桶從大瀑布上衝下，不幸被強大的水壓擊碎。事後，人們在下游發現了木桶，裡面僅找到了斯蒂芬斯的一段右臂。

尼亞加拉大瀑布發生的最誇張的、最刺激的冒險行為發生在 25 年前，冒險家羅伯特·奧瓦克（Robert Overcracker）為了給流浪漢籌款，騎著一輛摩托艇從馬蹄瀑布上衝了下去。非常不幸的是，他的「火箭噴射式」降落傘失靈沒有打開，他直接落入瀑布下方滿是漩渦的水潭中，屍骨無存。畢業於加州特技學校的羅伯特·奧瓦克可不是一般的冒險分子，他是專業的特技演員。所以，他非常清楚要進行這樣的表演需要做大量的準備工作，他足足花了 7 年時間來計劃這次跳躍的每一個細節。根據他的計劃，他騎水上摩托車在馬蹄瀑布的邊緣越起，此時將激活「火箭降落傘」，噴射會帶動降落傘把他拉起來，下降到一個安全的位置。

但是，不知為何，這次他的運氣那麼差！

著紅色傘服的羅伯特騎著摩托艇從瀑布上衝下，他高高飛躍在摩托艇的上方，那個背影，那一悲壯的瞬間，被媒體拍攝下來，成為他在世的最後一張相片。

我站在尼亞加拉瀑布下面，攪拌得半渾的河水奔騰而下，光看看已經腿腳發軟了，我會想，那些冒險者嘗試在大瀑布峽谷邊緣用生命一躍而下，是多麼瘋狂的舉止？！

美國人為何那麼愛荒野、愛冒險呢？

愛冒險背後深層次的原因是什麼呢？

我一路往西走，試圖探尋。

眺望河流附近密密匝匝的原始森林，讓我想起里安納度的《復仇勇者》，裡面那個為了獸皮，死了無數夥伴和唯一兒子的皮草獵人休·格拉斯，在荒野中九死一生，全是早期美國人生存的影子。

冒險和征服的血脈應該來源於最早移民北美的幾代歐洲人，他們無論是淘金者還是清教徒，都算得上冒險家，並且一代一代把這種血脈傳遞下來。

設想一下早期移民，16 世紀從英國或者荷蘭搭船去美洲大陸的冒險之旅，其難度和勇氣可能不亞於從尼亞加拉瀑布的頂端跳下來。那個時候，船離開港口後，就算「下海」了，沒有可靠的航線，沒有無線電，沒有衛星導航，沒有天氣預報和暴風雨預警，漫漫的航行全靠船長的航海經驗、駕駛技術以及上帝的旨意，船長僅僅依靠辨識星座的位置，再輔以幾個簡單的儀器，計算出航海經度，一旦遇到持續的暴風雨、大霧等壞天氣，他們就無法進行觀察，只好靠計算里程、羅盤還有向上帝喃喃祈禱了。其中一部分人會在漫漫的旅程中直接生病死去，好容易奄奄一息地到達目的地，還要在荒蕪的土地上面對饑餓、瘟疫，或者一不留心迷失在叢林裡面，或者被印第安人捉住吃掉的厄運。

即使這樣，仍然有源源不斷的歐洲人離開繁華的都市，冒險遠涉荒蠻，尋找傳說中的黃金或者沒有宗教迫害的天國。例如，活下來的人發現了一種黃金：「冒煙的印第安人」，美洲土著人經常圍坐在一種植物乾葉做燃料的火堆旁，用一根怪模怪樣的木管插入鼻孔，去吸火堆冒出的煙，那些人從中獲得了巨大的享受，這種木管叫「多巴哥」，即煙草。這種印第安神草進入歐洲市場的頭一年，價格幾乎和黃金一樣，人們愛得發瘋。儘管早期去美洲搞煙草，死亡率可能在 60% 以上，但活下來的人不少發了財。——冒險有了第一次重大的回報。

從某個特殊的角度來看，不少美國人是活下來的冒險家的血脈，他們是冒險的受益者。

從尼亞加拉出來，天快黑了，瀑布的轟鳴聲反而更響了。

我開「毛驢」上了一條車道，跟著一堆亮尾燈的車子開著開著，前面要上一座橋了，我看到橋前方巨大的提醒標記：前方加拿大。不對，怎麼是加拿大？我可沒有加拿大簽證，想著，我就趕緊掉頭，雙車道的馬路很窄，車頭底部「咚地」一聲插在對面的馬路牙子（即路肩）上了，不險！不險！我想，福特越野的車身比較高，無大礙。

往民宿開的時候，我忽然想到，生活本身不就是處處冒險嗎？

縱身跳入飛逝的尼亞加拉瀑布，或者橫渡未知的大西洋是冒險，如駕車旅行、離婚、結交男友、失業、投資股市、生病、國家之間的博弈，以及在一個飛速變幻的世界中，所有的這一切不都是一場生存的挑戰嗎？不也是一種冒險嗎？

在原始社會，去猛獸出沒的地方或許就能找到美味的水果，山洞裡等候的女人也喜歡與這類膽大冒險的男人交媾，覺得他們更有種，會帶來更多食物。

最終這類人的基因和習慣被遺傳下來。

冒險能讓人變得強大，讓我們平常的生活更加刺激，這種刺激帶來的心理獎賞，宛如麵包上的草莓醬，一旦嘗過，就再也停不下來。

另外，我也覺得國家間的博弈說到底也是一場原始的冒險。如果說美國的精神世界一部分發源於早期歐洲人的冒險，那麼，中國的精神世界則發源於君臣父子的儒家秩序。未來，美中二強爭霸全球，血液中有冒險基因的美國人會不會率先走出最危險的一步棋？看看甘迺迪在古巴導彈危機中的表現，你就會明白，這種冒險的對決一定在不遠的地方等著我們。

當晚，我投宿距瀑布一小時之外的小鎮上。

這個小鎮寂靜得可怕，巨大的樹木圍合。一些湖岸旁的別墅裡面只住著些老人。去瀑布的旅人通常傍晚趕到，一早起來，像寂靜松林落下的松針一樣，悄無聲息地離開。

那些最早涉險來這裡長居的人，魂魄如今在何處悠遊？

住的地方有一個靠湖的院子，螢火蟲一滅一暗地在四飛，我在屋子裡放放朴樹的歌，「窗外沒有詩句只有遠去的站牌站牌站牌」，現在窗外只有寂靜寂靜寂靜。

8 驚魂夜的老別墅往事

　　昨夜我投宿的 Airbnb 是一個老別墅，位於尼亞加拉大瀑布旁的一個叫李維斯頓的小鎮上，門牌號為 4482，這棟靜謐祥和的房子直接坐落在尼亞加拉河畔，河對面就是加拿大的原始森林。沿別墅後門的小坡走 30 米左右，可以直接下到河邊上。這段河水流淌得不緊不慢，略有濁色，站在尼亞加拉河，望著對面加拿大的森林，一群水鳥撲啦啦地飛起來，盤旋良久，又撲啦啦地飛回去，夏日的墨綠塗抹著天際線。

　　這是棟老式鄉村別墅，目前的主人是前美國國家冰壺隊的女運動員，據她說，這棟房子是她前幾年向一個叫羅伯特的老先生買來的，該屋建於 1936 年，和我父母的年齡差不多大。老冰壺隊員目前靠短租這個房子謀生，她住在隔壁的院子裡，中間有一道籬笆。

　　我坐在客廳的沙發上休息，喝茶、研究地圖是我的最愛。沙發對面就是二樓走廊，走廊上掛著一幅中世紀的人物肖像畫，畫是全黑的背景，裡面的貴族面孔消瘦，白皙的臉，嘴角上有二撇鬍子，他穿著帶大圓假領子的金黑色禮服，一副不苟言笑的表情，側臉掃視著客廳，看得我有一絲絲不祥的寒意。

　　這天夜裡 2 點鐘，我突然口渴醒過來，從床上摸索起來，踢踏著拖鞋去廚房，穿過客廳時，聽見大座鐘嘀嗒嘀嗒走著，夏日的夜風把草皮的味道吹進了屋子，我突然看到二樓走廊上那幅肖像畫中的人，正從畫上慢慢轉過頭來，臉色煞白，似乎要和我說話，我嚇得大叫起來，卻怎麼也喊不出口，我

想跳起來撲上去把他用力推開，但是並不能。這樣無聲地呃呃掙扎了很久，終於完全醒過來了，發現還好這是一個惡夢。我躺在床上，蜷縮在空調被中，再也睡不著，望著窗外，這個夜晚的尼亞加拉河畔的鄉村，是如此靜謐，靜謐得恐怖，讓大城市生活慣了的人能聽到自己的心和脈搏的跳動。

第二天起來，我在餐廳某個檯面上，發現了一封已經泛黃的信件。

我泡了一碗燕麥粥，然後翻閱起這封信。

這是當年建造這棟別墅的主人羅伯特寫於 1988 年的一篇文章，那個年代還沒有電腦，這篇文章看得出是用老式打字機一個字母一個字母打出來的，是塵封已久的一份《建房記》。

羅伯特說，「這座屋子人來人去，未來會不停地變換主人，只要二、三代人可能就遺忘了這棟房子曾經不一般的過去。我們總是為戰爭英雄、社區服務和某人的商業事業寫紀念的文章，很少有人為自己的父母建房撰文紀錄的。

我家的這個房子叫 Dunromin，我希望它一直存在，因為這個房子包含了我的父母羅伯特夫婦的遠見、審美和付出的心血，也是他們兩人合作的一種紀念。

他們為何選擇這麼偏遠的鄉下建房呢？因為我的父親出生在蘇格蘭的鄉野，當地某個房屋的名字就是 Dunromin，Dun 是蘇格蘭語山丘的意思。我的父親不希望自己的孩子沾染上城裡孩子的浮誇習氣，他希望選擇一塊田園鄉間風格的土地建造房子，每年夏天還可以帶著孩子在附近的農場勞動。

1936 年，在比較了三塊土地之後，父親選擇了這塊地，因為這塊地挨著河邊，擁有非常怡人的鄉村景色。這塊地以前的主人可能是一個酒鬼，因為地基上有很多很多的酒瓶子，我和妹妹就跑進去，玩砸酒瓶的遊戲，就是把酒瓶子用力扔向殘牆，啪啪的開花了，非常開心。

這棟房子的地價和總建造費用為 20,400 美元，父親花光了他幾乎所有的積蓄：5,900 美元，剩下的 14,000 多美元則是依靠銀行貸款。父親的工作就在小鎮商店附近的一個二樓，有很長時間，他的工作並不是很穩定，但是他總是努力地去找新的工作。這棟房子於 1937 年春天動工，1938 年建成。搬進

去的時候，房子裡面還沒有什麼家具，空空蕩蕩的，母親臨時買了幾張床。

我和妹妹剛剛搬進去的時候，覺得非常新鮮，我們的房間對著門口的馬路，那時候馬路還是土路，晚上有汽車開過，車頭的大燈光把窗戶的影子投在牆上，光影從移動到消失，我們覺得像在看電影一樣。

母親在山坡下面建了一個池塘，等冬天結了冰，她教兩個孩子溜冰。她是一個很好的溜冰手，我挽著母親的左胳膊，妹妹挽著母親的右胳膊。記得第一次在冰上獨立滑，摔了一個大大的跤，很痛很痛，如今記憶猶新。那時候，父親則擔心我們會掉到池塘的冰窟窿裡面去。

慢慢的，母親在房屋的四周種下了落葉松、橡樹還有白樺，還有四季的鮮花。每年這棟鄉村大屋，花朵都次第開放，玫瑰、金盞菊、山茶花……河岸的風搖動對面的茂密森林，吹過山岡，拂過草皮，那些花瓣搖曳而落，還有蒲公英的小傘，一朵朵旋轉著飛向湛藍湛藍的天空。現在想起，那時候的場景是如此美好。此後，父親 40 多年時間都在修葺花木和草坪。我 11 歲的時候開始幫助父母做一些房子的工作。

記得有一年夏天，父母帶我去農場勞作，微風的午後，在蔬果田裡，大家一起有說有笑摘番茄，突然，妹妹直起腰，迎面扔了一個番茄過來，正中我的臉部，大家都哄地一聲笑了，只有我傷心地捂著臉哭著跑了。

大約在 1988 年那一年，由於父親身體不好還有孩子讀書問題，我帶著全家搬到附近的水牛城市區去住了，可能那裡的生活更方便一些。」

我估計這篇紀念文章，可能就是羅伯特全家搬離這裡的時候寫的。

這篇文章大概共有四頁，羅伯特對往事記錄得很詳細，是尋常的一個美國普通家庭的建房故事，但更有意思的是，這個《建房記》被退役冰壺運動員保留在出租屋裡了，往來的陌生人，都知道了這座古怪鄉間別墅的溫暖往事。

第二天，7 月 19 日，上午離開前，我和冰壺運動員站在屋旁的那顆大橡樹下聊天，大橡樹撐著巨大的樹冠遮蔽了屋子的一部分，我和她說起那篇《建房記》，她說，羅伯特的父親前些年已經在水牛城剛剛去世。

我想，他臨死前有沒有再回來看過這棟住了 51 年的老房子呢？

正如羅伯特所說，我們記錄了很多國家英雄或者商業明星的往事，但是對於普通人來說，我們父母平凡而偉大的往事擱在哪裡呢？

每個人的爸媽都有一個心酸的《弄房記》，我沿著尼亞加拉河開「毛驢」的時候，就回想起我自己的爸媽當年是怎樣的情況。

爸媽從安徽的農場回到上海，全家四口沒有住房，我和我爸住在廠裡的宿舍，而我媽則帶著姐姐寄宿在外公外婆家的地板上。那時候沒有商品房，我爸的廠裡一時半會分不了房子，我媽覺得這樣下去不行。她就一次次地去跑政府街道、跑婦聯、跑國企老單位、跑各種衙門，回家後還給各種衙門寫上訪信，說自己當年因為冤案 19 歲被迫離開上海，如今人已到中年回滬，全家沒地方住，望政府開恩。數年後，婦聯終於開恩，我媽一直說那可能是女人部門的原因，女幹部有同情心，分我媽一個僅 8 平方米的底樓小房子，在漕河涇附近。於是我們一家四口在上海，第一次有了自己的家，儘管小得可憐，畢竟再也不需要寄人籬下了。那個房子實在太小，而且還和四戶人家共享廚房，潮濕無比，此外還有老鼠、鼻涕蟲、蟑螂，暴雨天外面的積水過膝蓋。

我媽當時的弄房環境是蘇格蘭移民後代羅伯特不可以想像的，她挽起袖子和周邊人家去爭奪廚房，然後在門背後放上老鼠夾子，把牆上的鼻涕蟲用筷子夾住放在玻璃瓶子中，帶領我們全家在夏季大暴雨的夜晚，用盆子往屋子外面舀水，那年我 16 歲，舀水時我直起腰，看到我們的小屋子外面漆黑一片，汪洋上垃圾四處漂蕩。

9 芝加哥同志大街和毒蘋果

　　我的「毛驢」安靜地停在小馬路旁的一棵橡樹下，樹下還有一叢無名的黃花孤寂著，我爬上車門坐到駕駛位子，感覺自己是跨上一匹黑驢的鞍子，意淫（即妄想）的快感。長途旅行哪一刻最爽？就是檔位放 D 檔，猛踩油門離開的那一瞬間，奔向下一站，而且還根本不知道下一站長得什麼樣。

　　我前天在安娜堡拜訪了個朋友後，今天起就往芝加哥走，近 398 公里，開了足足五個多小時，開得雙眼迷離，踩油門的腿漸漸麻木到抽搐，在車流、轉向燈、無數的指示牌、一閃而過的麥當勞標誌、呼嘯而過的集裝箱卡車當中連續開幾個小時之後，我產生了一種變形金剛人車一體的感覺，開啊開，就在下午 3 點半多，突然，一片藍得讓你精神崩潰的大海映入車窗，哦，不是大海！是湖，是密歇根湖，無邊無際和海一樣廣闊，陽光毫無遮攔地傾泄下來，在湖面上肆意妄為地撩撥出她粼粼的、飄逸的水紋。車裡在放久石讓《菊次郎的夏天》——「聲音如此清晰／像夏日的低聲一般沒盡頭／藏在心裡的快樂／輕輕的跳動」。

　　芝加哥的城市天際線出現了，地標威利斯大廈在一堆現代高樓大廈中倔強地伸出頭來，遠看宛如一個倒扣在地上的手榴彈，那兩根天線疊在一起時正好是彈柄上的引線。1871 年，一頭比廣島原子彈還厲害的奶牛毀掉了整個芝加哥！因為這頭奶牛飛起一蹄，踢翻了一盞馬燈，這點星火使得極度乾燥的芝加哥迅速燃燒起來，世紀大火足足燒了 30 多小時，整個城市被燒成了灰燼。誰知道芝加哥卻因禍得福，很快從一片哀嚎中走出來：全球最傑出的建築師來到了這裡，他們腦洞大開，進行現代建築的創作實驗。最終，芝加哥涅槃重生，是不是要感謝那頭奶牛呢？我覺得，世界有今天這個樣子，恐怕

都得算上那頭奶牛一蹄子的功勞，你看，紐約、香港、上海等地流行的高樓大都超簡潔、鋼結構、大開窗風格，均要拜芝加哥建築為「教父」。

「毛驢」被堵在芝加哥的主街道上，我有時間仔細打量這座城市，感覺整個城市好像一杯雞尾酒，古典的、折衷的、現代的，各種建築被調和在一起，使勁地攪呀攪呀攪，攪成了一杯「性感沙灘」。

我訂的愛彼迎民宿在浩斯提德（Halsted）大街旁的一條小路上，那是一排紅磚排屋中的一間，但是，我卻怎麼也進不去這個房子。

房東郵件說，鑰匙在房屋「西頭的」樓梯下面的木門裡，於是我打開了一扇黑黢黢的舊木門，發現一塊石頭下面有一串鑰匙，就高興地拿了去開門，發現房門怎麼也打不開。是不是拿錯了鑰匙？哪邊是西，是不是搞錯了方向，於是發現旁邊的排屋旁也有一個樓梯，樓梯下面居然也是一樣的黑黢黢的舊木門，是不是這個？我也打開看看，發現門上直接掛有三把鑰匙，我一把把拿去試門鎖，還是不對。到底是哪把鑰匙呢？天漸漸黑了，這種排屋的小院子沒有燈光的，外面馬路的燈光也是非常的幽暗。

我打電話給房東，說怎麼也找不到鑰匙，她提醒到，你是不是進錯了院子。我放下電話，一看，原來這個紅磚排屋居然有前後兩個入口，而且長得「拷貝不走樣」。於是穿過仄仄排屋之間的通道，踏過一片雜草，來到了屋子前院，果然，這裡也有一個樓梯間，我再次摸到門，打開一模一樣黑黢黢的舊木門，地面上有塊歪磚，果然鑰匙在下面。哇，美國人的思維是如此相似，藏鑰匙的方法都是一模一樣的，如果我是小偷的話，已經摸進另外兩個人的家了。

夏天的夜晚是如此涼爽，這一段的 Haslted 大街燈火通明，是附近唯一可以逛逛的地方。我穿了件緊身的耐克（Nike）綠色運動 T 恤，這是一件頗顯胸肌的運動衫，打算去跑跑步。不知為何，這條街到了夜晚，人有點詭異的多，要知道附近的小馬路全部浸漬在寂靜的黑暗中。在街口等紅綠燈的時候，突然，我的肩膀被一隻毛茸茸的手攬住了，大胳膊擱在我的脖子上，毛拉拉的，我聞到一個呼哧呼哧的酒氣，嚇了一跳，忙扭過頭去，看見一個白人大漢在衝我笑，說了一句什麼，我也沒有聽明白，就放開了我，和他的兩個男

性朋友大笑著過街去了，路上，他還回頭衝我咧嘴一笑。這一笑，不是「青翼蝙蝠王」韋一笑吸血前的笑容，笑得很友好，沒有惡意，所以，我也覺得他可能不是什麼壞人。

此時，我忽然發現街上全部都是男人，幾乎沒有女人，還有幾對男男穿著緊身的衣服，帶著耳釘、手拉著手。對面酒吧有一面對大街的透明玻璃窗，粉色的 LED 燈光下，含情脈脈的男人四目相鎖，另一對男子相擁而翩翩起舞，彩虹色的旗子插在外面，七色的霓虹燈在四處悠悠然地亮著，我忽然明白，我剛才被搭訕的原因了，誰叫我穿著緊身運動服不合時宜地出現在這樣的街頭。這分明是一條同志大街！趕緊一查谷歌，果然，這是芝加哥著名的「男孩街」，是男性同性戀的歡聚聖地，難怪全是男的。據說，芝加哥還有一條「女孩街」，那是留給拉拉的地兒。

這條大街熱鬧的一段大概只有幾百米，兩間最火的酒吧旁就是一家頗具規模的情趣用品店，我像逛第五大道的百貨一樣，背著手，踱進去仔細看了看，除了粉色情趣內衣、網格絲襪、緊身鉚釘皮褲之類常見的之外，皮鞭、蠟燭油、手銬、腳鏈、繩索、鉤子等也赫然在列，此外還有不鏽鋼的丁丁牢籠、帶鈴鐺的頸圈、球型口塞，前者宛如是滿清十大酷刑，後者就是《動物也瘋狂》的成人版，看了後讓我覺得腦洞頓時變大了。我以前曾讀過一篇「我在情趣商店工作」的熱帖，下面粉絲無數，其中一人神經兮兮地問樓主，「請問，你現在有沒有變得很有情趣呢？」樓主用王菲的話回答：「情趣是一種很玄的東西，如影隨行。」

情趣店門口的大街上立了一排小小的簡約的文字紀念碑，每個紀念碑都刻著一個歷史上偉大的同性戀，借助著微弱的燈光，我看到了一個叫「CHUNG」的華裔女星的紀念碑，這個姓對應的中文大概是「鍾」或「宗」，她是幾十年前的女人，她可能是第一個公開自己出櫃的華裔美國女星。

這排同性戀紀念碑中，我還發現了一個熟悉而溫暖的名字是「艾倫·圖靈」，這位計算機之父把世界大戰整整提前了兩年結束，拯救了數百萬人的生命，但他自己卻在 41 歲那年，因為是同性戀而被社會迫害致死。

我一直著迷於計算機之父圖靈的人生經歷，前陣子還在看《圖靈傳》，

這比《超人》的電影絕對更好看，因為後者是假的。

二戰期間，德軍當時採用的密碼系統英格碼（Enigma），它一直是有史以來最可靠的加密系統，簡直是「金鐘罩」護體，是絕不可能被破解的，但硬生生就被圖靈帶領的秘密小分隊發明的「炸彈機」給破了；24 歲那年，他向英國權威數學雜誌投稿，提出了電腦的雛形「圖靈機」。圖靈的大腦宛如會玄想的黑洞，他曾寫過一篇名為《機器會思考嗎？》的論文，提出了一種用於判定機器是否具有智能的試驗方法，即圖靈測試。至今，每年都有試驗的比賽。此外，他還是一個世界級長跑運動員，他的馬拉松最好成績是 2 小時 46 分，如果不是跑得太猛受了傷，他差點代表英國國家隊參加奧運會，他的成績比當年奧運會馬拉松銀牌選手的都要好！他如此酷愛長跑，可能是他的血液中的孤僻、極端、倔強的性格在起作用，而這個性格的背後，是不是同性戀的性苦悶和社會壓抑呢？

圖靈死亡的場景，和白雪公主一模一樣。1954 年 6 月 8 日。那一天，躺在自家床上的他被發現香消玉殞，床邊放著咬了一口的蘋果——裡邊浸有劇毒的氰化物。那個逼死圖靈的後媽是誰呢？圖靈的神秘死亡至今仍是一個謎。究竟是什麼逼迫 41 歲的他離開這個世界？在圖靈生命中的最後幾天裡到底發生了什麼？圖靈的母親不相信自己的兒子會自我了結，堅稱他只是誤食做化學實驗時沾染了氰化物的蘋果，因為她的「艾倫」從小就有咬指甲的習慣。

我走進圖靈生命的最後兩年，發現一個同性戀承受的無邊無際煎熬，痛苦、孤獨、苦悶，會發現人活著的意義又何在？讓我想起日本小說家太宰治《人間失格》中的經典語「生而為人，對不起」。1952 年的一天，圖靈因家裡遭竊而報警，小偷逍遙法外，圖靈卻被鋃鐺入獄，因為警方發現了他的「同志」身份，當年的英國，同性戀是不可容忍的罪行。在被定性為「行為粗俗」的「重度猥褻罪」後，圖靈被迫在以下兩個選項中做出抉擇：蹲牢兩年或者接受雌性激素注射。為了能夠繼續進行科學研究，同時也能顧及面子，他選擇了後者——俗稱「化學閹割」。被注射大量雌激素後，這位偉大的科學家，長跑天才，計算機之父，驚恐地發現自己長出了女性的乳房，精神備受折磨和摧殘，讓旁人眼中本來就顯得怪異的他，更是出離地被歧視。內心的壓抑

痛苦，肉體的迫害，加上社會的歧視，這一切的一切或許是導致了他的自我了斷？「生而為人」是多麼痛苦。

最後兩年，他承受著非人的性苦悶和社會煎熬，他會徹夜無法入眠，肉體和精神都處於窒息狀態，估計，當人們在他背後議論：「真看不出還是一個死同性戀！」「真是噁心死了！」聽到這樣的話，他的身體一定僵硬了，處於劇烈的顫抖之中。

殺死他的不是那被咬了一口的毒蘋果，而是那瓦解他意志的力量，世人對他性取向的偏見和毒害。

他的紀念碑被立在同志大街 Haslted 的正中位置，周邊團簇著一堆堆夜裡尋歡的同志們，尖叫聲和彩色燈旋轉，我覺得這簡直就是對他亡靈的最好慰藉。

早晨有點蘊熱，我起來繼續跑步，汗很快滴答滴答滴下來，滲進人行道裡。

我跑過浩斯提德大街附近的住區。一家家夜店都還緊閉著大門，店門旁插著彩虹旗微微招手。路過我的毛驢車時，發現誰在我的擋風玻璃上放了一張紙，什麼東西？一看，不好！居然是警察的一張違章停車罰單。這裡明明有停車標誌的嘛！再仔細一看罰單，告知我的停車位置是晚上可以停，但是早上 6 點後就不可以了，我作為一個外國遊客哪會知道這個啊？這也太糟心了吧！我還不知道該去哪裡交罰單，而且馬上就要離開芝加哥了，這時，我想起了我在德州的老同學老孟，熱心的歷史狂，讓他來幫我處理這張罰單吧。

於是，晚上睡覺前，我和老孟打了個電話，哥倫比亞大學研究生畢業的老孟在我心中就是個活雷鋒（形容樂於助人），他說，「沒問題！我會代你寫一份申述的郵件給有關部門，可以先懇請他們網開一面。」然後，他問我，「你在芝加哥住哪裡？」

我說，「同志大街旁啊。」「美國人對同志們太友好了，難怪我的高中同學要移民這裡。」

老孟說，「你不知道，幾十年前，同性戀在美國也很慘的，算犯罪，或者是一種精神錯亂。美國對同性戀者採取的治療手段可狠啦，包括化學閹割、

電擊療法、腦葉白質切除術等。你知道電影《被抹掉的男孩》吧？就是講一個基督教新教氛圍很濃郁的小鎮，一個男孩因為被發現是同性戀，就被父母送去接受同性戀治療，被迫接受 12 種殘酷療法，通過電擊啥的刺激讓他產生痛苦或厭惡性反應，好可憐好可憐的！」

臨掛電話前，老孟跟我扔了一顆原子彈：「你知道吧？」我發現，他的口頭禪就是這句——你知道吧？

他說，「人類中大約有 20% 以上有同性戀傾向。」我掐指一算，「靠，近十多億啊。這不會騙人的吧？」老孟說，「50 年代有個性學家叫金賽（Alfred Charles Kinsey），他採用個案訪談方法對人類性行為進行了十年調查，訪談對象達一萬二千餘人。就其規模而言，他的調查可以說是前無古人，後無來者。他的性學報告說：美國有 37% 的男人曾有同性快感，純異性戀和純同性戀比例都很低，多數人都可以是雙性的，只是比例不同而已。比如我就是 95% 的異性戀取向者，5% 的同性戀者。那有人可能就是 60% 的同性戀取向，40% 的異性戀取向。金賽這個性學報告一出爐，全美國都瘋了。不但同性戀受到了關注，還點燃了性解放運動，無數漂亮的文藝姑娘一窩蜂似的扎進了搖滾樂手的懷抱。」

他說，「但是，美國傳統社會也很長時間不正式接納同性戀。直到奧巴馬推動下，最高法院才認定同性結婚受憲法保護，去年（2015 年），白宮第一次點亮了七色的彩虹燈。」

老孟說，「你知道嗎？最近有個中國秦皇島的警察叔叔挺火，他辦了一個叫 Blued 的同志社交網站，目前居然是全球最大的『男同』社交網，有近 3,000 萬同志用戶。他還上了《外交政策》的全球思想者榜單！」

我掛了電話，發現眼睛搭牢了，鑽進被窩，浸在黑暗中了，快要睡熟前，我突然想到，哪一天，中國人民大會堂和天安門城樓會亮起七彩的燈呢？

10 變成唐・吉訶德的鮑勃・迪倫

7月28日夜投汽車旅館。

一個小池塘旁，黑暗中，幾隻雄螢火蟲亮著金色的尾燈，一暗一亮地發出「摩斯密碼」，在飄忽的風裡尋找著愛人。每一種螢火蟲都在發出牠們自己的密碼，夜空裡，密碼對上了，於是兩隻螢火蟲在快樂的交配，燈光滅了，那是牠們懂得害羞，拉了尾巴上的小開關。

早晨，我的「毛驢」驢脾氣大發，沿著 90 號州際公路，從芝加哥近郊往西飆了數百公里。這條橫貫美國的動脈從波士頓就開始如影隨行，據說可以一直開到 4,800 公里外的太平洋，消失在驚濤的海浪中。從大西洋到太平洋，史詩般的長度，一路上的風光是令人難忘的壯麗。

向西，向西。

谷歌標識顯示進入明尼蘇達州了，先是跨過密西西比河，滿眼的祖母綠色，濃厚地流淌在柔軟鋪陳的大地上。

我看見，車窗外，一片陽光照耀的草地上牛羊在吃草，還有尚未褪盡的藍霧和遠方的迷人天空，以及視線盡頭漸漸消失的地平線。雲在天上肆意地舒卷，找到自己最舒服的姿態，蜷著身子，俯瞰這一望無際裸露的田野，就差給她手裡配一杯咖啡了。河流和湖泊從車窗外閃過，連綿一片；田野上高大的樺樹枝折斷了，嘩啦呼啦隨風搖擺。

公路旁，棕色羽毛的鳥略過河流和小鎮，歡快地尖叫，上下撲騰，高頻拍打著翅膀，向後倒退著，消失在反光鏡中，背景只剩下那片雲舒雲展的天空。

——這裡是明尼蘇達的夏天，一個詞：宜人。

——這裡是吟遊詩人鮑勃‧迪倫的故鄉，曾經寒風凜冽。

在鮑勃‧迪倫的記憶中，家鄉不完全是宜人的，而是一種淡淡的憂傷。他的家是美國的「五線」城鎮，在明尼蘇達北面一點的希賓，冬天刮起風來氣溫可以低到零下 25 度，暴風雪能活活凍死人。他的老家是一座一步一步走向死亡的城市，60 年代，由於開採成本過高，導致希賓鐵礦難銷，城市裡的蕭條就像漫長的垂死掙扎，大批失去工作的年輕人遊蕩在街頭，很多家庭陷入困頓。在他的記憶中，家鄉是一個讓他又愛又恨的地方，他用歌描繪過一副溫柔而又殘酷的美國中西部小鎮的畫面：「希賓週五的夜晚，引擎咆哮，汽車全速飛馳／希賓的酒吧裡，波爾卡樂隊徹夜歡歌／站在希賓主幹道的一頭／就能將小城全貌盡收眼底／希賓是一座可愛的老城」。——在迪倫的很多歌曲中，你都可以聽出那個小鎮老去的憂傷，一片屬明尼蘇達的鄉間空曠，一種對生活反叛的傾述。

假如鮑勃‧迪倫不是出生在這樣一個「生鏽」的五線城鎮，世上還會有迪倫嗎？

現在，我終於踏上了鮑勃‧迪倫的故鄉，耳輪中那個帶口琴的吉他聲在四處飄揚。知更鳥在樹下鼓動著他們的發聲器，進行著一場午後的音樂會。

他是猶太鞋匠的後人，10 歲時第一次聽到鄉村音樂，瞬間靈魂被呼喚醒了，「那唱片的聲音讓我覺得自己是另一個人，就像是我投錯了胎」。他的中學畢業手冊上寫的「偉大理想」是——「加入小理查德的樂隊。」

在明尼蘇達生活到 20 歲，一個年輕人的世界觀已成熟時，他倔強地把羅伯特‧齊默曼的這個典型的猶太名字改為鮑勃‧迪倫，頭也不回地離開北風呼嘯的「老去之城」，要尋找他的遠方，去拜訪心中的偶像格斯里。

我在公路旁給「毛驢」加油時想像：20 歲的迪倫，黑頭髮亂蓬蓬的，穿著牛仔褲、提著旅行箱和吉他，在公路邊揮手，搭便車去紐約，路過的車子把灰塵捲了起來。他口袋裡大概只揣著 10 美元，晃著肩膀走進格林威治村的時候，紐約不知道它迎來了歷史上最偉大的民謠歌手。

再過一小時，90 號公路將和一條 61 號老國道交匯，這老國道就是「布魯斯之路」，被無邊的森林、卓坡和小麥田包圍著，從北面的明尼蘇達一直向南貫穿整個美國，到達說法語的新奧爾良，當年很多布魯斯音樂家，背著行囊走在路上，拋開煩惱，在路上四處遊蕩結交新朋友，這對迪倫也產生了深遠的心靈影響。後來，他寫了一首歌《重返 61 號公路》來紀念，寫「一個四處遊蕩的賭徒百無聊賴，他試圖引發下一場世界大戰，他找到一個以前遭受過挫折的貴人來幫忙，貴人說：我以前從未做過這樣的事，但是我想它一定非常簡單，我們只需找一些漂白粉在太陽下曬乾，然後將它灑在 61 號公路。」

明尼蘇達夏天的樹蔭下是極樂之所，饑腸轆轆的我在一家公路邊的麥當勞前停好車，門一開，一股麥當勞的香氣撲鼻而來。大約 200 斤胖的店員姑娘，臉上長著兩個很深很深酒窩，她問我，「你怎麼樣？想吃什麼？」我坐在冷氣大開的窗口，凍得瑟瑟作抖，大口大口嚼著溫熱的麥香魚漢堡，瞥見窗外一陣風撫摸過鄉間大樹的長髮，20 歲之前的迪倫，是否曾經也一樣饑腸轆轆，是否也曾坐在公路旁的某個漢堡店裡，嚼著薯條，看著窗外的大風和大樹，哼起他腦子裡突然出現的一首曲子呢？

20 歲是多麼美妙的歲月，我也曾經有過。

那年，到了紐約格林威治村的鮑勃‧迪倫，遇到初戀女友蘇西‧羅圖洛。

他說，「我知道自己第一次墜入愛河，即便 30 英里外仍能觸摸到她的氣息。」「她有金黃的秀髮、白皙的皮膚和熱情的意大利人的血統。空氣中突然充滿了芭蕉葉的芬芳。我們開始談天，而我的頭一直暈暈乎乎的。我聽見了丘比特張弓搭箭的聲音。」

他執意要把她的照片放在唱片《自由自在鮑勃‧迪倫》的封面，那年他 20 歲，她 17 歲。

這張音樂史上最著名的照片之一：紐約的某處小街，地上都是狼藉的殘雪，看上去北風把他倆吹得有些趔趄，他凍得縮著肩膀，兩人緊緊偎依在凜冽的寒風中，相互取暖。他穿著土黃色的夾克，兩隻手伸進藍色牛仔褲，她穿著一件暗黑色的棉風衣，那青澀的臉龐。

我曾看到的唱片封面已經發黃。他給蘇西‧羅圖洛寫過一封信，平靜地

述說著情事：「這兒什麼也沒發生／狗在等著出門 賊在等著老婦人／孩子們在等著上學 條子們在等著揍人／每個人都在等著更涼快的天氣／而我 只是在等你／那些美好就在我們身邊／但卻沒有被留意」。

蘇西為迪倫墮過胎，術後開始抑鬱，她不希望自己淪為迪倫的一件財產，不久他們分手了，愛情枯萎。儘管他們的戀情僅維持 3 年，但一直維持好友的關係。2011 年蘇西·羅圖洛 67 歲那年因肺癌辭世，鮑勃·迪倫罕見地被拍到神情悲痛、臉色蒼白的那一刻，他一言不發木然地坐在舉行追悼會的教堂。他向來害羞，注重隱私，痛恨跟拍，但是為了蘇西，好像這次破例了。教堂告別的一刻，那一臉的蒼白，讓人想起他自己的一首歌「……站在路口 我的雙眼開始模糊 於是 我回頭看著房間 那是愛人和我曾熟睡的地方……我們不過是那周而復始已似多餘的清晨 只是彼此已相隔千里」。

——似乎總有那麼個深夜，我們會突然想起埋藏在心裡很久很久的一個人，那一刻記憶之舟穿越時光的黑洞。

鮑勃·迪倫始終像一個迷霧，一方面他孤傲而獨行，一如明尼蘇達曠野的大樹；另一方面，他一直籠罩在一種神秘之中，迷霧重重，讓世人琢磨不透。沒有哪個歌手敢像他這麼大膽地在歌聲中惡毒地罵人，迪倫代表作《像一塊滾石》宛如復仇之歌，本意就是發洩怒火，打垮一個人，摧毀一個人，歌裡他肆意嘲笑「寂寞小姐」「你早晚要栽跟頭的」「你孤身一人的滋味，你覺得怎麼樣？」「（你）像個流浪漢！」他自己覺得自己是一群撒謊者中唯一說出真話的那個！

沒有哪個歌手敢像他那樣無情在歌聲中詛罵統治者帶來的黑暗，《暴雨將至》是一篇控訴宣言，「我看到一個新生的嬰兒被野狼包圍著」、「我看見整條路上都是鑽石卻空無一人」、「我看見一根鮮血淋漓的黑色樹枝」、「我看見滿屋子都是人而手中的錘子在流血」、「我看見一萬個空談者的舌頭斷掉了」。

他的民謠搖滾風，糅合了搖滾、鄉村樂、靈魂樂、藍調，但更多地糅合了一種桀驁不馴、不安分的靈魂。

迪倫從不在演出中與觀眾對話，他特立獨行的形象，甚至有點奇怪的個性，鑽進美國人的骨髓之中。

他還因太像流浪漢而被警察抓。2009 年，迪倫在新澤西州的朗布蘭奇舉行音樂會，表演之前他出門散散步。很快，小鎮上有人投訴，說一位「衣衫襤褸、行為可疑的老人」，警方立即出發抓到了這位沒有身份證的歌手，他被警察帶回到酒店時，人們才發現這是當天的主角。

藝術家桑迪‧馬澤奧（Sandy Mazzeo）有次開著一輛 54 歲的老爺靈車在兜風。他突然聽到後箱體有一陣窸窸窣窣聲，「我在想，哦，天哪，這是鬼。」他看著後視鏡，發現居然是鮑勃‧迪倫。「迪倫不知什麼原因爬到靈車的後箱體裡睡覺了。迪倫當時正在戴著上舞台的頭巾，他睡在頭巾裡，頭巾被解開了——他看起來像一具木乃伊。」

迪倫的反叛和不安分，也成為很多偶像成長過程中的偶像。

史提夫‧喬布斯，就是在鮑勃‧迪倫的憂傷、反叛的音樂中度過了他的少年時光。據說，見鮑勃‧迪倫是一件讓喬布斯精神高度緊張的事情。2004 年，喬布斯第一次見到了他的偶像，他說：「我當時緊張極了，跟他說話時舌頭都打結了」。「我們坐在他房間外面的露台上，談了兩個小時。我真的非常緊張，因為他是我心目中的英雄之一。而且我也怕他本人不像我想像中那麼聰明，或者他只是在『模仿』自己，就像很多人那樣。但是我很高興，因為他說話入木三分，他的一切都和我想像的一樣。」

鮑勃‧迪倫告訴喬布斯說：「我現在怎麼都寫不出年輕時候的那些曲子了。」他停頓了一下，然後用沙啞的嗓音微笑著對喬布斯說：「但是我還是會哼出這些調調。」迪倫再一次到附近演出時，他邀請喬布斯在演出前到他乘的旅行車上來坐坐。他問喬布斯最喜歡什麼歌，喬布斯提到了《多餘的清晨》（One Too Many Mornings），於是迪倫當晚就唱了這首歌。演出結束後，喬布斯走在回家的路上，一輛旅行車駛過他身旁，發出了刺耳的剎車聲，車門滑開了，「喂，你聽到我為你唱的歌了嗎？」

最近 20 年，再也寫不出歌詞的迪倫，把主戰場轉向了繪畫和裝置，他幾

乎每天都在畫啊畫的，有畢加索和馬蒂斯風格的，有風景和裸女，還有大量66號公路的寫實主義作品，看得出，他是在和他日益老去、腐爛生鏽中的創作激情在做最後戰鬥，像是一個舉著畫筆、鐵器，衝向風車的年邁的唐·吉訶德。

迪倫身上罩著一團迷霧，音樂上，他一會兒鄉村野夫的民謠、一會兒金屬質感的搖滾、一會兒老掉牙齒的藍調、一會兒凶巴巴的龐克（Punk）；信仰上，作為一個猶太教徒，他有一天突然宣佈自己是再生基督徒，並創作了大量受宗教影響的作品，但此後又漸漸疏遠基督教；他自己演唱反戰歌曲，卻又不喜歡自己被樹立成反戰大旗；如此捉摸不定，可能他是不想成為任何外在事物的代言，不想被貼上某一類的標籤，他只是想做他自己而已。

迪倫的孤傲獨行是舉國皆知的。奧巴馬總統曾在白宮舉行紀念美國人權運動音樂會，特地邀請迪倫獻唱《時代變了》，迪倫非但不參加排練，就連音樂會當天與總統夫婦拍照的環節也絲毫不感興趣。奧巴馬說兩人僅有的互動就是禮節性握手和迪倫離開時報以的一個微笑，「如果他做些別的什麼，那他就不是鮑勃·迪倫了。」

民謠不就是應該這樣嗎？不為金錢浮華所動，不隨波逐流。

民謠不就是該這樣：一個破吉他，一個爛嗓音，一顆平靜而狂熱的心。

如今，民謠歌手老去，再也寫不出年輕的歌了，但他還是握著一把畫筆，一坨鐵器，倔強地嘶吼著衝向風車。

「昔日的我曾如此蒼老，如今我正風華正茂！」

我把「毛驢」停在一個空曠加油站停車場上，躺在旁邊微微隆起的小草坡上睏了一會午覺，我劈里啪啦驅趕著蚊子。

天上的流雲在迅速變幻著臉，正在燃燒的太陽沉入大地。

一路往西，穿越廣袤的農區。

晚上7點半，我扛著行李箱走進明尼蘇達州的一家公路旅館，這旅館的四壁充滿了煙味，不利落的彈簧床墊子，吊燈歪斜還瞎了一隻眼，但我睡得

很香，清晨嘴角掛著口水醒來，走出院子，看見啟明星還掛在無邊的曠野上。

　　我突然想到，如果沒有在明尼蘇達北風呼嘯的青春，沒有那座漸漸生鏽的小鎮，沒有憂傷的百般無聊的生活，很可能就沒有後來的鮑勃‧迪倫。我非常能夠理解這種「五線」小城的生活狀態，因為我小時候也曾經住在一座漸漸生鏽的小鎮。那裡有一座灰暗的國有工廠的子弟學校，我的音樂老師姓婁，平時是個沉默寡言、不苟言笑的大馬臉，非常可怕的是，這個馬臉還紮了一個大馬尾巴，常常陰沉著臉從走廊上飄過，和同學們連招呼都不打一下。

　　歲末的全校師生聯歡大會上，學生演出結束後，壓軸大戲讓我們大吃一驚，婁老師居然抱著吉他上台了，他穿著短袖的花襯衫，這花襯衫的紋案宛如東北棉被風，寬喇叭口的牛仔褲，平時紮起來的馬尾巴放下來，披頭散髮，在我們眼裡宛如一個妖魔鬼怪……他抱著吉他，在舞台上吼起搖滾，有崔健的，也有唐朝樂隊，魔岩三傑，每一聲都吼得好粗好粗，振聾發聵，有些歌他是一蹦一跳的唱，這樣把聯歡會推向了高潮。最搞笑的是，他的褲兜上還綁著一串鑰匙，隨他的演唱一起一躍一蹦的，現場所有學生都嗨翻了，同學們鼻涕都笑出來了，蜂擁擠到台子前面去看婁老師，我後來想，這個婁老師的心裡藏著一個怎樣不安分的靈魂！

11 瘋馬

　　記得 33 歲某月某日的一個夜晚，我對鏡梳頭，驚愕地發現一大把頭髮夾在梳篦之間，嗷～我要禿頭了？！擔憂和恐懼瞬間緊緊抓住了我。後來，偶爾翻閱報紙廣告，某個牌子的洗髮水廣告像閃電一樣擊中了我的心：「為什麼印第安納人沒有禿頭？！」——是啊，電影電視裡沒有看到印第安納人是禿頭的，他們的頭髮都很酷，他們為何沒有禿髮呐？於是乎，我就衝到店裡買了一大捧這個牌子的洗髮水，使勁地洗啊洗啊，按說明搓啊搓的，兩個月後，頭髮沒有想像中的夏草瘋長，反而落得更凶了，一如秋風橫掃的梧桐樹葉。有天，薅著一把落髮，我突然悲哀地明白了一個道理：印第安納人的頭髮好像和這個洗髮水沒有半毛錢關係，八竿子也夠不著的啊，是哪位高明的大爺想出這麼句神一樣的廣告語，俺了個去，俺掉大坑裡了！

　　想著這句撩人的廣告語，摸摸如今光溜溜的腦袋，我開車從明尼蘇達進入了蒼蒼茫茫的南達科他州。

　　公路筆直地伸向前方，好像沒有盡頭，兩旁散落著一大片一大片的玉米田。我開著半扇車窗，風把座位上的一本書吹得嘩啦嘩啦的，我突然想到，這片大陸曾經空曠得一個人也沒有，只有樹葉落下來的聲音和風吹過草地的聲音，這麼廣袤的土地，連一隻猴子也沒有，是一種什麼樣的感覺？

　　會不會是一種亙古的寂寥？

　　直到幾萬年前，第一批先人才在白令海峽結冰的時候，從亞洲摸到這裡，子子孫孫繁衍下來，他們就是印第安人。

谷歌地圖顯示車子進入了達科打大平原的腹地，這裡曾是印第安人中最剽悍的一支──蘇族人生活的地方，他們騎馬不用馬鐙，馬背上可以做到箭如雨矢。美劇《冰血暴2》中就講了一起這裡的真實血案，一個復仇的蘇族人，衝進旅館，幹掉十幾個警察和黑幫，血洗了南達科他州蘇族瀑布城。

還有一部拍攝於此的長達4個小時的奧斯卡獎傳奇影片──《與狼共舞》。4個小時，全劇無尿點！看完後滿臉是淚，瞬間對美國西部充滿了無窮無盡的神往。記得電影裡的那些難忘鏡頭：無名的野花在原野上怒放，一匹孤獨、蒼老的狼和牠毫無惡意的眼神；滿臉憨態的野牛在無休無止地狂奔；乳白色的炊煙從褐色的牛皮帳篷裡騰然升起……蘇族人的彩色羽毛頭冠在墨綠遠景下隨風搖曳，男人們胯下白馬，腰間配著亮瞎人眼的三尺金刀，手上高舉長管火槍，呵斥聲中縱馬疾馳。

《與狼共舞》拍攝地在惡地國家公園、黑山附近的荒野區，僅獵捕野牛那一場，上百位的印第安騎手和數千頭野牛馳騁於現場，野牛蹄子奔騰的灰土就遮天蔽日，何等壯觀！！在龐大的牛群中，沒有一隻野牛出自特效，堪稱那個時代經典中的經典。這部劇本的作者邁克爾，耗盡心血，80年代寫完此書後，無人願意出版，他一度窮困潦倒，在洛杉磯街頭無家可歸，直到遇到了天才導演奇雲高士拿，後者自導、自演還自掏腰包拍了這部電影──他們都是西部牛仔精神附體的人。街頭流浪的作家邁克爾後來成了1991年奧斯卡的最佳編劇，他說：「希望展現已然消失的東西同時，或許能重拾些許。」

車子進入當地最大的城市拉皮爾德，Rapid City，我叫它「激流之城」。這座聳立在西部荒蠻中的小城，幾乎沒有幾幢高樓，雜草在人行道旁探出腦袋。知道這座小城的人非常之少，但是他有兩樣東西在美國卻是家喻戶曉的：四位總統和一個印第安英雄之間的一場曠世對峙！

四位總統的頭像站立在出城不遠處的拉什莫爾山，華盛頓、傑斐遜、西奧多·羅斯福、林肯四人巨大的石雕像，如同要從山石中掙脫出來似的，我站在山腳下，仰頭看去，山即是像，像即是山。林肯的臉有9個姚明這麼高，一個鼻子就有6米長，一個鼻孔塞進去幾個日本相撲胖子應該沒有問題。正

在山體肖像上維修的工人，仿佛是一隻趴在華盛頓臉上的黑色蜘蛛。總統雕像的開鑿源自於當地一位歷史學家羅賓遜的瘋狂想法，他打算以此景點吸引全國人民的關注、搞活家鄉旅遊業。1927 年，達科他人民在雕塑家博格勒姆的指揮下，開始爆破式「雕山」，歷經 14 年的「愚公移山」，終於建成西部巍巍壯觀的人工景點。

在此後無數部荷里活電影或者各種惡搞中，總統山要麼被恐怖分子炸得稀爛，要麼被地震震得七倒八歪，要麼成為外星人的秘密基地，在一張政治漫畫中，拉什莫爾山上竟然出現了第五個人——奇怪髮型的特朗普。總統山下的觀景平台堪稱西部人口密度最高處，摩肩接踵，我擠在遊客中，看到了一個非常有趣的景象，由於山石顏色不一樣和長年風蝕，神情凝重的林肯臉部側面宛如披了一條新娘的面紗；90 年前的羅斯福總統的眼鏡是目前最時髦的款——有框無鏡片式；而偉岸的華盛頓總統更神奇，他的額頭髮際裡長出了兩個神秘的黑洞……當然，整個總統山還有一個真正偉大的地方，凸顯總統氣度、大國風範，那就是——所有遊客一律免門票。我愛免費！

從總統山上下來，天色陡變，鉛灰色的密集雲團正向我的方向湧動，一場西部的夏季豪雨似乎正拍馬趕來。我依然按計劃，開車去看那座比華盛頓、林肯更為雄偉的山體巨石雕塑，僅僅 27 公里之外的山上，屹立著一位印第安酋長——瘋馬，一位僅活到 35 歲的傳奇英雄，他的巨雕與總統山遙相對峙。

汽車停在一個很簡陋的收費崗亭前，探出一個鬍子拉渣的大叔，指了指崗亭旁的一塊牌子，上面密密麻麻寫了一堆字，裡面有一個關鍵意思：私人項目，門票 22 美元。下了車，遠眺這座巨大的灰褐色山體，目測比總統山要高出許多，瘋馬的臉部已經被清晰地雕刻出來，他的手筆直地指向遠方，但是，整個山體看上去任然像一個未完成的工程，除了頭部和手以外，身體部分還仍然是原始的山體，其中馬頭部分已經被白色的顏料在褐色的山石上標注出來。我又接著花 2 元錢，買了一張公共汽車票，坐上一輛破敗的美國二手校車，這就算是一輛觀光巴士，它載著我和一堆美國各地的遊客繞瘋馬雕像山一圈，其中很長一段是土路，高低不平，我從座位上被突地一下顛起來，

頭硬生生地撞上車頂，痛得要命。

雲色變黑了，風抽打在山腳下的樹上，猛烈地搖動著他們的身肢，大雨的前鋒部隊已經光臨，在漆黑的天色映襯下，汽車正好帶我們轉到瘋馬的臉的正面，那雙灰黑色的岩石上雕刻出來的眼睛，凝視著遠方，一絲憂傷，一絲憤然，一絲平靜，這個眼神要殺死人的啊。瘋馬頭上束著印第安蘇族人的髮髻，手筆直地指向遠方，風扯動這一切，我似乎聽到了馬在風中受驚的嘶鳴，耳廓中似乎還聽到一聲爆響，頭上傳來獅吼聲。

一定有一些印第安人的靈魂在空中飛舞。

1939 年，四位總統的巨像在黑山地區建成後，引起了當地印第安人的強烈不滿，黑山曾是印第安人的聖地，另外，從北美原住民的視角，四位總統都是屠殺美洲印第安人、掠奪他們家園的敵人。以林肯為例，他曾下令絞死了明尼蘇達的蘇語部落 38 個酋長，這些被絞死的人大部分都是各個部落的神職人員和政治領袖。

當地的酋長「立熊」站了出來，他想讓全世界知道「印第安人也有偉大的英雄」，黑山曾經是印第安人的神聖土地。他給遠在波士頓的雕塑家齊奧爾科夫斯基寫信，邀請他來此地為「瘋馬」塑像，建一座比總統山還要高的山體雕塑，代表過往印第安人永不消散的靈魂。

神蹟發生了，收到此信的齊奧爾科夫斯基，風塵僕僕趕到黑山後，內心受到了印第安人的召喚，從此決定定居此地，日夜鑿山，成為美國版的「愚公」，驚天地、泣鬼神。

我在瘋馬紀念館裡面看到一張照片，是 1948 年齊奧爾科夫斯基，他一副穿淺色寬鬆褲、帶大檐帽的城市酷哥形象，經過漫長的雕山工程，到了上世紀 70 年代，他已是一個鬚髮皆白的老人，仍帶著他的妻子盧斯和 5 個兒子每天「挖山」不止，由於日夜野外開山，他曬得漆黑彤紅，鬍子拉碴，城市酷哥已經宛如荒野野人。據說，他每天要爬上 700 多節台階，用衝擊鑽打岩石鑽孔，放炸藥，每次點爆時，齊奧爾科夫斯基都要大吼一聲，「瘋馬」你在嗎？轟地一聲爆破聲，似「瘋馬」在回答，「我在」。

「愚公」齊奧爾科夫斯基知道自己有生之年無法完成瘋馬的雕像，於是

臨終前寫了三本「瘋馬雕山秘籍」，這樣他 1982 年去世後，她的妻子盧斯按照「秘籍」指引，繼續帶著 5 個兒子和 5 個女兒完成他未竟的事業，男孩上山挖山，女孩經營遊客中心。兩代人足足挖了 50 年後，到了 1998 年，「瘋馬」的頭像部分完工，那山頂上的印第安英雄的眼神，在黑山乾涸的山巒上出現了，引起巨大的震動，使很多人開始反思白人欺壓印第安人的歷史。

期間，他家還兩次拒絕了美國政府 1,000 萬美元的撥款。齊奧爾科夫斯基說，「因為這是印第安人的事，不要白人政府的錢。」迄今，瘋馬雕像工程只接受私人捐款和參觀者的捐助，所以，這兒是全球遊客最積極買門票的地方。

齊奧爾科夫斯基用著二手的、破舊不堪的設備，趴在山體上突突突地鑽山，就是一副印第安人永不妥協的肖像畫，儘管他本人並不是印第安人。

很多人說，他是瘋馬投胎轉世而來的。

如今他的孩子們繼續著瘋馬雕像的身體、戰馬部分的工程，10 個兒女、23 個孫輩們都上陣了，子子孫孫，無窮匱也，標準的「愚公移山」。

二手校車改的破巴士還沒有到遊客中心，西部的暴雨就來臨了，扯天扯地、霹靂吧啦地砸在車頂上，好像還間夾著冰雹，由於車窗沒有關，大家像受驚的羊群一樣紛紛往車子中間擠。我突然想起附近的國家公園叫「惡地」，名字用在這地方好貼切。我們一群遊客都被困在車上，隔著雨幕，往車窗外望去，雨水打得山土濺起泥漿，霹靂吧啦的，瘋馬的巨大雕像屹立在山頂，迎著狂風暴雨，遒勁有力，他的背景是黑黢黢壓迫著大地的雲。

瘋馬曾是印第安人的「阿凡達」。

他帶領著原始的印第安部落戰士和美軍正規部隊作戰，以血肉之軀抵擋白人先進武器，居然擊斃了林肯愛將、南北戰爭名將卡斯特，並全殲美軍騎兵團 200 多人，為被白人趕得流離失所的印第安人出了一口烏氣。

瘋馬屬拉科塔的蘇族印第安人，他長得像一個健美的阿波羅神，具有印第安人特有的那種文質彬彬，他還是個天生的武士。15 歲時便成為部落裡一名驍勇的獵手，他戰鬥時「就像一匹瘋狂的戰馬」，在一次戰鬥後的慶功會

上，他被父親改名為 Crazy Horse——瘋馬。「瘋馬」這名字並不表示他的馬瘋了，而是他的馬在夢中以古怪的方式跳舞。在和美國聯邦軍隊的戰爭中，他表現神勇，並成為了部落首領。

1874 年，黑山地區最大的災難來臨了：這裡發現了金礦。為了淘金，西進中的白人撕毀協議，侵佔印第安人的聖地，驅趕蘇族人，蘇族人只能發出最後的吼聲。

戰爭如箭在弦。

西點軍校畢業的名將卡斯特以往戰無不勝，被譽為「印第安人剋星」，他的小鬍子和一身戰袍的形象，仿佛是美國軍隊的偶像。他率領第七騎兵團打算包圍印第安人，並準備在一個叫「小巨角河」的地方徹底擊潰他們，讓他們誠服。小巨角河畔，瘋馬和坐牛、紅雲三位酋長帶領印第安人安營紮寨在那裡，雙方都憋足了勁，命運之神會青睞哪裡？可能是蔑視印第安人的心理在作怪，卡斯特貿然發動攻擊，他把他所率領的騎兵團分成三路，兩路從側邊進攻，他自己則帶領 211 名騎兵從正面進攻。沒有料到瘋馬集結了近 3,500 多名印第安人伏擊卡斯特這一支隊伍，瘋馬衝在最前面，蘇族人緊隨其後，潮水一般地衝鋒，卡斯特的部隊第一次遇到這麼彪悍的印第安戰士，馬上陷入恐懼的驚慌失措。戰鬥中，瘋馬身中數槍，但沒有致命，卡斯特卻當場戰死，跌下戰馬。在三個多小時的戰鬥中，終至包括卡斯特和 211 名騎兵全軍覆沒，唯一的倖存者是一匹戰馬。

美軍 211 名騎兵的屍體都被毀壞，臉部用刀攪爛，印第安人相信這樣死者的靈魂無法辨認自己，就不會再回來報復。

這是印第安人的最後一次怒吼，最後一次勝利。

此戰後，印第安騎士四下散去，他們的時代已過去。

由於南北戰爭英雄竟然在建國百周年時遭到印第安人的殺害，林肯震怒，認為必須剿滅紅番以告慰這位「英雄」，數千人的騎兵部隊陸續被派到這個區域作戰，在往後一年中，他們毫不留情地驅趕印弟安人，處死數不清的酋長和反抗者。冬季來臨之前，白人還圍殺了幾乎所有的野牛，讓印第安人失去賴以生存的食物和生活信息來源。

戰鬥打贏了，但瘋馬卻因此不得不四處躲避美軍的追捕，他浪跡草原與荒灘。第二年，因妻子生命垂危才悄悄回到家中，美軍的線眼立即發現了他，他不幸被抓獲，白人把他關押在審訊室，身邊的衛兵畏懼他的勇猛和厲害，把他緊緊地反綁在座椅上，在他激烈地掙扎反抗時，一個士兵將錚亮的刺刀從背後捅向了他的前胸。

　　傷是致命的，瘋馬當晚就去世了，年僅 35 歲。

　　雖然至今人們仍無法確認瘋馬出生的日期，但卻永遠記住了他去世的那一天——1877 年 9 月 6 日。

　　瘋馬去世了，野牛群也沒有了，聖地黑山丟失了，印第安人的災難何時是盡頭？

　　在一位名叫沃沃卡的印第安人巫師的帶領下，一場神秘的預言運動席捲印第安人聚集地。相傳他在日蝕發生時，受到了神的指示：「1889 年的春天，印第安人的祖先將復活，印第安人賴以生存的野牛也將會重新覆蓋整個草原，可惡的白人將全部死去。」在這一天到來之前，所有印第安人都要跳舞，一直跳到第五天的黎明到來。

　　常年飽受饑餓困擾，已被白人逼入絕境的印第安人聽到這則消息，無疑為他們苦難的生活注入一劑強心針，他們狂熱地信奉這個預言，並在此基礎上增加了一種特殊的「鬼衣」，據說穿上此衣將刀槍不入，鬼舞反抗運動迅速蔓延。最終，一行鬼舞者在傷膝河安營紮寨，美軍第七騎兵團密集的槍聲啪啪啪響起。堅信「鬼衣」能夠護體，印第安人男人、婦女、兒童都在槍聲中翩然起舞，在淒離蒼涼的排笛聲中，在攝人心靈的鼓點中，數百名印第安族人的最後一次與神對話、最後一次通靈之舞，都在冰冷的槍聲中戛然而止，老人、孩子、女子、壯漢全都倒在血泊之中，流血和呻吟。後來人們發現，那些「鬼衣」只是一些白色的襯衫而已。

　　沒了瘋馬，他們宛如一群「過家家」（即「煮飯仔」）遊戲中的孩子。

　　傷膝河大屠殺是印第安人抵抗白人運動的終結。

瘋馬遊客中心聚集了很多人，大家都在嗡嗡地說話，那些陳列的印第安木質手工器物則默默無語，我摸著一把石斧頭上木頭的裂紋，向窗外再次望去，發現雨已經完全停止了。

　　這西部的雨來得快，去得也快。

　　我買了兩本書和一塊石頭，快步離開大廳時，一扭頭，看見天色開始變得有一絲血色的暗紅，在烏雲翻滾的天邊。據網上說，有人經常看到一朵神秘的雲，雲裡會有一名印第安騎手，不知是真是假。這位雲中騎士左耳吊著絳紅色石頭，赤裸的胸前掛著藍色的松石，他在雲上奔馳，臉頰上刻著一道長長的閃電形劃痕。

　　耳輪中不知怎麼出現了瘋馬父親那哀傷的輓歌。

　　那個晚上，他的父親一步一步走在草原上，牽著馬，唱著悲涼的印第安輓歌，而馬背上一顛一晃的是他摯愛的兒子——瘋馬，以往溫暖的身體如今已經冰涼冰冷，血跡凝結。蒼涼的排笛聲飄浮在草原上，月光也沒有，就這樣，他用馬馱著孩子的屍體一步一步走回去，回到蘇族人的帳篷群裡，啊，我的兒子啊，回去吧。

　　這是印第安人的兒子。

　　他用雙手刨土，雙手刨出血來，把兒子葬在惡地的草原上，他永遠永遠永遠睡在那裡。

　　靈魂皈依荒原。

　　他的兒子的遺言是：「這是我們的土地，是我們得以安葬的地方」

　　（My lands are where my dead lie buried）。

　　開著「毛驢」離開黑山，目力所及可達地平線的盡頭，雨後，白色的迷霧籠罩著無垠的曠野，無垠曠野後面還是無垠的盡頭，夏風勁吹。

　　天地空曠，讓我想起古龍的名句：「天涯遠不遠？」「不遠！」「人就在天涯，天涯怎會遠？」

12 狂野比爾的死木鎮之死

7 月 30 日。

從瘋馬回來的路上，抬頭看看天，晚霞不知被趕到哪個疙瘩裡去了。

夜投拉皮爾德的一家自稱為「舒適」的小酒店，踢踏著拖鞋和一位服務生蹦單詞聊天。大意是「這好玩嗎？那好玩嗎？附近哪裡好玩？」這是位一臉喜慶的西部小夥子，鬍子一根一根地從下巴下面倔強地鑽出來，被梳成小卷往上翹著，他說的英語是飛快的捲舌，我一臉懵逼，最後他揮舞著他的左手，指著酒店廁所的某個方向，反覆強調了一個單詞「逮德吾爹！」單詞的發音都被他的舌頭吃掉了。

「逮到吾爹？」

「逮德伍爹！」

「好的！逮到吾爹！我聽明白了。」

我其實不太明白，為了怕忘記音，口裡喃喃「逮到吾爹」，回房間查了一下谷歌，才恍然大悟：「逮到吾爹」就是此人口中 Deadwood，漢譯為「戴德伍德」，這是附近的一個小地方，又名「死木」鎮，離我這兒才 67.2 公里。

於是第二天一早，馬馬虎虎地抹把臉，嚼個死硬的麵包，就上了我的「驢子」，從 90 號州際公路一路往西飆車，天上連一絲雲都沒有。一路荒灘和草原風光糾纏著交替著，45 分鐘不到，翻過一座山，山上有多處被砍和大火燒過的林子，部分山丘一片焦黑，全是死木、死木，我忽然明白這就到了戴德伍德鎮的地盤。

這是一個外表還保留著 100 年前模樣的西部小鎮，只是當年木結構全換成了現代磚砌，而且粉飾一新，滿街都是節日的旗子，大概是西進淘金運動

某某年的紀念，挺像碧桂園公司在東莞街頭立了一排排刀馬旗廣告賣房子。

上午 11 點一過，突然鼓樂大作，一場西部嘉年華式的大遊行開始了，140 多年前當地的生活場景仿佛海市蜃樓一般出現了：老式四輪馬車上載著一家一當，男女淘金者徒步在走；女人們穿著維多利亞時代鄉下婦女的著裝，繡花軟帽、肩披，巨大的暗綠色裙擺下面露出裡面白色的襯裙，男人則騎著馬戴著黑的大檐帽，米黃色寬鬆褲，腰間配著槍；淘金時代的兒童在馬車學堂上朗朗讀書，書似乎是倒拿的……

我喜歡看驢子，發現那些驢車吱呀吱呀地輾過小街時，驢一邊走一邊從屁股蛋裡扔出褐色的炸彈，這是牠們歡迎大家的手雷。

半小時後，侏儒人駕著侏儒馬車，歡樂的小手像可愛的雞爪子；出殯的隊伍拉著黑色棺材也緩緩走在隊伍中，有跳舞的姑娘們向路過的圍觀遊客撒花似的撒糖，路上的孩子蜂擁而上爭搶糖果……

整個遊行隊伍後面壓軸的，居然是一輛現代化灑水車，以及一輛掃地車，他們負責清掃前面遊行隊伍馬、驢、羊留下的褐色炸彈。但是，由於前面車子軲轆把驢糞馬糞早就壓扁了，現在灑水車撒上水，糞便就化了一地，再被掃地機器的軲轆掃帚一掃，一攪和，結果，整個小鎮都彌漫著一種馬糞驢糞的混合臭味，刺鼻的腥臭，隨風四處飄蕩。

人群掩鼻四躥後，一條褐色炸彈留下的水跡，長蛇般蜿蜒在死木鎮的大街上。

夜晚，死木鎮在賭場、酒吧的老式霓虹燈一閃一閃下還魂了。

站在主街上，空氣清涼得讓人快活無比，「老虎機」的啾啾聲此起彼伏，這「天籟」之聲讓你徹底告別白天的秩序，自由的液體在血管裡奔騰，一切回歸原始欲望。

酒吧賭場小街，一家門口的木牌上刻著「死木最老酒吧」，另一家是「比最老酒吧還老的酒吧」，玻璃窗上還張貼著一張「星期三女士之夜，全部一美元」的小廣告，但我沒有看到幾個女的或者有女性特徵的人。死木鎮的夜

店全部 24 小時營業，這裡宛如一個小小的拉斯維加斯，比後者有意思的是，維加斯是一個都會型賭城，而死木鎮是一個西部野性的迷你小鎮。

140 多年前，死木鎮是一種赤裸狂野的暴亂。這片法外之地，上演瘋狂的劇目：酗酒、賭博、性交易、殺戮，導演是無休無止的欲望。

死木附近的法國溪發現了金礦，「那裡有金子！」「金子！」「金子！！！」「金子！！！」消息在附近的州傳開後，人們全發了瘋，士兵扔了手中的槍，女人放下針線活，小職員丟下手中的筆，一路長途跋涉、跌跌撞撞摸到溪畔，扛著鐵鍬、拿著臉盆腳盆菜盆跳進到冰冷的溪水中，著了魔一樣舀起淤泥，眯著眼睛在太陽底下尋找金沙。金子啊，金子！投機商、逃犯、妓女、賭棍、華人勞工、黑幫等蜂擁而至，聚集在這個污水池，人人渴望一夜暴富。死木作為給淘金者提供服務的集市，最高峰時有 5,000 人來到這個法外國度。

我看到一張 1876 年的黑白照片顯示，小鎮泥濘混亂不堪，馬路當中堆滿了山上砍下來的爛木頭，這或許是這個小鎮名字的來歷？照片裡，街道旁邊是一間間旅館、酒吧、餐廳，甚至賭場和妓院，店招橫七豎八地插著，幾乎塞滿了整個小鎮。死木一夜間就成了淘金者的「銷金窩」。

那一年，有一個叫艾爾·斯韋瑞根的瑞典大鬍子騎著馬來到了這個小鎮，開了一家寶石劇院，這個劇院不是傳統意義的劇院，而是一家讓客人聽歌看艷舞的酒吧妓院，他把年輕而絕望的姑娘拐騙到死木鎮，強迫她們賣淫。據說，他曾從內布拉斯加州的西德尼，一次性「採購」了 10 個女孩，用拳腳和威脅逼迫她們在寶石劇院接待客人。那些闖蕩西部的淘金漢的錢都流進了他的口袋，他發了大財。有人估算過，這顆「寶石」的平均每晚收入為 5,000 美元，有時甚至高達 10,000 美元（相當於今天的 235,000 美元），這是一棵長在西部荒漠中的帶毒的搖錢樹。

後來，HBO 基於艾爾·斯韋瑞根的真人故事，推出了電視劇《死木鎮》。劇中講述了淘金時代駭人聽聞的西部往事：死木鎮的小街上掛著破敗的酒吧

和旅館的幌子，泥濘混亂的街道上有人在街邊倒吊著一頭肥羊在宰殺，羊肚子被血淋淋地掏出來；寶石劇院的木質陽台上，妓女們向往來的騎馬路人拋媚眼；街上正在大興土木，爛木頭滾在街心，形形色色的路人，眼神中充滿了貪婪、希望、好奇以及殺機。整個小鎮都置於艾爾·斯韋瑞根無處不在的勢力之下，任何膽敢阻擋他財路的人都會被殘忍的殺掉，被他的馬仔用小推車推到街邊的一個豬圈，剁碎了去餵豬。他對鎮上每個人都瞭如指掌，任何風吹草動都逃不過他的耳目，這個惡棍是死木鎮真正的王者，甚至政府軍隊也對他無可奈何。他極有頭腦，善於和政府周旋並組織政治同盟，讓試圖恢復秩序的警長拿他一點也沒辦法。

　　我查了資料，發現寶石妓院開了 22 年後，它被一場神秘的大火燒得乾乾淨淨，這場火是仇人的報復還僅僅是打翻的馬燈引發的，無從考證。五年之後，有人發現妓院老闆艾爾試圖跳上一輛疾馳的貨運列車，當場摔死，後來發現他是被人謀殺的，他的口袋裡連一個子兒都沒有剩下。還有一種說法，他是在兩條街道中間的小路走路的時候，被仇家用刀砍傷頭部而亡，然後被扔上了一列疾馳的列車。而報應的事情是，在此事發生前兩個月，和他長得一模一樣的孿生兄弟勒穆爾也在家中被人射殺。這個情節有點像姜文的電影《讓子彈飛》，那是一個中國西部無法無天的小城，叫鵝城，也有一對長得像孿生兄弟一樣的惡棍。

　　我覺得最好玩的是，美劇《死木鎮》中有一個中國人，叫吳先生，他是死木鎮唯一戴瓜皮帽、穿馬褂的人，站在美國西部的小街上，特別突兀。他沉默寡言，除了粗口外，好像只會蹦幾個單詞，如 Eat（吃），因為從寶石酒吧拖出的屍體，都會消失在他店鋪後面的豬圈裡，他就是剁屍體讓豬「Eat」的怪人。他是艾爾忠實的生意夥伴，鎮上所有違法的生意都有他的份，特別是利潤豐厚的鴉片買賣。在美國老編眼中，中國人這麼沒有底線？不過，翻翻《水滸傳》，菜園子張青和他恩愛的老婆孫二娘就是開人肉包子鋪的，我們某些人好像的確這樣無節操。80 年代初，北京西單有一個包子鋪老闆和人吵架，一怒之下把對方殺了，屍體沒處藏，就一狠心把屍體剁成肉餡，包成包子對外賣，結果他的生意也很興隆。後來，老闆的膽子也大起來，又殺了

好幾個人，直到有一個人（據說是醫院的某主任）來他這吃包子時覺得肉餡味道不對，就拿著包子報警了，經分析是人肉，條子馬上去包子鋪抓人，最後居然在冰箱裡還發現了剩下的一條人腿！難怪——魯迅先生說，我翻開中國歷史一查，滿本都寫著兩個字是「吃人」。

第二天，我還是無所事事地在死木鎮晃悠。

主街的盡頭有一家充滿尖叫聲的歡樂「灰熊」遊戲吧，很多人在啪啪地拍打遊戲機上按鍵，還有人坐在窗邊喝啤酒。收銀櫃後面站著的是 23 歲的創業者「白亞」，這是一個胖嘟嘟的、笑起來一臉憨態無公害的俄勒岡人。

白亞告訴我，這家店是他和他媽媽一起開的。

「那麼你媽媽呢？」我問。

「她出去玩了。」白亞說。

我笑噴了，說，「這情況和中國正好完全相反，如果中國母子合開一家小店，八成是母親日夜操勞，而兒子時不時出去玩耍一陣子。」

白亞和我一聊天，五分鐘不到就把家底全都翻開來給我看，說他大學畢業後不滿意自己的工作，就離開波特蘭，和他相依為命的母親一起漂到了死木鎮，合開了這家啥都有的小店。他說開店的費用主要是母親出的，他沒有太多積蓄，他主要出力，比如像看門狗一樣努力守著這家店。他沒有說他的父親現在哪裡，什麼時候消失的。

我問了一個傻問題，「現在的死木鎮還有殺人和歹徒嗎？」

他說，「沒有，沒有！」他說，「我特別喜歡死木，這裡的人很友好。一點也不像 100 年前的樣子！」

他接著說，他還超級愛這裡的熊，說著把上衣脫掉，給我看他後背的紋身，天！一隻肉鼓鼓的灰熊趴在他的後背上，暗橘色的眼珠子盯著我，眼圈毛像刷子一樣往外翻著，醜萌可愛的呀，忍不住就想伸手去摸它。

閒聊中，我又問他，「這個小鎮有中國人嗎？」他說，「洗衣店都是華人開的」。

我說，「我怎麼從來沒有看到過他們！？」他說，「他們都呆在店裡，

不怎麼出來玩。」

　　或許在某些美國人眼中，中國人是神秘的，中國人不需要玩，另外，中國人好像都不會死！因為——從來沒有人參加過他們的派對，也沒有人參加過他們的葬禮，更沒有人看見過他們的墓地。好像他們在老死之前，全都消失了。他們往往沉默著像無聲音的螞蟻，默默無聞地在店裡面忙碌著，美國人無法了解他們的世界，他們也不會走進美國人的世界。

　　11 點半還完全沒有睡意，我起來溜達。

　　外面有一點夏夜的涼意。

　　主街漸漸安靜了，只有「沙龍十號」的紅色店招橫在人行道上，像是酒鬼的眼睛，特別招搖。

　　招牌上有一把手槍和 5 張撲克牌，這是什麼意思？我走進酒吧，吃了一驚，裡面居然人聲鼎沸！和外面的安靜形成了反差。酒吧正牆上釘著一把雕花的木椅子，上面寫著「這是狂野比爾坐過的椅子」。這個原始西部風的酒吧，粗糙的木屑還留在地板縫裡，有一位妖嬈的女歌手在唱西部老歌，裡面擠滿了戴大簷帽的壯漢，大簷帽舉著酒杯擠來擠去，像木頭培育架子上擁擠的白蘑菇。

　　三杯啤酒下肚，人自在多了，也忘了這是哪了，先是在人群中隨歌聲扭起了屁股，起先還四肢僵硬，半小時後就自如了，像鳥，像猴子，像通電一樣。接著和一對從附近的小鎮過來的夫妻相聊甚歡，戴大簷帽的老公估計很少看到五官平坦得像木地板一樣的中國人，很興奮地和我乾了幾大杯。酒吧太吵了，我們彼此完全聽不見對方在說什麼，個別時候吼幾個單詞而已，大簷帽臉上的痘子都笑出了聲音。對！這就行了！為今晚乾杯。

　　後來我才知道，這個令人快樂的十號沙龍吧，卻有極其驚悚的血色往事。

　　因為西部第一快槍手狂野比爾‧希科克就被射死在這間酒吧，而牆上的那把椅子就是他曾經坐過的，並且死在這把椅子上，一個死人坐的椅子。

　　1876 年 8 月 2 日下午，狂野比爾進我所在的「沙龍十號」酒館玩撲克。四位牌局中剩下唯一的一把空椅子是背對大門口的，這是他不願意坐的位置，

他通常喜歡坐在靠牆的位置，這樣可以看到門口的動靜。但是，那天好運不在他這邊了，他沒有這樣的選擇。過了一會兒，賭鬼傑克‧麥考爾也進入了酒館，他還和比爾打了一個招呼。麥考爾繞著桌子走來走去，停下來檢查每個賭客的手。最後，他停在了狂野比爾的身後，突然，他拔出手槍，大喊一聲道：「該死的，去死吧！」朝著比爾的後腦勺開了一槍，狂野比爾中槍後，當場死亡，他向前倒下，把手攤開在桌子上，人們看到他手上的最後一副牌是：一對黑色的 8 和 A，這死亡之牌，就是牌局中所謂的「死人之手」的來歷。據後來收藏這副牌的人說，上面沾有狂野比爾的一點凝結的鮮血。而這副牌和手槍就被製作到了十號沙龍的店招上，像一個諷刺劇，招攬著往後的閒客。

神槍手被人槍殺，一切都是那麼宿命。

我總結一下這位西部英雄極具戲劇性的一生，歸納為一個「殺」字，殺熊，殺人，被殺。

第一殺熊。據說，1860 年，他獨自一個人從密蘇里州到新墨西哥州用馬車運貨時，在山間的密林小道上，他發現馬車道被一隻熊和牠的兩隻幼崽堵住了。他立即下了馬，走近熊，朝牠的頭部開了一槍，但子彈從牠的巨大的頭骨上反彈開去，這槍聲激怒了牠。熊猛地撲向了狂野比爾，用牠的身體壓扁了他。慌亂中，比爾又開了一槍，打傷了熊的爪子。然後熊用嘴咬住了他的胳膊，但是狂野比爾的另一隻手摸到了自己的刀，他拔出來割斷了牠的喉嚨，殺死了這隻大傢伙。狂野比爾受了重傷，胸部、肩膀和手臂都被壓碎了。他臥床休養了四個月，算是撿回了一條命。（《復仇勇者》借鑒了一點點這個情節？）當然，這一切都是狂野比爾後來自己說的，是他殺死了那頭熊。我就很懷疑這一點，因為，完全不排除這樣一種可能：他最後裝死，熊以為殺死了他，逃過了一劫。再健碩的人在灰熊面前都是不堪一擊的，熊皮這麼厚，要割破氣管導致牠死亡，在匆忙間是很難的。當然，他被熊打死，那也是活該！誰叫他去惹熊！？不能等五分鐘紅綠燈嗎？

第二決鬥。在斯普林菲爾德的時候，狂野比爾和當地一個名叫戴維斯‧塔特的賭徒看上了同一個女人，二人發生了好幾次爭執。此後，狂野比爾在一次撲克牌遊戲中輸給了塔特一隻金錶，這隻錶對他有很大的情感價值，他

要求塔特不要在公共場合戴它。但是，塔特不聽，還在酒吧裡公然帶著他贏來的錶，這徹底激怒了狂野比爾，最後，他們商量好在斯普林菲爾德小鎮大街上，進行生死決鬥。當天小街兩側擠滿了人，根據決鬥的不成文規則，誰後拔槍而擊中對方，具有莫大的榮耀。他們面對面對峙著，把手按在腰部槍把上，看誰先按捺不住，先拔槍。但這次，塔特沒有了牌桌上的好運，他掏槍射擊沒有射中，但狂野比爾在69米外準確地擊中了塔特的心臟。塔特在倒下死亡前大喊：「孩子們，我被殺了。」兩天後，狂野比爾因謀殺罪被捕。這項指控後來被減為過失殺人罪，最後被無罪釋放。

塔特可能不知道，狂野比爾的槍法是驚人的，據說他從拔槍到開槍只要0.3秒的時間，而且百發百中，無人可以逃出他的槍下。塔特如果知道這個，還義無反顧地去和比爾決鬥，他是真心找死還是真心英雄？

第三段殺警長。狂野比爾來到海斯鎮，在一次特別選舉中被選為警長，他擔任警長的第一個月，就殺死了兩個人，被譽為殺戮警長。其中一個是比爾‧馬爾維（Bill Mulvey），他在鎮上橫衝直撞，醉醺醺的，在酒吧裡朝鏡子和威士忌酒瓶開槍。市民們警告馬爾維要守規矩，因為狂野比爾是治安官。馬爾維憤怒地宣稱他是來鎮上殺狂野比爾的。當他在街上遇到比爾時，他把上了膛的步槍瞄準了他。狂野比爾向一些旁觀者揮手示意，高聲說他們不要從馬爾維身邊經過，然後大喊：「不要從後面開槍打死他，他喝醉了。」馬爾維掉轉馬頭，去找那些可能從後面朝他開槍的人，在他意識到自己被愚弄之前，狂野比爾朝他的太陽穴開了一槍。

後來，狂野比爾沒有連任警長。

他似乎是《狂野西部》的一個縮影，除了迷戀酒吧、當過治安官外，狂野比爾還當過南北戰爭的雙面間諜、參加過對印第安人的戰爭、當過偵察兵、在馬戲團做過演員，還競選過鎮長。人生豐富得像一輪巨大的彩虹。

但是，彩虹很容易幻滅的。

在我看來，美國的狂野比爾這個西部英雄很可能就是一個西部混蛋，他太喜歡混跡於酒吧和賭場，太容易被激怒，太熱衷於殺人。但是，那個混亂的西部，法外之地，人們需要一個英雄，需要一個神槍手，需要一個殺戮者，

來滿足他們的心靈需求，懷揣著發財夢冒險西部的人，需要一個無畏者給他們力量，給他們鼓舞，給他們神話。對付自然，他可以獵殺大熊；對於酒吧混混，他可以開槍殺戮；對於法外之徒，他可以追殺；對於無聊的生活，他的神槍故事更是打發寂寥生活的談資（即可供談話的資料）。——這是他們心理所需要的人。

狂野比爾是美國西部淘金者的一碗心靈雞湯。

第二天早上，小鎮的賭氣和酒氣被白花花的陽光曬散了。

黑夜中四處流淌的慾望在沉睡。

我在主街的小飯店吃起了早飯，一杯拿鐵，一個火腿三文治，窗外街上的人們還沒有起來，整個小鎮都沉靜在上午陽光的靜默中，我忽然有點點孤單感，這是西部空曠時光中特有的寂寞，我於是拿出手機和母親通了一個視頻，時光一下子進行了一次穿梭：上海的夜晚，母親正在家裡數落父親，說他用洋蔥浸泡葡萄酒——一股怪味衝鼻子，我看了一陣哈哈大笑，孤單一下子跑掉了，這仿佛是西部小鎮上方的一個洞，我鑽了進去，溫暖了 10 分鐘，鑽出來的時候，思鄉的心平復了，這是 140 年前沒有的藥方子。

140 年前的藥方子就是去灌酒吧裡的劣質酒，以及一把地去抓賭桌上的牌，還有摸出褲腰旁的槍，那可以讓大腦暫時清空，忘掉在列治文或費城家人的聲音，忘掉新澤西或羅德島情人的眼神！

我們都是這片空曠之地的匆匆過客，那些留在荒灘上的腳印要不了幾天就沒了蹤跡。

死木小鎮外面，那一閃而過的焦木、原野和土地上，曾經爬過荒漠的螞蟻，曾經活過的馬和人，曾經的快樂痛苦，曾經的各類激動人心的狂野，都會消失得無影無蹤。

只有些許傳奇故事在風中飄蕩，但那又怎麼樣？

我坐上「毛驢」的駕駛位，導航顯示下一個目的地：黃石。

那裡會看到店主白亞說的灰熊嗎？

13　黃石：土狼式的博弈

7 月 31 日，從死木鎮到黃石。

路上聽到這麼一則驚人的新聞，去年，有一頭 350 多公斤的灰熊襲擊了一名獨自徒步荒野的白人背包客，牠把此人活活拍死，然後吃掉了一半。半截屍體上的傷痕顯示，此背包客臨死前和熊進行了一場生死搏鬥。到了 8 月，這頭熊被發現，DNA 鑒定確認其為兇手，而且野外背包客沒有侵犯其領地而被襲擊，於是這頭熊將被處於安樂死。這頭熊也太倒霉了，明明黃石公園是咱灰熊自個兒的家啊！有人在社交媒體上怒吼：自然界不應該為人類的野外活動而買單！

我也覺得熊死得太冤枉，因為野外背包客葬身熊腹，本身就是和詩人殉詩、教徒殉教、海上鋼琴師殉琴一樣光榮的事情，這是真正的回歸自然。

午後，趕到老忠實間歇泉附近，那有一座褐色的大木房子，裡面電子屏上預報：下午 2 點 08 分會有一場噴發。

我想，大自然抽筋都抽得那麼掐分掐秒，那麼有規律。

在黃石公園，這幾乎是一個和自由女神一樣有名的景點，每 93 分鐘對天激射，遊人都要一睹奇觀，我也不能免俗。1 點半不到，等我趕到老忠實溫泉時，發現兩排觀賞座位上早就坐滿了人，而且中間最好的「VIP」位置幾乎都被我的同胞給佔了，其中兩位北京口音的大叔拿著單反，豎著三角架，搶佔了比慈禧太后看戲還好的角度，一副要把旅費拍攝回來的架勢。如果奧運會有男子和女子搶座位這項比賽，我敢打賭中國人能會師決賽、包攬所有的金銀牌。因為我們從小就在公共場所受過全面迫害式的搶座位訓練。

記得，我小時候每天傍晚乘公共汽車時，那就是一部驚心動魄的功夫片。

一部僅能裝下 50 人左右站立的公共汽車緩緩駛入站台，大約有二三百個等著不耐煩的人已經在摩拳擦掌、躍躍欲試。公共汽車還沒有停穩，已經有人不顧危險，像蜘蛛俠一樣呼地跳上去扒住車門，吊著隨車開上十米，壁虎般緊緊貼在門上，售票員探出頭來，一通劈里啪啦地呵斥後，門吱吱呀呀地勉強才打開一半，那吊門上的「壁虎」大漢們已迫不及待地掰開門，一個個獵豹式百米衝刺。對於多數人來說，能夠擠上這輛回家的公車已屬不易，但是，總有幾個高手還可以悠然自得地坐在座位上，翹著二郎腿回家。他們是在用生命搶座位，如果你知道在 13 億的人口中，連一把凳子都是要經過生命的博弈，就知道中國人從小在苦難中受到了多麼強大的訓練。所以，一旦這批同胞們來到國外的公共場合，一看到空出來的位置，他們自然而然就會產生條件反射，瞳孔放大，腎上激素分泌，不自覺的緊張、刺激、出汗，去搶！去插！去佔領！所以，請仁慈地寬容我們的無禮，並由衷地讚美我們的生存能力吧。

2 點 07 分，老忠實的先頭部隊來了，一些白色的熱水汽開始從泉眼裡冒出來，到了 08 分，突然開始劇烈地噴射，大約一下子射出 20 多個人的高度，像一把在大地上站立起來的寶劍，像鐵達尼號的船頭在乘風破浪，又像是鬼魅的瘦臉努力把人間看個仔細，人群一陣陣的驚呼，我的同胞在照相機後面忙碌得像一隻隻蜜蜂。大地噴射的力量如此猛烈，激情澎湃，感覺是他憋屈已久，此刻一吐為快，這是要讓天空女神受孕嗎？

夜晚住在黃石湖畔，那片藍瑩瑩的水是這個星球的夢中情人，她的眸子在黃色的大地上睜開，風一過，水汪汪的褶皺一片。

整個黃石沒有手機信號。太陽快落山的時候，一個人搬把椅子，坐在湖畔客棧長長的木走廊上，對著湖，走走神，那些水在遠處的雜草後面切切私語。這裡沒有短信，沒有手機信號，沒有無線網絡，沒有書，沒有音樂，沒有男女朋友，什麼都沒有的感覺，想起王維的詩：賴多山水趣，稍解別離情。

次日一早，開車從湖邊彎上大路，路過一片林子。突然，我從後反光鏡裡看到一個轉動、閃爍的刺眼燈光，我加了一下油門，發現這個刺眼的燈光仍然不緊不慢地跟著我，我猛然明白，這是警察，不好！我哪裡犯事了？我可沒有美國駕照，中國駕照有用嗎？按好友方正跟我說的，先把車靠邊停好，

接著把雙手攤放在方向盤上。第一次和原先只在電影中看到的美國警察打交道，心砰砰地劇烈跳動，腎上激素又開始分泌了。過了好一陣子，車窗的一左一右分別出現了兩個巨大的制服身影。我哆哆嗦嗦把我的中國駕照遞過去後，那個身高足有 1.9 米的警察拿著仔細端詳起來，我的駕照已經破爛不堪，而且上面都是漢字，英語估計要用顯微鏡才能看清楚，他居然也沒有異議，趁他看駕照，我仔細端詳他，發現這是一個神態很和藹的年輕人，腰間一圈像個雜貨鋪子，掛著手槍、電筒、警棍、手銬、子彈匣子，琳琅滿目。

他問我說，「你的護照呢？」於是，我走過去，打開汽車後備箱，裡面的帽子枕頭食物嘩啦啦地掉在了公路牙子（即路緣）上，我手忙腳亂地撿起來。他拿著我的護照和駕照，對我說，「你超速了，黃石公園很多地方都是限速的，剛才轉彎的小道是限速 25 英里，你的速度達到了 40 英里。」我討饒，「對不起，我錯了，我不知道。」他看了看我的眼睛，「這次是口頭警告，下次注意。」然後把證件還給了我說，「祝你旅行愉快！」就這麼愉快地結束了？我上車立馬走，生怕警察反悔。

可兩分鐘不到，我又看到那輛警車在我後面按喇叭、轉警燈，這又是咋了？是不是發現我有其他問題？我只好又停車，惴惴不安地等他上來，那個和藹的年輕高個子警察一路小跑，再次快步靠近我，敲敲我的車窗，我搖下玻璃，他遞給我一樣東西，說，「你掉了！」我一看是我的遮陽草帽，原來剛才開後備箱的時候，滾到路邊的草叢上去了。——黃石警察很有人情味，跟北京胡同的大爺有得一拼。

我被收拾過後面就老實多了，每看到樹林的時候都條件反射一下，鬆油門、減速度，生怕裡面躥出一個貓在那兒的警察。不過，這種症狀在一周後就消失了，我又成了一個喜歡在空曠地區猛踩油門、不怕死的駕駛員。這和美劇《黃石》裡面的劇情完全一樣，寫著漢字「豪華旅遊」的大巴車把一群中國遊客拉到黃石附近某農場，下來一群不怕死的同胞，他們大聲喧嘩，湊得非常近地拍一頭野熊，聽導遊介紹熊怎麼拉屎、撒尿，這時，提著獵槍的牧場主人約翰開車來了，他警告人們趕快後退，免得被熊咬著，可是中國遊客根本不聽勸，農場主告訴導遊這是他的地，未經允許不能進入，這已經是

非法入侵了，一位中國老人聽後表示：「一個人不該佔有這麼多土地，你應該和其他人分享。」此話可徹底激怒了牧場主，於是他朝天鳴槍驅趕中國遊客，並對同胞說「這裡是美國，我們不分享土地！」這一片段視頻傳到社交網絡立即引爆輿論。

我一直覺得這部美劇是有事實依據的，因為前不久，就有幾個膽大吃貨同胞們在黃石公園裡煮火鍋，一鍋火鍋差點引發了一場血案！三名來自四川的遊客，千里迢迢從祖國背了地道的火鍋料，來黃石露營，並打算煮上一鍋地道的四川火鍋。在大家正準備大吃一頓的時候，驚人的一幕出現了，幾隻土狼湊了上來，虎視眈眈的看著他們的鍋，還有幾隻浣熊也趕過來打算分一杯羹。四川哥們嚇得趕緊躲回車上。最後的花絮是，有一隻土狼跑來叼走了他們還未下去煮熟的火鍋肉。

我慢慢開車在黃石公園裡，穿梭於森林、瀑布、地熱，讚歎地球在這裡私自藏匿了世間最好的自然珍寶。如果從空中俯拍黃石河，會看到黃石河一路披荊斬棘、逢山開道，向北倔強地蜿蜒，雕刻出兩條色彩斑斕的大峽，在陽光下，黃石峽谷的石壁顏色從橙黃過渡到橘紅，再到黝黑，仿佛是兩條綿延曲折的壁畫。由於公園地勢高，黃石河及其支流深深地切入峽谷，形成許多瀑布，白練般跌落在人間。據說，黃石河最終流過蒙大拿的草原，流到墨西哥灣，注入煙波浩渺的大西洋。

在黃石看動物的竅門是，哪裡人紮堆，就把車停在哪裡，湊上去。離黃石湖五公里的一處，人們像糖塊上的螞蟻一樣擁擠，我撥開螞蟻群，想看看大家都在看什麼，東北話「你瞅哈？」大約五百米處的草原和溪水結合部，薄霧迷離，麋鹿在河邊休憩時，五六隻土狼發動了總攻，他們瘋狂地圍攻其中一隻受傷的麋鹿，那隻麋鹿逃無可逃，被殘忍地扯拽、撕裂，鮮血外飆，可愛的麋鹿頓時成了土狼們的大餐。遊客們紛紛拿起望遠鏡，看得一陣噓唏。我問旁邊的一個小姑娘借了望遠鏡，仔細地看那殺戮的戰場上，土狼在分食，即使是在打掃戰場，分食死亡的麋鹿，他們也要撕咬、蹄踹，相互驅趕同胞，搶佔那最好的一二塊肉。這就是土狼的遊戲規則，處處要博弈。

黃石公園是土狼的王國，美國國家地理花了 3 年時間，跟拍過一隻叫凱

因的年輕土狼，因為想和狼群中的一隻母狼偷偷交配，被狼王發現，一頓爆咬惡打後，驅逐出了狼群。對於很多狼來說，被逐出狼群後，捕食變得艱難，到了寒冷的冬季，往往會餓死。但是，這個凱因卻在極其嚴酷的環境中活了下來，他和獾一起抓田鼠，吃鷹剩下的殘羹，滿地找腐食和鳥蛋，喝冬天的積雪，就這樣居然活到了春天，還找到了另一隻被逐出群的母狼談起了戀愛。最後，這部紀錄片的高潮是，凱因重返以前的那個狼群，在一場生死大戰中，打跑了狼王，成了狼群的新首領。而被淘汰的狼王，被逐出狼群，年長力衰，面臨著悲慘的下場。這部片子真實地記錄了黃石公園的春夏秋冬，景色極其壯麗，特別是冬天的時候，白色冰峰會隱約出現在遠山之顛，冒著白色霧氣的溫泉恍如太古洪荒時代的幻境。——但是，這樣絕美的黃石，卻有著世界上最殘酷無情的生命博弈。這個博弈法則就是，成則生存、繁衍，敗則無情的死亡或淘汰。

這種土狼式的博弈，美國人和中國人中最常見。如欖球屬世界上最強壯的男人運動！這和評選狼王的標準非常接近。欖球的激烈程度也是其他運動遠不能及的，這種面對面集體作戰，簡單粗野的暴力對抗，很多時候，都是直接上去把對方撲倒、撞倒，幹掉！運動員斷手斷腳，腦震盪那都是小意思，運動員為了一個球，進攻或阻攔對手，當場血染戰場或者一命嗚呼的情況，也是屢屢發生。這不就是用生命去博弈勝利嗎？

華爾街也是遍地狼崽子。里安納度主演的《華爾街狼人》喬丹的銷售信條就是：「要麼賣出去或要麼去死！」十足的霸道狼性。由於壓力太大，他需要性、大麻和安眠藥過日子。這就是華爾街金融圈的一個縮影。千萬不要讓華爾街的人聞到錢的味道，那簡直就是狼看到了肉。獸慾橫流的喬丹，他和黃石土狼的唯一區別是，土狼靠鋒利的牙齒和爪子，而他依靠巧舌如簧的忽悠技巧。

我的同胞中，這樣的狼人也太多太多了。你知道某些溫州人、台州人怎麼做生意嗎？他們除了把自己的全部家當壓在一件生意上外，還敢借一屁股債，放手玩命一搏，成了就是封王稱霸，輸了就是遠走他鄉或者跳樓自盡。我親歷的事情是，有個發展商在 Y 城買了土地，要開發房子，但是土地上有

最後一家釘子戶不願意走。雙方就展開一場你死我活的博弈。發展商支付了土地款和面臨銀行還款壓力，房子不按期建起來，自己就死定了。動遷戶則希望拿到一筆超乎想像的巨額動遷費，終身吃喝不愁。於是，雙方展開了肉搏戰。發展商被逼紅了眼，連夜雇打手，出動多輛推土機去推倒釘子戶的房子，而釘子戶的四個兒子人人持大刀自衛，找了一群兄弟，板磚、棍子，一場血戰！這和土狼的世界，又有何區別？我對此類事情沒有褒貶，刀口相向時，活下來吃到肉的就是強者，就是大爺。——土狼的法則。

第三日的清晨，我打算從西邊的門駛出黃石，剛上了路，發現所有的車子在路上被堵得一動不動，長龍一條，不知道前面發生了什麼事情。過了十分鐘，謎面揭曉了，原來，野牛爸爸媽媽帶著孩子篤悠悠地在馬路上散步——食草的和食肉的就是不一樣啊！食草的一家人從從容容的，垂頭踱步，全然不顧滔天的交通堵塞，不爭啥，不搶啥。它們經過我的窗口時，我掏出手機一通狂拍，連整十多張，然後擬上傳朋友圈，微信永遠處於讀取狀態，猛然想起來，這裡是沒有 4G 和 WiFi 信號的，一點點也沒有。頓時，一陣悵然若失。

回顧在黃石裡的三天，由於這裡絕大多數地方沒有 WiFi 和手機信號，我的手機毒癮略有發作，出現兩大症狀，第一階段是不安，每到一熱地、一瀑布、一景點，都會下意識地拿出手機翻一下，發現信號一格也沒有，會有不安感，這仿佛像是出門忘記穿內褲一樣的。還常常不死心，兩眼死死盯著手機屏幕不放棄，好像和手機有仇；第二症狀是出現輕微幻覺，這是和抽大麻、嗑藥物一樣的，冥冥中老覺得有人在找自己，而自己陷入無法聯繫他們的痛苦，於是，內心深處咕咚咕咚不停地冒出來這麼一個念頭，死命地在呼喊：「我得痛快地滾在床上去吸上一口 WiFi 去！」

這麼看來，黃石就是的一個巨大的天然戒毒所。這個「戒毒所」要感謝長鬍子的海登教授，他 1860 年第一次走進了隱秘的黃石，他把這裡的山川河流、動植物和氣候季節變化一一描述出來，不厭其煩地要求國會設立國家公園給予保護，經過長達 11 年的不懈努力，世界上第一個「自然戒毒所」誕生了。

最後一天，我終於還是憋不住「毒癮」，買了一張國際電話卡，一切仿

佛都回到了 1990 年的時光，我坐在賓館公用電話亭的一個高高凳子上，給大阪、上海的家人打了十分鐘電話。我媽說，她三天沒有我音訊，昨晚失眠了，整整一晚上沒有合眼。

駕著「毛驢」從西黃石出來的時候，我想如果這片土地在中國會怎樣？或許會有一座騰衝似的旅遊城市在裡面誕生，在湖畔、在河流旁、在峽谷處，建起許多房子，高高低低的，湖景、山景、峽谷景色的房子，男人在裡面築路建橋，殺熊宰狼；女人結婚生子，砍材燒炭，柴米油鹽，這也就是一幕人間最尋常的風景。唯一不妥的是，一切建成後，或許哪天黃石的火山憋不住噴發了，大地再次被烹飪，煎熬，燃燒，一切的一切全都灰飛煙滅，一切還會全部回到出廠狀態。所以，一點都不用擔心，地貌被破壞這一說。因為黃石的火山女神遲早會回來收復她的一切領地和權力。

只不過這個時間是一萬年。

14 他沒有 55 個老婆

8 月 5 日，開往鹽湖城路上，吃驚地發現窗外連綿的山在劇烈燃燒，大火把山體燒得紅一片黑一片，火苗四處爬，山頭上濃煙滾滾，升騰成一道烏黑帶粉的雲，一股刺鼻的焦味和木炭屑，被風吹著推向公路這一側。我想拍照，於是就捂著鼻子下車，把車停到路邊，看見有幾架小飛機倔強地飛翔在山火的上方，向下方噴灑著白霧狀的滅火劑，但是，山火並沒有受到啥抑制，於是，飛機來來回回繼續噴灑。野山很大很大，飛機很小，我的腦子裡出現了「精衛填海」的感覺。

正看著，一輛警車呼嘯而至，跳下來一個彪形大漢，揮舞著手對我說，「快！快！馬上開走！這裡不能停留！」看我上了車，他又鳴著警笛急著趕路去了。

快進鹽湖城的時候，我用手機查了一下住宿，吃驚的發現當晚全城沒有一間空房！天！怎麼辦？於是，我決定住在城外，愛彼迎顯示，附近有一個叫特里蒙頓（Tremonton）的小鎮，離鹽湖城 128 公里，只有這裡還有空房間。

這是一個寥落的小鎮，沒幾戶人家，谷歌地圖居然也失靈了，完全找不到要去的汽車旅館。我在一幢簡陋的屋子外面停下來，院子裡有一個破爛的兒童小車，正在逗小孩的女人走出來，我問汽車旅館在哪裡，她估計突然看到一個操著古怪口音的中國人出現在她家後院外，吃了一驚，「馬丁！」「馬丁！」馬丁小跑著出來，他是一個滿臉淳樸的青年人，嘴角掛著一些沒有剃乾淨的鬍子，連說帶比劃，很熱情地介紹那家旅館在哪裡，最後索性說，要不我開車帶你過去？於是他從後院開出一輛舊皮卡，讓我跟在後面。我行車

數千公里，一下子遇到這麼熱情的西部人，心裡突然感到暖乎乎的。

那是一家很老很老的汽車旅館，藍色的一排木結構平房，估計有 20 多年沒大裝修了。有一個長長的走廊上，放著幾把歪斜的小圓桌。儘管乾旱，但還是有一些藤類植物長在走廊的旁邊，藤上開了一些白色的小花，一隻活潑的小貓在藤下衝我喵喵地叫著，讓古老的、破舊的平房，一下子有了生機。

敲了半天門，汽車旅館的管家才打開櫃檯的窗，這是有著蔚藍蔚藍眼睛的希臘小夥子，大概才二十三四歲的樣子，不知為何流落在這個小鎮。60 美元一晚，現金付清房費後，聽他叮囑了一句，「明天早上離開的時候，把鑰匙丟在桶裡，請不要敲門。謝謝！」「不要敲門？」「對！不要敲門！」他蔚藍色的眼睛用力閉了一下。

屋子裡面就是一張床、兩把椅子，一個摁了半天沒有任何反應的電視機。房間裡充斥著一股頹敗的舊屋子味道，和著一點點的煙酒氣息。推開窗，窗外是一條寂靜的甬道，甬道的對面有一棵很大很大的叫不出名字的大樹。樹下是一個很有畫面感的下午：一個中年男子閒坐在那裡，一動也不動，只有樹的影子投在他的頭上。

我聽到一陣風刮過來，從甬道的那一頭，樹沙沙地動起來了，那個中年人頭上的影子也晃起來了，還有我的皮膚，感受到這股風。

到了傍晚，好幾輛集裝箱卡車呼嘯而來，停在院子外的小廣場上。晚飯後我路過走廊，看見四五個卡車司機們聚在小圓桌旁，他們都穿 T 恤牛仔褲，鬍子拉渣，一起喝酒聊天，看樣子他們好像多年未遇的老友，其實估計全是初次相識。他們粗魯的笑聲把汽車旅館的門窗都要震下來了，他們談得好嗨。讓我想起一家集裝箱卡車運輸公司的廣告，兩個身材曼妙的美女司機停車後，穿著火辣的衣服在卡車旁擼串（即吃烤串），這絕對是卡車司機們心中的《聊齋志異》。而殘酷的現實是，一群寂寞的男人在破敗的汽車旅館黑黢黢走廊，湊一桌，胡侃一通，到夜深做鳥獸散。

第二天一清早，我把頭埋在枕頭下時，聽到滴滴幾聲卡車的汽笛聲。

等太陽曬到屁股，我才起來，推開門木，整個走廊早就空無一人，一些啤酒瓶子歪斜在小圓桌的腳下。

我把鑰匙丟在前臺的木桶裡，想要和希臘人告別，正要伸手敲門，突然想起，他昨天特意說的，早上請不要敲門。於是，我的手彈簧一樣倏地縮了回去。估計，他蔚藍的眼睛還在天幕下休息，晨風吹皺了他的夢。

　　終於駛進了鹽湖城，神秘的摩門教大本營，我神往已久的城市。
　　這裡的人們也信仰上帝，但一般美國人認為，他們信仰的上帝和其他地方的上帝不太一樣。
　　據說，摩門教的創始人約瑟夫·史密斯有 47 個老婆，而第二任教首楊百翰有 55 個老婆，不知是真是假？另外，該教長期被新教、天主教視為異端，說他們「給死人洗禮」，聽得毛骨悚然。
　　更有意思的是，美國歷史上也有一次「長征」，那就是摩門教徒的長征。這群異教徒長期被迫害，他們在教首楊百翰帶領下，和毛澤東的紅軍一樣，歷經二千多公里的苦難西征，徒步抵達我眼前的這座鹽湖城，也成功地實現戰略大轉移，存活發展到今天。
　　摩門教目前擁有 1,500 萬名信眾，為美國第四大宗教。這個「異端」宗教，其信徒增長速度直追穆斯林，更是基督教的數倍！由於鹽湖城的居民多數信奉摩門教，在該教影響下，低犯罪率、低離婚率、高出生率，鹽湖城儼然成了美國的模範城市。
　　摩門教是否是緋聞纏身的邪教？它為何又有如此強勁的生命力？
　　我的腦子裡裝滿了疑問，開著「毛驢」進了城。

　　昨天整座城沒有一間客房，今天我好容易才找到一個安身之處：一個小賓館的商務套房，便宜的房間一周前就被預訂一空了，不住這個的話，我只能睡車裡了，咬咬牙，我交了 220 美元大洋，貴死老子了！我推測客房爆滿的原因，可能是散落在各地的摩門教徒都帶著孩子回到老家過暑假，外加一批去猶他州、黃石等地旅行的人，兩股人流大匯合。無論如何，夏天的鹽湖城，絕對是房子出租、賺大錢的最好季節。
　　端著一杯一美元自助咖啡出門，發現這裡的街道乾乾淨淨的，一切收拾

得像有潔癖的中年大媽。天空中透露著一種純淨的藍，一絲雲也捨不得掛在天上。

坐上一輛去博物館的公共汽車，居然不要錢，不要錢啊！感覺到了烏托邦。

摩門教的歷史博物館，當然也是免費的。自願解說員是一位 60 多歲的大媽，胸口吊著一副老花眼鏡，說話前，喜歡帶一個慢悠悠的「嗯」字，看上去超有耐心。她原來是一個中學老師，退休後到這裡來當自願者。她聽說我是記者出身，又來自遙遠的紅色中國，就很熱情地向我介紹摩門的歷史和教義。

我對教義不是很感興趣，心想豁出去了，直接切入一個簡單粗暴的問題吧：「楊百瀚為何要娶 55 位老婆？摩門教是如何看待這點？」問完後，我感到這個問題好像有點兒冒犯。

她頓了一下，左手輕微轉動著她的老花眼鏡，說，「嗯～，的確是這樣，楊百瀚共娶了 55 個妻子，其中 54 個是在他皈依摩門教後結婚的。但是，回答這個問題，最好要回到 1847 年的歷史背景上去看。那個時候，摩門教被迫害，進行了歷史上最悲壯的「西征」。他們拉著手推車，從伊利諾州長途跋涉到猶他州，過戈壁、荒漠，被寒流、疾病和饑餓侵襲，異常艱苦，你可以想像，數千男人、女人和孩子，在雪地和泥濘中拉著結凍的手推車，筋疲力盡，如果暈倒在路旁，爬不起來，很快會被凍死，大量的男人死在半路上。失去男人的女人如何在這惡劣的環境下活下去？如何撫養她們的孩子？出於人道主義，楊百瀚把他們的遺孀娶做妻子。他也鼓勵其他男人把單身、或者死去丈夫的女子娶回家，組成大的家庭單位，這樣可以在極其惡劣的環境下，形成有凝聚力的生產單位，活下去。」

她的回答讓我想起了西藏那曲草原，有些地方至今還是兄弟三人討一個老婆，或者是姐妹幾人嫁一個丈夫，這樣組成的大家庭，的確更容易在荒漠上存活。

退休老師把掛在脖子的老花眼鏡戴起來，湊在一副摩門教徒扛大鋤頭的照片說，「楊百瀚帶著精疲力盡的教徒，跟著先遣隊的腳印，來到荒涼的大

鹽湖，在這裡種下了第一排的土豆。一夫多妻，增加了摩門教人口，同時減少了寡婦獨力撫養子女的壓力。」最後，這位退休中學老師特別強調，「一夫多妻制只存在於摩門教早期，相當『戰時』政策，到了 1890 年就已經正式終止了。」

「噢，早終止 100 多年了！」我附和地說。

「是啊，很多人不清楚這一點的。」最後她不忘給我洗腦，「本教是以家庭為核心，我們會宣誓忠於配偶和家庭，否則視為叛教。」

我又不顧情面地問了一個問題，「那麼給死人洗禮是怎麼回事？」

她的眼睛裡有一絲不愉快的光掃過我，但立馬消失，她說：「由於本教成立得比較晚，很多先人都沒有入教，所以幫他們施洗，就是幫他們向上帝靠攏。施洗的過程很簡單，只要報下要被施洗的先人的姓名，然後你在水裡浸一下，就算幫他施洗了，他的亡魂也就得到了淨化。」我說，「這和中國追諡先人，或者度亡靈，倒有一點點兒像。」

我在館裡慢慢地看圖，發現楊百翰是為紅臉銀髮的紳士，一身威儀。只是不知道哪位大神把他翻譯成了一個地道道的中國人名字，很多人還誤以為他是華裔。這個名字和上海一個家喻戶曉的炒股票大神就差一個字，後者叫「楊百萬」。這位教首在鹽湖城建造了兩座大房子來安置他的幾十位妻子，第一座房子叫獅子屋，第二座房子叫蜂巢屋。獅子屋至今仍然是鹽湖城的標誌性建築。一位年輕人參觀完，這樣寫道：「走過楊百翰的大房子是件很有趣的事，那是一座有無數門的長而雜亂的建築。每一位妻子都有自己的設施，包括客廳、臥室和前門，鑰匙放在門口口袋裡」。據說楊百翰的多數妻子年齡都比他還要大，他自己接生了每一個孩子。

有一個笑話是講楊百翰的。說是一個女人遇到楊百翰，問：「你是摩門教的楊百翰嗎？」楊答：「我是。」問：「你是那個把摩門教徒帶到猶他州的楊百翰嗎？」楊答：「我是。」問：「你是倡導一夫多妻制的楊百翰嗎？」楊答：「我是。」問：「你是有 55 個妻子的楊百翰嗎？」楊答：「我是。」問：「你應該被吊死嗎？」楊答：「我是。」

我在想，從人性的角度來說，一個擁有55位妻子的人是幸福還是痛苦呢？

楊百瀚曾經說過這麼一句話，「在被教導多元婚姻時，這是我有生以來第一次渴望墳墓。」我覺得這可能是他的心裡話，這麼多妻子，要這麼多責任，是多麼沉重的生活擔子啊！？太痛苦了，一個人如果肯認認真真討 55 位老婆回家過日子，而不是始亂終棄，這是一個比造原子彈、比坐牢還難的事情。

那個蜂巢、獅屋或許就是苦如墓地一般。

看看高爾夫明星老虎・伍茲，據說他有 16 位情人，只有一位夫人，忙得焦頭爛額；南非總統朱瑪娶了六位太太，家裡便有人打雞罵狗，懸樑自盡。我以前有個客戶是一個福建老闆，討了 3 個老婆，家裡亂得一鍋粥，小老婆抱了新生的兒子衝到大老婆家，坐在地板上大哭大鬧；楊百瀚完全可以學某些政治人物私下有情婦和私生子，卻對外界隱瞞，裝作一夫一妻制，但是，他頂了那麼大惡名去全部娶回家，選擇面對苦難的超級大家庭，只能說明他是一個有擔當，而且超級有種的人。

——難道說，楊百瀚是古墓派楊過的傳人？

第二任教首楊百瀚很慘，創始人約瑟夫・史密斯更慘。

參觀摩門教博物館時，最刻骨銘心的是一副較大尺幅的油畫，再現了 1844 年 6 月的一天，摩門教創始人約瑟夫・史密斯困在監獄中，被一群憤怒的反對者衝進來亂槍射死的那一刻。畫家刻畫得很細膩，我看見約瑟夫的臉上露出一絲措手不及的慌亂，而他的手下正試圖堵上門，那些把臉塗黑或者蒙著臉的暴徒手上的槍筒在冒煙，牢房裡有一張床，凌亂一片。博物館還有另一幅歷史油畫，刻畫了約瑟夫被亂槍打中後，屍體從監獄二樓的窗戶上跌落下去，直直的，如一片落葉。

在我看來，約瑟夫・史密斯身上有很多謎團，這讓摩門教一開始就蒙上了神秘感。

其中最重要的一個謎團是，他翻譯的《摩門經》到底是哪裡來的？

我在摩門教總部得到一本摩門經，厚得像磚頭，記載了上帝在古代美洲的神跡，足足有幾十萬字，此經據說是約瑟夫·史密斯還是一個毛頭小夥子的時候，從古埃及語翻譯過來的，你可以想像嗎？一個沒有太多教育的農場小夥子翻譯出來一部驚天動地的大經書，據他說：1823 年，上帝的天使摩羅乃突然出現了，告訴他刻有《摩門經》的金頁片藏在紐約的克謨拉山裡，這金頁片雙面都有文字。他透過上帝的能力將這些古埃及文翻譯成為英文。語言學家後來分析，該經書是 17 世紀的古英語文法，這種語言風格是不太可能為約瑟夫這個時代的人所使用的。所以，有人認為，約瑟夫·史密斯在早期的尋寶生涯中，無意間覓到了一本古代的宗教文學著作，在那個狂熱的宗教大覺醒時代，他遂憑藉該書開創了自己的宗教。由於基本教義與基督教相悖，特別曾一度主張一夫多妻，更是被基督教徒抓住了小辮子，斥之為邪教，被四處驅逐、誅滅。

　　摩門教一出來，就是悲劇的大邪教形象，這從柯南·道爾家喻戶曉的小說《血字的研究》中可以看出來。小說從 1877 年一宗離奇的兇殺案開始，一所無人居住的房屋裡，死者衣著整齊，身無傷痕，僵硬的臉上充滿了恐怖，牆上驚悚地用血寫的「復仇」一詞。最後，通過福爾摩斯的無敵偵探，揭露了死者就是壞人，而他的身份是摩門教徒。整部小說就是反摩門教的，大反派除了幾個摩門教徒，甚至有鹽湖城摩門教首的現身，他們強迫男主角的女友去做摩門教徒的小老婆。這樣的情節，一定讓讀者義憤填膺，深深的偏見由此產生。

　　感同摩門教，我發現人間處處都是偏見、歧視和打擊異類的惡毒流言，不僅僅是宗教，我們對生活中的外人不也這樣嗎？——「非我族類，其心必異。」

　　從博物館出來，我又去摩門聖殿參觀，這是一座高大巍峨的哥德式教堂，全球摩門教的心臟，據說內有 12 使徒執掌，只有摩門教徒可以進入該聖殿，我這樣的閒人莫入。我於是跟隨了一群人轉去參觀禮拜堂，一個拱形的巨大圓頂張滿了天空，內部的佈置略顯簡樸，最吸引眼球的，便是台上的那架高聳的管風琴了。旁邊一個團居然有個中文的嚮導在解說，這個姑娘紮了一個

馬尾巴，指揮大家落座的時候，顯得風風火火。我過去和她攀談了幾句，她說她姓呂，來自廣東省中山市，她的摩門教親戚早先年帶她入了教，因為中國大陸是禁止摩門教傳教的，所以，她專門去香港受了洗禮。我冒昧地問她幾歲，她說 18 歲。18 歲參加傳教活動，我驚呆了。

我讀過一個數字，說是摩門教亞洲教徒的數量這些年在大量增長，上海、香港、東京都有。為啥呢？原因很簡單，因為很多亞洲人隻身一人來美讀書，孤孤單單，英語說得結結巴巴，害羞而不太會社交，如果這時有兩個穿著整潔的年輕美女帥哥來和你交朋友，他們還是有錢人家的子弟，他們和你說英語，關鍵是免費的陪你練習純正的英語，然後拉你去參加各種社團活動。你說你會不會參加這個教？我想，便是我也要參加了。

這位馬尾巴廣東姑娘跟我說，摩門教規定女孩需要義務傳教 18 個月，男孩 24 個月，傳教期間沒有報酬，教會派你去哪裡，就去哪裡。她說，「我太幸運啦，居然被派遣在摩門聖殿做導遊傳教。」說完，她帶著這群中國遊客去下一站參觀了。

那麼年輕人被教會派向世界各地傳教，花掉生命中的兩年時間，沒有任何報酬，對個人來說是好是壞事？我查了一下，吃驚的發現：幾乎所有的人回來都說，拓寬了人生視野，不虛此行。

更有意思的是，1998 年出任摩門教首的羅素‧納爾遜居然出生在中國，並給中國人做了很多心臟手術，他是中國人的好朋友，他最後一次手術是在濟南完成的，而患者就是中國京劇名家方榮翔，和這形成反差的是，摩門教在中國依然是非法宗教。

聖殿出來，過兩條小馬路，主街拐角有一家東方風情的自助餐廳，櫥窗外我看到了米飯和中式炒菜，價格才 9.9 美元一人，我頓時咽了咽口水，推門進去。

拿雞肉的時候，碰到一位白人大叔在旁邊拿炸春卷，我盯著春卷看，他突然用中文對我說了一句「你好！」，「你會中文？」我吃了一驚。他馬上恢復了英語，說他只會幾句中文，因為他曾在台灣工作過一段時間。他介紹

他叫賽迅斯，說他看到亞洲人很親切，因為他目前在韓國當老師，我說什麼老師，他說是在韓國美軍基地給軍官家屬子女上課，我心想我還好不是什麼北韓間諜，否則這是一個「滲透機會」。

於是，我們站在一排西餐碟子和中餐鍋子之間的走道上聊了起來。

他介紹，他自己是鹽湖城人，摩門教徒，長期在首爾，只有學校放暑假的時候，才帶孩子們回這裡。說完，他帶我走過去，向我介紹他的家人，他的妻子有點發福，身材很高大，懷裡抱著一個嬰兒，然後走過來一個穿紅衣服的女孩子，後面是一個頭上套了滑稽黃帽子的小女孩，接著第四個、第五個……足足有六個孩子，最大是個男孩，接近 1.8 米了，已經讀大學了，最小的還在懷裡喝奶，好大的一家子——一個標準的摩門教徒家庭。我看看賽迅斯，又看看他的孩子們，我問他，我可以採訪你嗎？於是，我們互留了郵箱地址。

雖然，我在餐廳裡面和賽迅斯先生和他的六個孩子只待了一個小時，但是，一直到本書成書，我和他一直保持著通訊。他在最近的一份信中提到了他的大兒子，他兒子將為教廷做兩年的義務傳教，他的傳教地在阿根廷的羅薩里奧，那裡距首都布宜諾斯艾利斯大約 130 英里。他將從鹽湖城到墨西哥城的傳教士培訓中心，花兩個月的時間學習西班牙語。因為他要用西班牙語在阿根廷傳教，否則將是一場雞同鴨講的傳教。

他在郵件裡面最常見的一句話，非常的有教徒感——「我很樂意回答你任何關於摩門教的問題。」他對中國也很有研究，有一次他突然問我，「我知道摩門教還不被中國政府承認，你採訪摩門教會不會給你帶來什麼問題嗎？」

德州貝勒大學社會學教授羅德尼·斯塔克曾預測，摩門教將在本世紀下半葉成為自伊斯蘭教以來另一個全球信仰的新教派，而其創始人約瑟夫·史密斯將是「美國的穆罕默德」。

我想，不知道，這一天會不會來？

後來，我一直寫信給賽迅斯，說摩門教這摩門教那的。終於有一天，賽迅斯憋不住了，他來信說，「摩門教是不正確的叫法！不正確的名字！」

　　「我們教的正確名字是：耶穌基督後期聖徒教會。」

　　我想，世人連這個教會的正式名字都不知道，也不能怨我啊，因為這個坑夠深的啊——正確名字也太長太不好記了吧。

15 大峽・尤物和孫悟空

那是個美麗的尤物，騎在一匹高大的白馬上，穿過樹林，爬上小山坡。

她海藻般濃密的頭髮在陽光下瀑布一樣跌落，象牙色的白皙皮膚，罩著一種大溪地珍珠的光澤。

她的鼻子高聳，眼睛湖水一樣幽邃且柔和，長長的睫毛像一對小刷子，每上下眨一下眼睛，仿佛就像在我心裡刷一下似的。由於長期騎馬，她在馬背上身姿格外挺拔，腰臀很有爆發力，在白樺林間一顛一顛的，洋溢著早春山間野梨花綻放的氣息。這是我 6,000 多公里長途旅行中遇到的美人，最迷人的姑娘，沒有第二，看得我眼睛都不好使了，急需修理。

我深呼一口乾燥的空氣，覺得上帝是這麼的操蛋（北方方言，不好的意思），著實不公平，一方面把有些人搞得醜陋無比，可以直接杵在玉米田裡嚇唬烏鴉，一方面卻讓某些人美得讓人暈眩，只要對你笑一把，就如閃電一樣擊中你。

這是在大峽北面，傑科博湖附近（Jacobs Lake），她是一個馬場主的女兒。

日期 8 月 8 日。

前天，我離開鹽湖城後，先去了赭紅色一片、宛如火星表面的錫恩國家公園徒步半天，然後駕車抄一條小路，離開猶他州，到達亞利桑那州的大峽北緣。

她叫瑪麗，是愛倫 17 歲的大女兒，她媽媽愛倫不在馬場的時候，就由她和 14 歲的弟弟兩個人看管馬場。我說，「你們在中國絕對是童工！」我嚇唬她，「你媽將可能被捕。」她好像真的有點相信我說的，她辯解道，「在美國，我已經算是成年了，因為，我可以開車了。」她每天帶著弟弟，開一個多小

時的車來到馬場幹活。幫媽媽看馬場，算是她的暑期打工。

50美元，我可以騎馬兜一大圈樹林和小山坡，她問她弟弟願意帶我去嗎？他狠命地搖搖頭，他坐在小木屋的門檻上，埋頭在打遊戲機，槍聲爆炸聲一片。於是，她飛身上馬，帶我上了路。

穿梭在墨色松樹間，馬蹄噠噠地踏在葉子匝地的小道上。太陽刺目，直射下來，晃眼。光斑在葉子上狠命地跳躍，一陣風路過，松濤醒來做集體舞蹈。無名花散亂地開著，讓我想起王維的「野花叢發好，谷鳥一聲幽」。

我把頭伸在深林中，呼吸著芬芳。

看到一些白色的四角形印在樹幹上，時不時出現一下，仿佛衝你咧嘴一笑，我大聲問，「這些神秘的符號是什麼？」她告訴我，「是馬道記號，否則很容易在森林裡迷路。」

我覺得這麼迷人的地方，迷人的嚮導，假如迷路的話，那是交了好運。

騎好馬回來，我和姐姐、弟弟三人坐在小木屋前聊天，我從口袋裡摸出一粒皺巴巴的巧克力小糖，像「太君」一樣地遞給弟弟，弟弟的眼睛放大了足足兩倍。

他們的媽媽愛倫不知所蹤，一直沒有出現。

看來，目前這個「童工」馬場的主管是姐姐，但是，姐弟好像矛盾挺深——姐姐向我報怨，「弟弟什麼事情都不幹，就知道打遊戲！」弟弟嘟囔地反抗了一句，「我不是上午剛帶過客人嗎？！」口裡嚼著巧克力，接著酣戰。

我問，「你們也是摩門教徒嗎？」

姐姐點點她漂亮的腦袋，說，「我們的家在特曼特小鎮，離這裡6個小時。暑假，母親帶我們來打理這兒的馬場生意。」

「那個特曼特我路過，沒有多少人，居然有一個四川人的小館子！」

我接著問，「那麼，你們的爸爸在做什麼的，他為何不來牽馬？」

她說，「爸爸幹打獵服務去了。」她說，「每到夏天，我爸就去修他的打獵帳篷、火盆、刀槍，為秋天的狩獵季準備。」

她說，「這兒到處都有打獵的地兒。」

我想起在路上看到的一則廣告小冊子，說只要交一萬美元，就帶你去獵

殺土狼和鹿，每次可以射殺一頭五年半以上的鹿，或者隨便多少頭土狼，我當時就想，土狼就比鹿賤嗎？

我問，「你爸爸跟你說過，最難獵殺的動物是什麼？」

姐姐回答，「黑熊」。

她說，「這是有點瘋狂的事兒，客人要花好多錢，還可能丟了命。進入黑熊的領地後，獵人在前方讓十幾條獵犬嗷嗷咆哮著包圍黑熊，然後再射擊。不過，很多地方目前都不可以殺熊了。」

我腦海中浮現出這麼一副畫面：金主們揮舞著獵槍跟著狗後面，受了驚嚇的熊可憐巴巴地爬到一棵樹上，腎上腺激素狂飆的金主，衝上去一通玩命的連環射擊。黑熊應聲倒下，壯烈犧牲。——從本質上講，這和地產老闆王石爬喜馬拉雅山一個德行。

我說，「有錢真好啊！玩得霸氣。」

姐姐一臉認真地說，「不過，哪些動物可以殺，哪些動物不可以殺，都有規定的。如果你打傷一頭動物而讓牠跑掉的話，你得沿著血跡去追，追上後再開槍殺死牠——讓受傷動物長時間痛苦哀嚎死去是違法的。」

我覺得這個待遇比我鄉下的四叔要好，他得了大腸癌，結果是每天痛得哇哇叫，吼了三年死去的。

結束談話前，我問他們姐弟最後一個問題，「在大峽，這麼荒蕪的地方，最讓他們開心的事情是什麼？」

我原來以為他們會說，是打獵或者開車之類的事情，結果，他們倆認真地想了一想，弟弟說，「去附近的一個鄉村旅館的餐廳，吃炸土豆條。」姐姐表示贊同，說「那裡的土豆條炸得超級好吃，金黃金黃的皮，肉很嫩，」說得弟弟的口水彷彿要流下來。

我問，「具體哪一家旅社？」

「傑科博湖鄉村旅社……」

「那不就是我昨天晚上住的地方嗎！！」

我想起了那家鄉村旅館的前廳是有一家老餐廳，也是附近唯一的飯店，估計有 100 年了，那個餐廳幾乎沒有啥好吃的，炸土豆炸得半生不熟的，嚼

在嘴裡像一段生蠟，我吃了一半就吐掉了，實在不敢恭維，後來我被迫去泡了一碗康師傅方便麵。

記者出身的我，為了確認信息，我又問了一下，「是公路右邊，離這裡才一公里的，那家傑科博湖鄉村旅社？」弟弟點點頭，姐姐眼睛裡的刷子也刷了兩下，我心裡一抖，很同情地看著他們很久很久。

離開愛倫的馬場，我的「毛驢」往前再開一陣子就是大峽北緣了。

這裡進入保護區，杳無人煙，開闊的草場和森林都沉浸在一種亙古的靜謐中。

太陽西斜，打開車窗，鼻子可以呼吸到開始變涼的空氣。

這時動物們漸漸開始出來捕食。鹿在路邊吃草，看到車子開近，倏地一下跳開，然後一蹦一蹦地跳進森林裡去了，停在深林的邊上，偶爾一隻還會扭頭看看我的車。前方草叢中，一頭與車並頭前行的土狼，突然彈簧似的一躍，居然咬住一隻田鼠，牠好像故意不一下子咬死田鼠，把田鼠放下來，田鼠吱吱地往前竄去，被土狼又一個健步，衝上去，一口咬住！這一幕，居然在緩慢行駛的汽車裡面也可以輕易地看到，真是驚奇。

前面就是在大峽了，千溝萬壑浸在葡萄色的黃昏中，間夾著一種勃艮第的暗紅。

最陡峭的懸崖小路上，迎面，我看見大峽古怪的一幕：一個少林武僧打扮的光頭美國人，濃眉小眼，穿淡綠色對襟的絲綢功夫裝，手裡還拿了一根棍子，站在一塊懸崖突出部的大石頭上掃棍、掄棍、戳棍、劈棍、舞花，最後一個亮相。

我為他捏了一把汗，輕輕說了句：「哥們，當心小命！」

突然背後有人用中文問，「你從哪裡來？」我吃了一驚，扭頭看見一個滿頭秀髮的小夥子，大概也是個背包客，他說，「我叫遊民，是從廣東來。」他說，「那位美國棍僧是我路上結識的夥伴，由於他整天拎著一個棍子，我就叫他孫悟空。」

孫悟空在千溝萬壑前擺好姿勢，舞動這金箍棒，唰唰幾下，有點少林寺

的感覺，頓時吸引了遊大峽的吃瓜（即看戲圍觀）群眾的手機，一通哢嚓哢嚓。

稍後，我和美國孫悟空站在懸崖旁聊起天來，說話的時候，他把金箍棒扔給我，我在手裡掂了掂，還挺沉的，目測這根鐵棍長約 1.8 米，棒身漆黑，兩頭塗著黃色的漆，明顯是學的金箍棒。面對著大峽的千溝萬壑，我也嗨嗨嗨揮舞了兩下，好沉！

我問孫悟空，「你在哪裡學的中國棍法？」

他說：「沒有，就是看電視看來的。」他說，「Bruce Lee（李小龍），Jacky Chan（成龍），甚至連 Jet Li（李連杰）和周星馳的片子，我都看過。」他說，「看了中國功夫片後，我就不能自己，每天在院子裡揮棍舞棒，上躥下跳，最終自學了一套中國棍術。」

看來，過往的經驗限制了我的想像力，這哥們一定是看電視就學會中國功夫的第一人。

我問，「你這是要去哪裡啊？」孫悟空說：「我去蒙大拿！」「蒙大拿？哇，蒙大拿離亞利桑那州還有上千公里呢！」他介紹說，他的爸爸不久前去世了，他是他的好朋友，他很愛他。他現在背著爸爸的骨灰盒，扛著他心愛的金箍棒，要去一趟北方的蒙大拿草原，因為，在爸爸活著的時候，兩個人曾經打算一起結伴去趟蒙大拿的，爸爸驟然去世，他要遠行去完成他未竟的心願。

我看看他單純的眼神，心生好感，想，他的父親在天之靈或許會獲得極大的安慰吧，另外，這位父親在孩子身上留下了太深的烙印，這是怎樣的一種刻骨銘心的影響？以至於父親死了，一個 36 歲的男子還流連在父親的情感烙印下，他這是去蒙大拿完成一次還願呢，還是希望父親繼續給他以生命的力量呢？他的父親生前是怎樣一個人呢？

末了，他說起他在亞利桑那的母親，說她完全不支持他，也不理解他，他的原話：「她什麼都不知道。」

美國孫悟空在路上碰到來自廣東的遊民，兩個人一路結伴往北走，要麼徒步，要麼搭車。

我加了遊民的微信，每天在遊民的朋友圈看他們的動向。

和我分手的當天晚上，他們沒有搭到車，於是走了八公里，在大峽裡面搭帳篷，露宿野外。

　　次日早上，我在大峽的小飯店裡醒過來，看見遊民的微信裡面說：昨夜夜宿大峽的山間，突然暴雨如注了，帳篷瞬間變成了水床，水上漂，不斷有溪水衝過來，一種衝浪的感覺。

　　又過了兩天，我看遊民的微信，頓時笑噴了，說美國孫悟空一路上扛著一根 1.6 米長的大鐵棍，沿公路走，試圖搭車北上蒙大拿，但是沒有車願意停下來，因為想一想就知道，誰敢停下來去搭一個拿大棍子的青壯漢子呢？結果，有一次他們不但沒有在公路上搭到車，還招來了大麻煩。因為，有路過的司機打電話到警察局，說路上有兩個行色可疑的年輕人，其中一人扛著把來福槍在路上遊蕩，還不停地招手搭車，懷疑是打劫的！三輛警車聞訊呼嘯而至，一堆荷槍實彈的警察把孫悟空和遊民團團包圍，並用廣播讓他們舉起雙手，放下武器。後來，發現孫悟空只是抖抖索索地丟下了一根爛棍子，一場虛驚。

　　此前一周，我在 90 號公路附近還曾碰到過一個叫二喜的北京人，滿臉亂鬍子，皮膚油黑骯髒，一身衝鼻的怪味，完全沒了東亞人種的樣子。這哥們兒騎著一輛破敗不堪的黑色奇安特，書報架上支了兩個爛馱包，出門快一年了，打算騎遍北美。

　　我問，「你都怎麼過活？」

　　他說：「我平均每天只花 8 美元。」

　　「8 美元一天？天吶，你這是怎麼做到的？」我吃驚。

　　他說，「旅行最主要的開支是住宿和交通，我因為騎自行車，所以省了交通費。住宿呢，主要靠住帳篷，睡公園。在美國公園裡面不可以連續住三天以上，否則警察當你是流浪漢，把你轟走。所以，我通常住兩天就要換一個地方。」

　　「那麼洗澡和吃飯呢？」

　　「美國的公園裡面都有自來水，可以洗澡和煮吃的。我在沃爾瑪這樣的

地方，買好餅和食物，自己捲餅吃，或者用行軍鍋煮吃的。你看，美國沃爾瑪的肉也不貴，比中國還便宜！有些時候，我也通過沙發客睡驢友的客廳，這樣可以好好地洗一個澡。你看，8美元一天，絕對夠了，真的！」

那天，二喜說得我一臉神往，和他比起來，我的橫貫北美的遊歷簡直就是小兒科。於是我一拍大腿，請他吃了頓海鮮大餐。我啃了幾口就飽了，很仔細地注視著他，他的臉浸在一個大面盆一樣的大盤子上，眼珠子都要爆出來了，每一個蟹腿都剔的乾乾淨淨，像沙漠裡面風乾了一百年的駱駝骨頭。

我突然感受到了他那一刻的超級強烈的幸福感，這是我久違的東西。

想起了《浪蕩天涯》中的克里斯多弗，略帶失望地看著已經生蛆的鹿肉，坐在廢棄的車頂上，四周是阿拉斯加的荒野，遠處是無垠的蒼穹，生命孤獨地展開，天空透明而自在……一個人的自由能有多大？也許真的大不過他試圖逃離的心。很多人像克里斯多弗一樣不要命，不顧一切走在路上，走上荒原，或騎車，走路，更多的是尋找一種自由和反秩序。人是群居動物，通過集體捕獵為生，通過秩序維持社會運營，但是，非常有意思的是，社會在快速旋轉的同時，也游離出反秩序、反集體的一種逆流，這種逆流目前有越來越大的趨勢。

此夜，我踱出大峽旁的一家小旅館，走到外面的小道上去看星星。大峽沉靜在無邊的黑暗中，巨大的北斗七星，閃爍在墨色的穹頂上，北極星明亮得像我23歲讀大學時的戀人的眸子。那一刻的人兒，融化在宇宙的心海中。

一顆流星突然點燃了天空，被遠方的寂寞山巒無情地吞噬。

8月9日開著毛驢，離開大峽北緣，坐在峽谷底部公路的一家漢堡店裡，大口嚼著生冷的牛肉三文治，嘟嘟喝著冰鎮可樂，我翻了一下遊民的朋友圈，讀到了他在大峽紮帳篷時候，寫下的一首詩：

（七夕那天，峽谷露營，信號全無，星河燦爛）

想起以前騙姑娘，

說星星掉進了你湖水般的眼睛，

它們不會游泳，快要淹死了，

我要把它們救出來，

用我的嘴巴，

姑娘不讓救，

在我親吻她的時候，

她閉上了眼簾。

從此她的眼睛裡，

永遠有著星星的光輝。

（三個男人，八個包，外加一根大鐵棍，搭車開啟艱難模式）

16　烏托邦的幻滅與 66 號公路怨婦

　　8 月 10 日，花了十多個小時，我才從大峽南北間的谷地公路上繞出來，駛入西部樞紐小鎮弗拉格斯塔夫。這裡，我第一次遇到了火車，紅燈亮起，路上的柵欄放下來，老款駝背式的運貨火車，一節一節從我的面前「咣當咣當咣當」閃過，感覺上是停留在中國 1984 時光裡，我像小時候一樣，「一節二節三節……」數著車廂的節數，居然足足有 32 節，美國火車頭也是吃牛肉漢堡的，力氣這麼大。

　　從這裡一路往西，那條歷史性的 66 號公路就像一條藤蔓一樣，和此間的主交通幹道亞利桑那州 99 號高速公路，緊緊糾纏在一起。地圖上兩條公路時而擁抱，時而平行，時而交叉，時而追逐，像鬼魅纏身的行者，像欲拒還迎的愛侶，像叢林中追逐的青澀少年少女。

　　我就從弗拉格斯塔夫駛離主路，終於駛上了魂牽夢繞的 66 號公路。

　　但是，66 號公路和想像中的西部烏托邦完全不一樣，老公路很狹窄，窗外的景色單一，車子經常突然顛簸起來把頭狠狠撞向車頂。和遼闊的荒灘戈壁形成強烈的反差，逼仄的公路像一條黃色渾濁溪流蜿蜒在毛茸茸的荒漠之中。室外的氣溫很高，太陽把遠處的地表蒸騰出一種熱氣的湖泊鏡像，汽車的輪子一直追逐著這種令人迷離的海市。

　　這條路在 100 年前是東部人揣著發財夢，趕著四輪馬車去加州的賭命之路。

　　她也是美國「母親之路」，但是，奔走在上面的卻都是男人。搖滾詩人查克・貝里翻唱的《66 號公路》那首歌，「如果要駕摩托車西去……請在 66 號公路上找樂子！」這首歌其實枯燥無比，一大堆公路沿途地名，據說原作

者鮑勃‧迪倫，當年駕車在 66 號公路上，想不出來歌詞，一憋氣，就把沿途的地名全部堆放在歌詞裡，沒想到倒成了一代絕唱，這首歌有 100 多個版本，歌詞中就有弗拉格斯塔夫和我後面要去的金曼。

　　66 號公路在電影《逍遙騎士》裡沒有盡頭，是西部自由之地，卻又戛然而止。能在這樣的路上找到夢想嗎？估計沒有人能說清楚，但是無數人卻為之奔波。

　　夢想都很容易破碎，這一天，我和人連幹兩架！

　　靠近塞利格曼，馬路邊一塊巨大的「66 號歷史公路」招牌吸引了我，我停車，走進一家老舊的平房，那是一家 66 號公路紀念品店。

　　屋子非常狹小，透露著一股長期不開門窗的老舊發霉氣味，店裡擠滿了冰箱貼、鑰匙扣、T 恤衫和帽子，與眾不同的是，側面牆上貼著一張巨大的黑白舊照，一個穿皮夾克的長髮性感女子坐在一台摩托車上，這張泛黃的照片積滿了灰塵，裡面那個女子臉瘦瘦的，嘴角有一顆痣，粗獷而撩人。

　　我扭頭看見店主人，是個瘦小駝背的老太婆，穿著灰灰土土的衣服，自我進店以來，她既不招呼，也不正眼看我一眼。

　　我問她，「請問廁所有嗎？」

　　她看也不看我，冷冷地說，「這裡沒有！」

　　「請問哪裡有呢？」

　　「出門用對面飯店的吧！」

　　我看到屋裡的招貼畫對面有一個半掩的小門，那明顯是一個洗手間。可能是嫌我髒吧，我這麼想。

　　於是，我去翻看她的冰箱貼，有幾款石頭包鐵皮的還是很特別的，於是就拿了幾個，打算回國送人。付完賬出門，突然發現其中一個刻有 66 號冰箱貼的金屬部分和石頭部分沒有咬合住，鬆動了，有脫落下來的可能。於是，我又推門進去，找她換。

她把臉一板，說，「我剛才賣給你的時候是好的，是不是你出門摔壞的？」

我說，「我沒有摔過！」

她面無表情地說：「不可以換！」

我說，「不是我摔的，我要換！」

她翻來覆去就是一句話「不可以換！」

我氣得要死，狠狠地瞪著她的老臉，這個滿臉愁苦的皺皮老太婆！我心裡狠狠的罵著她，突然，我看到了她嘴角的那顆痣，我驚恐萬分，扭頭去看那張牆上的性感女人的老照片，瘦下巴！一顆痣！那個過去時光的皮夾克性感摩托女郎居然是她！！！

天！時光真是太兇殘了，這把殺豬刀，殺人不見半滴血。是什麼把她折磨成現在這個樣子？一瞬間，我被深深的恐怖擊中，是什麼讓她變成這個脾氣？孤獨而古怪的守著這個破舊的平房小店，在荒漠的邊緣。

我油然生起一種同情。我忽然想起一個認識了 20 多年的叫天瑜阿姨的遠房親戚，她和丈夫關係不好，就在外面結識了個紡織大學的男生，兩個人愛得死去活來的，天瑜阿姨還為他從雁蕩路的家裡搬出去，到定西路去租老公房，後來，男大學生又結識了其他女友，不喜歡天瑜阿姨了，就把她甩了，她一次一次去紡大找他，對他的新女友說，「他是我的男朋友。」紡大男生當眾冷漠地說了一句，「你都這麼老了，我怎麼可能會是你男朋友？！」天瑜阿姨一瞬間被擊倒，世界在眼前完全坍塌了，想回去找前夫復合也沒可能了，從此以後，一直一個人孤獨地活著，後來聽說在浦東的一家小服裝店裡看鋪子，某年過年，親戚聚會，我再次見到了她，看人的眼神全是一種愁苦和冷淡。我今天看到眼前的這個老太婆，眼神感覺似曾相識。

拿著那個半破裂的冰箱貼，默默推門走了出來，外面是一股來自戈壁的熱浪，空氣乾爽，星球表面的溫度迅速升到攝氏 37 度以上。

對面的飯店上完廁所出來，寂靜的 66 號公路上感覺開了鍋：一陣巨大的搖滾音樂和馬達轟鳴聲由遠至近，看到兩個摩托大叔騎著高把哈雷摩托車，

大墨鏡，穿帶鉚釘的皮夾克，包著花頭巾，鋥亮的不鏽鋼前叉，黃色的油箱，大音量地放著不知道是誰唱的搖滾，衝路邊的我打個招呼，然後，呼嘯而去。這樣從東到西，橫貫 66 號公路的摩托飆車黨，幾位大叔大伯，在荒漠的背景下享受一段沒有羈絆的時光，和小孩子穿著奧特曼衣服打怪獸一樣，爽爆了。

我想，騎摩托旅行和開車旅行最大差別是什麼？騎摩托可以感受風、感受雨，感受溫度，感受自然的呼吸，這種體驗讓你對速度和環境多了一份皮膚接觸的真實感，或許，更接地氣。

摩托也是一種圖騰。

公路片的鼻祖《逍遙騎士》裡的那兩個洛杉磯嬉皮士，帶著年輕人特有的迷茫，他們開著哈雷，抽大麻，橫貫美國。他們彷徨於性、毒品和搖滾，在慾望、自由與理想之間掙扎。

「你想變成別人麼？」

「也許變頭豬不錯。」

「我從不想變成別人。」這是《逍遙騎士》裡的一段對話，不知為何，我今天站在廁所的骯髒鏡子前的時候想到了它。

《逍遙騎士》電影主題歌裡這麼唱到，「她會哀求／她會辯護／她會和理智爭吵／她會明白我失去了什麼／真的沒有價值／最後她會明白／我生來就不循規蹈矩」，高亢的調子加上主人公漠然的表情，與西部狂沙荒野、綿延無盡的公路緊緊糾纏在一起，讓人產生一種逃離的衝動，這可能是這部影片的最大力量所在。

最後一幕，主人公很偶然地被槍殺在公路上，一場逍遙被血腥的爆頭，自由和夢想，全部戛然而止。

自由的代價是死亡，即使這樣，他們也曾經無盡的逍遙過。

我是一個現實守著一畝三分田，常常猥瑣地計算銀行卡上數字的人，而內心卻是嚮往流浪情結的人，喜歡那些所有帶有流浪氣質的人，喜歡那些背把破吉他，五音不全，頭髮七天不洗的傢伙。我最喜歡斯文·赫定的《亞洲腹地旅行記》和彼得·海斯勒的《江城》，這是兩部影響我終身的書籍，也促使我在北美遊蕩了四個夏天。我最愛讀《亞洲腹地旅行記》的這段，斯文·

赫定小時候跟隨大人，湧向斯德哥爾摩的港口，去看北極探險的船破冰回來，那一刻，他心中種下了未來終身遠行荒原的種子。《江城》中最愛這一段，他的父親從美國來四川小城看他，他們一起背包在涪陵附近的山丘上露營，去涪陵鄉間的老農家門口蹲著聊天，風從田野上低吟而過。我還喜歡《央金瑪》，《加州旅館》，以及披頭四的《Ticket To Ride》……心情不好的時候聽聽他們，特別的治癒。為何嚮往遊蕩和流浪？──我們大多數蟻民，擁有大城市的一間屋子，一張辦公桌，一兩個孩子，一個妻子或丈夫，一些存摺，一串存摺上的數字等等，並且為那數字後多加一兩個零而奮鬥終身，我們不能離開，因為我們擁有的這一切已成為我們甜蜜的枷鎖，讓我們成為圈養的狼崽。

不過，66 號公路的現實很狗血，也是處處枷鎖，離逍遙很遠。

下午，頂著要融化一切的大太陽，開車到皮奇斯布林，我又和人幹了一架！

那裡有一個超市，就開在 66 號公路旁，我進去買了一些麵包和水果，同時，想把我早上沒有吃完的卷餅加加熱。微波爐亮著燈，在旋轉工作著。突然，有個胖胖的女工作人員出現了，她伸手按了停止鍵。我感到了被冒犯說，非常不悅，問，「為何？」她說，「外來食物不可以在這裡加熱。」我說，「我在你們超市買了很多東西了，不是沒有消費。」她說，「規定如此，不是本店食物就不可以使用微波爐加熱。」我說，「我買了你們店的東西了，我是你們的客戶，這個微波爐不是為了服務客戶的嗎？」她說不可以，「這是店裡的規定，店裡規定她必須遵守。」真是見鬼了，我心裡嘀咕道，這個 66 號公路上的店怎麼都是這麼不近人情？前面那家不讓我用廁所和換貨，這家不讓我用微波爐。

我終於失去了耐心，非常生氣，幾乎跳了起來，「你們這個規定有問題啊！你們不可以這樣對客戶！」但是，這個胖胖的女人還是堅持把我的卷餅從微波爐裡面拿了出來，我可憐的卷餅僵硬地躺在盤子裡面，還缺了半個角，像是一具小土狗的屍體。我操著不熟練的吵架英語，和她激烈的爭執起來，後來，引來了超市的經理，這裡唯一穿西裝打領帶的瘦男人，和胖女人溝通

了一番，說了一堆我完全聽不懂的話，終於同意，破例給我使用一下微波爐。我的半個卷餅軟塌塌地從裡面出來的時候，好幾個顧客都伸長了脖子在觀賞，估計他們也是 66 號公路的遊客，把我當做是沿途風景的彩蛋了。

還記得凱魯亞克的《在路上》嗎？相形之下，我的「在路上」好像挺狗血的。

書中，主人公好像從來不去考慮現實和未來。他說，「我還年輕，我渴望上路。」薩爾和迪安於是不斷上路，放浪形骸，一路上狂喝濫吸，各種放縱。

迪安是生活的瘋子，像推開吱嘎作聲的石板從陰暗地牢裡出來。

作者凱魯亞克也是瘋子一樣，他躲在炎熱的屋子裡，汗流浹背，進行神經病式的即興創作，僅僅三周，在一卷 30 米長的打字紙上（這簡直就是捲筒紙一樣）幾十萬字一氣呵成，屋子裡掛滿了晾曬的襯衫。1957 年該書出版，美國賣出了億萬條牛仔褲，66 號公路成為了「垮掉一代」的聖徒墓地。

而在我看來，《在路上》的文字更像一部流水帳，一個大捲筒紙，一堆作者的意淫。

當天的路程不是很遠，但是路況不好，下午 3 點，66 號公路酷熱難當，只要在車外面站 15 分鐘，汗就像麵條一樣從腦袋裡面冒出來。沿途人估計因此內分泌失調，粗魯而不友好，和嚴酷的荒漠一樣。

我想，這條從芝加哥開始一直到加州的聖塔莫尼卡海灘的老公路，有 2,500 公里之長，如果在 200 年前，駕著老式馬車，路上停停走走要花上一二個月。追求未來夢想的路上，有漫漫旅途的寂寥，有打劫盜匪的鐵蹄，有時候，連水源都困難，其他的都不用再說了。

夢想在現實面前，總是太殘酷。

這天的傍晚，催「毛驢」趕到 66 號公路重要的小鎮金曼，聽這個名字，感覺以前就是 66 號公路上的一個銷金窩——當年你挖到了金子，你就是這個小鎮的國王。

我找到一個小旅館住下，小旅館的外牆滿眼的彩繪西部人物，當中是一個小小的游泳池，正對著我的房門 109 室，於是，我脫了 T 恤，一頭扎進略有渾濁但是超級涼快的水裡。

　　好爽。

17 星落狂沙・金曼論槍

8 月 11 日，金曼。

一個大伯長著拉登式的長鬍子，面孔冷峻，一言不發，在我面前演示填彈、上彈夾、打開保險、瞄準、扣扳機五個動作，然後一句「明白了？！」不等我回答，摞下一把步槍和一把手槍在我面前，就晃著肩膀走出槍械店的靶場了。

我把彈夾插入槍托，呀嚓一聲，然後趴在射擊位置上瞄準。第一次打真槍，手腳難免激動得輕微顫抖。記得小時候，爸爸給我做過一把木頭步槍，上了綠色的漆，我穿著假的軍服，背著它雄赳赳地走過家門口的那排平房，趴著田埂上向遠處的挑擔農夫、農場幹部和野狗瞄準射擊，自己嘴巴裡配合地發出「叭叭叭」聲，農場幹部一臉惱怒地拔腳奔過來用巴掌打我的頭。現在可是真傢伙，隔著護目鏡，瞄準 15 米開外的一個人形靶子，瘋狂射擊，咣咣咣，滾燙的子彈殼死後跳出槍膛，一種令人疼痛的燙在手臂上咬啄。我一會步槍，一會兒手槍，一會兒手槍，一會兒步槍，交替雙槍，有一種爽快的殺戮感。讓我意淫起電影《變臉》中大反派約翰・特拉沃爾塔，他風騷無比地抽出藏在屁股蛋後面的一對金色手槍，玩命射擊，就地翻滾。

打完以後，按一個按鈕，被打得像馬蜂窩一樣的靶子飛到眼前，我楞住了，居然沒有一發是打中靶心的，如果槍沒有問題的話，那我的眼睛可能有問題，如果眼睛沒有問題，我的哪裡出了問題？看來，以前那個雙槍老太婆，敵人追她，她左手一槍，右手一發，也不瞄準，百米外人應聲倒地，不知道是咋辦到的。

過足了槍癮，付了 95 美元，出了槍支店，覺得饑腸轆轆，看到對面有一

個三文治店，幾個打槍的人好像都坐在裡面。一個戴銀耳釘、脖子上有紋身的粗壯漢子把一盤吃的推在我面前，我低頭一看，一個牛肉三文治，足足有小半個方向盤這麼大，頭回抱著這麼大三文治吃，一種狂野和三分放縱。這款三文治把烤到四分的嫩牛肉和水牛芝士、番茄配合在一起，入口感覺是柔軟的掙扎、猛虎的細膩。好吃！我狼吞虎嚥下去後，再定心看看四周，發現幾個槍友們和紋身漢子聊得甚歡，看來都是這家小店的老客人。他們幾個人的笑聲把窗框都要震下來了。

出來三文治店，太陽灼熱，遠處幾座生鏽似的平屋，一個體格健碩的花白鬍子哈雷老爹從其中的一間走出來，坐上他錚亮的大摩托上，沒有消音器的排氣管呼哧呼哧的。我路過那間平屋，探頭一看，原來是一間老掉牙的酒吧，貼著老鷹樂隊的海報，幾個老頭老太在裡面對著一個破電視機居然在卡拉 OK，在唱的那位是個紅臉，喉嚨明顯卡殼在歌的高音部分，但還是在倔強地突突通行中。

午後，金曼小鎮塵土飛揚，低矮的旅館和槍店外牆被太陽照得發亮，這裡似乎與現代美國有點脫節。一堵白牆上刷著這個小鎮自我吹噓的廣告語，「66 號公路的心臟，亞利桑那州探險的出發地」。

搖滾歌王查克·貝里曾經唱到過金曼這個地方，他彈著歡快的吉他，晃著「鴨子步」，吉他像高射炮一樣舉得高高的。

我拿到了一個房地產經紀人的廣告單頁，綠色的紙頭上赫然印著：金曼是最佳退休地！亞利桑那州西北部的好地方。沒有野火，沒有地震，沒有龍捲風，沒有火山，沒有颶風，沒有泥石流，沒有洪水，沒有冰或寒冷的冬季天氣。金曼還擁有強大的消防和警察保護。──聽起來，這裡比夏威夷、馬爾代夫、日內瓦還要好，其實金曼就是戈壁灘上的一塊不毛之地，仙人掌在礫石堆裡探出倔強的腦袋。

在金曼住了一宿，很寂靜的夜，睡得好香。早上推開窗，幾顆星還在深藍色的、未曾醒過來的天空上掛著，一絲血色的雲霞在小鎮的旅館和靶場上空張大了嘴巴，像要吞噬一切。

星落下去了，風沒有起來，戈壁灘上還不是起狂沙的季節。我想起了那

個永遠的經典場景，《日落狂沙》中的約翰‧韋恩戴著大簷帽，走出黑暗的門框，拎著一柄長槍，策馬奔走在空寥的荒漠上，背景是紀念碑谷地那堵巨大的斷臂紅山。這個鏡頭，我曾看了無數遍，那是我心中的西部。

旅館斜對面有個稍微像樣點的樓，門口矗了根褪色的旗杆，美國國旗降在三分之一的位置，紅色的條紋被含土的風吹得啪啦啪啦的，看上去有些傷感。

我問栗色頭髮的前臺服務員，「今天為何降半旗？」

他一臉茫然地說，「具體我也不清楚，最近經常降半旗，可能為哪裡的槍擊案吧⋯⋯」

「是為佛羅里達的嗎？」

「也可能是為芝加哥的，誰知道呢，今年又是血腥的一年⋯⋯」。

提到槍擊案，我想到前幾天，德州同學老孟微信發我一個槍戰視頻，視頻裡一個穿睡衣的福建女人和三個入室打劫的黑人進行了一場生死槍戰。監控錄像裡，三人穿衛衫的傢伙偷偷摸摸進了屋，他們拿著槍四處找值錢的東西，這時那個女人突然幽靈樣殺出，開火！劫匪們彎腰反擊了兩槍，但心緒大亂，火力完全被女屋主壓制。兩名搶匪逃竄，一名中彈倒地，那個女人冷靜地補上一槍後，關上門，然後拿起電話報警⋯⋯這個女人膽子大得像《第一滴血》的蘭博，對射期間，都不帶彎腰躲避的。

我當時躺在硬邦邦的旅館床上，微信裡問他，「這個槍擊案發生在哪裡？」

「好像在亞特蘭大。」老孟愛說一個口頭禪，God Works（老天的安排）！」他說，「這是報應啊！我們長期被黑人小混混槍頂腦袋，這次簡直是在美華人打響的第一槍，像八一南昌起義一樣，意義重大。」

我說，「華人的性格是膿包（即無用）一點嘛，第一槍還需要女人來打響。」

學歷史出身的老孟是個高材生，他給我打了一個尷尬的表情包，我想像他推著圓圓的黑框眼鏡望著天，他說，「我們向來不就是『十四萬人齊解甲，

寧無一人是男兒』嘛」。

他說，「福建女人厲害，我前妻就是福建人，他們那裡的女人下田插秧、扛水泥、掏大糞，從不含糊。這個穿睡衣的女人叫陳鳳珠，賣龍蝦的，這把槍才買了一個月，她也只去過靶場一次，都不怎麼熟練。凌晨 4 點她被驚醒，聽到動靜，知道不好，因為她的華人朋友之前都被打劫過，於是她立即去抽屜摸出槍，裝上子彈，打了個劫匪措手不及。殺了劫匪，過了一陣子，她照樣開店賣海貨，用稱稱斤，用袋裝魚，賣她家水產，福建女人的心好大。」

「福建女人彪悍可能是有傳統的，我聽前妻說當地田間蛇多，有些男人都嚇跑，福建女人殺過去，脫了鞋，啪啪當場拍死，說是他們村最多的一個女人，一年可以拍死 20 條蛇，不知是真是假？」

我說，「我從芝加哥往西一路開過來，沿途狂沙塵土的小鎮上都有福建女人開的中餐館子。這麼看來，劫匪以後要繞開點福建女人了，她們是——變異族群。」

老孟說，「God Works! 華人膽小，身邊喜歡放現金，而且語言不過關，以前經常是搶了也白搶。這個女人出來震他們一下！我們也不是好惹的。以前，有個黑人歌手 YG 曾唱過一首歌，直接煽動搶華人！」

我說，「把視頻發我看看。」

老孟翻了會手機，給我發來鏈接，我一聽，他們唱得其實還挺好玩的，在視頻中，兩名歹徒進門，鏡頭定格在一張華人四口之家的全家福上。歌裡說：首先，你找到一個華人社區的房子，因為他們不相信銀行。然後，你找到幾個幫手——有人開車接應，有人去按門鈴，還要有人膽大，不惜一切去搶……停車、觀望、按響門鈴，確保沒有人在家，遊戲開始了。

老孟說，「很多人對這首歌氣啊，有個鯨魚島華人樂隊唱了首回應的《Stop doing the shit》，算是一場口水仗，這首歌唱：不要沒有事情到處瞎轉悠……你就是懶惰，懶惰！」

老孟是單身，幾年前他福建老婆說終於忍受不了他整天掉書袋的迂腐，跟了一個能把她逗樂的白人老頭，搬到舊金山的半山上去住了，他女兒也遠

在波士頓讀大一，於是，他一個人生活在休斯頓。我懷疑 God Works 先生讀書破萬卷後身體不太行了，老婆又是如狼似虎的年齡，書生的命就是苦。我在美國旅行期間，由於沒了時差，晚上只要我從微信裡冒個泡，他立馬抓到了一個可以說話的人，叨叨叨，能和我嘮上半天。

今天，在靶場打完槍，晚上無所事事，我買了支 IPA 啤酒，一碟魚乾，蜷在小旅館客廳的破沙發上，看了一部在國內就下載好的老電影《天生殺人狂》，奧利弗・斯通這是要挑戰我的三觀？一場場逆天的殺戮，被美化的殺人。看完，我走出旅館，金曼的上方仿佛彌漫著一種灰紅色的夜色。我微信老孟：「你對槍枝氾濫問題怎麼看？在美國感到安全嗎？」

這一下子戳到了老孟話頭，他說，「槍是美國的悲劇。」他說，「你知道嗎？民間的槍多到了什麼程度？3.93 億！這是什麼概念呢？即使美國所有的人——包括臥床不起的老人或剛剛出身的嬰兒在內，每人分一把槍，還多6,700 萬支。個別愛好者家裡幾乎就是一座軍火庫。這麼多槍在周邊，你會有安全感嗎？」

我說，「不過，槍是美國人的麻將啊，生活的一部分吧？」

他說，「現實是，槍帶來了麻煩。槍擊案死的人像滾雪球一樣逐年越來越大，於是，俺們的總統說，如果美國人每人手上一把槍，就可以在槍手開槍前，先把槍手擊斃。」

看來老孟是一個有良知的控槍分子，他說，「只要人生絕望、精神壓抑、反社會，甚至做愛不爽、家庭失和，都可以買到槍，到大街上、校園裡、劇場裡去『突突突』發洩，這是十分恐怖的，因為任何一個國家都充滿了這樣的人，日本壓抑變態的人就少了嗎？中國 13 億人口，這樣的人比比皆是，如果他們都有槍的話，你覺得情況會怎樣？」

他最後停了停說，「老婆和我離婚後，我有段時間情緒低落，一度也很想買把槍去突突突。」

我說，「哈哈，你不會這樣的，你看看明史和北美史就解氣了。」

我後來又問老孟，「既然這樣，那麼美國為啥禁不了槍呢？」

老孟說，「God Works! 美國永遠禁不了槍！」

我問，「為何？」

他說，「美國長了很多『惡性腫瘤』，比如全國步槍協會（NRA），這種協會是美國政治的『大哥大』，超級有錢，一年預算就數億美元，還有五百萬會員粉絲。這種兄弟會勢力之大能影響國會、左右總統選舉啊！」

「劉群，你知道這種『腫瘤』是怎麼工作的嗎？據我研究，每次槍擊案，民間反槍情緒高漲卻並不持久，全國步槍協會支持的那幫政客的策略，是一個『拖』字訣。槍擊案後，支持擁槍的政客們紅著眼睛哭一通後，全國下半旗，然後，等人們的關注點轉移到明星緋聞和朝鮮核爆後，民意不再鼎沸，無人注意之時，控槍法案就被擱置了。」

我問，「擁槍是憲法修正案的精神，——讓人民不畏暴政。對嗎？」

老孟說，「200 年前可能有此功能，但現在不行了。目前的現實是，佔領華爾街運動沒人敢拿槍，別說拿槍，就是任何兇器被警察確認都可能隨時被打成篩子。相比警察的重型裝備和裝甲車，民用槍就是渣渣，最多是意淫吧。」

臨睡前，他說，「我給你講個故事吧：亞利桑那州，有人走進一家店裡，說：『你好，我想買一個巧克力扭蛋。』服務員說，『不好意思，美國不允許出售這種可能造成窒息的東西。』那人說，『那行，給我來把 M16 吧。』服務員說，『你好有眼光，這個槍賣得最火，我們搞促銷，加一元還送 300 發子彈。』」

他打字給我說，「美國就是這麼一個神奇的地方。每位總統都講，我們一定會討論槍枝法案，可是要等到啥子時候呢？」他最後又來了一句：「God Works!」「或許要等到太陽從西邊升起來。」

我回覆道，「快了，我現在開到金曼鎮，不正好是在西面嗎？嘿嘿。晚安。」

18 鬼鎮的夏天和奇勒・基寶[1]的蜜月

午後逛了一下胡佛水壩，出發去奧特曼小鎮的時候，天已經有些晚了，看看地圖，大約只有幾十英里的路，卻開了很久也不到，眼看著太陽沉入大地，車子前後左右都是起伏的戈壁灘，旱柳、仙人掌在荒灘上掙扎著露著鬼臉，落日貼著荒漠粗獷的臉頰，天空被襯得暗沉沉的，天空一大片血紅。

看來要夜投奧特曼了，谷歌地圖顯示小鎮中心位置上有一家叫「奧特曼酒店」的旅館，評價三顆星。

沙漠地帶氣溫在急劇下降，我搖下車窗，在最後一抹暗淡的紅光下，向奧特曼狂開，時速到達 50 英里，在起伏的荒漠小公路上。

天完全黑了臉，星星出來了，我終於開進了谷歌指引的小鎮。

但是，狀況好像有些令人震驚。

小鎮上連一個人影都沒有，沿街是兩排影影綽綽的破樓，感覺上全部是一百年前的木製平房。沒有一個房子是亮燈的，全部浸在黑暗中。街邊只有一兩盞昏暗的路燈，導航上顯示，離目的地零米。

但是，這個「奧特曼酒店」在哪裡呢？

借著微弱的路燈光，我在下車的地方，眯著眼睛仔細觀察路邊的房子，依稀是棟二層樓的木結構小樓，上兩步台階，摸到大門口，我用力去敲門，想看看有沒有人在屋子裡，可以問問路。砸了半天，沒有一丁點兒動靜。我退到小街上，發現二樓好像懸著一個店招牌，我拿出手機，打開手電筒App，一束光瞬間照亮了這個招牌，我驚恐地看到，上面寫著「奧特曼酒店」兩個單詞，天！原來這就是奧特曼酒店？！我把手機電筒的光移到二樓，二

---

1   奇勒・基寶（中國大陸翻譯：克拉克・蓋博）

樓門窗緊閉，黑乎乎的一片，好像很久很久沒有啟用過的感覺。

「鬼鎮！」我腦子裡突然想起這個詞，西部這些淘金小鎮被廢棄後，往往成為鬼鎮，據說，夜晚會有人聽到腳步聲和笑聲，因為現在只有死者在佔據它。

我趕緊上車，想馬上離開這個鬼地方。開了一個街口，突然在路燈底下看到三四個人在走路，看他們走路的樣子，應該不是鬼，而是和我差不多的遊客，他們好像也在找地方？

我像抓住了救命稻草，搖下車窗，和他們打招呼，「嗨！你們在幹嘛？」

那個中年白人立馬跑了過來，他說，「我們迷路了！」

我說，「你們找賓館嗎？」

他說，「是的，但是這裡好像不太對勁。」

我說，「這是一個鬼鎮，奧特曼酒店根本就不再住活人了，晚上似乎沒有一個人住在這裡。」

他說，「我也被谷歌地圖騙了，我查了最近可以住人的小鎮叫尼德斯 Needles，在東北 25 英里的地方。」

「那麼我們一起去？」

「好的！你們在前面，我跟著你們開！」

「我是鮑勃！來自聖地牙哥。」

「我是劉，來自中國。」

說話的這一刻，我借著路燈仔細觀察了一下他們，共四個人，兩男兩女，黑暗中看不太清楚長相，但是其中一個年輕女人居然穿著極其性感的三點式橘色游泳衣，裸露著白白的腰肢，帶著黑色的大檐帽，站在這個黑暗的鬼鎮小街上，反差之大，略些詭異。他們上了一輛五座的豐田大皮卡，大皮卡的後拖斗裡面居然是放著一艘小型四人座水上摩托艇。

「戈壁灘的摩托艇和泳裝女。」我開車跟在他們後面，滿腦子狐疑。

兩輛車一路在黑暗的戈壁灘又摸索了一個多小時，才漸漸看到小鎮的燈火，汽車旅館、加油站的招牌亮著燈，在荒漠裡面迎接著我們。

10 點了，尼德斯只有一家中餐廳還願意營業接待我們，店員直接用地道的山東話帶我落座，我們幾個人團團坐落在這家很多年沒有裝修的店，感覺是回到了 1980 年代的時光。

　　40 來歲的鮑勃和他的性感泳裝女朋友坐在一起，由於有外人在，她此時已經加穿了一件男士的大號 T 恤，但仍然掩飾不住她發達的胸部，胸部上面，一頭棕黑色短髮，瀑布樣。此外，她鼻子高聳、眼睛深凹、膚色呈現暗棕色，我以前只是在博物館陳列的蠟像中看過類似的人種，於是，忍不住多看了她兩眼；另外一個老頭是鮑勃的父親，一頭銀髮，大約 70 歲不到的樣子，他旁邊坐著一位衣著得體的的女友，金灰色的一頭長髮，年齡看上去和鮑勃差不多大。

　　三杯啤酒落地，我立即被美國式的坦率給折服了。鮑勃如數家珍，把他們的私事全部說給我聽了。

　　原來鮑勃和他的父親都在聖地牙哥離婚了，離婚的時間不詳，鮑勃找了眼前這個大胸的墨西哥性感女郎做女友，她是聖地牙哥對面邊境城市提華納人，幾乎不會說英語，只能蹦幾個單詞，她和鮑勃之間說西班牙語，並不停地用親昵的肢體語言溝通——他拍拍她的屁股，她則回親他一下腮幫子。

　　而鮑勃的父親看上去是個厲害的角色，他的銀髮讓他坐在人群中有一種權威感，可能他在聖地牙哥長期經營房產中介公司的緣故。鮑勃則是眼睛和嘴巴都是彎彎的樣子，估計睡著了都像是在笑。聽說我在上海開房產廣告公司，大家都從房子上糊口，頓時就親切了許多。鮑勃父親的女友，那個金灰色長髮姑娘，原來是鮑勃的女性朋友！兒子把他的好朋友介紹給爹做女朋友，一對父子好基友！在中國，這可絕對是很難想像的事情！這對父子說話的時候很生動，經常把大家都逗得哈哈笑，而鮑勃的女友則撒嬌似的在旁邊說，「你們在說什麼？」於是，鮑勃再用西班牙語連帶肢體語言給女朋友翻譯一番。

　　我問，「這裡是沙漠地帶，你們帶著摩托艇幹嘛？」

　　鮑勃上揚的嘴巴說，「這附近不遠就是科羅拉多河，我們昨天特地從聖地牙哥開了大半天車過來，今天白天在河裡玩了一天遊艇，夜投客棧的時候，

和你一樣跑到了鬼鎮。」說著，他用谷歌給我指引了河的位置。我瞥了一眼鮑勃彎彎的眼角和墨西哥姑娘的微翹胸部，突然明白，這對一起泡妞的父子，像鐵哥們一樣，在度一個充滿激情的週末，宛如還在 20 多歲的青春年代，帶著心愛的妞，駕車 500 多公里，來到這麼遠的沙漠地帶玩遊艇。

我羨慕這對父子的狀態和他們朋友式的關係。

喝到最後，墨西哥姑娘拿出了手機，是一個非常老的蘋果四，她給我看她的女兒照片，一頭的黑色波浪，笑得燦爛，大約 7 歲左右，和我的大兒子差不多大。由於語言不通，我沒有細問她的故事，但我從她深凹的眼睛、傲人的身材以及眼角的魚尾紋中，可以讀出她的不平凡過去。

當晚和鮑勃父子告別後，各奔客棧。

我投宿在一家尼德斯的汽車旅館，打算第二天上午再開車去奧特曼，看看白天的鬼鎮啥樣子，資料說，上午奧特曼小街會上演西部槍戰秀。我住的這家旅館不是連鎖店，就在公路邊上，前台只有一張小小的桌子，後面掛著一個不太準確的時鐘。一個微胖的墨西哥中年大媽在看店。

早晨我還在酣睡，突然電話鈴大作，墨西哥大媽電話我，說讓我去一趟大堂。她說，昨天晚上拖車公司拖了一輛車過來，那輛車拋錨在公路上了，汽車上的兩個人支付了幾百元的拖車費後，說是沒有錢修車了，而且他們兩個人好像也不會說英語，目前住在客房裡。我說，「那幹嘛找我呢？」墨西哥大媽說，「他們是中國人，你可以幫我和他們溝通一下嗎？」

於是，我拿起了電話，撥通了 207 房間，聽口音是個東北中年男人，估計他在荒蕪西部小鎮的汽車旅館裡，睡眼朦朧中，然後接到一個國人打來客房電話，十之八九會嚇了一跳。我問他怎麼回事？需要幫助嗎？

他說他在洛杉磯開卡車 9 年了，最近接到一個活是在鳳凰城附近的，於是他就和他的女友花了幾百美元，買了輛二手車，帶了全部行李，打算開車搬家過去，結果這破車路上就壞了好幾次，「操蛋！我被賣車的人給坑了！」他一個勁地抱怨，他說，車子昨晚就直接拋錨在公路上了，花了好多錢拖回來，聽說還要近千美元才能修好，他們身上的錢已經不多了，正在苦惱地考

慮是改搭長途汽車，還是繼續修車，前者方便，但是很多未來用的生活行李都要丟棄了。

我想兩個同胞在異國他鄉荒漠地帶，語言不通，陷入困境，就說你們需要我幫助嗎？我心裡等著對方說出一個我可以承受的數額。結果，那個大哥真是東北人的硬朗，一口回絕，說，「謝謝好意！我們自己搞定那個操蛋的車子吧！」

我把情況跟好心的墨西哥大媽說了，她點點頭，有點心事重重，我想，她是不是擔心那兩個人付不起房錢呢？

開車去奧特曼小鎮時，心裡挺擔憂那對落難中年東北人不知道後來是如何渡過難關的？突然想到，尼德斯這個地名，中文諧音有點不善，接近於「你得死」。

第二次去奧特曼。小公路一塌糊塗，開裂、坑窪、拱起，好幾次我像彈簧一樣飛起來，撞向車頂。

一頭悠閒自在的野驢攔住去路，牠尾巴一甩，一節綠黃色的大便擠出屁眼，滾落在地上，然後蹄子一撅起來，踏著灰，跑開了。

我發現要繞開驢糞蛋是不可能的，因為公路上東一坨，西一堆。昨天晚上太黑了，急著趕路，根本沒有看到馬路上有這麼多的野驢糞。

在碎石渣渣的空地上剛停好車，兩頭探頭探腦的野驢就把頭伸進車窗，看樣子是要討吃的，我說「No！」「No！」，用力把他們的頭推出車窗，鎖好門，向小鎮走去。整個小鎮都彌漫著一種驢糞的騷味，和著乾燥的、炎熱的氣溫，在藍天下，充滿了刺鼻的西部質感。剛走到簡陋的淘金時代小街，就聽到遠處啪啪啪幾聲槍響，我知道這是槍戰了，接著看到這個鬼鎮上居然黑壓壓擠滿了遊客，然後嘩啦一下散開了。你不能想像，這麼多遊客都是從哪裡來的？昨天晚上，他們都住在哪裡？

我就差幾分鐘，沒有趕上槍戰。帶黑大檐帽、穿黑色衣服的一男一女兩個演員大步走在前面，男女身上都有子彈袋子，腰間別著槍，走路的時候包得緊緊的屁股一晃一晃的。他們走進了一家兩層樓的破舊木樓，我抬頭看見

這家店上懸著的舊鐵皮牌子——「奧特曼酒店」，天！這不就是昨晚我想投宿的地兒嗎？！原來，在白天，這家酒店是提供一些簡單的餐飲、酒水，二樓是博物館，但是已經很久很久不接待住客了。

我買了一瓶冰鎮可樂，坐在店裡吃，望著定格在 1930 年的破敗淘金老街，和一位服務員聊了起來。

「我昨晚上本來打算住你們這家酒店的。」我說。

「我們有幾十年不接住宿了，不過以前，這裡還真是酒店。你知道嗎？這裡曾經最有名的住客是誰？」

「誰？」

「奇勒·基寶和他的新娘！」奇勒·基寶，我的腦子電光一閃，那個眼神總是帶著一抹讓人琢磨不透的玩世不恭，讓女人不敢輕信卻又無法抗拒的荷里活壞男人？那個連瑪麗蓮·夢露都想勾引的男人？那個《亂世佳人》裡二撇小鬍子和一臉壞笑的白瑞德？據說有一次，他脫下襯衫，人們發現裡面什麼也沒穿，結果，全國的男人都開始流行不穿背心，導致汗衫在商店裡積灰。

——他在這個鬼鎮的鬼旅館裡曾經度過新婚之夜？我簡直不敢相信。

於是我坐在木頭的小桌子上，啜著可樂，用只有一格的手機信號，查了查奧特曼的官方介紹，真的，1939 年，荷里活之王奇勒·基寶和當年史上片酬最高的喜劇女明星卡羅爾·隆巴德在金曼結婚後，在奧特曼酒店二樓的 15 號房間度過了他們甜蜜的新婚之夜。此後，他們曾多次回過我目前所在的這家小旅館，這個小旅館最多只有七八間客房。

我完全無法想像，這家已不再接待客人住宿的旅館，這座夜晚淪為鬼鎮的小鎮，這裡的沙漠和風砂，居然見證了兩個人的生死之戀。

1931 年，基寶和隆巴德在一次聚會上相遇，當時他們都已婚，而且隆巴德認為基寶有一點自命不凡。五年後，他們在隆巴德主持的聚會上再次相遇，並開始偷偷約會。直到基寶離婚，八年後的一個初春，他們才在金曼、奧特曼結婚。婚後，他們搬到了聖費爾南多谷的一個牧場生活，他們騎馬、打獵、養雞，招待好友。隆巴德和基寶親切地稱呼對方「媽」和「爸」。兩人有時

爭吵，隆巴德過後會送給基寶鴿子作為和解。珍珠港事件後，隆巴德前往她的家鄉印第安納州推廣戰爭債券，這一日賣出 200 萬美元。在決定如何返回加利福尼亞時，因為母親害怕坐飛機，所以她儘量說服女兒坐火車。隆巴德建議投硬幣決定勝負，隆巴德贏了，她們登上了 DC-3 這趟死亡航班，據說，隆巴德上飛機前給基寶發了最後一份電報，內容是「親愛的，你最好去參軍！」。飛機起飛後在雷電區飛行，飛行員偏離航線不到 100 英尺，與拉斯維加斯西南的台岩山頂相撞。卡羅爾‧隆巴德和她的母親以及飛機上的 22 人當場死亡，她年僅 33 歲。

飛機失事後，基寶被一種無法承受的痛苦籠罩，他要求前往拉斯維加斯領回隆巴德的遺體，並試圖與志願軍人一起攀登雪山。最後唯一可辨認出隆巴德遺骸的是一個殘缺的紅寶石胸針，那是基寶送的，一半已經熔化。

基寶對妻子的死亡感到深深的內疚，他想起妻子給他的最後一份電報中所說的「你最好去參軍」，他於是以 41 歲高齡申請加入了美國空軍。在二戰中，他擔任轟炸機的尾炮手，參加了對柏林的轟炸，他嘟嘟嘟瘋狂地向敵機開炮。基寶那張在轟炸機上打尾炮的經典照片，讓普通人看了都熱血沸騰。據說，希特拉是基寶的粉絲，他派空軍部長戈林出重金懸賞去捉拿他。在天上鏖戰時，基寶必是抱了去死的心，在天堂與亡妻相會。戰後，基寶後來又結了兩次婚，但他的遺願是葬在隆巴德旁邊，1960 年，在拍攝《不合時宜的人》一片時，基寶因心臟病突發而去世。他最後一任妻子把他長眠於隆巴德的墓旁，實現了他的遺願。——他的妻子心也夠大的。

令人唏噓的是，一代風流倜儻的「荷里活國王」卻是最最癡情、為愛奔狂的「情聖」，鬼鎮奧特曼這間小旅館的二樓 15 號客房，是那段愛的印記。如今，這些印記如海灘的腳印正被海水沖刷著，漸漸消退。

據說，多年來，一直有人說 15 號房裡在夜裡會傳出竊竊私語和歡笑聲。

我相信它是真的。

我打算上二樓看看基寶和隆巴德睡過的木床，窄窄的樓梯間放了一塊牌子，上面寫著：維修中，暫不開放。

從奧特曼酒店出來，遇見一個金髮小男孩，大約十二三歲，衣服穿得還算體面，就是臉上都是灰土，他問我：「可以給我一個二十五美分的硬幣嗎？那邊一頭野驢向我討吃的，我想買點胡蘿蔔餵牠，牠是我的好朋友。」我看了看他的眼睛的光，很純淨的那種，於是，我從口袋裡掏出一個硬幣。他歡快地跑進一個木頭房子，拿了三根胡蘿蔔出來，一頭野驢子馬上把頭伸過去，湊在他臉蛋邊上，討好地呼著熱氣，我還沒有看清楚，野驢的腮幫子已經鼓了起來，啊嗚啊嗚幾下，胡蘿蔔就沒有了。這個男孩抱著驢頭，和牠說了幾句話，這頭野驢估計是懂也裝不懂，還是湊在他臉邊上，一個勁地呼熱氣。

　　小男孩說這些驢從前是給礦上拉貨的，後來金子挖完了，礦工走了，牠們就無家可歸了，成了野驢，靠向遊客討吃的過活。他還告訴我說，奧特曼酒店的二樓真的有鬼魂，他見過，是個長頭髮的，所有的人都看到過。我想，那是不是隆巴德回來看看她的新婚之夜？

　　我說，小夥計，你還懂得挺多的嘛！你從哪裡來？

　　他說他叫文森特，他爸爸家就在小鎮後面的山岡下，順著他手指的方向，我果然看到這個舊時礦區小街的後面鼓著一個山包，光禿禿的啥也沒有，天！這個鬼鎮附近居然也是有極少量居民的！我昨晚可完全沒有看到有人家的燈火啊。

　　他說，「小山旁有一個老金礦，那裡有吸血蝙蝠，你想去看嗎？」

　　我將信將疑地跟著這個叫文森特的神叨叨的小男孩，穿過老式的商店、酒吧、餐廳和 T 恤小店，在街的盡頭，拐了一個彎，就看到一個廢棄礦坑的入口，估計現在是一個景點，他說，「跟我進來吧，不要錢的」，於是我就彎腰鑽了進去。這就是一個破坑，估計是山體的一部分，地上放著幾樣淘金的工具。文森特絮絮叨叨地說了很多東西，我也沒有太明白，最後他提到了吸血蝙蝠，他說這個洞裡晚上有的，現在估計有客人，都出去覓食了，到了晚上就飛回來。我抓住礦坑小窗口的欄杆，往外看了看天色，問他，「下午還有槍戰嗎？」他說「兩點鐘可能有，但是不確定。」

　　於是，我和他倚在小街的木頭走廊的圍欄上，看看驢子，聊聊天。

　　他的金髮好漂亮，就是沾了許多灰土。

我問，「你在奧特曼小鎮住，在哪裡讀書？」他說，他並不常住這裡。他平時都在拉斯維加斯讀書，爸爸媽媽離婚後，他一直都跟媽媽生活在那裡，只有放暑假，媽媽允許他回奧特曼來住一個月。他還告訴我，他有個哥哥跟爸爸在奧特曼生活，他超級崇拜他哥哥，因為他知道所有奧特曼的事情。

「那麼你爸爸在奧特曼開店嗎？」他說，「不，他不開店，我也不知道他具體幹啥，好像別人家裡壞了東西，他去修，有點時候，也去一些人的店裡去幫幫忙。」我說，「你爸爸每天都去上班嗎？」他說，「好像也不是。」我說，「你爸爸今天在幹嘛？」他想了想說，「他好像在家裡睡覺。」

我說「你喜歡這裡嗎？」他說，「非常非常喜歡，在這裡很自由，沒有人管他，除了他哥哥，這裡和拉斯維加斯完全不同。有時候還有錢賺，我給遊客們做導遊，他們也給一點點小費。」

我問他，「爸爸媽媽為何分手，你知道嗎？」非常能說的他說到這個問題停頓了許久，他說，「好像媽媽要在拉斯維加斯工作，而爸爸不要媽媽在拉斯維加斯工作，他們就分手了，爸爸就回到奧特曼了。」

——可能，這就是大人給孩子的理由了。

不知為何，聽他這麼回答，我自己突然感到被一陣傷感襲擊，我想起我的兒子「袋鼠」來，他晚上睡覺一直抱著個細瘦的泰迪小熊，因為那是他媽媽臨走的時候給他的一個禮物。他再頑皮、再無憂無慮、再沒心沒肺的一天結束，到了晚上，臨睡時都是會去找這個小熊，他都要抱著它，淌著口水，沉沉睡去。如果別人問他同樣的問題，爸爸媽媽為何分手？估計他也只能回答，爸爸工作忙不回家，媽媽不高興了，於是就是分手了。他一樣不清楚真實的世界是怎麼一回事。

現在我眼前的這個 12 歲男孩文森特，說到爸爸媽媽的關係，他有些憮然地看著對面的街景，小小的心裡似乎起了一點點的漣漪。

他說，爸爸媽媽分手令他最傷心的事情是，「我平時看不到我的哥哥了，一年只有一個月可以見到他。」

說話間，他看到遠遠的一個瘦瘦高高的身影從小街上走過來，他說，「哥哥來了！」說著，他向他哥高興地招了招手，「我哥總是教我玩各種好玩的

東西！」

　「今天還會有槍戰秀？」我最後問他。

　他似乎沒有聽到我的這一個問題，也許在想什麼事情。

　忽然，他扭頭問我，「你可以再給我五毛錢嗎？我想買一瓶可樂送給我哥哥好嗎？」我掏出來後，他歡天喜地跑進一家破爛木頭門的小店裡去了。

　又等了好幾個小時，氣溫越來越高，好像有攝氏 38 度了，捱到了 3 點多鐘，傳說中的西部槍戰也沒有再上演，去奧特曼酒店打聽，說天氣過於炎熱，所以就不演了。遊客漸漸散去，驢子也似乎被曬得不行，懶洋洋地挪著步子，抬腿向小鎮外面走去。

　傍晚，開往拉斯維加斯的路上，窗外，托著落日的沙漠浪頭凝固了，像是一片睡著了的海。

　遠處奇異的霓虹燈亮起來了。

19 賭城：矽谷宅男和居委會大媽的福利

　　快到拉斯維加斯時，太陽一頭扎進戈壁灘，猩紅的西方天空變暗，一抹光亮在地平線的下面。

　　賭場的廣告牌在公路旁開始妖嬈地招手，一座花裡胡哨的城市突然在戈壁中冒出來，讓人覺得不可思議，徒增海市蜃樓的幻覺感。燈光越來越刺眼，霓虹燈和電子屏幕漸漸佈滿了車窗外。

　　這片沙漠，不再有兩百年前的甘泉和駱駝，有的是威士忌、龍舌蘭、脫衣舞秀和賭客迷離的眼神。

　　夜裡 10 點，整座城市似乎剛剛揉揉眼睛，完全蘇醒過來。

　　從住宿的地方出來，走上拉斯維加斯大街才一刻鐘，就迷路了，因為大購物中心和賭場蜿蜒糾纏在一起，老虎機、脫衣秀、一眼沒有盡頭的美食，無數個慾望的女妖在向我招手。

　　特朗普酒店附近的一處賭場的鮮蝦自助餐搞特價，只要 9.9 美元就可以敞開吃，我邁著堅定不移的步伐走了進去，剛剛端了一大盤壽司和沙律坐下，就看見一個穿白色緊身衣的大胸妹子向我走來，問我要喝什麼免費的飲料？紅茶、可樂、水還是果汁，隨便挑。「這簡直是宅男的天堂啊！」我不禁感慨起來，難怪每年全球最時髦的消費類電子展（CES）要放在賭城，——矽谷技術男的福利。

　　吃撐了出門時，黑人保安大叔隨口問了一句，「今天你贏錢了嗎？」我這才想起只顧吃還沒有去玩過賭場，於是立馬穿過咕咕咕叫閃亮的老虎機群，揣著 300 美元坐到一個輪盤賭局旁邊，荷官微笑舉著一根撥籌碼的歪脖棍子，在我面前劃來劃去，不到 20 分鐘，300 美元被劃沒了，我有點沮喪地起身走

出賭場，外面熱浪撲面，我忍不住打了個嗝，一股 9.9 元鮮蝦壽司的味道翻上來。

大街上所有的傢伙都希望賣點什麼給你。

一路上碰到兩個扮演特朗普的，三個瑪麗蓮·夢露，超人、蜘蛛俠、金剛狼……幾乎所有的漫威英雄都變成了小攤販，他們在拉斯維加斯大道上站成一長溜，吆喝著、勾引著我去合影，借勢討 1、2 美元小費。特朗普扮演者懷裡摟著個捲髮巨胸、面色塗得如白紙的女遊客，女客笑得花枝亂顫，特朗普則看上去坐懷可能會亂，合完影，一人 1 美元。還有一個米高·積遜，胳膊上帶著一個藍袖章，教一個小孩跳太空步，動作頗有點積遜的樣子，但不像在太空，而是滑動在泥濘的空心菜地。

我觀察，這些人都幹不過一個賣礦泉水的黑人，他是一個商業天才，皮膚黑得像被黑漆噴過一遍的他蹲在賭場之間的天橋上，戴著粗金項鍊，佔據著一個屁股大的位置，腳下放著裝冰的保溫箱子，3 美元一瓶水，因為天氣炎熱，冰水賣得飛快，他拍打著一大疊 1 美元的紙幣，厚得像牛津字典一樣的，頭還隨著音樂節拍在晃動。

晚飯後，誤入一個小劇場，一進去，發現不對，滿屋子都是興奮得滿臉通紅、尖叫連連的女人，而台上表演的則是一堆肌肉猛男。我知道自己沒有看清楚外面的英語介紹，居然進了一個猛男秀的場子，但是，既來之，則看之吧。一大波 C 罩杯的肌肉帥哥在熱舞，一邊跳，一邊還在脫衣服，這簡直要全屋的女人流鼻血。一位留著莫西干髮型的強壯男子被鐵鍊鎖在台上，赤裸上身，八塊腹肌。女看客們全場沸騰，一片高八度刺耳的嘶叫聲。互動環節時，幾個肌肉男走入觀眾席，拉女看客的手拍打他的胸部和屁股，而後他們跳到了桌子上面，瘋狂轉動，一個戴著白色婚紗頭飾的金髮女子被拉到了桌子上，跳起了熱辣的貼面舞。最後，有一位居委會大媽模樣的中年阿姨也被請上了台，我看到她肉鼓鼓的腰、捲曲枯萎的頭髮，鼻子上還架了一副黑眼鏡，她先是被赤裸上身的帥哥來了一個熊抱，然後被圍著跳了一段勁舞，末了，他還拉她的手伸進了牛仔褲裡面，全場女人的興奮終於到達了頂點，

尖叫聲可以把屋頂掀掉。

我實在受不了這些尖叫，終於捂著耳朵走了出來。正打算離開這個女性釋放荷爾蒙的劇場，遇見兩個亞洲面孔的年輕女人也正離席上洗手間，她倆走在我旁邊時，我無意間聽到其中一個人抱怨說，「舞跳得好一般！」另一個人附和道，「是啊！只能靠胸肌了。」

街上，滿眼閃耀的彩燈和屏幕。

我看見一位戴白色大檐帽、著紫紅色性感內衣的棕色頭髮姑娘站在街頭，那不是佐羅的女朋友，那是一個向路人發艷舞酒吧廣告單的女子。還有兩個紋身青年趁我不注意，往我手裡突然塞了一把小卡片，我吃了一驚，低頭看，卡片上印著幾乎全裸的姑娘，像兩顆大白菜一樣的胸部上貼著小星星，大字寫到：「女孩，直接送到你身邊」，然後是一個電話。我翻閱這批小卡片，白人、拉丁裔、黑人、亞洲人各種女人都有，全部是魔幻森林中的妖精。再往前走過一個路口，發現這種妓女小廣告被遊客扔了一地，大腳丫子在大白菜上踩來踩去，場景非常的不堪，讓我想起上海某地骯髒的小菜場。

坐在弗拉明戈賭場的外廳沙發上，我打算電話採訪一下「大白菜行業」，於是壯起膽，操著哆嗦的英語試著給其中一個打了個電話，是一個熱情似火的中年女子接的，她聲音很利落，舌頭滾在一起，把很多單詞的發音都吃到肚子裡去了，讓我聽得費力。她問我住在哪裡？我胡亂報了一個地方，她說會包我滿意！我想和她多聊幾句，但是，感覺上她漸露不耐煩，她或許覺得她的熱線電話是值錢的，每一分鐘都充滿了賺錢的機會，可不能讓我霸佔著。「二百美元！」掛電話前，她在那頭叫著。

妓女在拉斯維加斯是違法的，但是，數百人毫無顧慮地在大街上散發暗娼的名片，已經成了這兒一道亂糟糟的風景線。據說，政府也曾發動取締「戰役」，但被雞頭們請的律師以妨礙言論自由罪告上法庭，結果，法庭判決市政府敗訴。——街頭派發暗娼廣告，屬公民合法權利！在城市形象和言論自由之間，拉斯維加斯選擇了後者。

我想，在某地不要說是發暗娼名片，就是在地鐵口發拉麵店小廣告，都

會立即被城管抓去罰款吧。按照掃黑打黃的標準，拉斯維加斯絕對會變成一座空城，只有幾家餐廳可以賣吉祥餛飩。

拉斯維加斯沒有合法的紅燈區，但是，在偏遠的內華達州鄉下，受到監管的妓院是可以光明正大地做皮肉生意的，該州大概有 21 家妓院，是美國唯一允許公開賣淫的州。

我在赴美前的一次朋友聚會上，曾遇見過一個叫黛米的美國性工作者，她就在內華達工作。

那天，一群朋友在淮海路酒吧碰頭，其中湯姆・魏帶了一個叫黛米的美國姑娘，她毫無顧忌地說自己是性工作者，讓我著實吃了一驚。我當時就仔細打量了一下她，她戴著黑框眼鏡，長相平凡，胸部雖說有些洶湧，還有事業的徵兆，但是腰部肉鼓出來仿佛套一層橡皮圈，破壞了格局。她上身穿著黑色的吊帶衫，看上去和常人沒有啥不同，特像一個工作了七八年、厭倦了公司雜事的行政前台，唯一特別的是，她右肩膀上露出一個女妖的紋身，尺幅有拉麵碗這麼大，超級刺眼。她說她「出差」來上海的，是為了參加一個日本繩縛大師舉辦的秘密繩縛課，每次有四男四女支付費用參加這樣的課程，教你怎樣優雅、藝術地捆綁伴侶，增加無窮的樂趣，而且每次授課的地方都改變。我一下子對她產生了濃厚的採訪興趣，她很健談，甚至有點滔滔不絕，整個人還蠻陽光的。談話過程，給我最深的印象是，黛米自始至終為她的職業感到驕傲，她很熱衷於談論她的工作，絲毫沒有在公共聚會場合羞於啟齒的感覺。

黛米說，「性服務給很多人溫暖……我從事了這個工作後才發現，人們其實是迫切需要這樣的服務，因為，多數人從本質上說，很孤單。」她說，「在內華達，我的客人有男的，也有女的。」

黛米給我看她的個人博客，我瞬間震到了，她工作的地方原來叫 Chicken Paradise「雞的天堂」。看來，北美鄉村文化就是直截了當，起的名字一點也不避諱。隨便擇錄一條她的文字：「這裡就是客人的家！當好客人的妻子，是我的宗旨。」

她說，「寂寞的人越來越多。那些人來我那裡，常常聊上半天，講講自己的心事，呆幾天再走。我理解，很多人都想從我身上尋找戀人的感覺，所以，我也會提供『應召女友服務』（The Girlfriend Experience），我會送他們一些小禮物或陪他們一起去逛街。」

　　她說，「這些客人大都是中老年人，我有一位大約 60 多歲的常客，他是新澤西人，他夫人在十多年前生肺癌死了，孩子在東海岸忙工作，彼此很少聯繫。他說他家常年窗戶、大門緊閉，有時候在空蕩蕩的屋子裡，很想有那麼一個人，哪怕只是閒聊幾句，哪怕只是沉默地面對面坐著都好，一度他有點抑鬱，孤獨得想自殺。有一次，他偶爾來拉斯維加斯玩，來這裡遇見了我，我們聊得很徹底，心裡想什麼就說什麼，一切都敞開談，我們還一起去附近的超市買酸奶吃。回去後他發私信給我：『我得到了早年與夫人約會的感覺』，我看了真的很開心。」

　　「那麼陪伴式的服務是不是更貴呢？」我好奇地問。

　　「是的，我們要花費更多的時間和耐心。」黛米說。

　　我又問，「你現在有男朋友嗎？」

　　她停頓了下，說，「沒有，這個有點兒難的。」我有點同情地看著她。

　　「不過，」她反問我道，「現在，辦公室女孩找男朋友，難道就不難了嗎？」

　　我腦子裡轉了很久，不知道該怎麼回，突然想起了《阿甘正傳》裡的台詞，於是就咕嚕了句，「都不容易啊。」

20 洛杉磯沒有鍵盤俠和「結巴」的旅行

8 月 17 日，我的「毛驢」開進了洛杉磯，終於從大西洋海岸爬到了太平洋海岸。

晚霞下的洛杉磯天空如火燒，新聞裡說已經一個多月沒有下過一滴雨，全城有種大便乾燥的感覺。

夜投一間山裡的民宿，在威爾‧羅傑斯州立歷史公園附近，大約晚上 10 點鐘左右，沿盤山小道上山時，車前突然有東西一晃，一束車燈打在一隻動物身上，我一個急刹車，是頭發愣的小土狼，牠立定在馬路當中，深不可測的小眼睛發著幽藍的光，扭頭看看我，隨後一弓背，消失在夜的森林裡。

睡到半夜，鄰居的狗突然狂吠不已，叫聲響徹山巒，嚎叫中夾著無法抑制的憤怒，我相信那是遇見了土狼，而不是這座屋子裡的鬼魂。狼和狗在吵架，相似的物種總是最仇視對方。這裡的山，到了夜裡，就是土狼的世界，牠們到處溜達，尋找交媾機會，順便翻一翻垃圾桶——那是牠們的米芝蓮餐廳。

這間民宿在半山上，有一個游泳池，四周圍著生鏽的、毛毛刺刺的鐵絲柵欄，估計是怕動物闖進來，由於洛杉磯乾熱，偶爾也會有黑白條帶的加州王蛇或者聲音咋呼的響尾蛇出沒。游泳池的水碧藍碧藍的，讓我想起大衛‧霍克尼的畫，誘惑我脫了光光的，一個猛子扎進去，我的頭浮出來時，發現水面上全是落葉和蟲子遺體，那些已經死去的蜻蜓、蜉蝣、長腳蚊子和很多叫不出名字的昆蟲都在水面上飄啊蕩的，他們或許和我一樣，在燥熱無雨的日子裡，被水的清涼誘惑，並願意葬身於此間，從此萬劫不復。

次日，我開車去看朋友老繆，突然發現「毛驢」沒有油了，路過一個加油站，停好車，飛奔進超市買了一瓶冰鎮可口可樂——先給自己加點油，然後再給「毛驢」喝，期間還給老繆打了一個電話，說遇到突發情況，要晚到半小時。

我靠在「毛驢」外面喝可樂，休息片刻。

此時，旁邊的位置駛入一輛加長的賓利，黑色鋥亮的車體前，一個帶翅膀的 B 字，在一堆豐田和福特車裡面，宛如一位貴族站在一堆小商小販當中，特別扎眼。

穿深色襯衫的男子從車裡出來，約有 60 多歲，半頭短銀髮，有點佐治·古尼的風度，優雅地站在他的賓利車旁邊，一手扶車，一手加油，看著就令人仰慕。

整個加油過程可能三分鐘都不要，但是，突然，意想不到的一幕登場了。

一個衣著髒兮兮的中年黑人，手上拿著塑料袋，繞過加油站柱子，蹩過賓利車，站定在中年賓利男子的面前，攤出一隻手，乞求的眼神。

我想，換了我的話，一定讓他立即走開，或者給 1 美元趕緊打發了。

但是，我吃驚地發現，這位中年賓利男子卻和他攀談了起來，而且談了很久。

隔著車子，我依然聽得很清楚，他說，「你為何不去工作？」「你為何要乞討為生？」那個黑人咕力咕力說了一大通，大概是他想去找工作的，但是目前沒有，總之，「能不能給我 20 美元？」「我需要錢。」

賓利男子嚴肅起來，他攔下一個路過的加油的人，問，「你有沒有工作？」那人說「有！」。然後，他又隔著車子問我，「你有沒有工作？」我不知道在家寫文章算不算是正式的工作，也趕緊說「有！有！」他轉向黑人乞討者說，「你看，你看，大家都去幹工作，你為何不去工作呢？」

賓利男子說，「如果我今天給你 20 元錢，你答應我明天就去工作！」

黑人乞討者嘴巴裡咕隆了一下，好像是答應了。

賓利男子說，「那你要對天發誓！」

然後，他走過來，對我說，「你可以幫我一個忙嗎？」我好奇地說，「幫

什麼忙？」他說，「你幫我錄像記錄他的誓言，可以嗎？」

於是，加油站出現了這麼戲劇的一幕。

我放下了喝了一半的可樂，高舉著手機，莊嚴得像個攝像記者，全程記錄。背景是一團正在加油的車子。

他們兩個人面對面站立在賓利汽車前，像站在教堂的牧師講桌前。

賓利男子說，「你開始發誓吧，有這位先生如實記錄下你的誓言。」

那個黑人男子似乎有點猶豫，但迫於形勢，還是躊躇地舉起了他彎曲的右手，說，「我發誓，我拿了這位先生的錢後，明天就去找工作……」

「OK!」賓利先生愉快地握了他的手，拍了一下他的肩膀說，「成交！你一定要照你的誓言去做哦！」然後，從錢包裡面抽出一張二十美元，交在乞討者手裡。

黑人男子拿了錢，拎著他的塑料袋匆匆走開，賓利男子也對我遠遠打了一個招呼，鑽進他的靚車。

我在加油站呆了一會兒，把可樂徹底喝完，同時非常愉快地回想了剛才的那一幕，賓利男的多管閒事，在中國人看來是多麼不可思議。我怎麼從來沒有想過要去教化一個流浪漢？是我認為有些人是完全不可以被教化的嗎？上海滿大街隨地吐痰的人，有次一個騎自行車的人差點兒把一口痰吐到我的跑鞋上，我都懶得和他理論兩句。

折騰一大圈，終於在飯店裡面遇見光頭胖子老繆，他已經餓得前心貼後背了。他是復旦社會學的校友，已定居洛杉磯 22 年，一位地道的美國通。蝦仁炒跑蛋和里脊肉端上來，兩杯 IPA 啤酒落肚，我跟他聊起今天遇見的賓利男子的事。

他的眼睛在一副老式金絲邊眼鏡後面射出光芒，他說，「這很尋常啊，美國處處是多管閒事的人。看看電影《超人》、《蜘蛛俠》就明白了，超人、蜘蛛俠其實就是沒事找事，整一個活雷鋒（像雷鋒一樣樂於奉獻、熱心助人的人）。以前，還有部電影，說一個人得了絕症，醫生說他只能活 6 個月了，於是，這 6 個月裡面，他到處找壞人，找歹徒，碰到歹徒就撲上去，玩命。」

他咕咚喝了一大口酒，接著說，「老美心中的英雄不但本領大，而且還具偶像氣質，你看，超人一邊跑，一邊撕裂自己套在外面的襯衫，露出巨大的紅色 S，先秀一番肌肉，然後才行俠仗義。超人經常要飛，外衣總被吹走，所以內褲穿在外面，那是起到固定作用。而另一個英雄，蝙蝠俠，別太在意，他的內褲是套在頭上！哈哈。」

我問，「老美為何這麼有個人英雄情結呢？地球上其他國家好像都沒這樣的。」

老繆說，「我看過一本書，作者認為，通過蝙蝠俠、超人、鋼鐵俠，美國人創造了自己的荷馬史詩中的英雄——奧德修斯，這滿足了國民心理需求，因為美國才二百多年，這些英雄凝聚了不同族群的價值觀。」

我們從餐廳走出來的時候，我說，「內地似乎很久很久沒有英雄形象了，現在最多的英雄是『鍵盤俠』」。

上車前，老繆說，「不過，我記得小時候還是有很多英雄的，那時看露天電影，老幻想自己和小兵張嘎一樣，可以搞把槍！」

8 月 19 日，橫貫北美的最後一傍晚。

聖塔莫尼卡海灘，大海浸在驕陽的最後熱情中。

好容易找到一個停「毛驢」的地方，脫了鞋，穿過海邊騎自行車的人，踩著漫長的沙灘，一腳高一腳低，走向墨藍色的大海，遠處海面上停著一艘白色的船。

太陽在地平線附近掙扎，海浪一遍遍舔著沙灘。賊鷗嘎嘎叫著從人們的頭頂上炫耀性地盤旋而過，幾乎要擦到我的頭皮了。

在海灘上躺著的人，開始收拾行囊，人影漸稀。

站在海水裡，一股刺骨的寒冷襲來，海水的溫度估計低於十度，碎浪在腳下打滾，海的那一頭就是我的家鄉——上海，太平洋東岸距這兒要八千公里。

望著漸漸變成墨紅色的水，老繆的話讓我忽然想起了五年級時，放學後，我常常和鄰居「結巴」兩個人在長江邊玩英雄對打的遊戲，好像是羅成戰秦

瓊，江水也是這個顏色。我們把紅領巾綁在額頭上，撿了樹杈當寶劍，來來去去地刺對方，一直玩到江水被染成抹紅色，太陽掉下去。

那時，我媽媽在外地，爸爸要看船廠的大門，家裡沒有人管我，我就和「結巴」一起玩。「結巴」跟年邁的爺爺一起住，他沒有爸爸，也沒有媽媽。他爸據說一次在船廠橋吊上作業時沒戴好安全帶，倒栽蔥摔了下來，砸成了一個肉餅子。他媽是輪機車間的，立即趕去現場，看到這個慘樣，精神受了刺激，後來失蹤了。我和「結巴」打英雄仗打累了，就坐在江邊看看水，我們把重來沒洗過的髒鞋子脫掉，把腳探進江水裡，記得水也好冷。

有一次，「結巴」突然問我，「你媽媽會會會會來看看看你嗎？」

我說，「會啊！她兩年來看我一次，每次她都坐大巴士來，還給我帶很多小糖呢。」

「結巴」羨慕地看著我說，「你記記得你媽媽長長長得什什麼樣子啊？」

我說，「我記得，她穿著一條花裙子，梳一根大辮子。」

「結巴」用樹杈敲打著地面說，「我已已已經記不得我媽媽長長什麼樣樣樣了。但但是，我我我看到她就會知知知道誰誰是我我媽媽。爺爺爺跟我說說，媽媽是坐坐坐坐坐船走的。」

他說，「我我我們一起去碼頭好嗎？我想去看看看媽媽，說說說不定她坐坐坐船回來了。」

於是，我們拿著樹杈來到碼頭看輪船，等了很久，才有一艘渡輪靠岸，拎著大包小包的人從船上吐出來，我們就盯著女的看，有胖胖的帶小孩的，有捲髮瘦個拎著箱子的，有穿黑裙子慢悠悠走著的，我們看了很久，「結巴」搖搖頭說，「沒沒沒沒有我媽媽。」

天都黑了，我們倆還在江邊扔石頭。

最後，他的爺爺找來了，拎著「結巴」的耳朵回家了。

後來我爸爸跟我說，「結巴」小時候一點兒也不結巴，他媽媽走了，他才開始結巴的。我初中畢業考取了位於上海的復旦大學附中，「結巴」連中專也沒有考取。我要離開那個小地方時，「結巴」跟我說，「你你你你可以去上海看你媽媽了！」，他說，「我我我我以後也要來上海，去去去去上

海旅遊，順順順便找找找媽媽。爺爺爺爺說，長長長江的船都是開開開開往上海的。」

如今這麼多年過去了，「結巴」的音信皆無，不知道他最終有沒有來上海旅遊，有沒有找到他的媽媽？我駕著「毛驢」從東海岸穿越北美六千多公里後，雙腳踩進聖塔莫尼卡這片冰冷的海水裡，腦子裡出現的居然是我小時候那個江邊的破碎記憶，這一刻的寒冷變得柔軟而有溫度。

我發現，我們在孤單的童年裡就開始了獨自的旅行。

洛杉磯機場，臨上飛機前，最後一次給「毛驢」加好油，我摸摸它溫熱的前蓋，發燙的車輪，前門上都是爛泥，還多了一個小小的坑，擋風玻璃上有許多死去小蟲子的屍體，忽然有點捨不得。41 天朝夕相處，感覺它是我的親人，就要把它退還給安飛士公司，頗為傷感。

我想，此番橫貫北美，聽過的歌、看過的雲、撫摸過的野驢，還會在我一生的記憶死海中沉浮嗎？

第一夏的遊歷落幕了，就像一場持續放了 41 天的煙花，煙花再燦爛還是煙花，總歸要歸於寂靜。

人生大體也是如此。

10 號沙龍，西部槍王狂野比爾被搶殺的酒吧，
如今成了死木鎮夜生活的中心。

巨大的野牛在車流裡悠然地行走着，
牠們儼然是現代交通的一分子。

死木鎮的西部嘉年華上，侏儒馬載著客瀟灑走一回。

撒一把糖，孩子們一陣哄搶。

大峽谷遇見一個美國「孫悟空」，他看港台功夫片自學了一套棍法，
掄、挑、掃、戳、舞。換了我光看電視可學不會那個玩意兒。

金曼66號博物館，重現了當年西進路上，一戶人家就地生活的場景，
三個孩子和泥孩子一樣，右邊的老太像不像阿嘉莎筆下的某個破案老太？

「鬼鎮」奧特曼有一家旅館，目前只有幽魂還在裡面遊蕩，昔日，奇勒‧基寶在裡面度過了新婚之夜。

開賓利的富商要求前來討飯的黑人對天發誓「明天就去找工作！」，
如果照做的話，可以給他 20 美元。富商讓我全程用手機拍下來作為見證。

2 第二夏 *The Second Summer*

Into an Unknown America

21 美墨邊境的「芝士」與蜂蜜

　　2017 年 7 月，我又回到了美國。這是我規劃中的第二夏，打算從美墨邊境地區開始，一路沿浩瀚的太平洋西海岸北上數千公里，到達西雅圖。

　　去年是橫貫美國，今年縱貫，兩條線路在洛杉磯交匯，在地圖上，形成一個轉了 90 度的「丁」字，是丁丁歷險記的「丁」字。

　　我站在聖地牙哥海邊巨大的樹冠下，看見太平洋在遠處笑著，午後的熱風輕輕吹動，銀灰色的水光抖動出一層層細密的波紋。

　　「這廝是要瘋！」一位去年在華盛頓接待過我的網球球友在微信群裡知道了這個信息，發出感慨，去年我橫貫美國時，他已經表示了費解、不安，估計他心裡想說，這傢伙吃飽了力氣多得沒處使。

　　「墨西哥有多亂你知道嗎？去年，一個反毒品的美女市長，在她上任第一天，光天化日之下，在大街上被一群綁匪用 AK47 堵上，當場劫走。她被昂昂然綁走的時候，估計臉上的表情和江姐一模一樣英勇。人們在找到她的屍體時發現她的手被捆在一起，推測她遭到了刀刺、毒打、火燒等殘酷的虐待後才被殺死。江姐被虐殺是因為她手上有一張名單，而該女市長被虐殺純粹是報復，帶有行刑式處決的色彩，這個案子引起了全世界的憤怒，但是，在墨西哥，永遠無法破案……」遠在德州的老孟一如既往在晚上 9 點半給我發微信，給我提示卡。我去年駕車橫貫美國的後期，他總像個軍事指揮官，拿著個銅柄的放大鏡，趴在他寫字台後面那張新買的 1.8 米巨幅美國地圖上，打電話或者發微信，告訴我下一站去哪好，哪裡可以去看看。

「晚上 8 點鐘以後，千萬不要出門噢！」「如果駕車時碰到打劫的，你把車窗搖下一條小縫，把 20 美元塞出窗外去，記住是塞出去──千萬不要搖下整個車窗，否則，他把槍伸進來，接著打開車門把身體擠進來，你就慘了，因為這樣的話，簡單的打劫有可能變成了綁架。」「等我拿著錢趕到的時候，你的耳朵可能不在頭側面了，或許你以後一輩子都在斯德哥爾摩症候群的陰影下。」

──我開車從聖地亞哥海邊回來，老孟的這段語音，聽得我腿肚子都打顫了。

7 月 12 日晚，我聯繫到一個叫老葉的球友，他約了我晚上在加州大學聖地牙哥分校附近，跟當地華人朋友一起打網球玩。打球休息期間，坐在凳子上閒聊，我很仔細詢問了老葉和每一個球友，問他們有誰去過美墨邊境線和墨西哥的邊境城市提華納嘛？儘管這裡離提華納只有 20 多英里，開車最多 30 分鐘，但是，他們都搖搖頭，居然沒有一個人去過那裡。美墨邊境和提華納對於華人來說，是恐怖的代名詞。

打完球，我跟隨他們去了一家福建人開的廣東餐廳「皇朝」，喝著例湯，在這裡生活了幾十年的老葉說出了原因，他說那些提華納搶劫犯愛打劫中國人，因為，我們西班牙語一句不會，看上去是「二小」，樣子小、膽子小，偏偏兜裡還愛揣現金，不打劫華人打劫誰呢？所以，沒事他們都盡可能不去墨西哥。

他說，「你知道墨西哥警察的工資嗎？」

我問，「多少？」

他說，「才 375 美元一個月！這怎麼養家糊口？於是很多毒梟集團都給警察發工資。聽話的警察有獎金拿，不聽話的警察殺頭。」

美墨邊境提華納的恐怖和混亂，如宇宙的黑洞，倒激發了我的探詢慾望，這就好比爬山遇到了一個黑乎乎的洞口，裡面透出一線燈光，如果不讓我進去探尋一番，豈不難受死了嗎？但是，我又天生膽小，屬典型「二小」一族，

特別怕死。有次大地震，我所在的省份有震感，當晚，我和爸爸在床上坐著發呆，突然，爸爸踹了我一腳，說：「你別抖腳！」我說，我沒有抖腳啊！我們兩個人都抬起頭，發現頭上的燈泡在劇烈的晃動，再一看，房子的牆壁也在吱嘎吱嘎地動，爸爸說，不好！地震啦！房子要倒！快跑！我第一次感到了死亡的威脅，一骨碌從床上滾下來，想邁開腿跑，卻發現我的腿軟得像快要融化的雪糕。父親連拉帶拽把我拖出屋子，我記得自己一出屋子，就在門口的空地上一邊跑，一邊用一種顫抖的聲音嘶喊：「地震啦！地震啦！地震啦──！」這絕望而恐怖的聲音，配合著房屋的晃動，永遠地刻在了我幼小的心裡。

當然，這種瀕臨死亡也十分刺激，體內化學物質的釋放會使心嘣嘣嘣地加快跳起來，讓人感到興奮和刺激，或許越是因為害怕死亡，這種挑戰死亡的樂趣就也越大，這種過程讓人著迷。

所以，一方面我流連於聖地牙哥的無休無止的陽光，感受夏天才 20 度出頭的涼爽，另一方面我又神往於美墨邊境線那一邊──想像中的提華納人間地獄。我想，這大概就是中國人的名諺：不做不死吧！

終於，在聖地牙哥遊蕩了 5 天之後，老葉的一個朋友幫我找到一個在墨西哥生活的導遊，答應帶我去邊境地區，而且，好消息是，這個導遊還是一個地道的上海人。

次日早晨，一輛帶有美墨兩國牌照的豐田汽車停在酒店門口，那個姓沈的導遊還是一副 80 年代上海人的樣子，皺巴巴的細條紋襯衫，一副金絲邊的眼鏡，一串鑰匙掛在褲腰上，感覺他被凍結在 1980 年的上海時光中了。只是皮膚已經曬得如墨西哥海邊的海獅，透著一種閃閃發亮的黑黝黝。

一上車，我就問他：「你在墨西哥被打劫過嗎？」

他說因為害怕，他在墨西哥 18 年了，晚上從來不出去，小心翼翼，所以居然沒有。車上時間多，他就講了個他身邊的事，十多年前，他初來墨西哥的時候在一個中國人開的貿易公司裡工作，當時有一個年輕的墨西哥人來應

聘，此人寡言少語，舉止安靜，叫他幹啥就幹啥，特聽話。但是，後來才知道他是個毒販子。有一年，他把毒品拿給下家，卻沒有收到錢，上家來逼他，他穿街走巷找到下家，爭執起來，一怒之下用彈簧刀刺中下家的心臟，下家當場萎頓在地，大出血死掉了，他就逃跑了，一晃就是十多年。沈導說，他應該快要回到提華納來了，因為根據墨西哥的法律，十年以上的案子就不再追訴。

說著說著，我們的車就過了邊境，從美國這裡進入墨西哥，國門洞開，兩車並驅而入，暢通無阻，墨西哥方面連個護照也懶得看。

沈導說，這裡有些警察特黑。看到你是美國牌照的車輛，他會揮手攔截下來故意找茬，於是，按照心照不宣的規矩，你小心翼翼地遞上 20 美元作為小費打發他走，假如他是「本分的警察」，他會拿了錢放行，一句「阿你要死！」（西班牙語再見的意思），你就快跑吧；如果他是「不本分的警察」，他會說，「煩哥米鍋」（跟我來！），以賄賂罪把你帶到警察局，敲詐一筆大的。

「好在，我的車也有墨西哥牌照。」沈導說，「而且我會說西班牙語。」

我看看窗外的提華納，天氣奇藍，陽光熾烈，土壤乾得都裂開了嘴巴。有一大片一大片的棚戶區的房子，居然就蓋在美墨邊境牆旁邊，黑壓壓一大片一大片。

沈導先帶我去革命大街和憲政大街轉一轉。「革命」，這是我最熟悉的字眼。想當年，我們十多億人穿著綠色軍裝，把綠帽子拋向天空，揮舞著毛主席語錄，齊刷刷扯喉嚨喊口號：「要把革命的紅旗插遍全球！」

現實中的墨西哥革命大街是這樣的：一個穿著白色緊身短裙，臉上、大腿上、屁股上的肉都肥嘟嘟擠出來的矮個女子，抹了猩紅的口紅，頭髮蓬鬆而凌亂，白潦潦的臉上刻著些許倦意，胸口的衣服低垂，懶散地倚靠在一個昏暗的店門口，眼神迷離。時間是上午 10 點半鐘！

「這是妓女！」沈導小聲說，「你注意哦，她們附近往往有黑幫的，穿花襯衫的紋身男子」，我往附近的街上掃了兩眼，果然撞到一個屬害的眼神，冷冷地掃視著街道。我的眼光碰到他的眼光，像是剛剛打開一個電冰箱的門。

我本來還打算再看看其他幾個妓女長得具體啥樣子，看這情形，我想我還是快點兒走吧。

沈導說，一般加州人喜歡過邊境來這裡召妓，聖地牙哥大學生畢業典禮後，大家也集體來這裡尋樂子，在瘋狂作樂中告別校園。因為這裡召妓是合法的，而且價格十分便宜。

色情業是提華納「發動機中的戰鬥機」，提華納據說就是一個著名的老鴇名字，當年她開了第一家店來招攬對面美國大兵的生意。

從革命大街到憲政大街，整個城市都是色彩鮮艷明快的西班牙建築，但是由於很多房子經年失修，透露著破敗與頹廢，極像一塊生鏽的鐵皮，又宛如一個濃妝艷抹的婦人，卻掩蓋不住一夜無眠、三餐不濟之後的落魄。

我看到一堆墨西哥人在一家小銀行的門口排起了長龍，每個人手上都拿著一張單子，隊伍幾乎不動彈，但是他們都超有耐心地相互聊著天。

難道這是一家網紅店？

我好奇地抓住一個留兩撇翹翹鬍子的胖子，問，「你們在幹嘛？」他說，「交電費啊……」。我心想，交電費的場景都這麼壯觀。

這時沈導推著眼鏡一溜小跑上來，對我說「你是不是把包留在車子裡了？」，我說是，他說，「你趕緊回去拿吧！」他帶著我往回跑，說，「千萬別在車裡落下包，這裡搶匪多如牛毛。上次，我的包在車子裡面只停留了一會兒，等回來，車窗被砸得爛碎，汽車椅子上空無一物。」

拿好包，他跟我說，前兩年，小城發生一起大劫案。警察從後來的銀行監控錄像鐘看到，劫匪開著大卡車來到銀行的 ATM 機前面，下來四個蒙頭黨，手上只有繩子和斧頭，警察一上來也納悶，這麼簡陋的裝備來對付 ATM 機管用嗎？結果發現，他們都是劫匪天才，他們先用大斧頭把取款機周邊鑿開，然後用鋼繩的一頭套上取款機，另一頭綁在卡車上，用力一轟油門，把取款機活生生從牆上拖到大街上，然後再抬到卡車上運走，回家慢慢切割。

一個晚上，如法炮製，他們搶了提華納八個 ATM 取款機。

我想，如果他們走上正道應聘蘋果公司，那麼蒂姆·庫克這樣沒有想像力的人應該下崗。

美墨邊境線跨過河流、翻越山脈、挺入荒漠、穿過城市和村莊，最西面的一段邊境牆直直地插入蔚藍色的太平洋，在大海裡倔強地往前延伸了最後100米。這是我們這顆星球上，人與人之間豎立的最奇特的柵欄。

　　午後，我跟著沈導和幾個美國遊客後面，來到海邊的邊境牆。

　　這邊境牆有兩道，一道是破敗不堪、褐色鐵皮紮起來的三米左右的大籬笆，這是墨西哥方面的邊境牆，在這道大籬笆的外面，是美國方面標準的邊境鐵絲網，鐵絲網後面，不遠處有警方的巡邏車，巡邏狗，地上有無數個攝像頭，天上據說有些地區使用了無人機。

　　鐵絲網的那邊是勃勃生機的聖地牙哥，鐵絲網的這邊是黑暗潦草的提華納。

　　那些偷渡者如大雨來臨前的螞蟻一樣逃亡。

　　我問老沈，「最安全使用什麼方式偷渡到美國呢？」

　　他說，「地道。」

　　他說，特朗普想在美墨邊境修建一個新「萬里長城」，阻擋偷渡，這堵牆仿佛是一個笑話，因為經過毒販們不懈的挖掘，美墨邊境已經有不計其數的地道，就像一塊佈滿孔洞的芝士。

　　我站在某一高處眺望，發現整個提華納都是貼著邊境牆修建的，像一隻緊緊依偎著灶台取暖的貓。有一些房子看上去仿佛直接建在邊境牆上，那些人家假如在牆上挖個洞，可以把尿直接尿進美國境內。假如坐熱氣球升空，往東看，會看到非常誇張震撼的場面，邊境牆的美國一側是荒無人煙的戈壁，像月球的表面；而邊境牆的墨西哥一側，則綿延著數不清的民居、倉庫、工廠，密密麻麻糾纏在一起，理論上講，這些都是走私地道出口的最好掩護。——當地人解嘲說，「因為墨西哥離上帝太遠，離美國太近。」

　　前些年，美國警方累計發現了185條地道，據說世界上最危險的「卡特爾犯罪集團」和「古斯曼集團」是大部分地道的施工方，有人推測，美墨邊境可能有近千條未被發現的地道。迄今被發現的最長一個地道，是「大師級」土木工程師的傑作。這個地道從提華納通往聖地牙哥，約有800米長，離地深度達10米，隧道內具有通風系統，設有金屬結構支撐以防隧道塌陷，同時

還鋪設有軌道，擁有電燈、推車，而隧道墨西哥一側的出口附近就是當地的警察局。

老沈說，特朗普修建新的邊境牆，只能解決掉一部分最最赤貧的偷渡客，因為他們可能連走地道的費用也支付不起。

想想看那些可憐的偷渡客：他們一路上拖兒帶女，背著簡單得不能再簡單的行囊，像敵後武工隊一樣地扒火車，跳火車，睡路溝，住野外，風餐露宿，抵達美墨邊境的提華納。這樣子到達邊境時已如驚弓之鳥了，然後再要用衣服包住頭在烈日的燒烤下用盡全力翻越邊境的荒漠地帶，或者佝僂身子在幽暗臭氣熏鼻的地道中摸索，奔往一個多數人聽不懂西班牙語的地方、一個耳熟能詳卻又十分陌生的社會。

迄今最奇葩的一個墨西哥偷渡案，是一個瘦子把自己偽裝成小汽車的座椅，頭是靠枕、身體彎成 90 度的座位，藏在座位裡，試圖過關。腦洞不是一般性的大！

就在我抵達美墨邊境的前兩個月，一個夜裡，聖地牙哥港附近的警察正在進行例行巡邏，突然發現前面有幾十個人慌慌張張地走夜路，一喊話，他們驚恐萬分，撒腿就跑，跑到一個都是乾草和樹枝的洞口，順著長長的梯子就往一個洞裡爬。於是，這些人被帶到警察局，接著，最狗血的事情發生了，警方問話的時候，吃驚的發現，偷渡的人多數不會英語，也不說西班牙語，因為他們絕大多數居然都是華人。從前的中國人先想辦法來到墨西哥，然後再從邊境偷渡到美國，從聖地牙哥去美國各地的中餐館或者華人店家打工，這個路線艱辛、曲折，卻是幾十年來的經典線路。隨著中國的崛起，這樣的人或許越來越少。

偷渡是慘烈的。香港期貨大王劉夢熊是 20 多歲偷渡到香港的，他說，由於海禁，他走了 6 天 6 夜才到海邊，天一黑，他就下水了，從天黑游到天亮，在海裡劃不動最困難的時候，他默念毛主席語錄「下定決心，不怕犧牲，排除萬難，爭取勝利」，抵達了對岸……他說光他的同學在偷渡中就死了八個，其他就不知道死了有多少了。據說，偷渡者一般都帶有汽車輪胎或者救生圈、

泡沫塑料等，還有人將避孕套吹起來掛在脖子上、或者用一網兜的乒乓球當救生圈，一直游過去。從陸上偷渡，哨崗和警犬的組合是致命的危險。為了防狗，偷渡者臨行往往會到動物園收買飼養員，找一些老虎的糞便，一邊走一邊撒，警犬聞了糞便的氣味以為有虎，心怯了，就不敢追了。

非洲人花幾百歐元偷渡到西班牙的「危險之旅」，也往往死在路上，地中海上曾經漂浮著上百具偷渡客腫脹的屍體，在隨波逐流，無處可去。這些人的媽媽可曾找到他們孩子的屍體？這些曾經在她們懷裡吃奶牙牙學語慢慢長大的孩子，變成了在海上和樹枝、水草、海風一起四處飄蕩的浮屍。

偷渡者也是無辜的，只是為了追求想像中的美好生活而已。

站在提華納的海邊，夏日的海風呼啦啦很大，看見一個小孩把手臂張開，T 恤鼓起來，宛如海鳥展開翅膀，如果可以一點點飛高，飛高，就可以飛過邊境的那堵鐵皮牆。

我目測了一下兩國接壤的漫長而壯闊的海岸線，發現從海上游泳泅渡到美國似乎是容易做到的事情，但是很少有人這麼幹，主要原因是整個夏天都是加利福尼亞寒流，海水的溫度極低，跳進冰冷的海水裡，游不出五里地，人就凍僵了，即使是在炎熱的夏季。

這美麗的海岸線上，只有一樣生命是真正自由的，那就是海鷗。

牠們在墨西哥這邊吃吃遊客的殘渣，在海灘上跳躍著小碎步，接著呼啦啦地飛過邊境牆，在那一頭翱翔，停歇在美國的海灘上……這比我們人類要自由得多啊，面對著那一片蔚藍的海和褐色的牆，你會思考，為啥人這麼高等的動物，萬物之靈，卻沒有鳥的自由？而那些低等的鳥類啊，體內或許只是一些恐龍 DNA 而已。

離開美墨邊境前，沈導帶我去海邊一個地道的小店裡吃墨西哥卷餅。這種卷餅將 BBQ 碎雞肉、熟豆角、生菜、細芝士條抹上醬，捲在薄餅裡，並完全包緊，送入口中，那個爽呀！此刻，附近的大海木木藍，濤聲悅耳，天色透著迷人的深墨。

我呼吸著海的味道，坐在人群中。

突然，四個戴著墨西哥大檐帽、臉色黝黑粗糙，穿著統一紅襯衫的中年粗壯男子聚攏過來，其中一個額頭上還有長長的刀疤，他們一聲不出，把我們團團圍在餐桌上，我十分緊張，他們要幹什麼？！

猛然，這一刻裡，他們手上的傢伙鮮活了起來，手風琴、吉他、低音提琴、手鼓一起奏響，是熟悉的西班牙佛朗明哥……氣氛一下子活躍起來，5 元一首歌，我們一桌的人都東倒西歪地跳起了舞，跟上節拍或者沒有跟上節拍，和著那慷慨、狂熱、豪放的音樂，剎那間，《卡門》讓我們忘記了黑幫、偷渡，忘記了死亡威脅和一切暗淡的東西，忘記了自己身處何方，在四個墨西哥大叔的音樂中，我們都變成了那些異鄉的、美麗而自由的靈魂……

驀地想到一則佛教寓言，一個人被老虎追趕跌入了深井，卻發現井底盤著一條毒蛇，上有虎下有蛇，他只好四肢並用困在井壁上，正沮喪無邊的時候，井壁上方的樹枝上有個蜂巢突然滴下一滴蜂蜜，正好滴進他的嘴巴裡，他就細細地品味起來，品味蜂蜜的這一刻裡，他就盡情地享受那滋味的美妙，暫時忘卻了一切憂愁，憂愁因為永遠像老虎和毒蛇一樣在前面、後面等著你。

那一曲激蕩的佛朗明哥不就是生活賜予我們的一滴蜂蜜嗎？

那就享受這一刻吧。

我從美墨邊境牆回來後，看到一則溫暖的新聞：4 月，美國邊境巡邏隊兩位警官合力把聖地牙哥和提華納邊境牆上的一扇大門打開，人們激動地鼓起掌來，一位臉色黝黑的中年人在大門口一把抱住了他白髮蒼蒼的老母，母親的眼淚奔湧出來——這是美墨邊境牆開放活動，讓一牆之隔的親人們相聚 3 分鐘。

你沒有看錯，是 3 分鐘！只有 3 分鐘！

分隔兩地，很多年沒有機會見面的親人們，在那 3 分鐘裡緊緊擁抱在一起，這一刻希望時間停滯，不再分離。

視頻裡，我看見一位奮力滾動輪椅的殘疾人，擠在門口張望著，張望著，希望能夠在對面的人群中看到自己親人的身影。

更多的人由於時間不夠，只能隔著邊境牆的柵欄相會，隔著柵欄，他們看不清自己的孩子或者妻子的臉龐，孩子長高一點了嗎？妻子臉上可有歲月的皺紋？母親的背是不是更佝僂了？

22　出海尋找孤獨的鯨魚

從提華納回來，我不爭氣的賤胃開始想念中餐。

晚上 8 點多，根據谷歌地圖找到一家粵餐館，裝修是 20 年前的土豪風，只是如今豪氣被蒙上了一層豬油，宛如富貴女子經歷了社會動盪和歲月的無情摧殘。一位目光炯炯、鬍子拉雜，看上去意志力堅強的東北老闆守在廚房入口處，正在督工廚房，我坐在他對面的位置上，「這旮旯那旮旯」和他侃了會兒大山，咕咚咕咚仰脖灌下一瓶青島啤酒。

最後只記得他反覆說「美國的刀了（Dollar）也不好掙」。

我說，「全世界哪兒的刀了都不好掙啊！」

「這倒也是。」聊得高興的時候，他突然說，「我給你炒麵上加點青菜。只多兩刀，要不要？」

第二天臨近中午，我打算去拉霍亞的海邊看看海獅、海豹和海鳥，今年租的「毛驢」是一輛白色的本田，這頭「毛驢」乾淨得像是潔癖患者開的。半路上，看到一家漢堡王，下去買了一個火烤雞腿漢堡，香噴噴的，我捨不得吃，打算帶到怡人的海邊吃掉它。

拉霍亞的海邊是一大片綠色的草坪，海邊的樹長得如海風一樣沒有規律，樹冠宛如一團物理上的混亂熵值，草坪在靠海的地方突然消失，變成懸崖峭立在海邊。站在那些海邊的懸崖旁，在湛藍湛藍的天空下，海風呼啦啦地吹著，風大得幾乎鑽進了我的毛細血管。

我想聞聞大海的味道，但是，走上草坪不到十步，就聞到一股刺鼻的臭味，這是海風腥味中夾雜了某種腐臭，東一片，西一片地飄來，像極了中國

的梅菜。浙江紹興有些地方把新鮮的雪里蕻菜醃制發酵後，然後鋪在房屋的走廊上、馬路上暴曬，整個世界都彌漫著一股刺激的腐臭味。現在，這種紹興鄉下的味道搬到了聖地牙哥的海邊。俯視懸崖下面的海灘上到處都是海獅，小眼睛咪咪的，懶洋洋地四仰八叉在那裡，間或吧嗒吧嗒幾下鰭狀前肢，奮力往前挪動一下，或者扯著嘴巴「謔謔謔」尖叫著，此間，我只在思考一個問題，怪怪的臭氣味是不是牠們的？

一陣陣饑餓感湧上胃壁，我也顧不得這四下飄零的腐臭味了，拿出火烤雞腿漢堡，就著刺鼻的噁心味道，狼吞虎嚥地吃起來了。

肚子裡是一陣冒火的餓，鼻子裡是一陣反胃的臭。

海風一陣陣地吹著。

這一刻真的是很奇妙的感覺。

墨墨藍的海水在陽光下泛動著亮色，氣勢恢宏的加利福尼亞寒流或正在北美西海岸溫和地列隊南下。我看見許多人躍入大海，在和海獅一起游泳，間或兩隻年輕的海獅在海裡快樂地呼朋引伴，「謔謔」聲此起彼伏，忽遠忽近。

此刻，天色的藍和海水的藍融化在一起，這微涼的夏日海邊，除了那股怪怪的味道，真是地球上和諧的角落。拉霍亞好像是西班牙語「珠寶」的意思，其實，我覺得應該理解為：海獅們「拉」開了嗓門，在「霍霍」地喊「亞」。

接下來的一天，我在聖地牙哥出了趟海。

此前，中途島號博物館的對面，一個攬客海報吸引了我：出海看鯨魚去嘛？

「看鯨魚？！」去！去！去！

清晨 7 點揉著睡眼來到海邊的小碼頭，三組同行人有一半睡眼朦朧，凜凜而寒冷的海風吹醒一切。在加利福尼亞的海邊，夏天的早晨可以把你凍成一隻寒號鳥。

一個大學生模樣的肌肉型帥哥負責開快艇，此哥長得頗有點少年版畢·彼特的眉眼，說話宛如連珠炮，我是勉強才聽懂幾個單詞。坐在快艇最前排

的是兩個墨西哥中年夫妻，皮膚黝黑，體型富態，都著絲綢的短袖花襯衫，戴墨鏡，讓人不免聯想起電影中「墨西哥大毒梟」的樣子。船上還有一對美國母女，女孩大約有 10 多歲，臉上有美麗的雀斑。我坐在快艇的最後一排。

氣溫很低，我戴上帽子和穿起衝鋒衣。

臨出發，少年版畢·彼特遞給我們每人一件上下連體像登月服一樣的救生衣，我感覺我穿了衝鋒衣，可以不用這個「登月服」。前排穿絲綢衣服的「墨西哥毒梟」夫妻，更是皮肥肉糙，無懼嚴寒，絲綢短衫出海，一個字，牛！

船繞過科羅拉多島，剛剛駛出聖地牙哥港口，少年版畢·彼特已經第一個穿上了「登月服」，把胸口的拉鍊拉得緊緊的。我看最前排迎風昂首的墨西哥夫婦，還是毫不在乎海上的寒氣，心想，或許不用穿這個熊一樣的救生衣吧。

8 點鐘，海上的霧氣並沒有消退，城市和岸遠遠退後，青色的海、黛色的天和著灰色的寒風破面而來，一陣鑽心的涼意，這一刻，你或許能夠聽到宏大的加利福尼亞寒流心跳的聲音。

看海獅！大家齊刷刷地呼喊起來。

一個棕色的胖傢伙，居然趴在一個航標燈的底座上，隨波搖曳，呼呼大睡。他或許是上一次漲潮的時候，爬上了這個高高的底座。

興奮地注視著海獅，一道青色的鼻涕悄無聲息、幾乎垂直地從我的鼻子裡流了下來。好冷！我急忙伸手去拿剛才發的「登月服」，再一看，船上的人除了墨西哥夫婦，都已經不知在什麼時候穿上了這厚厚的傢伙。

岸漸漸完全消失了，波濤似乎洶湧起來，快艇卻並沒有減速，從上一個浪峰上啪地一下跌入下一個浪谷，緊接著又隨波衝上下一個浪峰，心摔得一蕩一蕩的，和坐過山車一樣。放眼望去，青灰色無邊的海浪滾過來，我在想我們的小船會不會翻掉，於是，我去看看少年版畢·彼特的臉，那麼年輕，那麼嫩，他會不會是一個新手？

一對大嘴巴海鳥吸引了我的注意力，牠們在船的右上方逆風展開翅膀，有時候一動不動，姿態緩慢而優雅，如果此刻配上舒曼的幻想曲《飛翔》，簡直叫絕。

七八條海豚在 10 多米的地方躍出水面，朝著牠們前進的方向，我們的快艇就和這些海豚來了一場追逐。

　　上百隻海鳥在遠處的天空下面盤旋、俯衝，年輕的船長帶我們過去，讓我們看看是什麼？原來這裡有魚群，宛如海鳥的海鮮大餐廳，大家都來聚餐，兩頭海豹也混在裡面抓魚，發亮的身子一滾一滾的俯身下潛，活像兩隻黑色大皮球。

　　那群飛翔、尖叫的海鳥密密麻麻遮蔽了魚群上方的天空，這些鳥讓我突然想起小時候，我在安徽的一個國營農場裡面讀小學一年級，天天背著軍綠色的小帆布書包走半個小時的田埂路去學校，某個秋晨，我吃驚地發現田野上有數不清的白色大鳥，在青灰色的迷霧中嘎嘎叫喊、拍打翅膀、扭頭小憩或是散步覓食，我從來沒有見過這樣壯觀的大鳥遷徙場景，癡癡呆呆地看了很久很久，我甚至把書包摘下來，蹲在田埂上，想伸手去摸那些鳥。等到學校，已經遲到 20 分鐘了，嚴格的班主任罰我站在講台右邊的牆角整整兩節課，在同學們幸災樂禍的目光下，我想著那些即將飛往遠方的鳥。下課，我捅捅前後桌的同學問他們有沒有看到，他們中居然沒有一個看到那群鳥，我感到失望又感到慶幸。

　　但是，此行主要是來看鯨魚的，海上逡巡一個多小時了，那些巨大的灰鯨在哪裡呢？

　　少年版畢‧彼特用對講機和其他觀鯨船在聯絡，好像其他船隻也是一無所獲。於是，他分配任務，讓我們分別觀察自己一邊的海面，看看有沒有噴水柱。這裡的灰鯨都是從遙遠的白令海峽游了萬里過來的，牠們呼出一口氣，會噴出 4 米高的水柱。

　　水柱，找水柱！

　　我眯起眼睛，掃射著海面，快艇在海上跳躍，太陽沒有出來，海風依然凜冽。長時間盯著海面，沒有任何動靜，後來，連海豚也不見了，海浪翻動著世界，我甚至產生了一點幻覺，覺得自己似乎看到了水柱，但是，揉一揉眼睛，什麼也沒有。

回聖地牙哥海港的路上，船長大概是在向我們講解鯨魚的知識，彌補我們沒有看到鯨魚的遺憾，他講得飛快。

那個穿絲綢襯衫的墨西哥老哥坐在駕駛位置上，把著方向盤。

我問少年彼特，看到鯨魚的概率是多少，他說百分之五十。我說，看到海豚的概率呢？他說百分之六十，那我說，是不是有人連海豚也沒有看到，他說是的，有百分之十的人出海，很不幸，什麼都沒有看到。

下船告別大家，我心想「墨西哥毒梟夫婦」身體真是好，怎麼一點不怕冷的呢？

她老伴恩愛地拉著他的手，從我身邊走過，我瞧瞧他的臉，原來是黑裡透紅的，現在好像改黑裡透紫了。

那對母女從我身邊走過，她們嘟囔著，我一聽，好像是法語，感覺她們也不是說英語的。那麼，那個少年彼特在船上的熱情宋世雄版本的高頻解說，全白費了。

他自己知道嗎？

上了岸以後，我看了篇文章，說南游的灰鯨是在每年的 11 月到 3 月期間，游經聖地牙哥地區，也就是說現在的 8 月份，是最有可能看不到灰鯨的。如果這個夏天看到鯨魚，這頭灰鯨會不會是落群的，或者是孤獨症患者呢？

這裡的近海，今天看來沒有一頭鯨魚患上孤獨症，也沒有一頭鯨魚在魚群中落單，只有那些快樂吃魚群大餐的海鳥，還有我殘存的童年記憶。

一個海風凜冽的美好上午。

回家路上，我路過聖地牙哥碼頭，看到那個著名的「勝利之吻」，日本投降日，那位著深色海軍制服的士兵突然一把抱住身邊的白衣女護士，女護士下腰 75 度，二人猛地熱吻起來。據說，擁吻後男主一句話也沒說，就興沖沖去火車站接自己的女朋友去了，這小子愣頭愣腦的。

有一對歡樂的年輕情侶在 8 米高的雕塑下，也擺了同樣的造型，讓路人代為拍攝，特別有「東施效顰」的喜劇效果。

從碼頭走回酒店只要 23 分鐘，前台經理告訴我，「今晚在市中心的巴爾波亞公園，是一年一度的『同志驕傲狂歡節』活動，你想不想去呢？」

　　「啊！」我驚呼了一下，「同志狂歡節！」也就是說，今晚在公園裡熱擁的都是男男或者女女了，一瞬間，我腦子裡閃電過一個古怪的念頭：剛才看到的那個「勝利之吻」或許可以換一個男水手抱著一個男護士的下腰新造型。

　　「去！去！去！」

23 小島的艷遇通鑒

7月15日，聖地牙哥。

晚上，我從同性戀狂歡節活動的現場逃了回來。

去的時候，巴爾波亞公園附近連停車位都找不到，我在八百米以外的一條小馬路旁找了一個付費的位置。公園門口的草坪和馬路上，都是墨西哥人的地盤，他們在攤卷餅、賣熱狗，如果媽媽在練攤，他們的三四個孩子就在旁邊的空地上滿地地追逐著、叫喊著，甚至在地上打著滾兒。

除了男男、女女的同志雙雙結伴在公園裡，也有許多普通人來遊園。裡面有一處主會場，搖滾歌手連蹦帶跳的嘶吼著，五百米外似乎都能聽得見叫聲。我好像聽到「性手槍」樂隊的一首老歌《親吻這》。遊園同志們就坐在山坡上摟摟抱抱。一處露天草坪酒吧外面，帶墨西哥大檐帽的保安照例在檢查大家的身份證。人們總體都十分祥和，我甚至發現整個活動比普通的嘉年華都要規矩，當然，巡視的警察也都沒歇著。

我看到了幾個華人的面孔，他們比墨西哥人的待遇好一些，他們佔據了公園裡中心位置的攤位，再賣炒麵，好大一口鍋，幾個蝦和幾把青菜，忽上忽下，時隱時現，大鏟子在玩命地攪動著，忙得滿頭大汗，忙得如蜜蜂飛舞。我旁邊有一對白人同志，一臉絡腮鬍的估計有50多歲，年輕的伴侶只有30多歲，兩個人都穿著寬鬆的綠色小背心，笑得特別天真無邪。我打招呼說，你們好！他們兩個一起衝我做鬼臉。

一時內急，去公園裡臨時搭建的廁所，就是一個大塑料盒子，裡面臭不可聞。大概沒有水沖的緣故，那些髒兮兮的、用過的衛生紙都堆在馬桶口，

還有一些血跡、一堆褐色的污穢東西，擦在馬桶附近，幾隻蒼蠅在頭上飛來飛去。

一股噁心味突然襲來，我終於忍不住，哇——地一聲，剛才吃的炒麵嘔出來一口。

我連滾帶爬地從震耳欲聾的遊園會現場，逃了出來。

回到住的居家小酒店。大堂裡遇見前台服務員。

「我的爸爸是紐約一家萬豪酒店的總經理。」這是我第一次聽素不相識的美國人說起他的爸爸，我仔細抬頭看看這位服務員，他的頭髮、鬍子都修得很乾淨，語調柔和，似乎比周圍的人都要有教養。

「那麼你家一定很有錢囉！」我讚歎。

「我爸爸是很有錢，可是你知道，這跟我無關！」他把肩一聳，臉上露出一個大大的笑容。——這一瞬間，我的腦海裡想到「李剛」，我也笑了。

「明天你打算去哪裡？」他熱心地問。

我說：「你有什麼推薦嗎？」

「坐船去科羅拉多島吧，那是一座非常迷人的島，島上有一個著名的酒店，英國國王愛德華八世在那兒遇到了他的心上人，丟掉了王位，另外還是瑪麗蓮·夢露和甘迺迪約會的地方，你一定不會失望。」

「瑪麗蓮·夢露？這可是我小時候的夢中情人啊！」我立馬產生了興趣。

道別這位服務員的時候，我在他手心裡面塞了 3 美元的小費，他的笑容很燦爛，他很感激地護送我出居家酒店的大門。我想，如果萬豪酒店中國老總的兒子得到 3 美元小費會是什麼樣的表情？

開往科羅拉多島的渡船的二樓是敞開式的，坐在海的中間，可以遠眺中途島號航空母艦，這個龐大的機械怪物粗暴地踐踏著聖地牙哥的柔美。

加州的明媚陽光四射下來，氣溫怡人，我摸摸自己的脈搏，58 跳，心動過緩，卻是處於一天中最祥和的節律中。墨藍的海灣很平靜，海水又濃又亮，發出一股鹹鹹的潮濕味道，拍在船幫子上，溫柔作響。

船一點點靠近科羅拉多島，感覺上是在一點點靠近瑪麗蓮‧夢露。

　　瑪麗蓮‧夢露是我們高中時代共同的夢中情人。那年頭上海還是一片灰色，那時候的女人都包裹得像粽子一樣。夏天，我買到一本《大眾電影》雜誌，裡面有一個外國女子，迷人的一雙眼睛，好像會隔著紙頭對我說話；白色的短裙，那麼生機勃勃又性感撩人。我突然發怔了，眼睛像被黏在雜誌上一樣。你想像一下我們的生活，每天從早到晚在機械地背單詞、背課文、做數物化題目，$2as=v2^2-v1^2$，或者 $y2=2px$，表情陰森的物理老師、戴著厚厚鏡片的數學老師敲著桌子，宛如牢頭；多少次從夢中焦慮地驚醒，永遠是考試時間結束，而我的題目只做了一半。而她的出現，卻似一抹春天的綠色，擦亮了我們生鏽的心。那本《大眾電影》在宿舍間傳遞，大家隔著雜誌，看著她，似乎聽到她朗朗的笑聲，看到她驚人酮體，傲人的胸脯，芬芳的氣味從腋下流淌出來，充斥著我們的鼻子並電擊著我們的小心臟。後來，那本雜誌和瑪麗蓮‧夢露都不見了，我的上鋪漸漸賴在床上早晨怎麼喊也不肯起來，晚上，整個床和蚊帳都地動山搖的，後來，我在他的枕頭底下找到了這本雜誌。原來，他醉倒甜蜜，年少的他在夜戰夢露。

　　整個科羅拉多島是一個公園，我跨上一輛 28 吋的自行車，時速 16 公里，一路猛蹬，沿著海邊的小店、高爾夫球場、各式風格的老別墅一閃而過。

　　到處都是紅色屋頂，白色牆面的房子。

　　那遠處的海，深如畫布上抹的藍，而島上的綠、白、紅，也是東一筆西一筆塗上去的，假如整個島從空中鑲上一個大畫框，就是法國巴比松畫派的天然作品。

　　我的左腳趾最近患了一點兒腳癬，赤了腳在白色的沙灘上走，皮膚特別舒服。那些沙子白如銀，鑽進腳趾縫裡。這個沙灘就是瑪麗蓮‧夢露主演的《熱情似火》主拍攝地，而沙灘後面那座大酒店的頂部，宛如一頂墨西哥人的暗紅色大檐帽，那是甘迺迪幽會夢露的酒店——科羅拉多大飯店。

　　我記得《熱情似火》好像是部黑白喜劇片，裡面瑪麗蓮‧夢露演一個女子樂團的胸大無腦的甜心，一心想釣金龜婿，結果上當受騙，啼笑皆非，現在上海、香港、紐約的女孩不都是這種想法嗎？唐朝李商隱的詩「無端嫁得

金龜婿，辜負香衾事早朝。」恐怕是詩人自己吃不到葡萄的怨情吧，你看，古代唐朝人和現代美國人一樣有嫁金龜婿的社會風氣。

科羅拉多大酒店是純木頭結構的房子，建成那麼多年來，居然也沒遇上一次火災。

酒店走廊上懸掛著甘迺迪總統、羅斯福總統下榻時的老照片，我還發現了溫莎公爵的舊照，當然少不了瑪麗蓮·夢露的，其中一張是拍攝《熱情似火》時，她穿著白色風衣短褲，頭髮凌亂地站在海灘上；一張是穿著白色的貂皮坎肩，下身是緊身小裙，匆匆走路的一個側面，感覺是急著赴約的途中，她要和誰去吃晚飯？著裝如此正式且行色匆忙？

《熱情似火》裡最好看的是一場接吻戲：男主角喬假扮成一名石油大亨邀請性感女郎秀珈到一艘豪華遊艇上，他聲稱自己性冷淡，對女人沒有興趣，如果有哪個女人能治好他的病就會娶她。夢露扮演的秀珈果然上鉤，用自己的美色給喬治病，趴在他身上親吻起來。據說，所有男觀眾都被這個吻搞得熱火焚身。導演懷爾德很壞，影片中用了一個性隱喻來暗示喬被親吻之後的反應——一隻高高翹起的腳。

和觀眾感受完全相反的是，她的男搭檔托尼·柯蒂斯曾透露，拍攝在遊艇上接吻的鏡頭時，「親吻夢露如同親吻希特拉。」

科羅拉多酒店裡的牆都是褐色的木板，顯得一種老派的莊重。我覺得這種老派的莊重最經不起推敲，一推敲全是動物兇猛。

一樓拐角處是紀念品商店，裡面有很多 T 恤和明信片，我看到其中有一張明信片是夢露赤裸全身裹著一條綠色浴巾，酥肩全露，這是在科羅拉多島拍戲的瞬間，性感喜悅的眼神下面隱藏著一絲憔悴。

從一個人的人生來說，性感女神的背後是無盡的悲哀。

她的單身母親在精神恍惚之中產下夢露，並常常在孩子面前突然大笑大哭反反覆覆地嘮叨一件事情，無數次發神經病被送進精神病院，而夢露也被送進了孤兒院，這一點和卓別靈非常像，卓別靈母親也是精神分裂症患者。8

歲那年，據說夢露還受過性侵犯。夢露從小沒有安全感，心理能健康到哪裡去呢？她 16 歲被迫嫁給鄰居男孩，如果不結婚，她將重返孤兒院；僅僅為了50 美元，她就同意脫了全身衣服給雜誌拍裸照；無數男人誘騙了她的肉體，三次失敗的婚姻，都沒有讓她得到家庭幸福。她夢想成為一位母親，卻 4 次小產，7 次人流，還有宮外孕，孩子也與她無緣；她的飛吻、媚眼，搖曳如蝶的撩人姿勢，成為荷里活的搖錢樹，但是公司卻壓榨她不給她應得的待遇；她自己成年後多次住院接受治療，長期服用藥物；她表面光鮮靚麗，私下卻是渴求愛而不得、充滿不被人理解的痛苦，她常常把自己灌醉，爛倒於地。夢露說，「男人們會花 1,000 美元買我的一個吻，卻不願意花 50 美分了解我的靈魂。」

夢露的第三任丈夫，美國作家阿瑟·米勒這樣評價她：實際上，她是一名站在街角的詩人，試圖向爭著想拉下她衣服的人群朗誦詩句。

最後，總統兄弟拋棄了「金髮炸彈」的她，抑鬱症像魔鬼一樣伴隨著她，整垮了銀幕女神。她走向末日，不是極致輝煌之後的一種幻滅嗎？

生活曾經如此燦爛，又是如此艱辛。

我看見酒店沙灘上個別穿三點式泳裝的性感姑娘，在白浪裡時隱時現，突然想到，瑪麗蓮·夢露留給男人的福利多，還是留給女人的福利多呢？

我覺得答案應該是後者。

在瑪麗蓮·夢露這金髮尤物在熒幕上展現性感以前，地球上多數女人是不知道也可以這樣火辣辣地展示「性感」，甚至炫耀性感是女性的一種權力。日本女人穿著厚厚的和服，裹得宛如一個大肉粽，把脖子後面的一點點白肉露出來，這就是性感了，中東女子從頭到腳都遮起來，一雙眼睛才是展示性感的部位？

而瑪麗蓮·夢露打破了這一切。

性感可以波濤洶湧，可以紅唇似火，可以高調，可以美艷，可以熱情，可以酷辣，可以無時不在，可以踢翻規則，可以讓你熱血膨脹。

從瑪麗蓮·夢露之後，越來越多的人知道，女性可以這麼炫耀地自由展

現自己的性感，是一種女性的權利。

如今在美國，女孩子不炫耀性感，你或許就失去了一些機會。這種文化符號是瑪麗蓮‧夢露這個人強化給美國的。

午後 1 點，我坐在酒店的外走廊上吃中飯，點了個最喜歡吃的青口貝，雞蛋蘑菇三文治，外加一杯大大的冰白熊，猛灌一口入嘴，爽！那裡的圍欄是白色的，可以無障礙地眺望大海。隔壁桌是一對滿頭捲曲白髮的遊客，黑人服務員在鞠躬給他們倒酒時，他們仨閒聊了一會兒。

我聽見那銀髮老人問服務員，「聽說這裡有一鬼屋，曾發生過兇殺案。」我一下子豎起了耳朵。

「是的，曾經有人被刺死在床上。」黑人服務員說。

「聽說，無論房間裡的東西怎麼換，總有客人看到一個人的魂靈在屋子裡四處遊蕩。是真的嗎？」

黑人笑了，「我倒沒有看見，我下次看到他的話，代你向他問候。」

閒聊了幾句其他的，白髮的夫人問：「請問，哪一個房間是瑪麗蓮‧夢露和甘迺迪總統約會的？」黑人說，「……」，他說得太快，我沒有聽見。

我以前看過一個資料，說由於夢露知道了太多秘密，並揚言要揭露這些秘密，夢露的傳記作者認為最後甘迺迪兄弟痛下毒手，除掉了夢露。當然，這一切都是推測而已。

知道夢露死亡秘密的人都已帶著秘密進入墳墓了。

夢露因為在這裡拍的《熱情似火》榮獲了金球獎，再過了兩年，她在麥迪遜公園廣場上為約翰遜‧甘迺迪總統演唱《生日快樂歌》，當時，她著一件幾近赤裸的金屬珠串的衣裙，性感美艷征服了整個地球人，人們普遍認為她是甘迺迪的情人。這首歌唱完僅僅兩個半月後，她就香消玉殞，離奇地裸死在她的洛杉磯家裡，藥瓶倒地，現場顯示她是自殺的，但是，由於太多疑團，所以，她的死幾十年來都是一個謎，她身前的時裝設計師之子的書中透露，瑪麗蓮‧夢露死前曾經說她已經懷上身孕，但她自己也不知道甘迺迪兄弟二人中誰是孩子的父親？

現在，科羅拉多大酒店就差公佈瑪莉蓮·夢露和甘迺迪約會的房間了，酒店對面的潔白的沙灘上或許留下了他們的秘密。夢露死後一年，甘迺迪也在德州的達拉斯被人射中頭部死亡，兩個人都離奇的去世，他們宛如天空中最閃耀的一對流星，照亮了整個宇宙，劃破天空，迅速燒盡熄滅，留下無盡的懸疑。

我走在通往酒店客房的走廊，兩旁都是深褐色的實木護板，這是六七十年代古舊的裝修風，現在看來真是老土老土了，當年，甘迺迪和夢露兩個也曾穿過同樣的走廊，手拂過護板，避人耳目進入其中的一間，共度良宵。

我只想知道：他們曾經真正的相愛過嗎？

作為人，他們假如在這間酒店曾有一夜真正的歡愉，那也是極其值得的，管它娘的外面的滔天巨浪！

大學時候學過一點點法語，其中一個例句：Marilyn Monroe est femme fatale.（瑪麗蓮·夢露是一位蛇蠍美人。）現在想想，很好笑，夢露哪裡有一點點「蛇蠍」呢？她是無公害的大胸「白癡女神」，這不就是很多男人的夢想嗎？

夢露的名字不知道是那位大大的牛人翻譯的，取自《金剛經》中最重要的一句，「譬如夢幻，譬如朝露」。她給世界一個驚世駭俗的光芒，然後，如朝露一樣迅速消失，生命如夢幻一樣破滅。

登船離開克羅拉多島的時候，碼頭旁的一個中年樂隊在午後的陽光下盡情地搖擺，好像是唱老鷹樂隊的《亡命之徒》，風把大叔們的歌聲傳得很遠，幾個人在樹下快樂地搖擺著屁股。

我扔下雙肩包，四仰八叉地躺在那片隆起的草坪上，聽了好一陣子。起來時，發現前一班次的渡船已經開走了。

回到住的居家酒店，門口又碰到那個前台服務員，他問，玩得開心嗎？

我說，想再看一遍《熱情似火》。

他說，我想當裡面的男主角。

於是，我在他手上又塞了 3 美元，「演出費」我說。

紐約某家萬豪酒店總經理的兒子又笑了，嘴巴是一道淺淺的彎。

24 海軍陸戰隊的「售貨老妹」

中午吃了個超大的牛肉芝士漢堡，肚子幾乎爆掉。漢堡是汁水橫流的那種，外加一杯大可樂起了催化效果。

午後，我散步去停泊在聖地牙哥港灣內的中途島號航空母艦，這艘已經退役的航母如今變成了一個鬧哄哄的軍事博物館。買了門票，沿著灰色的旋梯爬到主甲板上，太陽明晃晃地刺眼，機翼折疊的戰鬥機沒有漢堡的戰鬥力強，漢堡在胃裡的運動起了功效，我睡意一陣陣湧上來，該死的午後犯困，於是找了一片甲板上戰鬥機之間的空地，仰面倒下，在一駕老式魚雷轟炸機的陰影下，我用帽子遮住臉，迷糊了半小時，再坐起來，一抹嘴巴，口水橫流。

一片空白地看了會兒轟炸機，又看了會兒遠處的海，它正泛著死魚肚皮似的光。

她遞給我一張七吋的黑白照片，裡面的姑娘站得筆直，穿著深色的海軍陸戰隊制服，戴軍帽，打深色領帶，眉毛濃濃的，一雙烏黑的眸子大而深邃，宛如晴空一樣把人點亮，有點點奧黛麗·赫本的清朗。她旁邊站著一位神態溫和的中年軍官，二人眉眼間有一些相像。

「這張照片是 1943 拍的，那年我 23 歲，旁邊的是我的父親。」這位滿頭銀髮的老婦人指著照片跟我解釋說。遇見這位老人的地點是在航空母艦機庫的中央走廊，退伍軍人攤位上。

「太漂亮了！」我讚美道。

望著她消瘦的身體、皺起的皮膚、充血的眼睛，我問了一個數學白癡問的問題：「你 70 多歲還是 80 多歲？」

人群嘈雜，她還是聽清了我的中國山區式英語口音，她笑著說，「97 歲」。

「哇！快 100 歲了。」我心裡說，西方人年輕的人時候不見年輕，年老的時候也不見老啊。

她說她名字叫茲姆蔓 Zimmerman。

我說，「你好英武哦！你以前在這艘航空母艦上工作嗎？」

她說，「不。」

我說，「你在哪艘船上當兵？」

她說，「我哪艘軍艦也沒有去。我在海軍陸戰隊，陸上工作。」

「哇，海軍陸戰隊的女兵！」我肅然起敬。

她說她也不是戰鬥人員，在陸戰隊後勤小賣部工作，負責賣衣服的。

「——海軍陸戰隊的女售貨員？！」太逗了。

在中途島航空母艦上來站台，和吃瓜群眾合影的二戰老兵，居然是一位前「售貨小妹」。代表二戰老戰士的人，不再是那些開槍打炮的猛士，而是當年小賣部的工作人員，你不得不感歎歲月的無情流逝。

不過轉念想想也是，那些參加二次大戰的人如果還活著，基本上都要 100 歲左右了，而能夠活到 100 歲的，又有幾人呢？

說話期間，我端詳著她，她臉上的皺紋透著一種穿越時光的安詳。

我和 97 歲的茲姆蔓合影時，我又問她，「你以前這麼漂亮，不！你現在也依然漂亮。在軍隊的時候，有很多男孩子追求你吧？」她認真地想了一想，渾濁而有血絲的眼睛變得深邃起來，仿佛又回到了那個歲月裡，她說，「是的，很多人追求我，有軍官也有士兵。」我笑說，「是不是很忙？」我想 75 年前，她工作的那個小賣部，一定是大兵們來侃大山（即「吹牛」）的好地方。

她說，「我後來嫁給了一個少校，戰後，我們生了兩個孩子。」

她好像不願意談她的婚姻，她的一本老相冊放在桌子上，我從頭翻到尾，也沒有看到她丈夫的照片，75 年前那位開吉普車來海軍小賣部追求她的少校後來去了哪裡？難道離開她另外組建家庭了嗎？我只是胡猜。茲姆蔓的兩個孩子的照片倒在裡面，也都是 70 歲上下的老人了。她很高興地指著一個 20 歲左右的女孩照片對我說，「這是我的重孫女！」我發現這個姑娘的眼睛也

是大大的，眉毛很濃密，依稀有她當年的影子。

我覺得她有不平凡的過去。

說起那些戰友，她平靜地說，「他們多數人都走了。」

她說，「以前常對一些小事情很計較，現在想想都過去了，很多老友、親人都消失了，一切的一切都會消失，那也就沒什麼好計較的了。」

我繼續在這艘航母上爬上爬下。

我發現中途島號，其實是一艘沽名釣譽的航母，不但和中途島海戰沒有什麼太大關係，連二次大戰都沒有參加過。二戰結束一個月後，這艘 9.6 萬噸的航母才姗姗來遲地下海了，它的命名只是為了紀念那場著名的海戰，那場六分鐘決定了戰爭命運的關鍵之役。

而且這艘船設計和後期改裝可能有嚴重問題，只要一滿載飛機，艦首就沉到巨浪裡面，吃水太深，整個行駛的穩定性很差。當年，對於全美國的航空母艦上的飛行員來說，中途島號都是一個巨大的挑戰。海上的夜間訓練，常常狂風大作，戰鬥機飛行員要在這艘穩定性不佳的小型航母上降落，是非常要命的事情。因為起伏的海面帶著晃動的甲板，在高空中，以時速 200 公里速度，用肉眼努力去搜尋到那條晃動的甲板上的線，極其困難，先是瞄準，然後再控制飛機搖搖晃晃地降落下去，這簡直是一個噩夢，個別年青的飛行員因此犧牲。

1975 年的一天，中途島號正在南中國海航行，突然一架小飛機出現在中途島號航母上空，像蜜蜂一樣在航母上空兜著圈子，接著一個黑乎乎的手榴彈呼地從天而降，嚇得航母上的大兵大喊一聲「臥倒」！很久，手榴彈沒有爆炸，有人上去一看，原來是一個煙灰缸綁著一卷航海圖，打開航海圖，背面寫著一行字：你們能把那些直升機挪開麼？這樣我就可以降落，請幫助我，我的妻子和五個孩子。

原來南越政權終結，一個叫黎邦的南越軍少校駕著「飛鳥狗」陸軍觀測機瘋狂逃命。還有一個小時，飛機的油就要用完了，那些娃娃在天上驚恐萬分地望著下面洶湧的大海。

中途島號上的大兵被震動了，為了救這一家子，他們狠狠心，一群人抬起軍用直升機，這可是價格不菲的武器裝備啊，居然一二三直接扔到海裡去了，騰出地方讓少校的飛機降落。

不得不說，在那個冰冷的歲月裡，那些大兵的心腸很溫暖。

我是個軍事迷，打小就喜歡看戰爭片，小時候常常背著我爸爸給我做的一把長柄木頭槍，趴在田野上向路人啪啪啪射擊，有一次，被路人「馬臉」書記發現後，他在後面瘋狂地撿石塊、嘶吼著追打我；我長大後也癡迷於二戰和斯大林格勒保衛戰、中途島海戰一類的電影，講述諾曼弟登陸的黑白影片《最漫長的一天》，我就看了無數遍。

但是，這艘中途島號航母卻顛覆了我對戰爭和航母的敬畏之心，如今，它已經淪落得更像一個遊樂場：一些孩子在中央機庫裡玩 4D 空戰遊戲，還有一些人在攤位前排隊買熱狗，烤香腸的爐子滋滋地冒著煙。機艙裡停著的預警機、攻擊機、救援直升機，人們紛紛爬上去，從打開的飛機窗戶中，伸出一堆堆的剪刀手。據說，更誇張的是，某個農曆大年夜，有一個 300 人的中國旅行團浩浩蕩蕩上了該艦，在這裡狂歡，吃年夜飯。你只要靜心想一想，國人過年時喝酒的嗓門有多大，喝完酒後臉有多紅，喝完酒後蹦得有多高，就可以推測出這個夜晚中途島號航母上獅吼炮轟的壯觀了。

下了中途島號，陽光依然晃眼，海邊的氣溫涼爽如上海桂花飄香的秋天。

我站在岸上遠眺這個巨大的灰色傢伙，突然想到航母不就是一個國家軍事上的陽具嗎？大家比賽造了那麼多碩大的航空母艦，到處巡航，宛如向周邊的人在炫耀彼此的軍事陽具，但是，如果只是為了炫耀而炫耀，那說明內心還不夠強大。因為，一個真正有力量的男人，是不需要炫耀陽具和肌肉來體現自己有多偉岸的，那些床上不行的人，身體虛弱的人，才老是到處去說自己的陽具如何如何厲害，強調自己床上如何如何厲害，強調自己的身體如何如何牛逼，以掩蓋內心的虛弱。越是有強大的肌肉，其實越是要秀出自己柔軟的身段。如果整天在街頭上嚓嚓嚓地打碰自己手上的武器，炫耀自己的

肌肉，只會嚇退那些膽小之徒和無能之輩。你看，二戰初期日本有那麼多航母，中國也沒有任何屈服啊。

曾經高度軍事機密的航母，如今變成了一個遊樂場一樣的地方。

曾經仇恨的敵人，曾經相愛的戀人，都被時間帶走了。

禪宗說，我們不要太執著一切事物。

回到居家小酒店，我看到雙肩包裡放著一張複印的茲姆蔓的照片，她下午臨別送給我的。她的瞳孔裡有那種歷經滄桑後的平和，柔軟而有力，這是中途島號航母上，我遇見的最有價值的東西。

我把它撕掉，扔進了落地檯燈旁的字紙簍中。

25 最慷慨的吝嗇鬼

7 月 22 日，開著白色的本田「毛驢」進洛杉磯，這是我去年夏天旅行的終點城市，像大餅一樣無限攤開在我的眼前。

太陽好曬，大地感覺被燒烤著，那些棕櫚樹孤零零的。

開車腰累歪了，找了愛彼迎預訂的一間 Condo 型民宿臨時住一宿，鞋子也沒有脫，就橫亙在床上，困惑地想，洛杉磯這麼大，明天去那裡兜呢？打電話給德州的「地圖指揮官」老孟，老孟好像正在蹲坑，因為說話的聲音和平時不一樣，他哼哼唧唧咕嚕著說，「按照國內的說法，洛杉磯有三大『文化工程』：環球影城、迪士尼和蓋蒂藝術中心，本人覺得第三個最好，因為是免費的。」

「免費的？」我有點不相信自己的耳朵，在美國也有免費的東西？

去年橫貫北美六七千公里，我瞪大眼睛都沒有搜尋到哪裡有免費的東西。最讓我不能適應的是，美國人太小氣，大多數賓館客房連個免費礦泉水也不送。好在部分酒店大堂是有免費水的，於是，我每次經過大堂，就咕咚咕咚喝到打飽嗝為止。曾有一天，在聖地牙哥的喜來登酒店，我正在咕咚咕咚喝大廳的免費水，過來衣冠楚楚的一家五口人，也在免費水前輪流喝個夠。特別是長得像銀行家一樣的父親，一頭銀髮，著三件套深色西裝，喝起免費水來毫不含糊，一杯接一杯，喉結上上下下像乘電梯一樣，我數了一下，他足足喝了五杯，喝到最後一杯，他還打了個嗝，最後我吃驚地看見——他從高級皮包裡掏出一個空癟的礦泉水瓶子，嘟嘟嘟灌起飲用水來。

我想，算你狠啊。

我太喜歡免費的東西了。記得讀大學的時候，阮囊羞澀，大學的食堂有

一種清澈可鑒的鹹菜清湯是免費的，中午時分，我常常花五毛錢買份白米飯，然後就著這碗免費的清湯把飯吞下去，一次，我正仰脖咕咚咕咚喝清湯，發現對面一個骨瘦如柴的黑框四眼也和我一樣捨不得買菜，在咕咚咕咚喝免費湯，我倆相視一笑，雙手舉碗，互敬對方，把最後一點免費湯一飲而盡，那情景宛如高漸離別荊軻的前夜。

上午 9 點多，吃了個超市買的沒有熱狗的熱狗麵包。

坐上「毛驢」的一瞬間，突然有一種自由的快樂感覺浮上心頭。

墨藍色的太平洋在左手翻動，右手是一片夾道的棕櫚樹，直插天際。沿著海邊公路，猛踩油門，大約開 20 分鐘左右，就來到蓋蒂中心。

那是莫妮卡山脈上的一片白色房子，不，嚴格地來說，一堆堆白色的石頭。我撫摸著這些石頭，表面粗糙，它們是大小完全一樣的正方形，爬滿了建築的外立面。每一塊石頭都仿佛在擠著眼睛對我說：「我是用金錢刨出來的。」——當年的世界首富先生保羅·蓋蒂花了 13 億美元！

我聽見一個導遊說，建蓋蒂中心的 16,000 噸石灰石來自距離洛杉磯萬里之遠的意大利。

她說，「白色的石頭是一種精神。」

這真是一個令人震撼的私人博物館。

你不得不感慨捐贈者保羅·蓋蒂的大方。

我免費地看到了這幾件館藏——

梵高的《鳶尾花》，一朵朵患精神病的花。我覺得應該是梵高得精神病時住在法國南部的一個修道院時畫的，畫面被一片藍色佔去了大半，淺如海藍，深似墨團，透露著一種亙古的憂鬱，但又不乏生機。藍色的花海中，一朵白色的鳶尾花，開得如此殘敗和病態，在畫面中突兀、倔強地呆立，和梵高本人一樣的精神有疾？這副藏品是蓋茨基金花了 5,390 萬美元拍賣來的，要知道這可是 1988 年的價格……

一幅《路易十四》的畫像。這個腰配寶劍，手扶權杖的太陽王，乍眼看

去就是個表情做作的「蠢蛋」——頭戴著羽翼般的蓬鬆假髮，身上披著一條羽絨床單樣子的袍子，像舞女一樣露出纖細的腿，腳上更誇張，一雙猩紅的高跟鞋，按照現代人的標準，完全是一個裹著床單、男不男女不女的怪物，這就是偉大的法國國王？他把 17 世紀貴族全部的頂配都集成在了身上！聯想到這位大人物才 1.54 米高，或許就原諒他的膚淺了，可能只有矮子才會如此強調自己的偉岸吧。聽說路易十四還酷愛舞蹈，曾日夜苦練亮相、壓腿、跳躍、旋轉，甚至親自上台大跳芭蕾舞，這幅肖像把戲子國王畫得如此怪異，畫家居然沒有被殺頭，也真是服了。

還有德拉克洛瓦的《西奧島的屠殺》，畫家直接畫出血淋淋的衝突，一團團的血似乎四濺在畫布上，血已經凝結成深褐色，刺痛我的雙目，我想起那句名言「這不是西奧島上發生的屠殺，這是對美術的屠殺。」

——這樣的藏品在蓋蒂中心只是冰山一角。

蓋蒂中心的捐建者保羅・蓋蒂是 60 年代的世界首富，曾經蟬聯世界首富 20 年，比比爾・蓋茨還牛。他花了 22 億美元，畢生財產的 2/3 來收購這些偉大的藝術品，並稱「任何人只要穿上鞋子，就可以免費參觀」。

我進大都會藝術博物館要錢，我進 MoMA 要錢，我去古根海姆要錢，我去天安門旁上個公廁都要錢，進蓋蒂的地兒，免費！哇！這難道不是地球上最慷慨的人？！但是，非常不幸的是，他身前身後飽受抨擊，被美國媒體評為一個極端「吝嗇鬼」，一個靠石油發財的「怪人」，開啟了一個「悲劇家族」。

我曾經看過一部電影《金錢世界》，講的就是保羅・蓋蒂，導演雷利史考特對他是極盡挖苦：電影一開始就是保羅・蓋蒂的孫子被綁架，兒媳急匆匆地去向保羅・蓋蒂報告，蓋蒂大概正在埋頭看股票行情，居然認為她說的事打擾了他工作，他冷冷地說道：「股市馬上要開盤了，出去！」

——這就是保羅・蓋蒂的家族醜聞「孫子綁架割耳案」。

1973 年他的孫子保羅・蓋蒂三世被一個意大利黑幫組織綁架，可當該組

織向他索要 1,700 萬美元贖回他的孫子時，蓋蒂卻拒絕了他們的要求，這一舉動震驚了全世界。直到綁架者將這名少年血淋淋的右耳朵連同一縷頭髮一起寄給他。最終，老蓋蒂還是支付了 330 萬美元的贖金，其中一部分錢還要用來抵扣稅金。這名少年被囚禁了 6 個月，後來在一個加油站被人發現。

其實，當時的情況比想像的要複雜，蓋蒂孫子就是一個「討債鬼」，經常對外聲稱綁架自己騙爺爺的錢，此外，保羅‧蓋蒂也認為：他不願意支付贖金，是因為他有 14 個孫子孫女，如果他支付了這筆贖金，就等於讓其他孫輩處於危險之中。

我研究了一下蓋蒂的生平，覺得如果了解他是如何發財的，或許就能理解他的選擇了。——這是和綁匪的一場博弈，而博弈必然是有風險的。保羅‧蓋蒂絕不付款的博弈態度，其實某種程度上保護了他的其他家人，至少以後的綁匪，覺得和這家人打交道沒有油水可撈。

而保羅‧蓋蒂成為石油大王，就是帶有中西部人的那種賭性。

蓋蒂喜歡豪賭，23 歲那年，作為牛津大學畢業生沒有去紐約發展，卻跑到俄克拉荷馬某個環境惡劣的小鎮去冒險，用僅有的 500 美元買了塊土地，賭地下有沒有石油，很多人買了地打不出油，就破產了，蓋蒂運氣很好，在南希租借地上所挖的第一口井就出油了，賺了他的第一桶金。

60 歲的時候，蓋蒂又進行了另一場生命的豪賭。沒有人會想到，他會看中了沙特阿拉伯和科威特之間的一大片沙漠，他獲得了 60 年石油開採特許權，但必須滿足沙特阿拉伯相當苛刻的條件，要冒極大的風險。美國石油界許多人認為，蓋蒂這樣做註定是要破產的，他們認為那裡根本不可能出油。蓋蒂卻很有信心，他在 4 年中先後投下了 4,000 萬美元，但只產出少量劣質油。這種油很難提煉，幾乎是他破產的前兆！然而，在經歷了 4 年之久的不斷挫折之後，成功意外地降臨了。1953 年，這片不被看好的土地上發現了含油砂層，接著就開始向外噴油。這一發現徹底扭轉了蓋蒂的命運，高產油井被一口接一口地打了出來，一個月內，蓋蒂公司的股票翻了一倍，他就依靠這樣的一場豪賭，逐漸成了世界首富。

回顧他的人生，就較容易理解他在孫子綁架案中和綁匪進行的那場博弈，作為他的孫子，是非常不幸的，但是，他的其他家人或許就此解脫了被綁架的可能。這裡有面對親情的殘忍，也有一種智慧。

蓋蒂藝術中心的圓形中央花園裡有一個植物迷宮，三個大圓圈裹著一堆小圓圈。

我剛進迷宮就後悔了，這是歐洲人發明的「害人」的東西，太繞了，非常花體力。

接著又看展，走到下午 3 點，我已經累得快要癱倒在地，最酸痛的還屬眼睛和大腦，信息量太大，大到爆，我懷疑自己會不會得了博物館疲勞症？不過，我發現我不是第一癱倒的人，已經有人在過道的座位上橫躺下來，呼呼大睡。

花 13 億美元修一個走得雙腿發軟的私人美術館，保羅·蓋蒂的胸襟不可謂不大，可是，我翻閱歷史資訊，全是這位首富先生的「吝嗇鬼奇聞」。

隨便來一個，如「薩頓莊園的付費電話」。蓋蒂的豪宅為薩頓莊園，這位超級富豪常常在家裡舉辦派對，會見各類賓客，那些出席聚會的賓客有需要打電話的時候，吃驚的發現，這地球上最富裕人家的電話居然全部是公用付費電話。原來，蓋蒂怕他家僕人，偷偷長時間打電話，居然把所有的外線電話都變成了付費電話。另外，他家裡的地毯要到露出大洞實在看不下去了才叫僕人去修補；他要求僕人在舊信封上重新填寫地址，以便反覆使用；手下人的舊鉛筆一定要完全用乾淨了，他才讓換新的。——按照美國標準，這不是一個標標準準的吝嗇鬼嘛！

但是，我覺得這種億萬富翁「摳門」的情況在亞洲不但不是什麼吝嗇鬼，而且是一種傳頌的美德。如李嘉誠，他的皮鞋壞了，都讓人帶去鞋店補，補好了照樣穿；熟悉台灣首富王永慶的人都知道，這位「世界塑膠大王」對個人生活也是節儉到「摳門」的程度——他覺得長途電話費太貴，不喜歡子女給他打電話；他給子女寫信選擇很薄的信紙，字跡密密麻麻，這和保羅·蓋

蒂簡直一模一樣；他吃的原則是「簡便」，常常就是一客滷肉飯，打發掉一頓正餐。曾經做過中國首富的娃哈哈老闆宗慶後，一次出差途中，被人用手機拍攝到，他居然擠在二等座的火車座位上，和一群大媽、推銷員擠坐在一處，使用很便宜的國產手機打電話。

我覺得在「摳門」中，這些富豪或許更有安全感，因為這是童年時播下的種子。富豪也不一定需要每天過吃滿漢全席、法國大餐吧，恐怕沒人受得了，富豪或許只是多了一種生活的選擇而已，人家可以選擇土豪奢侈，也可以選擇赤貧的節儉。

蓋蒂中心的某些花園不種花，種一排排的仙人掌和仙人球。

我在花園露台咖啡館坐下來休息，這個巨大的半敞開空間擁有270度環形視野，一覽洛杉磯的全景，還能看到遠處淡藍色的海，籠罩在洛杉磯蒸騰的空氣中。

我想像，當年的建築師第一次爬到這個山坡上，整個洛杉磯平鋪在眼前，他的視野越過連綿起伏的山丘、密密匝匝的城市，他看到籠罩一切的虛空，立在天地之間，他的心與這寬廣的景致一起跳動起來，靈感之花綻放，他觸摸到了這個建築的靈魂，也找到了自己生命的意義。

我點了一個雞肉漢堡，一邊吃一邊做些筆記。這個漢堡口感很差，雞肉沒有味道而且有點冷，還硬，宛如嚼蠟一樣。因為兩面沒有牆，所以咖啡館的風很大，一陣大風突然刮過來，我的導覽地圖被風吹跑了，我從座位上起身，拔腿就去追，騰騰騰地追了四五個咖啡桌子，才一把抓住。

說起吃飯，保羅‧蓋蒂還有「一百個女朋友的憤怒」奇聞。

新聞中說，保羅‧蓋蒂跟女朋友吃飯卻不願意付錢，他聲稱要給他的100個情人留下遺產，於是他就不斷地修改他的遺囑，多達25次。而在他死後，許多與他有關的女人只感到失望和憤怒，她們認為蓋蒂欺騙了她們每一個人，遺囑裡錢根本就不多，有的甚至少到帶有侮辱性。

保羅‧蓋蒂是世界上第一個「勇敢」而且「無恥」地承認有100個女朋

友的億萬富翁，這個數字或許有點誇張。他的名言是：「只有做生意失敗的人才能和一個女人維持長久的關係。」

　　估計對於一個億萬富翁來說，如果要交女朋友，最希望的是和普通人一樣，至少自己覺得是靠自身魅力來吸引對方，而不是單單靠財產，所以，當雙方 AA 制付費吃飯的時候，他們的關係出現了這樣的一種假像，即他們和美國的其他普通男女朋友一樣的約會，兩情相悅，而不是衝著保羅·蓋蒂的錢在約會。但是，事實上，很少人不會因為首富先生的巨大財富而和他約會，保羅·蓋蒂的錢就是保羅·蓋蒂這個人的組成部分，這或許是他沒有想明白的地方，他還是太天真了。

　　那些生首富先生氣的 100 個女人，她們既然覬覦的是首富先生的錢，而不是首富先生的人，被遺囑要了一把，也無需太氣，這就好比銷售員找客戶，在客戶身上投資了很多而沒有得到單子一樣，是社會上最常見的事情，因為這種投資行為本身就帶有極強的目的性。

　　中國有一句古話，「成也蕭何，敗也蕭何」，說的就是首富先生的錢。

　　我最要為保羅·蓋蒂打報復平的是他的「500 美元遺產醜聞」。

　　有媒體說保羅·蓋蒂自己一擲千金買藝術品，卻只想留給兒子 500 美元的遺產，親情太過淡漠。其實，在美國的價值觀中，父母的錢是父母的，和孩子無關。保羅·蓋蒂自己成長為世界首富，其實就得益於他父親的這條理念。他 23 歲時與父親合作，由父親投資石油設備，佔公司 70% 的股權，噴油後蓋蒂將其轉賣出去，按照與父親的協議，他僅僅取得了這次轉賣利潤的 30%——11,850 美元。父親的這個舉動很好的培養了兩點，一商人做生意的誠信；二借錢投資的觀念。這種觀念是錢買不到的，無價的。老蓋蒂臨終前，為了防止兒子成為一個紈絝子弟，他給妻子薩拉留下了 1,000 萬美元的遺產，並把遺產的控制權交給指定的遺囑執行人和他的副手；保羅·蓋蒂只得到 50 萬美元遺產，一個零頭。

　　同樣佔據世界首富、「賺錢機器」比爾蓋茨，將自己所有財產全部捐贈給比爾與美琳達·蓋茲基金會，不給自己的後人留下一分錢。他說他希望和

自己的妻子一起，以正面的財富觀念來引導全社會。股神沃倫‧巴菲特也承諾將把自己絕大多數的財富都捐獻給慈善組織，而且他的子女也支持他的這一決定。

捐出財產的最大好處是，可以有效的防止孩子成為紈絝子弟。

西方人那麼樂忠於捐出個人大多數財產，還有一個宗教因素，教義中「凱撒的物當歸給凱撒，神的物當歸給神」，每個人或許只是替上帝臨時保管一下資產。相比之下，「文明禮儀之邦」的中國社會直到今天還沒有這個觀念，絕大多數人（包括很多知識分子）也都希望孩子來繼承自己的財富，所以，坑爹的紈絝子弟比比皆是，如「四大名爹」之首的李剛，給他兒子買汽車、買名牌，買買買，這小子就在校園中喝酒、泡妞、胡亂駕車，結果當場撞死兩個女大學生，坑死他老爹了！

作為地球上最慷慨的「吝嗇鬼」，保羅‧蓋蒂收購藝術品可不吝嗇，他在經濟蕭條年代藝術品跌價時，還在大量買買買。他說：「一個不愛好藝術的人是一個沒有完全開化的人。」1976 年在臨終前，這個「怪人」把全部財產 33 億美元中的 2/3 捐助給保羅‧蓋蒂博物館，這為他挽回來不少名譽。

我想，藝術對於保羅‧蓋蒂是什麼？——應該是他平庸生活的一劑春藥。

走出蓋蒂中心，遠眺，白色建築群有如從地面自然地生長出來。巨大的觀景天台與室外花園、附近的山巒、海景融在一起，白融化於藍，海、天、樓一體，這是東方人能夠體會到一種「空明」的禪境。

5 點了，打算去車庫開「毛驢」，看見一群人都在一個窗口排長隊，我走過去探頭一看，原來是需要交納 15 美元的停車費，看來，「怪人」首富的地盤還是精明，門票免費的同時，還是留了一手。

高！

26 「5B」同志之家

7 月 23 日，洛杉磯。

前天訂的房間只能再住一天了。

於是我打開 Airbnb，設定好價格 150 美元以內，一個叫「最好的沙灘、床、早餐和自行車」的五星評價的房子跳了出來，一下子吸引了我的注意，這個「4B」（四個單詞 beach\bed\breakfast\bike 的第一個字母都是 B）的獨立屋離威尼斯海灘只有 3.5 英里，上一個住客的留言是「很棒的體驗，房東超級搞笑」。

房東叫強尼和馬克，「我們是結婚 25 年的一對男同志」，「忠誠的伴侶！」他們的自我介紹裡這麼說的，「我們和兩條狗住在一起，牠們叫『狼幫傳奇』和『海德薇格』，牠們舉止文雅，（暗示不會咬客人？）希望你也喜歡狗哦！」

我沒有跟他們說，我的老家附近有一個冬天要靠燉狗肉補身體的地方，那裡離上海約有 250 公里，每到冬天，上海人在抱著心愛的狗親吻的時候，附近鄉村的野狗都惶惶然四處亂躥，一群流著口水的禿子和農民拿著套繩在後面瘋狂追逐。

我在孤獨的城市女房東家裡住過，也在喪夫老太的海邊出租公寓中住過，但還從來沒有在同志家庭中住過，這會是什麼樣的一種體驗呢？

我按著谷歌的指引，駕著「毛驢」一溜煙地疾馳。

一棟橘色的兩層樓漂亮房子前，谷歌結束了導航。和其他的房子不一樣的是，這棟房子外花園的草木豐盛，一種旱地生長的大草長得有一人多高，紫色和白色的繡球花綻放出笑臉，背後三棵細瘦的棕櫚樹插向蔚藍的天空，

在缺水的洛杉磯地區，這種茂盛宛如黑夜地區亮起的一盞明燈。

我正在這棟樓下東張西望，突然，一個頭髮蓬亂、50 多歲的男子從二樓的窗戶裡探出腦袋，問我，「你是劉嗎？我是強尼。」等我穿過精緻的花園，推開房門，驚呆了，這家裡的佈置完全就是一座小型的家庭美術館，挑高的客廳牆壁上，懸掛著密密麻麻的各種尺幅的油畫作品，從 100 多年前的類巴比松風景畫派作品，到當代的小尺幅的抽象畫都有，地板上鋪著波斯梨花圖案的阿拉伯地毯，每一盞燈每一處飾品都是主人從世界各地搞來的藏品。

「Daily Bitch！（每日婊子！）」這是桌面上放著的一本日曆，是他家的第五個 B 字。每天都畫著一個撩人的女演員以「婊子」形式說一句搞笑的話，比如：「我假像中的男朋友從來不會認為我瘋了」、「我們不就是離開馬戲團的小丑嗎？」「節食三天，我已經喪失活下去的意願了」……

馬克抱著他心愛的海德薇格出現在樓梯上，目測大約 65 歲左右，臉色灰暗，鷹勾鼻子，眼神犀利宛如福爾摩斯，衣服耷拉在身上，不修邊幅，但是抱著狗的溫柔姿態，卻又像公主一樣的挺拔而矜持。

他們兩個大白天都呆在家裡，是搞什麼工作的嗎？我心中生疑，我偷偷又去查了一下 Airbnb 上的介紹，他們說他們都在「娛樂業工廠」工作。

我不明白「娛樂業工作」是什麼，直到應邀和他們一起吃完晚飯。

晚飯同席的還有一個出差來洛杉磯也住在他家的客人，小圓餐桌很小，於是，我和三個陌生美國大叔緊緊地擠坐在一起，像是一場同性戀的相親聚餐會。

他們兩個看起來和路上碰見的美國普通大叔沒有什麼區別，我們聊了會兒各自的旅行，突然，電視新聞裡出現了特朗普，他正在某個集會上演講，下面的人們揮舞著口號牌：「美國再次強大！」。

我問：「你們對特朗普是什麼印象？」

煮飯後頭髮更加蓬亂的強尼說，「Fuck！特朗普！」

我一驚。

馬克正舉止優雅地給其餘三人分水果，他緩緩抬起他的鷹鉤鼻說，「特

朗普就是一個白癡！他什麼都不懂！」

聽說同性戀都是毒舌，看來這一點都不錯。

強尼附和馬克說，「他，一個自大自戀的傢伙！對於全世界，特朗普就是一個笑柄，而不是領導者。」

罵了兩句解氣話後，馬克優雅地坐下說，「其實，他是一個有錢人家被慣壞了的孩子靈魂，困在了一個71歲的老男人身上！」

他接著說，「他甚至可能會發起毀滅全人類的戰爭。」

我問，「你為什麼這麼覺得？」

他說，「對於一個白癡和混蛋，發生什麼事情都不會覺得奇怪。」

他們對自己的家充滿了全宇宙的自豪感，說前一次家裡住了幾個北京人，一進屋就要打開所有的門窗，因為強尼家的花園太美了，這裡的空氣太新鮮了，而北京霧霾嚴重，黑煙滾滾，人們從來不打開自己家裡的窗。

「在北京會呼吸困難嗎？」馬克轉臉問我，作為特別好面子的中國人——我頓時頭上一滴汗，正打算嗯嗯啊啊敷衍一下。

他似乎也並不在乎我的答案，替我回答「住在我這裡，所有中國人都會治癒。」

我岔開話題說，「我從聖地牙哥開車過來，那裡的海太美了！」

通常中國人都會附和一下，「哦是的」之類的，但是，強尼不這麼樣，他說，「聖地牙哥簡直太無聊了！」馬克也跟著說，「聖地牙哥沒有洛杉磯有趣。」

我說，「我很喜歡舊金山，過兩天開車過去。」

「舊金山嗎？我憎恨這個地方，儘管我出生在那裡。」強尼說。

我問：「這是為什麼呢？」

「因為我在那裡失去了我的母親。」強尼半開玩笑半正式地說。

說來說去，我終於搞明白一個意思，這對毒舌基佬就覺得洛杉磯是天下最好的地方。

我前天曾經從洛杉磯的華人超市買了一份烤麩，這是我的最佳「啤酒伴

侶」。吃飯期間，我拿了出來，我對他們說，「你們要嘗嘗嗎？這是中國人最常吃的菜。」看見油乎乎的烤麩，他們兩個異口同聲地說，「不！不！這個會讓我們中毒的！」這個這個，文化差異也太大了，你們這麼說話，讓我幾乎無法再繼續後面的對話了。

吃完晚飯，強尼洗碗，因為前面是馬克準備的晚餐，這完全是一個和睦家庭的分工，而且和我家的情況一模一樣。我媽媽準備晚飯，晚飯結束了以後，由我爸爸洗碗。強尼和馬克這樣的分工好像已經持續了一二十年。

我在博物館似的房子裡四處轉了轉，問馬克，「我可以拍一些你家牆上的繪畫嗎？」

馬克摸了摸鼻子說，「那最好不要拍！因為，你發到朋友圈，很多人會看到，這樣賊就會來我家偷畫了！我可不想我的畫被偷走。」我看著他的眼睛，不知道是開玩笑呢還是真的，頭上又是一滴汗。

洗好碗，馬克和強尼帶我去後院，說要自豪地介紹一樣設備。繞過精緻的花園，面朝圍牆的小草坪中央有一處隆起，那是一個碎石火盆，火盆的旁邊放著四把老式的木頭椅子。圍坐碎石火盆邊上，馬克打開煤氣，用打火機點了一下，石頭就跳動起藍色的火焰，在這夏日寒氣襲人的加州海灘附近，迅速傳遞溫暖，馬克說，在晚上的時候，圍坐在火盆旁喝啤酒，烤火，看暗星、舒雲和棕櫚樹，很爽，你一定要試一試哦！

我的腦子迅速回放，上一次烤火看星星是在哪裡？好像是 N 年前的一次了，那時候我還年輕，還自由自在，我和朋友背著包去了雲南大理古城。深夜在人民路上的一個小酒吧，那裡的酒吧都長在斜坡上，還帶一個小小的院子，酒吧主人從洱海畔的樹林裡撿來枯樹枝，用它升起一堆火，聽著滋滋的木頭燃燒聲，一種紅色的炙熱蒸騰起來，坐在那裡的夜裡，沒有大城市的嘈雜，沒有人會討論房價、孩子和股票漲幅，感覺回到了曾經居住過的久遠未曾謀面的老巷子，於是，我們一群陌生人就像老朋友一樣聊著天，臉上紅撲撲的，記得，天上有隨風快速流轉的雲，還有幾顆不怎麼眨眼睛的星星，院子裡長著兩棵矮小的果樹，葉片還帶著夜的氣息，大家直接拿著冰啤酒，嘴對嘴吹瓶子，我們扯東又扯西，聊了很多虛無飄渺而又不著邊際的話題。記

得那些虛無飄渺的話題，把我帶回到小時候，我們在幾棟破房子間的空地上胡亂坐著，大腦空白，無所事事。

現在場景切換到強尼和馬克家的院子，一陣夜風吹過棕櫚樹，這樣的畫面淫地閃現在我的大腦中：兩個穿得像礦工一樣隨意的中老年大叔，亂頭髮和高鼻子，手拉手坐在火盆邊上，火苗跳動，他們彼此恩愛地互望著，然後一起抬頭仰望墨色的天空，此刻，流星劃破天際。高鼻子會毒舌地說「流星許願就是一個騙局！」嗎？

他倆的臥室就在我房間的隔壁，我路過的時候，朝裡張望了下，屋子並不大，中間放著一張 1.8 米左右寬的雙人床，看樣子，這兩個鬍子渣渣的大叔，每天還要抱在一起睡覺，而且一抱就是 20 多年，並且無比忠誠於對方，這種忠誠，不需要在黨旗前宣誓，不需要把手放在聖經上。

這不能不讓我感到有點兒不可思議，晚上，我躺在他們隔壁，突然想起這句名言「一切皆有可能！」。

早晨起來，他們已經細心地為我準備了豐盛的早餐，桌上放著牛油、燕麥、水果，盆裡是水煮雞蛋、香腸，以及三種可選的麵包，「茶、咖啡、果汁，你們要喝哪一個？」，看起來，這裡的服務比飛機頭等艙還舒服。

吃早餐的時候，穿著土灰色 T 恤的強尼問我，「昨晚有沒有烤火看星星？」

我說，「我太累了，很快就睡著了。」

他表示很失望，這麼好的東西沒有用，實在是太遺憾了，「你少了一次羅曼蒂克的機會」，他最後總結說。

我說，「午飯前，我就換地方走了。」

強尼突然扭頭仔細地詢問我，「下一站會住在哪裡？」

我說我可能去住一個酒店，在洛杉磯市區，他似乎鬆了一口氣地說，「這就對了，因為只有我們家的 4B 房間是最棒的，洛杉磯其他的 Airbnb 全都是臭狗屎！」

「是嗎？！」他略帶渾濁的眼睛看著我。

我趕緊猛點頭。

27 等待查理絲・花朗 [2]

　　洛杉磯海邊的上午很寂靜，偶爾才有一輛汽車遠遠駛過的聲音。

　　離開 5B 民宿前，倒在床上和老孟微信聊天。

　　「流竄到哪裡了？」

　　「洛杉磯。」

　　他說，「洛杉磯要當心。」

　　我說，「洛杉磯又怎麼啦？」

　　他說，「這個世界上，有三種人你是絕對不能去招惹的。」

　　「都有誰？」我好奇地打字問道。

　　「東京的高中生，瀋陽的大媽，和洛杉磯的流浪漢。」

　　「哈哈，你這麼一說，我發現這裡的流浪漢真多，像天上的星星、地上的牛羊。」

　　「你曉得伐？」老孟不經意間打出了上海口音，「洛杉磯市區現已完全淪陷為『流浪漢佔領區』了，晚上 8 點後，你千萬不要進城哦。」

　　「會遇到麻煩嗎？」

　　「可能會遇上打劫，特別你是大舌頭英語，打劫的非裔兄弟估計聽不懂，以為你涮他，惹毛了就慘了啊。」

　　我「嗯嗯」地二字，忍住了，沒有跟他說——我今晚就要住洛杉磯市中心。

2　查理絲・花朗（中國大陸翻譯：查理茲・塞隆）

午前，馬克幫我把行李扛上白「毛驢」，他和強尼穿得像兩個碼頭工人，手拉手站在車庫前，旁邊的劍麻、繡球花和三棵細瘦的棕櫚樹剛剛澆過水，場景既雷人也溫暖。

我從聖莫尼卡的海邊開車進了城，搬進市中心的 ACE 酒店的 20 樓。

這個新開業的工業風設計酒店坐落在一個哥德式風大樓裡，據前台介紹，酒店底樓帶有一個 1,600 座的大劇院，其瘋狂的裝飾靈感來源於一座西班牙教堂。

晚上 9 點左右，我從 20 樓俯視街面，發現車輛漸漸稀少，但是樓下螞蟻大小的人腦袋似乎聚集在一處，有些反常的熱鬧，於是，我也下樓去看看熱鬧。

底樓的劇院門口燈火通明，人頭攢動，——這裡暫時沒有流浪漢和劫匪的絲毫蹤影。

幾輛黑色奔馳和 GMC 商務巴士停在劇院的門口，一排穿黑西裝配耳麥（即耳機馬克風）、槍支，胸肌鼓鼓肱二頭肌凸起的安保人員圍成一個半圓形的圈，警戒周邊，如臨大敵，我稍微靠近一些巴士，他們馬上揮手勢大聲地驅離我。

這是什麼情況啊？我抓住一個從劇院裡面走出來的青年男子問。

那青年男子穿著西裝，他的女朋友則穿著拖地的深色長裙，旁邊的一些人還有穿著黑色發光面料的晚禮服。

他邊匆匆往前走邊對我說，「這裡剛剛舉辦完電影《原子殺姬》的首映式，查理絲‧花朗來了。」

「查理絲‧花朗？」我驚呼了一聲，那個眼睛深邃而迷人的 Dior 香水女神？那個《狂野時速 8》中的反派性感尤物？她一身黃金戰衣從金色的水中濕漉漉升起來的火辣場面，封神香水廣告。還有電影《美麗女狼》，性感女神在裡面自毀形象，演一個被社會拋棄的、醜陋不堪的殺人妓女，她滿臉疙瘩叼著香煙，整場表演刻骨銘心。

我想，我今天有點幸運了，流浪漢和打劫犯沒有碰到，碰到查理絲‧花朗了。

原來劇院門口的這一排黑色商務車是接劇組人員的，而門口那麼多人則是參加完首映式的觀眾，很多人都聚在門口說說話，不急著離開，等查理絲·花朗。

於是，我也混在人群裡，掏出手機，一陣猛拍，希望能夠看到查理絲·花朗的藍色眼珠子。這個年齡和我差不多的女人，身為奧斯卡影后，演戲依然玩命，本月，洛杉磯全城的戶外看板上都是她的《原子殺姬》新電影海報，據說她在戲中有震撼級的「手指勁爆戲」。有一個真實的笑話，說是花朗這個人太認真了，容易緊張。她第一次遇見奧巴馬，她就出現了「語言性腹瀉」，她提出要帶奧巴馬去脫衣舞俱樂部。回來後，她足足有一個月的時間，閉上眼睛，這個錯誤就像個大蒼蠅一樣嗡嗡嗡縈繞著她。

大約等了 30 多分鐘，人群漸漸變稀，一些人走掉了，還是沒有她的身影。

正有些失望，突然街對面出現了一陣騷動。

是不是查理絲·花朗來了？

等候的人的臉都轉過去，看著街對面。

我向前緊走了兩步，透過安保人員，就看見根本不是什麼大明星，而是一個 30 多歲的身材不高的白人男子，五官比例不錯，但就是眼神兇狠中透著迷亂，上身的 T 恤幾乎爛了，頭髮像個雞窩，橫著從街對面撞過來，跌跌撞撞，腳步歪斜，直接就穿越了保安警戒線，同時，他還用右手的食指和拇指做成一把手槍的樣子，指著自己的腦袋，叫囂著：「我要殺了我自己！」「我要殺了我自己！！」歪歪扭扭地穿過人群，那個聲音簡直像在咆哮，在嘶喊，「我要殺了我自己！！！」這個吼叫蓋住了街上所有的嘈雜聲音，尖銳刺耳，非常恐怖。

旁邊人一邊慌忙地躲避，一邊嘀咕：吸毒的。

他幾乎是貼著我身體橫行過去，差點撞到東張西望的我，他身上散發著一股酸臭的味道。而這種酸臭味是流浪漢的烙印。

這人剛剛過去不久，人們也終於明白查理絲·花朗不會再出現了，宛如等待戈多。估計她其實早早就退場，離開了劇院了。於是，保安開始護送商務車發車，人群完全散開。

此刻，又有一個頭髮微卷的中年黑人大叔拿著塑料袋隆重登場了，他厚厚的嘴唇嘟囔著什麼，在每個還在劇院門口的人面前都糾纏幾分鐘，把手一伸一縮，重複著一個單詞，「Change」（零錢），似乎無人願意搭理他，他仍然堅持不懈，終於有人從口袋裡找出一根煙遞給他，然後他走到我面前，火？我把手一攤。

　　10點不到，街上人煙稀少了，我還打算在夜晚的南百老匯大街走上一二百米，那緊接著下一刻的場景，就好像是一個打僵屍的遊戲。

　　每過三五分鐘，就不知道從哪裡冒出一個流浪漢，或瘸腿破褲子的黑人，或喃喃自語的披髮老人，或臉上蛻皮的精瘦高個，或空手，或拎著破口袋，或推著超市推車，一個個衝我整過來，拐過來，擠過來，每個人都是老和尚念經一樣喃喃一個詞，零錢，零錢，零錢……幾乎要把我搞瘋掉了，最後，僵屍們徹底打敗了我，我連個「植物炮」都沒有發，我落花流水，我落荒而逃。

　　第二天，我的大學同學老于進城來看我，他以前是個扔鉛球的，膀大腰圓，光頭牛眼，向來以膽大著稱，但是見我第一句話就是，你怎麼住在這裡？！

　　——這句話怕就是洛杉磯人對城區的印象。

　　他告訴我昨天報紙上登的一件事情，說前兩天一個中國遊客在洛杉磯的小巷子裡拍照片，結果正好拍到幾個賣白粉的，賣白粉不高興了，要他刪除，結果雙方發生了衝突，那個可憐的遊客被活活打死。

　　「你小心點。」他上車的時候對我說。

　　晚上，我微信裡問老孟，「我一直思考這麼一個問題，美國人為何容忍洛杉磯這樣的大城市成為流浪漢的天堂？」

　　「因為美國的精神病院在大街上……」讀歷史的老孟打字說，「上世紀60年代，很多精神病院虐待病人，如電影《飛越瘋人院》裡面的護士長，就喜歡用大音量音響折磨病人，這一情況引發了憤怒的吼聲，於是，各地索性關閉了精神病院，這導致大量精神病人直接睡大街。」

我說，「這麼多人睡大街不影響城市形象嘛？」

老孟說，「在美國，無家可歸者有『露宿街頭』的人權。在我記憶中，國內街頭只有討飯的，是「正在工作的」乞丐，而美國不同，多數流浪漢都是 Homeless 無家可歸者。」

我說，「是的，中國的大街小巷屬公共場所，是不可以隨便露宿的，一旦露宿，馬上有鐵面黑臉、神腿無敵城管出現。」

他說，「攻陷洛杉磯的流浪漢中有精神病、癮君子，此外還有真正的破產者，他們中很多是老人，比如，房租上漲，合約到期支付不了房租，索性帶著狗直接住公園睡大街。此外，還有的人不愛勞動，喜歡曬曬屁股、唱唱歌，到處流浪的嬉皮士。」

「在美國做流浪漢會餓死嗎？」我問。

「一般餓不死的，因為不同的州情況不一樣，不少州可以從政府每月領取 600 多美元的食品券。」

「折合近 4,000 元人民幣啊！」我掐指一算，「從絕對值來說，比咱三四線城市的白領收入都高。」

老孟說，「街頭流浪冬天最難過，越來越多的流浪漢在往不太冷的西海岸遷徙，洛杉磯作為西部第一大城市，其城區被流浪漢『攻陷』，那是情理之中的事。」

「甚至有些州，給流浪漢一張單程機票，讓他們去更溫暖的夏威夷。」

老孟說，「洛杉磯允許精神病、流浪漢露宿街頭，是一種包容心，他們覺得公民的基本人權，比城市的面子要重要。」

他說，「美國流浪漢中，有五大流派，除僵屍乞討派，吸毒癲狂派，精神病派和嬉皮士派，還有最讓人唏噓的無敵天才派。」

他接著微信發我一段新聞，我一看，新聞是講一叫博斯特爾的哈佛大學高材生，淪為街頭的流浪漢，引起了全美關注。新聞開篇就很雷人：一起非法入室案在華盛頓特區高等法院開審。被告是一位無家可歸的流浪漢。法庭上，當這位名叫博斯特爾的流浪漢稱，自己 1979 年畢業於哈佛法學院時，審理該案的法官簡直不敢相信自己的耳朵與眼睛，因為他本人也是 1979 年從哈

佛法學院畢業的,同班同學中還包括美國聯邦法院首席大法官,這位鬍子拉碴、身材浮腫的流浪漢竟是他的昔日同窗?!!原來,這個博斯特爾從小就是學霸,在其母親的公寓,可以看到壁櫥裡滿是他的獎狀、證書。他31歲時考入哈佛法學院學習,從法學院畢業後,他在知名律師事務所謀得了高薪工作,但是,生活突然就斷裂了——他得了精神分裂症。博斯特爾的一個親戚說:「那時,他過著富裕的生活,忽然間,一切都變了。沒有人知道到底是怎麼發生的……他失去了一切。這絕對很瘋狂。」之後,博斯特爾與他心愛的姑娘分手了,又沒多久,他就徹底發瘋了。30年一晃而過,這期間博斯特爾幾乎消失在人們的視野中,過著幽靈般的生活。

我回覆老孟,「你要當心,你是哥倫比亞畢業的天才,從天才到瘋子,僅有一步之遙。」

老孟說:「我沒瘋,說明我不是天才,哈哈。不過牛頓和康德患精神分裂症,愷撒和拿破崙患癲癇,普希金和歌德有狂躁性抑鬱症……仿佛天才存在著精神分裂的基因。」

第三天早上,離開洛杉磯前,去飯店附近的超市買點水和麵包,在門口看見一個頭髮像亂稻草堆一樣的黑人流浪漢推著輛超市順手來的手推車,裡面放著用來睡覺的硬紙板。他停好車,居然和我一起走進了超市,他身上有一種刺鼻的酸臭魚腥味。結帳時候,又正好在我前面。我看見他挑了一個卷餅、二條麵包,他從髒兮兮的破口袋裡往外掏錢,除了2元紙幣,剩下的只有幾個1分、5分的硬幣。營業員是個黑頭髮的胖姑娘,她數了一遍說:「你的錢不夠買。」流浪漢聳聳肩,順手抓起麵包和卷餅就往外走,大模大樣的,踱著步子出了大門。胖姑娘也沒吱聲,好像也沒有叫保安,正在發愣,我身後一個排隊的戴眼鏡的中年男人突然插話說,「缺多少?我這裡有零錢。」

整個過程在笑聲中結束了。

洛杉磯人的這種包容感和同情心,讓我挺感慨的,這也是我曾經非常熟悉的,因為以前的中國人都這樣的。

我小時候也曾經有露宿街頭,流浪的經驗。

我 10 歲那年，因冤案在勞改農場被強制勞動了 23 年的父親帶我返回上海，因為我身高已經快到他下巴高度了，還沒讀過什麼像樣的書，父親最好的年華都已荒蕪，他希望我不要再走他的老路。於是他帶著我，背著一床破被子、草蓆和一個水壺，衣衫襤褸地從安徽農場出發，走了很久很久，先是抵達一個黑黢黢、滿是蒼蠅的小鎮車站，然後，我們睡在顛簸的長途汽車上，睡著綠皮火車的長椅子上，沒有替換衣服，路上花了 2 天 2 夜才到上海，已是春末了。沒有地方洗澡，估計我身上的味道也是和美國流浪漢一樣，一種酸臭味。

　　我趴在火車站前的廣場上，吃了一碗醬油當澆頭的光麵。爸爸來到他 23 年前的老單位門口，一個已經被公私合營了的國營紡織廠——上海第六帆布廠門口，他 22 歲的時候，是這個廠的工會主席。那個廠門是在江寧路和安遠路的交叉口，他把蓆子鋪開，讓我睡在馬路上，睡在廠門口。現在無法推測當時父親的心情，他這個時候是怎麼想的。他告訴我，這個叫「滾釘板」。我第一次來到上海這樣的大城市，不想睡覺，我想看來來往往的電車，父親說，「你睡覺！」於是我就睡在廠門口，睡在那裡。一個衣衫襤褸的中年人和他臭臭的營養不良的兒子睡在馬路上。我瞄著一隻眼睛偷偷地看街景，16路電車帶著長長的辮子開過，帶著唔唔的綿長聲音。廠裡的叔叔阿姨不時從我們的身邊走過，他們沒有嫌棄的眼神，都是同情的說，「喔，好可憐的孩子。」到了晚上，廠長出來了，把我們安頓在廠的宿舍住下，結束了我的流浪生活。這樣快 40 年過去了，我依然記得那些工廠叔叔阿姨關切的眼神，不是對流浪者和上訪者的討厭，而是深深的同情，那是 80 年代灰色的中國社會中最溫暖的一抹顏色。

　　在腳步奔忙、自我膨脹的城市中，這種同情心，哪裡再去追尋呢？

　　「流浪是一種生命狀態，精神病也不可恥。」——晚上，老孟在臨睡前發微信跟我說。我熄了床頭射燈，想想我的小時候，那個常常餓肚子而溫暖的世界，沉沉地睡去了。

28 荷里活最後一個好人

一夜亂夢，早晨起來，坐在窗口呆呆看了會樓下的街景。

然後，我發短信給老孟：「今天我去荷里活和比華利玩。」

老孟發了張照片來，顯示他正在喝豆漿配蒜蓉麵包，然後，他回我：「依我看，地球上著名的景點，全是他們的旅遊陷阱，那兒沒風景，只有一車一車送上門的『遊客小豬』和正在譖譖磨刀的『遊客屠夫』——荷里活就是這樣的地方。」

「我算是去打個卡吧。」我回覆。

「那還不如看看電視，有個真人秀，叫《比弗利嬌妻》，比那些景點好玩多了，你應該去看看。」老孟說。

「怎麼個好玩法？」

「話說有個比弗利闊太『壕』得沒人性啊，住二千平米的別墅，房間太多，她在家裡需要用廣播哇啦哇啦找老公。」

「還有個名模的老媽，衣帽間有 5,000 平方英尺，大約是 5 套上海老百姓的家。」

我回道，「如果溜進來一個流浪漢，那就更好玩了，住在衣帽間裡和主人玩躲貓貓，三個月找不到人，像抗戰時的青紗帳。」

午前，開我的小「毛驢」先去荷里活。

這裡的太陽毒如芒刺，土地乾旱，一個月不下一滴雨，但似乎不並妨礙長出一二十米高、枝幹巨粗的棕櫚樹。

一個個黑腦袋在街上使勁地攢動，還有三角形的小旗子在街上麻雀式的

跳躍，不時傳出「大家請跟上哦！」的中文。大家都像老母雞啄米，低頭在星光大道上找星星，里安納度的名字在哪裡？瑪麗蓮·夢露的名字在哪裡？——很多美國人不知道，中國以前有完全相反的傳統，通常把詛咒者的名字寫在地上，讓人踐踏。

巨大的青色屋頂，門口站立著兩根玉皇大帝天庭似的紅柱子，這個荷里活的地標——中國大戲院的牌子上，赫然掛著「TCL」，這個在廣東鄉鎮生產彩電的企業，如今把招牌掛到了荷里活大道上，有點時光穿越、觸目驚醒的感覺。

走在荷里活，想起我第一次看荷里活電影，大概是 94 年的秋天，我和一個彎彎眼睛的女同學在復旦後門破牆開度的馬路上，一家灰暗的小店裡，租到一部錄像帶，夏利遜·福主演的《亡命天涯》，這片子當時在上海上映引起了轟動，我第一次看到了炫目的特技鏡頭，爆炸、槍戰、撞車、追逐⋯⋯要知道，那可是 90 年代啊，可惜我家的那台彩色電視機屏幕小得可憐，儘管如此，剛勇的夏利遜·福從水壩上一躍而下的場景深深震撼了我們，趁著緊張，我拉緊了女同學的小手。

我正看街對面的 TCL 劇院看得入定。突然，有一隻黑呼呼的毛手在後面猛拍了我一下，我吃了一驚，別過頭去，看見一個面目黝暗、衣著邋遢的黑人大叔正衝我咧嘴笑，問我，「比華利山莊要不要去玩？」我說「不要！」，拔腿就走。他就一路跟著我說，「馬上就走，很便宜的，可以看很多名人的漂亮房子。」我嫌他煩，扭頭瞪了他一眼，說：「No! Thanks!」這一刻，我突然發現他是一個瘸子，走路一拐一拐，似乎很吃力地跟著我。大約跟了一百米，我感到有點不好意思了，看他一高一低，嘴巴像一部複讀機，不停地說：「給你一個好價錢！比別人便宜 20 美元！」「給你一個好價錢！比別人便宜 20 美元！」街上的人似乎也都在盯著我。我第一次感到了比中國胖大媽還厲害的是美國黑人大叔。我只好站定，看著他的眼睛，問，「多少錢？」

這裡 8 月的中午，太陽就是一個大功率烤爐。

我們的觀光車一溜煙地上了荷里活後面的山，然後轉向比華利山。

兩個多小時後，太陽更加肆虐，氣溫直線上升，我們車子頂部是徹底敞

開著的，太陽沒有任何遮擋，赤裸裸地燒烤著我們。所有人已經在車裡被太陽烤得不要不要的，每個人的臉紅裡透黑，像一群各種膚色的酒鬼坐在一起。

好容易爬到了半山坡，在一個眺望荷里活全景的地方下車。其他旅遊小巴也都匯合過來，各色「旅遊小豬」都下車來，我突然發現，其他所有的車都是有遮陽蓬，唯獨我們沒有！那些遊客都不慌不忙地從車上下來，而我們這車人都如酒鬼一樣從車上狼狽逃下來，四處去找樹蔭，我想，別人車子上的遮陽蓬可能就是我們便宜掉的那 20 美元吧。

爛頂的巴士在比華利山附近的山巒上轉悠，駕駛員兼導遊是個有點歪嘴巴的絡腮鬍子，介紹著那些別墅，歪嘴巴不時蹦出幾個熟悉的名字，如米高‧積遜、畢‧彼特。山頭上那棟大房子是茱莉亞‧羅拔絲的房子，她好像養了雙胞胎，從誰誰誰手上買了這棟房子。絡腮鬍子還說了一些如雷貫耳的名字，我頻頻點頭，那些人的名字如雷貫耳得我都忘了這些人都是幹嘛的了。

其實多數在外圍的房子都只是比較好看的別墅而已，尺幅略微大一些，個別花園很大，而且修葺得特別好，要知道洛杉磯這麼乾旱的地方，每天得澆多少水維持一個大花園。很多人算算水費，一陣陣抽筋的心痛，於是，心也就歇菜（即心死）了。當然，算水費的人，可能永遠也不可能住上這樣的房子。——這是一個悖論。我們總是在悖論中意淫地自我解嘲。

那些在山頂或者是景色絕佳的位置，掩映著一切尺幅非常不同的超級大房子。

歪嘴巴絡腮鬍子說，「哈，這些房子，只有三種地球人可以住，大明星、猶太大律師、中東大富豪，目前多了一種新物種——中國新『壕』。」他說，比華利的海外買主目前不少是中國人和俄羅斯人，「這裡的房子都是用最好的大理石、最好的外立面石材和最好的木材來營建，還要配上最好的家庭劇院。」「最好的」三個字特別用力，有點砰砰砰拍胸脯的感覺——這話是如此的熟悉，讓我想起當年叱吒風雲的星河灣老闆和一些山西煤礦主的相似愛好，他們現在又在何方漂泊？

車子路過著名的購物大道——羅迪歐大街，是《風月俏佳人》中李察‧

基爾帶著茱莉亞‧羅拔絲瘋狂購物的地方，這裡的名言是：「買東西不要問價錢，問了就表示你買不起。」可能是一眼就看穿我們這群買便宜 20 美元票子的遊客是絕對買不起貴包包的，所以，歪嘴巴絡腮鬍子連羅迪歐大街停都不停，一踩油門，就開走了。

他真是一個明白人。

旅遊小巴轉到下午二三點鐘回到荷里活，我感覺自己鼻子都被曬焦了，剛下車，就瞥見那個黑人瘸腿又很執著地跟著一個捲髮遊客的後面，口裡喃喃著，「票子！給你一個好價錢！」「好價錢！」「好——價錢！」

對面是個巨大的正方形大門框，那是杜比影院，奧斯卡獎的頒獎地，我到了二樓，點了碗日本拉麵。煮拉麵的小哥好像是個墨西哥人，儘管穿著日本服務員的衣服，我隱隱覺得這碗麵不會好吃。

麵果然生硬得很，而且淡得沒有味道。

我吃了一半就吃不下了，發短信和老孟聊天：「剛剛參觀完比華利山莊，你說買數千萬美元的大豪宅，那麼多房間，晚上住著都瘮得慌，還有巨大的維持費用，這些人是不是有點蠢？」

老孟今天看來沒啥事情，他回得很快：「他們一點不蠢，門檻精著呐！除了自己住夜裡恐怖點外，這背後其實是一門大生意！」

「大生意？」

「美國像比華利山這樣地位的房子，本身就保值，一旦遇到像去年那樣的地產上漲年，就賺瘋了，投資二千萬的房子，一年不到可賺四百萬美元。」

「另外，買比華利山對主人來說，也是一個絕好的廣告，還可以結識各類大佬，如王薇薇 Vera Wang，這位婚紗女王，她花了千萬移居比華利山，因為，那些荷里活明星都是她的『獵物』。」

我感歎道，「不得不服，還是這幫人腦洞大，會算計。」

老孟說，「美國哪裡沒有算計呢？荷里活也是一場場赤裸裸的算計。有一個詞叫『沙發試鏡（casting couch）』，就是年輕女演員為出名，出賣她們唯一的資本——身體。當某些導演遇到來自中西部的漂亮女孩，他可能不會

要求她們白天來參加面試，而是請她們共進晚餐……」

「這個，中國的電影圈不也這樣嗎？」

「美國可能會更赤裸裸一點，瑪麗蓮·夢露在自傳《我的故事》中說，她在荷里活遇到了無數的騙子、失敗者、野狼，荷里活就是『一家擁擠的妓院，一個為種馬備了床的名利場』。」

他發了一個資料給我看，裡面寫荷里活「金手指」哈維·韋恩斯坦，《低俗小說》《英國病人》《殺死比爾》的天才製片人，他就是一個荷里活的舊式領主，習慣向那些驚慌害怕的年輕女演員出示陰莖，讓助手把那些女演員帶到他的酒店房間，讓她們看他洗澡，給他按摩，或是強迫和他發生關係。

老孟說，「荷里活不相信眼淚。成功是唯一的衡量標準。」

我反駁老孟，「荷里活也不完全是這樣吧，我的偶像奇洛·李維斯就是一個反例。」

奇洛·李維斯一直是我的神。

《22世紀殺人網絡》裡那個沉默的黑髮男子，他是一顆孤獨的行星，與老孟的荷里活格格不入。他會讀完馬塞爾·普魯斯特《追憶似水年華》全部七卷，大約130萬字，只是為了加深對角色的理解。他願意犧牲6個月的個人時間，獨自在一個空曠寒冷的倉庫裡苦練中國武術，只是為了出演一個角色。

他常常頭髮凌亂，一下巴亂糟糟的絡腮鬍，穿一雙非常破的靴子，衣著邋遢，像流浪漢一樣地坐在街頭，享受著無拘無束的自在。作為荷里活巨星，他不置房產，在一家普通的汽車旅館住了很多年，過著四處飄零的日子。

對於金錢，他把《22世紀殺人網絡》收入的70%都捐獻給了治療白血病的醫院，他將7,500萬美元的分紅分給工作人員，他給他的12位替身演員，每人送了一台哈雷摩托車。此外，各類慈善項目捐款無數。

這不就是禪宗說的一種大自在嗎？擺脫了一切名利的束縛。

「荷里活還是有好人的啊！李維斯就是。」我打字給老孟，從杜比影院裡面走出來。

「恐怕還怕是唯一的好人。」老孟回覆道。

我覺得這可能有點太絕對了，就沒有回覆。

從杜比大門出來，突然，三個打扮成阿凡達一樣的人從側面圍住了我，綠臉上兩個尖尖的耳朵，女的還有一個長長的尾巴，口裡喊著「1 美元！1 美元！」——讓我和他們合影。

我猛地推開他們，說「不要，不要。」

女阿凡達突然一呲牙咧嘴，衝我「啊嗚——」了一下，我跑開的時候，她的尾巴還重重地打在了我的屁股上，口裡喃喃地咒罵了一句。

我落荒而逃，找到停車庫，上了「毛驢」後，摸摸屁股，給老孟發了一個短信，「在荷里活，李維斯的確是『唯一』的好人。」

29 洪都拉斯推土機

今天是在洛杉磯的最後一天，我一摸我的頭髮，發現雜草叢生。儘管多數人認為我是一個光頭，但是，實際上我是保留有二毫米長度的「準光頭」，屬「遙看草色近卻無」，而且，這二毫米是表示「我還有頭髮！」的莊嚴聲明。

為了理齊這二毫米，我打算找一家小店理髮，谷歌給我推薦了附近 3.3 公里的一家叫 Fransco 的店，評價說，「價錢便宜」，「服務非常好」，「在這裡理髮是愉快的體驗」。二話不說，我開了白色小「毛驢」，一溜煙地駛向那裡。

在一個大商場旁的停車場，導航顯示目的地只有 20 米，我陷入了混亂，這分明是個停車場，哪裡有理髮店，是不是導航出錯了？是不是在對面商場的底樓嗎？我下了車，拿了手機向大商城走去，但是導航馬上提醒我，離目的地越來越遠。於是，我迷惑地折返回來，站在停車場上舉目四望，突然發現離我 20 米的地方，那個看上去像是停車場的保安崗亭，小小房子的角上塗著紅白藍三色的長條形髮廊標誌。

歡迎我的理髮師是一個棕黑色頭髮、棕白色皮膚中年婦女，她的嘴巴閉著的時候就很大，笑起來就宛如一輪彎月了。她自報家門，叫 Tina，她臉上的笑容不是那種工作服務員式的，而是有心而發、天然的喜悅，這種表情在泰國人、菲律賓人等熱帶地區的人臉上，常常看見。我一直不明白為何熱帶地區的人就要比溫帶和寒帶的人來得快樂，是不是他們那裡不容易得心血管毛病？

走進這個才六七個平方米的小店，居然四面都是窗子，窗外面就是停車場，它像個碉堡一樣站在停車場的出口處。我想，假如發生巷戰，這會是一

個絕佳的狙擊點，四台機關槍守住四面的窗戶，前面全部是停車場開闊地，射擊視野會十分乾淨。

Tina 告訴我這個理髮店以前是停車場的收費崗，後來不需要人工收費後，開了一家小小的咖啡館，再後來，也就是九年前，她的墨西哥老闆把它盤了下來做理髮店。我問她從哪裡來，她說來自洪都拉斯，到美國 35 年了。我又問她，為啥不自己開一家理髮店？她說，開一家店要很多錢，她沒有。現在她和她的墨西哥老闆五五分成，比如，剃一個男人的頭，大約 15 美元，那麼她可以分到 7.5 元。而且，她特別強調，「小費是我自己的」。

她一邊和我聊天，一邊拿出一把推子出來，我說二毫米，她調了一下推子上的調節刻度，就在我頭上用力地推起來。這把推子明顯鈍了，如果是理髮的話，更像是在刨地。但是，這麼友善的一個人，你又不好意思反抗。我的頭皮默默忍受著犁、耕、剔、鈍，我突然想起大學的時候，宿舍樓下面有一個脾氣倔強的蘇北老頭，剃頭也十分便宜，但是推子也是特別鈍，我和室友們為了省錢都在那裡剃頭，他每次歪著脖子用力摁著我們的頭，把我們的頭皮都推得哇哇痛，後來，我們一致送他一頂綽號──推土機。

現在，這位「洪都拉斯推土機」正在我頭上用力地耕耘，我明顯感到我的頭髮有些不配合鈍鈍的推子，犁了一遍地後，一些草依然桀驁不馴地長在那裡。

她也感到了「二毫米」工程的艱難，於是，笑著問我，要麼還是「Zero」（剃光）吧？

拒絕她就是拒絕一位國際友人啊，這讓我左右為難起來。她已經拿了新的推子來，這是沒有毫米調節的推子，上來就是一通橫刨，一陣豎犁，我想，我的二毫米的尊嚴估計要跌落一地了。

十分鐘結束戰鬥，我說，「幫我簡單沖一下頭吧。」

她說，「不好意思，我們這裡沒有水。」

我不敢相信自己的耳朵，「理髮店沒有水？！」我目光四下搜索一下，發現小店裡是沒有洗頭沙發和水斗、水龍頭之類的東西。

「那你們都是怎麼搞定客人的頭？如果是長頭髮的，剪完了不洗，碎髮

怎麼辦哪？」

「唔，這樣！」她拿出一個大個的電吹風，「吹吹掉囉，然後自己回家去洗。所以，我們的理髮價錢便宜嘛！！」她開到最大檔，呼呼呼地狂吹我頭上的碎髮，還解釋：「我們這裡是停車場的崗亭，造的時候就沒有鋪設自來水管道。」

完了，她拿出一個圓形鑲花的鏡子，照著我的後腦勺，「滿意嗎？」我看到了一個徹徹底底的光頭，儼然是《熊出沒》中光頭強的形象。

照鏡子的時候，我通過小窗戶瞥了瞥窗外，外面的停車場上，兩隻黑色的烏鴉在跳躍著覓食，間或撲打著翅膀，一點多鐘，這裡一個人也沒有。天空湛藍，像是一個深邃的夢境。腦海中不知為何浮現泰戈爾的詩歌，「夏天的飛鳥，飛到我的窗前唱歌，又飛去了。秋天的黃葉，它們沒有什麼可唱，只歡息一聲，飛落在那裡。」

這一個愜意的午後，四處遊蕩中的一個短暫休止符。

我於是賴在椅子上，摸著我的 Zero 光頭，和她聊聊天。

「你從哪裡來？」她開始問我。

「中國上海，你知道嗎？」，她說她知道，那是一個「大城市」。她問我上海有多少人，我說，上海是一個城市，有幾千萬人口吧，另外，估計還有五百萬條狗和五百萬隻貓。她說，好大哦，整個洪都拉斯才幾百萬人口，你們的貓都比我們人多。

「你來洛杉磯幹什麼？」她又問。

「我從墨西哥邊境開車去西雅圖。」我這麼說的時候，通常都會解釋一下，我打算寫一本中國人在美國旅行的書。

「你會把我寫進去嗎？」

「會的。你或許在中國會變得非常有名氣」，她聽到這個，不禁大笑了起來。她還不知道，壞壞的作者，已經給她起了一個綽號。如果她知道這個綽號，會笑得更厲害吧。

她告訴我，來美國後，她嫁給了一個巴基斯坦人，生了兩女一男，女兒

最近剛剛結婚。我說你看不出來像是女兒已經結婚的人，還很年輕。她笑得就更燦爛了。

我問，「你女兒過 30 如果不結婚，你們會逼婚嗎？」

「不會啊，這個跟狗到了發情期拉出去強行交配，有何差別啊？」

她說完，我倆是一陣哈哈大笑。

你的最好朋友是誰？

「一個日本的女髮型師，和我差不多大，她單身。」

我隱約看到了，在美國，一個洪都拉斯女人和一個巴基斯坦男人組成家庭，然後和墨西哥人合開理髮店，她的好友可能是一位略帶寂寞的日本中年女人。

「你在洛杉磯最快樂的事情是什麼呢？」我問她。

這是一個超越理髮店層面的問題，有些人會覺得這是一個愚蠢的問題，她似乎第一次被人問到這個問題，停頓了一陣子，腦海中搜索好，告訴我，最快樂的事情是去了一次拉斯維加斯，「去賭錢嗎？」「不！光在那裡四處看看就很開心」，我說，「你喜歡那裡賭場的自助餐嗎？」她說「沒有去吃，那太貴了！再說，我太胖，看到自助餐會控制不住嘴巴」。

她說，三十多年來，她還曾經去過一次墨西哥的坎昆，加勒比的海太美了，我說你是洪都拉斯人去墨西哥沒有問題，外國人在墨西哥會不會不安全？她說，「是的，墨西哥很多地方你不能去，因為你是亞洲人的臉」。

最後，付錢時，她提醒我，我們只收現金。

我給了她 20 元的零錢，她接過錢，拉開一個靠窗的小桌子抽屜，把 15 元放了進去，那或許是她和墨西哥老闆共有的抽屜，然後 5 元小費放在了自己的錢包裡。這裡沒有監控，沒有攝像機，墨西哥老闆也沒有自己特派的收銀員。兩個人的合作，全是一種天然的誠信。

這樣近乎鄉間小店的合作機制在我的家鄉、她的家鄉，是否也可行呢？我不曉得。

臨別，我們合影留戀，她特地去梳了一梳她微微有點兒波浪的頭髮。

我咧開嘴，燈光正好照在我的 Zero 光頭上，像個大電燈泡。一些不肯離開頭皮的碎頭髮，搭在我的前額上，像是一個白煮蛋在地板上滾了幾滾，黏了灰。

　　離開這家店，我用微信告訴遠在華盛頓的同學方正，說我剛才只花了 15 美元就剃了個頭，這可是洛杉磯市區，他正在上班，空隙時回了一句，「我們這裡剃個頭更便宜，只要 11 元。」我問，「華盛頓為啥這麼便宜，不是很多地方都要五十元、一百元嗎？」他說，「因為那是一個韓國人開的，亞洲精神啊！！你懂的」。

30　彌撒、米高‧積遜[3]和榔頭

　　7月29日，9點多，我坐上「毛驢」，把手放在方向盤上，一種自由的快感。

　　今天將離開洛杉磯，我厭倦了那些密密匝匝的房子。踩著油門，一路往北。

　　中午駛上一號海岸公路。

　　我把車窗搖下來，風吹著我頭髮長為「Zero」（零）的頭，左邊就是驚濤拍岸的太平洋。

　　洛杉磯距離舊金山六百多公里，如果沿崎嶇的一號海岸公路，路程會長很多。這裡的風景像是從一場悠長的夢境中驀然醒過來，完全缺乏真實感。一邊是藍瑪瑙色的浩瀚大海，一邊是起伏的山脈或者礫石荒灘，每開一段時間，就遇到一個海邊的小鎮。早晨的時候，夏日的濃霧在海上密集，陰冷籠罩海岸，中午陽光四射下來，濃霧退卻，海岸邊小鎮上的人們出來曬太陽、遛狗、喝咖啡，或者什麼也不做，在墨藍墨藍的海邊呆若一隻木雞，怔怔地看著海，下午，天空澄澈，快樂得你直想扯著喉嚨大喊大叫，四處撒歡。

　　進入聖芭芭拉，樹木立即豐盛起來。停下「毛驢」，沿著小山坡一路走上去，遠遠的一大片一大片全是西班牙式的紅陶瓦頂、白色粉牆的房子，掩映在棕櫚樹下，可能缺水，不少棕櫚樹的巴掌有些蔫了。

　　小城高處聳立著一座使命大教堂，六根粉紅色的羅馬柱是它的最大亮點。

3　米高‧積遜（中國大陸翻譯：邁克爾‧傑克遜）

233

我正要往裡走，一位黑袍的工作人員攔住了我，「買票。」她溫和地看著我。我心想，原來，美國的某些大教堂和中國的寺廟一樣，居然也是要買票的。

因為是週六，教堂裡面擠滿了人，我打算在後排休息一下，突然，提琴聲大作，下午的一場彌撒馬上開始了，我是禪宗信徒，想撤退已經來不及了，只好坐在裡面入鄉隨俗。

主祭神父長著白鬍子，穿著白色袍子，拿著一個金色十字架徐徐通過走道，人們都站立起來唱聖歌。我遠遠看見主祭在講壇上站定後，大家靜默了一會兒，我左邊、右邊的人都開始捶胸，我也只好跟著大力捶了兩下。神父讓大家坐下，跟著他念了一會兒經，然後，所有人不約而同地又站立起來。我一句聽不懂，只是機械地一會站起來一會兒坐下去。有時候，隔壁的人已經站起來了，我還坐著，等我站著，他們已經全部坐下去。又過了一會兒，我看見神父拿著話筒，大聲地唱起了聖歌，這是獨唱，聲音宏亮穿透屋頂，絕對是一個優秀男中音，他的神情很陶醉。我想，作神父也不容易，除了會講經，唱歌還要達到美聲水平。大約進行到四十多分鐘的時候，前後左右的人突然相互鞠起躬來，前排的一個老人，轉過臉來，向我鞠躬，我手足無措，情急之中自然雙手合十，向他鞠躬，我發現我這是東方的佛教徒之禮，好在對方也不管，已經轉過身去了。緊接著，所有人又咕咚跪倒在座位前，捶胸吟唱。整個彌撒前後大約一個多小時，因為完全聽不懂，我漸漸有些瞌睡了。

後來，終於教堂大門打開，陽光射進來，神父在聖樂中退堂，我也趕緊起立。

擠出教堂門口，正是明媚的一天，可以眺望到遠處的海，藍盈盈的一大片一大片。

門口站了好幾個發小廣告的，五花八門什麼都有，我接到一位華人姑娘發的傳單，上面寫著「燕京飯店——聖芭芭拉地道的中餐館」，看著上面的麻婆豆腐照片，我不爭氣的口水直接往外飆。

這家店估計有年頭了，裝修都是幾十年前的風格，而且好像都沒有翻修過。

我翻看菜單，對服務員說，「左宗棠雞」「李鴻章鴨」都不要哦，「請問你們家是宮保雞丁做得好？還是魚香肉絲做得好？」服務員看上去是個內地來的小男生，他說，「魚香肉絲好。」我想了一想，「那麼來份麻婆豆腐加米飯吧。」其實後者早在開過來的路上就鑽進我胃的深處了。

太陽下山前，開「毛驢」去聖芭芭拉的海灘，翻過兩個小山包，看到海邊有個小酒吧，藍色和白色的木頭組成的小房子，很多人坐在酒吧前的沙灘上，海浪在很近的地方溫柔地翻滾著。

我問服務員要了瓶綠色的 IPA 啤酒，坐在沙灘前的木椅子上，慢慢的啜。被雲包裹著的太陽馬上就要浸入大海，海面上泛著鵝黃的水光，風有點刺皮膚，濤聲忽遠忽近。氣溫很低，我不禁抱緊了雙臂。這時服務員遞給我一條毛毯，我馬上裹緊了，蜷在椅子裡。幾隻海鳥在桌子、椅子底下跳躍著，尋覓著吃的。

我一直坐在那裡，坐著。想到上一次是和誰一起去看的海？想到 2000 年和一群朋友在海邊扔鞋子玩，想到海明威筆下倔強的滿脖子褐斑的漁夫老頭。

想著想著，天就完全黑了。

離聖芭芭拉海灘只有幾十分鐘車程，就是米高·積遜的夢幻莊園 Neverland，名字取自小飛俠《彼得·潘》一書，到了夜裡，孩子們會飛去的夢幻之島。八十年代，內心世界像兒童一樣天真的米高·積遜買下這片 2,800 英畝的土地，建起了摩天輪、人工湖、小火車、電影院，還有長鼻子大象、細脖子長頸鹿的動物園，讓全世界的孩子可以免費進入玩耍，特別是貧窮和疾病的孩子。但是，一個叫錢德勒的男子誣告積遜性侵他的兒子，這場骯髒官司和漫天的流言徹底毀掉了積遜的事業、尊嚴和身體，間接導致了他的早逝。官司後，1996 年他離開聖芭芭拉，再也沒有回來住。儘管後來真相大白，積遜獲得昭雪，但是，Neverland 變成了全球歌迷的悲傷之地。最近，一則讓我心痛的新聞說，夢幻莊園目前正掛在網上，狂降七成大賤賣。——真是我們這個時代的悲哀。

湊巧，另外一位八十代地球上最重要的人物也住在這附近，那就是雷根總統西海岸的家，德爾‧謝洛農場，他酷愛在西部的大農場騎馬。這位救生員、播音員、演員出身的總統是一個著名的段子手總統，他當年被一個流浪青年打了六槍，其中一槍離心臟只有 1 英寸，他中彈的時候，都不忘本職工作，他對南希說，「親愛的，我忘了貓腰（即彎腰）了！」躺病床上插滿管子時，一堆人圍著他，他還不忘來一段，說：「如果當年我在荷里活當演員有那麼多人關注我，我就不來從政了！」

　　他說當年自己要是在芝加哥的蒙哥馬利百貨公司謀到職位，就不會去當電台播音員；如果不是因為經濟大蕭條，電台消減播音員崗位的話，他就不會去當演員；如果做演員非常成功的話，他就不可能去從政當總統。他說，那些看起來像是細小瑣碎和無關緊要的事情是怎樣形成了生活，道路上一個偶然的轉彎總是使我們偏離了原來想去的地方。

　　我感覺雷根總統是深諳「娛樂至死」精神的。1984 年，他在一次廣播演講前測試馬克風時，對現場的記者說：「我今天很高興地告訴你們，我已經簽署一項法案，講永久地取締俄羅斯，我們五分鐘後開始轟炸（莫斯科）。」現場的記者都知道這是一個笑話，但是，這段話居然傳了出去，搞得蘇聯人神經緊張，戰鬥機一度升空。

　　娛樂也是一顆原子彈。這位罕見的段子手溝通大師最後和戈爾巴喬夫做了朋友，並一手結束了冷戰，讓世界擺脫了核戰危機，東西方走向「大和解」，他是美國運氣最好、也是最偉大的總統之一。

　　1986 年，雷根和他夫人南希騎在馬上，在這片土地上縱橫奔馳，一個讓人銘記的黃金時代。

　　聖芭芭拉，一個住大人物的小地方。

　　當夜，投宿隆波克的一家公路旅館，在公共洗衣房裡花了 2.5 美元，洗了汗衫短褲。

　　一早繼續沿一號公路前行，中午前後經過聖塔克魯茲，我下車赤腳在沙灘上走走，有些涼。這個海邊小鎮挺熱鬧，有一個古老的靠海遊樂場，射氣

球的攤位、賣糖小販車以及攤位上五顏六色的風車前，擠了不少孩子，歡樂充斥著整個小鎮。

我看見一對大概只有十七八歲的學生戀人，青澀中手拉手上了過山車，我的耳洞裡混合了他們的尖叫聲和海風的呼呼聲。

7 月 30 日下午 2 點半，到了另一個人煙稀少的海灘，達文波特。

這個海灘是在一處斷崖下面，海浪比聖塔克魯茲要大一些，但是只有四五個遊人，靜得只聽見海浪聲和風聲。我把隨身帶的《今日美國》報紙鋪在沙灘上，在離海四十米的地方，一個大字躺下，沉沉睡去。睡了一會兒，猛然醒過來，發覺身體一半冷一半熱的很不舒服，原來這裡一邊是夏日陽光的熾烈燒烤，一邊是寒冷海風的陰冷吹拂，弄得人體冰火二重的奇怪感受。

收拾好行李，爬上斷崖，走去停車場時，看到馬路對面的一排靠海小店門口聚集了好多人，似乎有兩輛剛剛抵達的警車，警燈還在旋轉，兩位警察在路上對一個女人問話，還正詫異間，一輛救護車又呼嘯而至。

我好奇地走過馬路，驚呆了，看見馬路牙子上坐了一個中年男子，臉的側面都是血。救護車的醫生拎急救箱下車來，給他清洗傷口，包紮。我問一個圍觀的男子，發生了什麼事？

他說，「那個女的拉開那男人的車門，用榔頭在他頭上敲了一下。」

「天！」我叫道，「為什麼？」

「不知道，可能是磕了藥。」

「什麼樣的榔頭？」

「好像是鐵的。」

我扭頭仔細去看那個女人，大概四十歲不到的樣子，金棕色頭髮亂得像個雞窩，衣服也很髒，眼睛裡有一點渾濁和迷茫。警察在問詢了周邊幾個目擊者後，就把她雙手銬上手銬，拽到警車上去了。

我一陣後怕，因為我剛才就在這排小店的門口停過車，如果我晚到三十分鐘，這個榔頭很可能就是敲在我的頭上。

我不禁摸了摸我的 Zero 的光頭。

拌著一點點海風，我聽著 QQ 音樂中收藏的馬友友《阿帕拉契之旅》，盎然的夏意讓人沒有力氣。我把車從達文波特的海邊拐上一條山路，離開一號公路，鑽進前面的那一片山，加州的陽光快要落下去了，大提琴民謠在山路上飄蕩。

今晚住在山裡的一處愛彼迎客房。

房東是一個精明利落的女主人，她家的房子在前排，是一個很大的英式鄉村別墅，她把後面的農舍倉庫改成了一間客房，對外出租，灰色的麻布地毯，工業風的洗手間，精緻的燭台，設計得很有品味。

窗戶外面有一個沒有認真修葺的大院子，院子裡有一些雜草，大院子外面罩了一個一人高的大鐵絲網，鐵絲網外面是黑黢黢的森林和小山。

我問，「這個鐵絲網是幹什麼用？」

女主人說，「防一些動物闖進來，如郊狼、蛇。」

我說，「你有沒有看到鐵絲網上有幾個大洞？」

她說，「是很舊了。」

晚上，我坐在院子裡的鐵凳子上喝啤酒，吃花生米，發發微信。突然，看到，那個破掉的洞裡，跳進兩隻灰撲撲的東西來，我仔細一看，呵！居然是兩隻野兔子，牠們兩個一前一後，在院子裡的雜草中，跳跳，停停，東張張，西望望，完全無視我的存在。

看來，這兒一直都是牠們的遊樂場。

我坐在那個破院子很久，天上的星星像一顆顆寶石一樣升起來。

對面的山麓只暗幽幽的輪廓。

非常享受這一刻，有點忘記自己在哪裡，忘記了時間，沒有負擔，沒有工作的壓力，沒有旁人的眼神，不用努力去完成什麼，不用向任何人證明什麼，這個無用的瞬間，沒有任何掛礙和恐懼，這一刻，是不是一種禪悅呢？不清楚。很多時候，在自己呆久了的地方，心思散亂，沉靜不下來，不能忍受孤獨，有時候連三十分鐘都坐不住，極力借助外來的東西來填滿自己。其實，有時候人更需要享受獨處的空間，找到一刻，放空一切。

記得《西藏生死書中》有一段對話，也是發生在一個萬籟俱寂的山間夜晚，偶爾山腳下的佛寺傳來幾聲狗吠。巴楚仁波切和他的學生仰臥在地上。

巴楚仁波切問學生：「你看到天上的星星嗎？」

「看到。」

「你聽到卓千寺的狗叫聲嗎？」

「聽到。」

「你聽到我正對你講什麼嗎？」

「聽到。」

「好極了，大圓滿就是這樣，如此而已。」

次日去聖荷西之前，一早出門散步，巨大的松樹圍合著纖細的公路。

闃靜無聲。

走了半小時，沒有遇見一個人。

走著走著，突然，聽到有人對我「嗨！」了一聲。我尋聲望去，看見一個穿工裝的人爬在電線杆子上，他正在離地大約 3 米的地方，笑著向我打招呼。我也趕緊衝他「嗨！」一下。我問，「修電線嗎？」他聲音洪亮地回答，「修電線！」我估計，他很久沒有看到一個步行路過的人了。

路的盡頭是一家葡萄園酒莊，木製大廳裡面堆滿了橡木桶，看看板上的介紹，花 25 美元，可以品四杯酒。我向一個服務員要求品嘗四杯酒，他面無表情地倒了四杯，我請他介紹一下酒，他也老大不情願地嘟囔了幾句，算是交差。我發覺他的心情不太好，舉著杯子問他，「你今天過得怎麼樣？」他抬頭看了我一眼，發了一下怔，沒有回答，低頭繼續去擦他的杯子了。

夜裡趕著「毛驢」到達聖荷西，找了個便宜的民宿住下，這裡靠近矽谷了。

31 幫主如是說

　　我在一個黑暗的隧道中窸窸窣窣地向前摸索，看不清前面的路，摸索了很久很久，好累，突然隧道結束了，前面出現一條橫向的車流湍急的公路，我下到公路，居然發現有 96 路公共汽車站台，這不是開往我上海華山路家的公車嗎？於是，我就坐在站台的凳子上等汽車……就在這一刻，我聽到巨大的敲擊聲，「咚！咚咚！」，「咚！咚咚！」「有人嗎？！有人嗎？！」這個聲音如此刺耳而且真切，我遽然醒來，原來前面是在一場思鄉的夢裡。

　　朦朧中，我聽見一個外國女人巨大的、憤怒的尖叫聲「開門！開門！！」接著，這個聲音又好像繞到房屋的後面，後院的窗戶也被「咚咚！」地擂得直響。

　　我終於明白是有人在敲我住的房子，我趕緊掙扎著離開溫暖的被子。

　　揉著眼睛打開房門，我的天！一個足足 200 多磅的中年女人插腰喘著粗氣站在我的面前，像一頭憤怒的母牛，她的眼睛瞪得足足有兩個乒乓球這麼大，她惡聲惡氣地問，「那輛白色的起亞車子是你的嗎？！科羅拉多州牌照的！」我說是啊，她說「你為什麼要堵住我的車道？！你為什麼要這麼做？！！」我這才想起來，昨天晚上開「毛驢」入住時已經晚了，回這個民宿房子泊車的時候，路燈非常昏暗，我看到地上沒有黃線、旁邊也沒有禁止停車的牌子，於是就放心地停了。沒有想到的是，這個停車位居然是眼前這個女人車道出口。

　　我趕忙解釋了一下原因，連說，「對不起！對不起！我不是故意，實在是沒有看清楚。」女人的憤怒好像無法停止，她像一隻充了氣的河豚，她大聲嚷嚷，幾乎整個社區都能夠聽到她的咆哮聲，她說，「你知道嗎？你害

得我一個早上都無法上班！！」

我跟著她一溜兒小跑，低聲下氣地說了足足一百個「對不起」，趕緊發動車子把車挪開。下車走回去時，我看見了喜劇性的一幕，幾個退休老頭模樣的人正在對面房子的門口吹牛，像看戲一樣看著我們，這個胖女人對他們吼了一句什麼，我沒有聽懂，然後胖女人和退休老頭都哈哈哈地大笑起來。心想，這個女人很會扮演憤怒的公牛這個角色。

最後，胖女人從她的車庫裡面開出一輛車子，居然是一個帶割草設備的拖斗車，嘟嘟嘟地開走了。

這是離聖荷西市區約幾公里的一個普通住區，都是一模一樣的房子，她是怎麼知道我住哪裡，那輛是我的車子的呢？我推測，她從我的克羅拉多州車號看出這是外來的車輛，而鄰居中做愛彼迎生意的就是我住的這家，她估計整天看對面家的人來來去去，一切了然在心。

我住的房子的主人叫馬克和琳達，因為，時間已經接近晌午，可能他們一早就出門了，家裡其他的借住客人也不在，所以，這一敲門事件，除了幾個退休老頭，沒有什麼目擊者。

我選擇這裡住，可能是他的房屋標價比較便宜，才 1,000 元人民幣上下，另外其他客人們的評價「乾淨、熱情」。其實，房子佈局有一種過氣的陳舊感，比我在其他地方住的都要簡陋一些，洗衣機、廚具、烤箱、麵包機看來已經用了十多年以上，但是維護得還挺乾淨的。非常吃驚的事情是，房屋總共三個臥室，兩個用於出租，主人夫妻自住一間，花園裡面還違章搭建了一間帶洗手間的小木屋，這樣，房東同時能有三個房間在愛彼迎上販賣。

是什麼樣的情況？會讓一個馬克這樣的中產家庭把自家能騰出的空房間全部出租做愛彼迎，任陌生人每天進進出出，幾乎完全放棄隱私呢？

昨夜我從聖塔克魯茲過來，主人馬克正好在家，他是衣著樸素、滿臉風霜的中年男人，約 50 歲上下。他坦言自己是一個失業的工程師，而且已經沒有工作半年多了。自從開始失業，他就嘗試做愛彼迎的生意，現在看起來生意還不錯。

他說：「我以前從來沒有這樣的生活，一下子多了很多餘暇時間。我白

天就去附近的海灣轉轉。不過，每天不去辦公室去看海，一上來還真的不太習慣。」

「那麼你現在適應了不上班的日子了嗎？」

「現在覺得這樣的生活也挺好。回到家，再和各種各樣的客人聊聊天。不過，我還是希望找到工程師一類的穩定工作。」

我說，「美國經濟不是挺好的嗎？現在找工作應該很容易吧？」

他沮喪地說，「誰知道呢？反正我找了很久，也沒有啥回音。」

我心想，或許全世界中年人找工作，都是招人白眼的。

他家的冰箱上貼著他的兒子和女兒的照片，瘦瘦的兒子穿著 8 號球服，在一個校足球隊裡的合影裡笑著；女兒好像近 18 歲了，一頭棕色捲曲的濃密頭髮。

我好奇地問：「你家房間都出租，他們住在哪裡呢？」

他說，「我和前妻離婚了，孩子跟了前妻，目前的家是和現在的妻子重新組建的，妻子也是再婚，也有兩個孩子，但是他們成年了，這些孩子都不住在這裡。」我想起昨晚打門鈴，就是他現在的妻子琳達開的門，一個眼角、皮膚滿是歲月痕跡，但是手腳利落的中年女子。

這位失業工程師說，「我目前最大的遺憾是，如果女兒過來看我，不是想回來住就可以回來住了，需要提前和我預約，這樣我得提前把你住的那間房間從愛彼迎網站上撤下來。」

我說，「理解。」忽然明白這可能是他並不十分缺錢，卻急切地找工作的深層次原因。

從馬克家出來，開著停車闖禍的「毛驢」，一路往南開。路上的車流很大，大家都想把車開得飛快，結果是堵成一團，谷歌地圖上一條觸目驚心的紅，我把他叫做「矽谷紅」。

先去庫比蒂諾，看看蘋果公司的新總部。

這是喬布斯身前的最後一件作品，一個宏偉的規劃，建一艘巨大無比的「飛碟」，也許剛從銀河帝國飛來，靜靜地停泊在地球某處森林。據艾薩克

森的傳記，蘋果公司總部最初的構想可不是一個飛碟，而是一個弱弱的三葉草型，喬布斯的兒子看了後說，從空中看有點像男性生殖器，第二天喬幫主立馬就要設計師修改，因為一旦產生了這個想法，簡直越看越像雞巴。

我把車停好，站在馬路對面，遠遠望見一個橢圓形建築，橫空出世，確是有幾份星球大戰的感覺。但是走進了看，那透明體和綠色的大樹掩映在一起，卻像是螳螂在草堆裡下的一個巨大的蛋。這讓我想起谷歌的新總部設計，如何牛辦如何高科技，有人卻說像一個被掉在地上的鎧甲；新浪的總部，活脫就是一塊大姨媽衛生巾。

整個工程已經接近尾聲，路邊一個武裝到牙齒，戴著防塵護耳頭盔的工人，攔住了我的去路，說前面施工，不通。我無路可去，就站在原地，和他聊起了天。他的臉曬得紅裡透黑，再抹上一層灰，呈現灰黑紅三種顏色，像是走麥城時掉進了陷阱的關公，或是從馬上一頭栽下來的唐·吉訶德。

全副武裝的關公說，「這個工程拖了太久了，估計永遠也造不好了」。

我說，「新聞裡面不是說快要好了嗎？」

他說，「我看不會結束，估計蘋果公司的人永遠也搬不進去！」

我說，「那不是挺好嗎？你這樣一直有工作可以做……」

他說，「好是好，就是太累了，每天在這裡要站近八個小時？誰受得了這個……」

和他聊天挺親切的，我感覺我碰到了一個北京出租車老司機。

我繞著「大飛碟」散步，這個圈子有點大，足足 1 英里，一拐彎，遇見一個臉圓圓的胖監工，他正坐在一把椅子上，而椅子就在「Apple Park」外圍林蔭小道的正中間，攔住去路。看見我，他就用中文大聲說，「泥浩！（你好）」嚇了我一跳。我說，「你在哪裡學的中文啊？」他說電視上，功夫片。我說，「如果我光看功夫片，我可學不會中文，那是世界上最難的語言啊。」他得意地笑了，然後說，「你們中文，一個人說『泥浩（你好）！』，兩個人說，『泥悶浩（你們好）！』，對不對？」我連連點頭，到底是蘋果公司的工地，工人水平都不一樣。

蘋果總部裡面還不能參觀，我就打算走到「大飛碟」對面去喝一杯星巴克。

穿過馬路就是一片商業區，我抬頭一看店招，差點兒沒有樂歪。一個很大的「冬蟲夏草」店！沒有看錯，是中文的「冬蟲夏草」漢字標牌，這簡直太不可思議了！太穿越了！走進去，裡面一個櫃子裡面都是睡覺死去的褐色蟲子，這麼土特產的中國店居然開在蘋果公司新總部對面，據說冬蟲夏茶能夠滋陰壯陽，難道蘋果公司的技術員工這麼需要壯陽？有些 IT 男連女朋友都找不到，還需要吃這個嗎？太不可思議了。

冬蟲夏草店逛出來，旁邊居然是一家上海老字號，「喬家柵飯店」，這是在上海老阿姨排隊的點心名店，居然也開在這裡。有點像回到了橫店影視城。走了一圈，發現這地方是一個中國城。估計哪一個華人地產商賺錢有方，率先在蘋果公司新總部旁圈了一塊地，開發一個中國城，然後用「蘋果概念」把商鋪賣給一個一個的中國投資客，中國投資客再租給中國商家，好像一個「螃蟹」後面帶著另外一串「螃蟹」。矽谷地區充滿了這種地產「發明家」，我昨天在馬克家看到聖荷西的一個房地產廣告，上面寫到：快來搶聖荷西附近一個越南城的商鋪，買了商鋪，你每天在家睡大覺也能賺錢……

告別「飛碟」，我計劃的下一站是去看一個車庫——喬布斯的老家，洛思阿圖斯市 Crist Drive 大街 2066 號，那個誕生蘋果電腦的車庫。

儘管蘋果聯合創始人斯蒂夫·沃茲尼亞克潑冷水說，第一台蘋果不是在車庫裡誕生的，但是，果粉們當他是空氣，耳朵全部塞起來，理都不理他，所有人都寧願相信傳奇的蘋果電腦是在車庫產生的，而不是令人作嘔的辦公室。

谷歌地圖顯示 31 分鐘就可以到達，31 分鐘後就可以親眼見到喬布斯的那個車庫，31 分鐘後就可以觸摸到他當年成長的地方，想想就心潮澎湃。

這是一幢標準的美國 70 年代風格的平房，屋前一塊簡單的小草坪，頂是最老款的黑瓦，斑駁的紅磚煙囪，當然，還有那個著名的白色捲簾門車庫，樣子普通得不能再普通，緊緊鎖閉著。甬道入口處立了一塊牌子，上面寫道「不得非法侵入 整個路段全部攝像監控」。

仔細觀察這棟房子，窗簾緊閉，發現裡面還有人在生活的痕跡。據說，

喬布斯去世，該房屋目前屬他的妹妹帕特里夏・喬布斯，她是喬布斯的養父領養的第二個孩子。我想如果是中國，這樣的歷史文物建築，當地政府首先會把裡面的人動遷走，周邊圍一個 3 米高的大鐵柵欄，門口掛上「蘋果車庫博物館」的牌子，對面立一個紅色大廣告牌子，上書「世界上第一台蘋果電腦的誕生地」幾個黑體大字，入口處再建一個崗亭，然後安排一個捲髮大媽端坐在裡面，賣門票。

我和那個標有 2066 門牌號碼的白色圓拱型信箱合影時，一輛車緩緩地靠近，一對情侶從上面歡快地跳下來，他們可不管什麼「不得非法侵入」，立馬跑到房屋的地界內，在車庫前面激動得又喊又叫。我想，喬布斯妹妹還好不是一個持雙管獵槍的易怒症患者。

這棟房子傾注了養父老喬布斯的愛，一度讓老喬布斯變成了房奴。這位生不出孩子卻意外領養了一個兒子的二手汽車翻修工人，為了給喬布斯一個好的讀書環境，在 1970 年前後傾其所有，咬緊牙關、負債買入了山景城這棟市值二萬美元的新房。他萬萬沒有想到，如果純粹從房產投資角度來看，這可是一個天才的投資決定：在此後的四十多年裡，矽谷成了地球上房價漲幅最快的地方之一，我計算了一下，這棟房子市值如今變成了 150 萬美元左右，足足翻了 75 倍。

1976 年該房子的車庫裡誕生了一台電腦，21 歲的喬布斯與 26 歲的沃茲在這兒成立了一家電腦公司，取名為蘋果。我想，別人 21 歲的時候怎麼就這麼能幹呢？我 21 歲的時候，傻得要死，還在背無用的課本和向爹媽要錢。

這棟房子的對面都是近些年建的高頭大馬的新別墅，明顯有矽谷新貴風，襯得喬布斯這棟老宅像是停留在過去的時光裡，宛如一部黑白電影。望著房子，腦海不知為何出現了《阿甘正傳》中的最後一段場景，「我不知道是否我們每個人都有註定的命運，還是我們的生命都只是一場偶然，像在風中飄……但我想，也許兩者都有吧，兩者都在同時發生著。」這段阿甘在墓前說的話，好像就是說喬布斯的一生。

說喬布斯的傳記很多，我對他發明蘋果電腦、搞 iPhone 等事業上的偉大一點也不感興趣，我感興趣的是他傳奇一生中的「生」和「死」。

我仔細研究過喬布斯的照片，發現他如果包上頭巾、黑頭髮、黑眼睛、高鼻樑，活脫就是一個阿拉伯人，而且眼神特別像阿拉法特。的確，他的親生父親就是一個敘利亞人，那個戰火紛飛的地方。所以，能想像嘛？一個阿拉伯人後裔領導了美國 IT 產業。

喬布斯一出生就被親生父母遺棄，他曾經去尋找原因，自己為什麼會被遺棄？原來，母親當時還是一個研究生，她是未婚先孕，由於家庭反對，二人無法結婚。母親不肯墮胎，到舊金山秘密生下了他，然後把他送給了老喬布斯撫養。這是人人皆知的故事。但是，後來喬布斯根據出生紀錄，找到了自己的親生母親喬安娜，喬安娜說了兩件讓喬布斯震撼的事情，第一件事情是喬安娜和喬布斯的生父錢德里後來終於還是結婚了，但是他們並沒有考慮把喬布斯領回來，我覺得無論如何解釋，知道這事後對喬布斯的內心打擊是巨大的；第二件事是，幾年後錢德里和喬安娜離婚後，他又把喬布斯的親妹妹莫娜拋棄了。

於是，喬布斯到處去找他的親妹妹莫娜。他的親妹妹在文章中這樣寫道，「當時我生活在紐約，正撰寫自己的第一本小說。我在一家小雜誌社找了一份工作，辦公室很小，還有其他三名作家在這間辦公室工作。有一天，一名律師給我打電話，說他的一名客戶非常富有且是名人，而這位名人就是我失散多年的親兄長。在聽到這個消息後，這家雜誌社的編輯們都歡呼起來。要知道，這是 1985 年，我們發行的是先鋒派文學雜誌。而我個人的身世，卻與英國著名小說家查爾斯‧狄更斯經典小說中的情節相吻合。說實話，我們都非常喜歡這種傳奇般的情節。」

從認識的第一天開始，兩人就意識到無論是長相、脾氣秉性或是興趣喜好都驚人相似，兩人似乎都繼承了親生父母的優良基因。此外，更重要的是相同的被拋棄的命運，使得他們成了最要好的朋友。

可是，同樣的被拋棄命運又發生在喬布斯的私生女麗薩身上。

喬布斯的女兒小時候也不知道自己的父親是誰。麗薩出生後，他父親幾

乎從不來看她。「我不希望做父親，所以我就不做。」喬布斯後來說。麗薩 3 歲時的一天，喬布斯開車路過她家，決定停下來看一看。麗薩還不知道他是誰，他們坐在門前的台階聊天。直到麗薩 8 歲，喬布斯看她的頻率才漸漸高起來。麗薩同樣繼承了父親的性格，他們的關係就像是坐過山車，時好時壞。這次他們可能玩得很高興，下次他就可能很冷漠或根本不用心。

喬布斯的生父錢德里同樣是個工作狂，他曾是內華達州一個賭場的副總裁，在加州也投資有幾家餐廳。《喬布斯傳》中有這樣的滑稽一幕：喬布斯告訴已相認的妹妹莫娜，不要在父親錢德里面前提起自己。被蒙在鼓裡的錢德里，有一次和女兒聊起他的餐廳：「所有科技界的成功人士都會去那，甚至包括史提夫·喬布斯……是真的，他來過，而且小費給得很多！」莫娜強忍著沒脫口而出：那是你兒子！

到了很後來，錢德里才知道了被他遺棄的兒子居然就是喬布斯，估計這個新聞對他太震撼了，他沒有去找過他，擔心人們是說他貪圖喬布斯的錢。終其一生，喬布斯都未與生父相認。從電視新聞中知道喬布斯生絕症後，錢德里用一個 iPhone 4 手機發了一個郵件給喬布斯，祝願他早日康復。喬布斯只冷冷地回覆了兩個字：謝謝。

他終身都沒有原諒這個遺棄了他和妹妹的人。

我在喬布斯老家附近散步，一些低矮灌木後面是高大的杉樹和叫不出名字的喬木，知更鳥正在樹梢上死命地嘶吼著呼喚著牠的情侶，呱噪一片；車庫門前的水泥甬道已經皺裂了，巨大的裂縫裡估計住了無數隻螞蟻。卑微的小生命在頑強延續。

從 2003 年發現，到 2011 年，喬布斯和胰腺癌抗爭了八年。

全世界人都曾熱切地關注這一個熟悉的陌生人的病情。

他在史丹福的畢業演講台上，說「我被診斷出癌症，醫生告訴我，我大概活不到三到六個月了。醫生建議我回家，好好跟親人們聚一聚，那代表你得試著在幾個月內把你將來十年想跟小孩講的話講完。」

儘管做了胰腺癌手術，他的情況還是急轉直下，為了活下去，他還遠赴田納西州接受了肝臟移植手術，這可是一個要過三道鬼門關的極其痛苦的大手術。與奧巴馬共進午餐的時候，從背影看，他已經非常虛弱、瘦小，完全沒有記憶中的喬布斯的樣子。

　　喬布斯為何會得胰腺癌？這似乎是命中註定的。在蘋果發展早期，喬布斯曾焊接電路板。這個部件通常包含鉛、錫和其他金屬，鉛有可能直接破壞DNA，直接導致癌症。換句話說，如果不搞電腦，不搞蘋果，喬布斯或許就不會得這個癌症。

　　我想，——這難道就是宿命嗎？

　　2011年10月3日，史提夫·喬布斯意識到他最後的日子到了，那天，他突然希望自己不要被火化，他想葬在他的父母身旁。第二天早上，喬布斯給妹妹莫娜打電話，告訴她趕快來帕羅奧圖。莫娜回憶：「他的聲音滿懷深情，可愛，讓人喜歡，但感覺就像一個行李已經放在了車上的即將啟程之人。」對於離開而去，喬布斯感到很抱歉，他說「因為我們不能如願一起變老了。」

　　在人生的最後時光，喬布斯也在反省，他並不是一位傳統意義上的居家好男人。作為一個有家之人，他可能很粗暴，還經常心煩意亂。臨終前，他的妻子勞倫和四個孩子，都陪伴著他，讓他感受到了愛。他有三個女兒，其中兩個都沒有成年，他希望能夠在婚禮上領她們走上聖壇，但是這下不可以了。那個週二，他一度長久地注視孩子們的眼睛，然後看向勞倫，最後目光越過他們看向遠方。「噢哇，」他說，「噢哇，噢哇。」——這是喬布斯生命中最後的幾個單音詞。

　　死是無常的，不分年齡、貧富，隨時可能發生。

　　面對死亡，禪宗信徒喬布斯說，「記住自己隨時都會死掉，是你避免陷入畏首畏尾陷阱的最好方法……你已經一無所有了，沒有理由不去追隨你的心。」喬布斯是從一本書開始接觸到這種東方哲學的，這本書叫《禪者的初心》，作者鈴木俊隆，是隻身赴美傳教的日本禪宗法師。

　　我個人覺得，喬布斯留給我最受用的不是蘋果手機，而是一些關於死亡的禪宗思想。

他說，「沒有人想死，但死亡是我們共有的目的地，死亡簡直就是生命中最棒的發明。」

我從加州北上西雅圖，心裡一直有個小喇叭在廣播，「每個人時間有限，所以，不要浪費時間活在別人的生活裡。不要讓別人的意見淹沒了你自己內在的心聲。」

永遠不要把死亡當做別人的事情。以前，我每天都能收到一件珍貴的時間禮物，那就是當醒來時，發現自己還活著。

——這都是喬布斯教我的，我嘮叨一下，記錄在這裡。

喬布斯隔壁鄰居家丟了一個棕色的布藝三人沙發在馬路上，已經積了一點點灰，寫著：不要了，誰要誰拿走。我正好溜達累了，就一屁股坐上去，彈了幾下，還挺軟的呢，休息了一會兒，暖洋洋的，有點兒打瞌睡的感覺，再抬頭看看天，天藍得幾乎沒有底線！

於是，我在沙發上眯了一會覺。

醒來，抬頭看看天，天上有上帝嗎？說是上帝看到很多人在用 iPhone 4，終於忍不住，也弄了個，可是又不會用，就把喬布斯叫去了。

上帝也是一個任性的孩子。

32 媽媽

　　早晨起來，我先往小「毛驢」的四個輪胎上猛踹了幾腳，確定這些起亞的輪胎都還身體健碩，然後再跳上車。

　　正打算發動汽車，嘟嘟兩聲，收到一條媽媽的短信，只有 11 個字，「美國又有槍擊案，注意安全。」我都這麼一把年紀了，她已很少給我發安全類的短信，今天偶然收到，一絲溫暖，也有一絲內疚掠過心頭，想想我自己大概有多久沒有回家陪她好好說過話了，有多久沒有打過一個電話了。我們在上海一見面，就是商量事務性的事情，好像很少停下來嘮嘮家常。儘管她和我一樣有特別的童年——成長的時候，母親都不在身邊，但她非常愛我的兒子。天黑了，77 歲的她還常常跑到中山公園，去幫我接袋鼠回家，她對袋鼠的愛意，似乎是要彌補我成長中的某些缺失。想到她微微勾著背，眯著眼睛，在一排一排的下班年輕人中翹首焦急地等袋鼠的樣子，我很感動。

　　這一刻，在加州，突然非常想念她。

　　從喬布斯的老家到史丹福大學很近，開著「毛驢」哧溜一下就到了。

　　但是，到達容易，停車太難了，繞主校園停車場兜了三大圈，一個停車位也沒有。

　　在史丹福停車這是要「死了・坦腹」的節奏。

　　然後就前往附近的教學樓，發現到處都是該死的各種各樣的禁停標誌，好容易看到一個空的停車位，大喜過望，踩油門飛車過去，發現旁邊赫然立著「僅許停 C 證車」的告示，翻了個兩個白眼，只好又兜回來，像駕車的遊魂一樣四處飄蕩，我眼角的餘光從反光鏡上看過去，發現很多車子都和我一

樣，絕望地在停車場外的甬道上一圈一圈地兜啊兜，像時鐘的秒針和分針。錯車的瞬間，我發現這些駕駛員的眼神和我的相仿，漸漸堆積了痛苦。

我突然想起，當年喬布斯來史丹福做他的那場曠世演講，他同樣找不到停車位。在前往校園的路上，喬布斯和夫人勞倫娜突然發現，VIP 停車證似乎被落在家裡了。校園裡面到處都是湧動的人和車，他們才意識到自己應該提前動身才是──23,000 名學生將會到場。當時，勞倫娜負責開車，估計她也是和我一樣，一圈一圈地繞行。據說，搞得喬布斯都開始緊張了，他怕會錯過自己唯一一次答應的畢業演講。終於，喬布斯一家來到了體育場前的最後一個路障前，那裡站著一位威嚴的女警，她揮手讓車停下，她對勞倫娜說：「女士，這裡不能停車。」「不，不，不，」勞倫娜說，「我們原來是有 VIP 停車證的，只是忘帶了。」面對女警狐疑的眼光，她繼續解釋：「我們這有人要去演講，他就在車裡！」女警朝車內看去，只見裡面有三個孩子，還有一個白鬍子黑鬍子拉雜、頭髮稀廖，衣衫不光鮮的男人。她顯然十分懷疑：「真的？哪一個？」這時車內的所有人都忍不住笑出了聲。喬布斯只好舉起了手，他說：「真的，就是我。」

後來，我就索性站在停車場一個車道的出口處守株待兔，念念有詞乞求半天，終於有一輛小豐田車要出去了，我趕緊猛踩油門上去佔位，正往車位裡面小心翼翼地打方向盤，這時一輛越野車慢慢開近了，裡面的人小心翼翼地探頭問，「你這是要走了嗎？」我說，「對不起，大兄弟，我繞了半個多小時才找到這個車位的。」

在史丹福這麼痛苦的停車是有回報的。

它有全美最古典夢幻的校園。

校園馬路種著兩行高大的棕櫚樹陣，形態舒卷，對著幽藍的天空婆娑搖擺。傳道堂風格的中心廣場（Main Quad），把人們活生生拉到了 17 世紀西班牙的地中海邊，土黃色石牆環繞下的紅屋頂建築，拱廊相接，形成象牙塔式的圍合感。

讀史丹福的人都是幸運兒，但是多數學生沒這麼好命，那些失意者，據

說，都收到一份告知書，上面這麼寫：真正能夠影響我們一生的，並不是你在哪裡上的大學，而是你在哪裡學到了什麼，以及你與他人的與眾不同之處。

假如在這所學校讀大學？我腦補一下自己的「黃粱美夢」：抱著磚頭一樣厚的書，穿著黑色拖地長袍走過半圓的古典柱式拱廊，對面史丹福紀念堂的金色壁畫反射著太陽的餘暉，這樣的人生才「與眾不同」啊！——好了，現在夢醒，我要去付款機前排隊預付 4 美元的停車費了。

兜了一圈校園，我發現史丹福最大的贏家是羅丹。

羅丹的雕塑比塑料垃圾桶還多。

這個鬍子比頭髮茂盛的傢伙是怎麼做到的？

據說，史丹福夫人生前收藏了 200 多件羅丹雕塑，她為何如此酷愛羅丹的作品？

我第一次這麼近距離看羅丹的東西，特別在史丹福的這些作品，我是被嚇一大跳的，這些黑乎乎的銅傢伙，不少都是極端痛苦的人生瞬間。

「地獄之門」永遠被一群遊客包圍著，人們一點也不怕這個高 6 米、烏黑的「鬼東西」，還紛紛合影留戀。其實有 186 個備受折磨的痛苦靈魂，全被羅丹釘在了這堵銅牆上。但丁說，「地獄之門」在聖城耶路撒冷的地下，那是個巨大無比的深淵。熱戀中的男女在走入地獄，想吃人肉的餓鬼等在地獄……各種惡人、奸賊、暴君、淫妓等等，大家或為情慾、或為恐懼、或為貪婪、或為殺人、或為欺騙、或為理想墜入地獄，可以聽到他們絕望的慘叫，他們為求第二次死而不斷呼號，承受無比的肉體痛苦，精神幻滅，落入黑暗。

「殉教者」，一個體態窈窕美麗、乳房微垂的美麗女子，卻赤身裸體地平躺在地上，身體無力地翻動，頭歪向後方，面向上，目光絕望迷離，正痛苦地掙扎著，煎熬的慢慢死去。

在史丹福中心廣場裡的「加萊義民」，六個有威望的城民自己穿上囚服，脖子上套著繩索，去英軍處受降並被處死——在敵人的屈辱中死亡，真的，世界上還有比這更令人絕望的處境嗎？其中一個義民雙手緊捧著腦蓋，極端的絕望，也許他想到他的兒女從此將無依無靠，還有一個義民用手遮眼，好

像要驅散這個可怕的噩夢，他站立不穩，因為死神臨近，使他異常恐懼。

羅丹的心就是一杯苦酒，打工供他學藝術、他深愛的姐姐蘧然去世，他的情人發瘋，死在瘋人院裡，他的人生佈滿痛楚，他雕刻出人心的掙扎和悲壯。

所有在史丹福的人都會思考一個問題，史丹福夫人為何如此瘋狂地喜歡羅丹作品？

身為加州首富利蘭・史丹福的夫人，加州第一任州長的太太，和自己的老公共同創立鐵路公司、史丹福大學，富可敵國，不愛富貴主題不愛宗教主題作品，為何如此偏愛悲痛、悲涼、悲壯的羅丹作品，這裡面到底發生了什麼？

要揭開史丹福夫人的這個謎，我先去逛了史丹福藝術館。

那裡有埃及的木乃伊棺木，也有中國明代的木雕臥佛，居然還有幾十個鼻煙壺，最震撼的則是多幅史丹福家族的巨幅油畫，——估計養活了不少死窮死窮的畫家。

其中一幅她的全身油畫，身體富態，穿著百褶拖地的絲絨長裙，旁邊則是她老公利蘭・史丹福，一臉修葺得非常莊嚴的絡腮鬍子，其中還有一幅她的兒子小利蘭・史丹福的畫像，西裝禮服，安靜青澀，20 歲不到的樣子——那是他早逝的兒子嗎？

在花園裡喝咖啡時，我找了些資料，仔細研讀了一下史丹福夫人的一生，唏噓不已。

——縱貫她的一生，那些光鮮、那些名望、那些富貴傳說的背後，她的內心其實生活在一種無處話淒涼的悲痛中，最後她硬生生把這種悲痛活成了悲壯。

當年，史丹福夫人隨老公來加州淘金，移居舊金山。在可以俯瞰海灣的坡地上，夫婦兩人修建了一座豪華莊園，並在郊外買下 5.5 萬英畝的牧場，這個牧場未來就是史丹福大學的用地。史丹福夫婦結婚後有一個巨大的心結，

就是不知道哪裡出了問題，一直都沒法懷上一個孩子。夫人每天向上帝祈禱，奇跡終於出現了，婚後第 18 年，在史丹福領導的東西鐵路建設如火如荼的時候，他們唯一的兒子小史丹福誕生了，那年她已經 40 歲了，兒子終於來了！！中年得子，這是何種狂喜啊？她跪在地上，感謝上帝的恩賜。

史丹福夫人把兒子視作掌上明珠，從兒子上幼兒園起，就專門為他請了音樂和舞蹈家庭教師，還特別對他進行法語訓練。他們準備讓小史丹福將來上哈佛大學，所以把中學教育選在紐約。1883 年，史丹福夫婦帶著 15 歲的兒子去歐洲旅行，厄運突然降臨，小史丹福高燒不退，經診斷，患的是傷寒。老夫婦那個急啊，特地從巴黎請來名醫診治。但是很不幸，小史丹福還是死了。史丹福夫人這一年 55 歲。

中年喪子，白頭人送黑髮人，這是怎樣的一種痛啊？看著和自己打趣逗樂、活蹦亂跳的兒子，變成一具冰冷的屍體，作為母親，怎麼才能承受這種痛苦呢？歡景不再，陰陽兩隔，夫妻二人相顧無言。

為了紀念愛子，史丹福夫婦正式宣佈捐出鉅資創立大學，學校以他們的兒子小利蘭·史丹福的名字命名，所以，史丹福大學的全稱是小利蘭·史丹福大學。他們說，「以後所有加利福尼亞的小孩都是我們的孩子。」這句話說得好悲壯。但是，學校創辦僅僅兩年後，又一次巨大的痛苦襲向史丹福夫人，年僅 69 歲的史丹福先生突然心肌梗塞過世。原來可以和她一起分擔些許喪子之痛的丈夫也不在了。

我可以想像一下，一位夫人在 10 年之內，相繼死去了兒子和丈夫，留給她人生的是什麼？

她跪倒在基督前畫夜哭泣，上帝為何要如此待她？

於是，獨自活著。

她把所有的愛都投入到了史丹福大學上去。她堅持不收學生學費，還從康奈爾大學找到了最早一批願意遠赴加州的教授。像蜜蜂築巢一樣，她一點點地擴建學校。她設想在校園中心建造一個供學校師生聚會的地方，這就是如今的史丹福紀念教堂，史丹福夫人曾說：「我整個的心在這所大學，而我的靈魂則在那座教堂。」

但是，緊接著的第三波巨大的痛苦又來臨了。史丹福家族在鐵路公司的資產全部被凍結，學校面臨關閉。

　　這時，夫人開始省吃儉用，將她家裡原來的 17 個管家和僕人減少到三個，每年的開銷減到最低水平。她將省下來的近萬元年金全部交給校長，用於維持學校的運轉。後來，學校的錢還是不夠，夫人帶著行囊，顛簸萬里去了東海岸的華盛頓，向當時的總統克里夫蘭求助。最終，她的愛心再一次感動了上帝。法院宣佈解凍了史丹福夫婦在鐵路公司的資產。夫人當即將這些資產賣掉，將全部的一千一百萬美元交給了學校的董事會。史丹福大學最艱難的六年終於熬過去了。喬丹校長讚揚道：「這時期，整個學校的命運完全靠一個善良婦女的愛心來維繫。」

　　我算了一下，史丹福夫人比丈夫多活了幾年，大約 77 歲左右的時候去世，也就是她在兒子去世 22 年後，去和他匯合了。

　　這 22 年的時間，對史丹福夫人來說，是多麼的煎熬。

　　人間無常，人間是不是值得呢？

　　我在校園四處遊蕩了一陣子，那些黃色拱廊的磚頭毛拉拉的，很有滄桑感。遠處，暗青色的山巒給紅色黃色的校園畫上一道迷幻的青邊，棕櫚樹伸向天空，像是一個個年少的朋克（Punk）頭。

　　我突然想到，這個世界上妻子失去丈夫、兒子失去母親，普通人所遭受的種種痛苦，莫過於母親失去年少的孩子。這種痛苦在史丹福夫人承受的三次痛苦中尤其強烈、尤其刻骨，撕肝裂肺。這種打擊如傷口流血不止，永遠無法癒合。22 年裡的任意一個瞬間，記憶之門略為撥弄，都會激起史丹福夫人無計其數的痛苦的想念，那微啟的神秘的苦難大門裡面，許許多多錯綜複雜、無可救藥的精神上的傷痛，一道道悲哀的疤痕，一種種往事的苦味，讓她久久不能擺脫的幻滅感。

　　這 22 年裡，她會依稀看到自己兒子小利蘭在書房念法語、彈鋼琴的身影。

　　這 22 年裡，她會看到兒子和自己說著笑著，他們一起在花園裡散步，她看他在甬道上奔跑。

這 22 年裡，她會看到兒子帥氣地穿著禮服，打著紅色的領帶，端坐在畫師的對面。

這 22 年裡，她會看到發高燒，牙齒打冷顫慄，臉色蒼白的兒子，他對她說，媽媽，我頭痛，媽媽，我受不了了。

這 22 年裡，她會看到兒子去世的那天，他走了，臉色如此蠟白，身體漸漸變得冰冷。

這 22 年裡，她會看到自己的兒子曾經用過的書桌，兒時曾經抱過的玩具，那些他曾經一遍遍讀過的故事書正在變黃變舊。

這 22 年裡，她無數次在夢中緊緊地抱住她的小利蘭，緊緊的，緊緊的，但是，醒來，一切都不在存在了。

後來，她偶然一次看到了羅丹的作品，那些掙扎的靈魂啊，那些掙扎的肉體，那些糾纏在地獄邊緣的苦難啊，那不就是她自己的內心世界嗎？那不就是她的愛的掙扎嗎？那就是她並不想遺忘的苦難嗎？羅丹刻刀下面的就是她曾經的痛苦和挫折，和作品一樣，要麼化為摧毀自己的力量，要麼化為重生的力量。

我聽一位導遊說，至今還有傳，史丹福夫人的靈魂會在教堂裡面遊蕩。

但我更寧願她的靈魂已經在天國安息。

那些羅丹雕塑背後的故事，突然讓我想起一段星雲法師的話，他說，你遇到了困苦、災難、不平、劫殺、死亡⋯⋯那都是命運，命運是無常的。不因為你做對了什麼，就可以逃開；不因為你做錯了什麼，才受到懲罰。

人生，有時候他媽的就是一場逆境。

它或許會把我們變成有用的人。

中午不到，突然發現自己肚子餓得咕咕叫，校園服務中心掛著一個萌噠噠的圓形熊貓標誌，它團團的身體，這是瘋狂擴張的「熊貓快餐」，它的繁殖能力比四川的大熊貓可要強太多了。看，都已經爬進史丹福了。

——這是揚州老鄉程正昌開的「美國式」中餐館。

我看過程正昌的照片，這位在美華人首富，銀髮圓臉，一副無錫胖阿福的長相。估計他當年可不是這樣子，他跟父親從中國輾轉到日本，最後到達美利堅，起早貪黑開中餐館，直到有一天，他突然有了要做「中餐館裡的麥當勞」這個想法。熊貓餐廳目前已開了近 2,000 所分店了，看來他是有讓所有美國人都吃上中餐的狂熱勁頭。

　　我擠在暑期學生構成的稀稀拉拉長隊裡，一個長長的勺子伸過來，給我的盤子裡來了一勺，雞肉外面裹著厚厚黃黃的煎炸物，吃到嘴裡，一股酸甜味，一股刺鼻的檸檬味，天吶！這還是中餐嗎？

　　在美國，中餐也是無常啊。

　　熊貓也瘋狂。

33 秋哥在谷歌

天漸漸暗了，太陽把最後一抹緋紅塗在山景城的天邊。

我和秋哥聊著天開著玩笑走向谷歌公司的停車場，他是一位身材敦實的矽谷 IT 精英，遠處草坪上立著一個白色 Google 的立體標誌。

他說：「我下班了！」，我說：「再見！」，我把褲兜裡面的一張印著格拉特總統頭像的 50 美元提前拿出來藏在手裡，這張皺巴巴的錢還帶有我的體溫，在握手的一瞬間，我把錢塞在他的手裡。他頓了一下，臉上綻放出一個羞澀的笑。旁邊下班的谷歌精英們都沒有覺察出這戲劇性的一幕。我說，「感謝你帶我參觀谷歌公司。」他說，「很高興認識你！」於是，我們開著各自的小車，揚長而去。

前天，德州的老孟聽說我去矽谷，想看看谷歌公司，他說他認識一個北方哥們兒，在谷歌工作，經常帶人參觀谷歌，屆時只要支付一點參觀小費即可。

收到聯繫方法之後，我立即碼了一條，「秋哥，你好！我是朋友介紹的，來自上海的大劉，想來參觀谷歌總部，不知方便否？」我發了一條信息出去。

到了下午，我正在史丹福參觀的時候，他回信，幾個字：「今天下午 5 點如何？」

我一看時間，正好，趕緊跳上「毛驢」，往谷歌猛踩油門。

天好熱，大地乾得冒煙，我一邊開車一邊「咕咚咕咚」喝了一大瓶「箭頭」礦泉水。

提前半小時到達谷歌公司，我在約定的紀念品商店裡等秋哥。

這是非常普通的一棟小樓，舊得就像國內某個鄉鎮企業十年前的辦公樓。但是裡面人頭攢動，都是來自世界各地的「谷粉」，一對德國中產夫妻帶著三個娃湊在一個巨大的屏幕前，用 3D 地圖查看自己的家在柏林的哪裡。我也探著頭看，忽然發現咕咚咕咚下去的「箭頭」起作用了，一時內急，想上洗手間。

栗色頭髮的售貨員溫和地告訴我，「這個紀念品店是沒有洗手間的。」

「什麼？這個遊客中心沒有廁所？！」我急了，「那客人如果要上洗手間怎們辦？」

她搖搖頭說，「不好意思，如果要上洗手間，你得去旁邊的那棟辦公樓。」

「那麼，我怎麼才能進去辦公樓呢？」我著急地問。

她說，「你沒有訪問證是不可以進入辦公樓的。」

「你的意思是，我不可以用你們的洗手間囉？」

「我想是這樣子的。」

我一急，脫口而出，「你們谷歌也太不人性化了吧！紀念品商店居然沒有洗手間！」

我只好憋著，感覺自己的膀胱已經鼓漲起來了，隨時會在紀念品商店洩洪。只好轉移轉移注意力，看谷歌地圖，瞅瞅後面幾個人住在華盛頓州的哪裡，但是時間過得好慢，像是一隻在跑馬拉松的蝸牛。

好容易等到 5 點鐘，長相敦實、剃著平頭，邁著 IT 男特有的細碎步子的秋哥出現了。我說，「內急！」他似乎並不能感受我的著急，先帶我去隔壁樓給我做了一張訪問證，然後，指了指方向，我掛著訪問證，以百米衝刺的速度，貓著身子，撒腿狂奔向旁邊的米色辦公小樓裡的廁所。

在谷歌小便池洩洪的一刻，我的身體在激烈的顫抖。

秋哥操著一口京片子，兒化音很重，他說，「谷歌是搞 B2B 模式的兒，打起家兒就是服務企業的，所以，對散客的服務這方面做得就不如蘋果好。」

我說，「不是做得不好，是非常不好，害得我差點得前列腺炎！」

秋哥笑了，說，「是！末了兒還得改改。」一派北京小哥的腔調。

我說，「你們拉里·比治不放過每一個客戶，烏茲別克斯坦人不用信用卡，比治就接受他們的『山羊』來支付。這個勁頭用放在服務散客上，我也不至於上不了廁所啊。」

秋哥告訴我他來美五年，三十出頭。但可能老是在辦公室搞電腦技術不出去曬太陽，所以，看上去白嫩白嫩的。如果不說話，一點也不像「秋哥」，倒是活脫脫一個「秋弟」。

我脖子裡掛著「狗」牌，開始跟著秋哥參觀。

先後有谷歌的陳列室、辦公樓、員工餐廳、洗衣房、戶外運動場，其中，最震撼的谷歌陳列室上，有一個谷歌在全球的運營情況，好像能夠服務的區域是白色的，不能服務的區域是黑色的，我發現只有中東、朝鮮、非洲某些地方以及中國是黑色的，其他區域都是白色的。作為一個中國人，看了心裡有點兒鬱悶，平時我還是一個寬容達觀的人，但是，此刻有種被地球人拋棄的失落感，我一直覺得我不是很愛國的物種啊。

秋哥性格實在，對人自然而隨和，兼具了北京人和矽谷人的特點。參觀期間，他告訴我他是廣告業務部後台負責技術分析的，說了幾個專業的詞，反正我也沒有聽懂他是幹嘛的，大概就是大數據分析，然後給公司提供發掘新客戶方案之類的，反正他們不直接面對客戶。他說，他其實是青島人，但是在北京讀的書，口音被拐到北京去了。從北京來美國五年多了，一直在谷歌工作。我問他怎麼來的谷歌總部。他說，谷歌每年都在北京大量招人，可能是在中國招的學生比較好使，嘗到甜頭了，結果就是每年有大量中國學生像候鳥一樣，遠渡重洋飛赴美國總部工作。他是人民大學的計算機系研究生，經過了兩輪技術電話面試，然後還有書面考試，從清華、北大的人中殺出來的。他說他被錄用的原因，很可能是英語聽力比較好，還能適應多種口音，尤其是印度英語，因為谷歌最多的人就是印度人和中國人。我一邊聽，一邊表示欽佩。

末了，我問他，「在谷歌工作的人找老婆容易嗎？」

「男的那麼多，像鋼鐵廠一樣，會容易嗎？」他說。

我說，「上海張江男，很多老阿姨會去堵地鐵口，往他們手裡塞女兒的電話號碼。」

他歎了口氣，說，「所以，谷歌把我們放在鳥不拉屎的地方，省去了麻煩。」

谷歌的辦公樓散亂得很，幾棟樓之間是一片沙灘排球，幾個人扣球攔網，附近還有一個逆流游泳訓練池，池子裡面噴出一股平穩有力的水流，我看到一個男子在裡面，正玩命地雙臂劃水，和水流搏鬥，這宛如一個游泳跑步機，下了班這麼刻苦訓練，是不是能量大得使不完？

秋哥領我們去看谷歌的食堂。

一個接一個的自助餐廳，西餐、中餐、印度菜，隨時可以開吃，最重要的是，全部是免費的！

還有雪糕吃！！甬道上還停著一輛 Miko Miko 的大雪糕巴士，「這裡的夏天有些炎熱，」秋哥說，「公司就與當地雪糕商聯合生產一種叫『It's IT Ice Cream』的雪糕，這款『IT』雪糕外頭印著 Google，雪糕外形酷似三文治，它的表面裹著一層薄薄的朱古力糖衣，雪糕有雲尼拿、巧克力、薄荷以及咖啡 4 種口味，每一個冰淇淋的售價為 24 美分……」聽得我直咽口水。

我說「我可以買一個嗎？我想發朋友圈。」他說，「不好意思，好像收攤了。」

推開一處辦公樓的玻璃門，看到了那個著名的滑滑梯，原來是不鏽鋼造的。員工可從二樓一躍而入哧溜哧溜滑下來。

我問，「你經常從上面滑下來嗎？」

「好像從來沒有過。」

「這個東西宣傳效果大於實際使用價值啊。」我發現我的話有點多。

目前，這玩意兒在矽谷非常流行，各公司都大肆抄襲，瘋狂拷貝。據說，YouTube 新總部裡的超級滑滑梯青出於藍，它足有三層樓那麼高，而且不是

直上直下的，中間有很多波浪起伏，從這裡滑下去可絕對爽歪歪了。——是誰說只有中國人最愛抄襲啦？

「谷歌公司是不是到處洋溢著一種自由的空氣分子？」我問。

秋哥答到，「你在公開場合是不可以講中文的。」

「這在美國算是違法的規定嗎？」

「應該算是違法的，但是沒有人會去控告公司，除非你不想要這份工作了。」

他說，因為公司裡面中國人實在太多了，很多中國人都喜歡直接用中文交流，於是，他們團隊的領導就擔心中國人搞小團體，遂做出規定，在公共場合都不可以用中文，違者罰款。大家都盡可能使用英語，消除族群間的隔閡。這個想法似乎和中國老闆的想法有點相同，我們在管理上也很反對小團體。但事實上，只要有人群的地方，就有小團體，這是人性。特別是美國這樣的移民社會，小團體是一種溫暖的向心力，是一種鄉音的呼喊，是一種跨越千山萬水的親切。

撼山易，撼小團體難啊。

末了兒，他感慨地說，「離開北京來矽谷不知道算不算是正確的選擇？」

他說，「心理覺得，美國真的挺好的，但是北京未來的機會也挺多的。我不知道自己來美國的選擇是否是正確的。幾乎，所有來美國的人都會思考這個問題。但是，這個問題永遠無解。」

參觀快結束的時候，從辦公樓回到紀念品商店，要跨越一條車流滾滾的馬路，人行道在遠處的十字路口，我打算折回去走斑馬線，秋哥攔住了我，說甭走冤枉路。於是，他帶頭，瞅準了車流的空擋，直接從綠化帶上下到馬路，我們一起橫穿了略有車流的小馬路，「我們都這樣！」秋哥向我解釋。這是矽谷嗎？這令我感到震撼，一瞬間，我產生了錯覺，這是美國還是中國？

告別谷歌的秋哥，後面幾天，我繼續沿 5 號州際公路一路北上，旅途的空隙，我默默地關注了他的朋友圈。過了一陣子，我看到他的朋友圈裡面，

他發了一張他 18 歲的照片，他好像正在家裡的廚房間的小桌子上喝豆漿、吃油條，穿著高中生的校服，那校服白衣藍領，像是監獄裡面的少年犯穿的那種，他邊吃邊笑，很憨厚的一刻。

又過了一陣子，我發現他居然結婚了！他發了他的一張婚紗照，他穿著潔白的西服，戴著紅色的領結，在一棵滿頭金黃色的銀杏樹下。他的新婚妻子長著很典型的中國南方姑娘的小臉，小鳥依人，他們相視看著，看著，在那棵樹下。

後來，我看到他還發了一張青島的全家福，好像是新拍的，大約有 40 多口人，估計祖孫四代同堂，前前後後立了四大排，前排中間好像是爺爺奶奶，鶴髮雞皮，容光煥發。兩個孫輩在爺爺奶奶膝下蹲坐著，男孩胖墩墩，小女孩穿著紗裙。秋哥的爸爸媽媽估計也簇擁在人群裡面，親戚們都笑得很燦爛，其中很多人似乎都發了福，大家庭團聚時的幸福感從這張照片裡一覽無遺，這是傳統中國人最嚮往的一刻。

但是照片裡面沒有秋哥。

這張朋友圈照片，他的配文是這樣的：「沒能參加全家福的合影，不過看到你們笑得這麼開心，我也好開心。」

34 吃雞和史密斯夫婦

　　猛蹬幾下腳踏，一股巨大的橫風撲面而來，8月1日上午9點多，我把自行車歪歪扭扭地踩上金門大橋。

　　左垂直下方、墨藍的海面上飄蕩著一層陰冷的霧氣，這股霧氣被風一吹，飛起來，飄過大橋，蕩過紅杉樹黑松樹的尖尖，掠過對面茂森的山巒緩峰，消失在幽深無垠的天空中。

　　一陣寒氣逼來，橋上浩浩蕩蕩的騎行大軍都瘋狂地蹬起來，每到一個無橋樑部件遮擋的橫風口子，海風都試圖把拍照的遊客吹到海水裡去餵蝦米。我也停了一會兒車，把著橋欄杆探頭往下看，橋面離海面足有60米高，波濤翻滾，膽小的人都會害怕。想當年，著名內衣品牌維多利亞秘密的創始人羅伊·雷蒙德就是在我這個年齡，從這兒縱身一躍而下，結束了自己的小命，據說當時，他的錢包裡只有67美元，而被他賣掉的維秘市值已經數億，這是金門大橋上最辛酸的紅塵往事。

　　我這一天都打算自行車環城，舊金山是自行車運動的「美女與野獸」。

　　說她是美女，是因為在騎行的時候，一個大弧度下坡，人好像飛起來，眼睛裡全是森林、大海，翡翠連著墨玉，在那些森林裡，松樹橡樹月桂雜生一處，如天堂如美女一樣的景致；但是，它又是傾斜之城，這城裡有的坡道斜得讓人髮指，自行車下了一個二十度的小坡，跟著上一個三十度的大坡，每玩命地蹬一下，自行車才不情願地往上躥一躥，頓時氣喘如牛，身體如地獄如野獸。

　　下午，騎過卡斯特羅街，這是最令人放鬆的同志小街，彩虹旗斜斜地插

在街上的一家家商店、酒吧門口，大白天在這條街上，無意瞥見靠街餐廳裡坐著的兩位盛年大哥，四目鎖定對方，怔怔間，兩個人的宇宙都消失了，眼睛裡只有對方；還有一對牽著手散步的金髮郎，如年少時情竇初開愛如潮水的情侶，在街頭十指緊扣漫步，我騎車一瞬而過，居然也有一種感動。

突然明白了，為何騎到這裡特別放鬆？

當性別都不再是問題的時候，其他一切問題好像都是可以放下了的。

一圈騎下來，到了5點半，腳已經嚴重不聽使喚，像一隻得了柏金遜綜合症的母雞。

於是，到金門公園對面那家小店還車。

那是個意大利裔家庭開的自行車店，貼滿了各種單車活動的招貼，店小二30歲左右，膚色黝黑、頭髮深褐，自報家門叫里奇。他是一個熱情溫暖，臉上總是掛著笑容的小伙子，他告訴我他父親在25年多前租賃了這個門面開的店，沒想到來金門公園玩的人越來越多，生意還不錯。他說，「我的老爸是老闆，我給老爸打工，」我問：「老闆去哪裡了？」他說：「他有其他生意要做，當然，他也有可能是出去玩了。」我問：「你平時什麼時候出去玩？」他說，「我要看店，這裡很忙，沒有太多時間去玩了。」我說，「你爸爸比你自由嘛！」他說，「對！他是老闆嘛！」

我當時心裡就想，這和我在死木鎮遇到的情況一樣，兒子幹活，爸爸媽媽出去玩。——我要有這樣的一個兒子就好了。

後來我又想，這和我印象中的意大利年輕人完全不一樣啊，我一個叫彼得的同學在紐約讀書，彼得說他的一個意大利同學特別花，超級會玩超級會勾搭女生，對女生熱情溫柔呵護有加，換女朋友像走馬燈。記得有次派對，一個圓臉長髮的德國女生的手機不見了，這個意大利同學花了足足兩個小時去幫她找回手機，但是還是沒有找到，於是又是細語安慰又是輕輕揉臉又是擁抱示好，最後派對結束後，他順水推舟把這個女生帶回了寢室。記得彼得轉述的時候大聲感歎：意大利男人，禽獸啊禽獸！

我聽得出，這是一種不能取而代之而欲痛斬之的感歎。

但是這個意大利裔的里奇卻是那麼勤懇，「橘生淮南則為橘」，還是美國的水土好。

出了自行車店，肚子餓得好像裡面有一隻青蛙在咕咕叫，趕緊上了自己的小「毛驢」，搜谷歌地圖，一個叫「Spicy King」（辣王）的川菜館就在幾公里之外，想到麻婆豆腐和魚香肉絲，我一邊開，一邊已經有點咽口水。

在離 King（辣王）大約 230 米的地方找到一個停車位，這是一個恐怖的停車位，它在一個大斜坡上，該坡足足向下傾斜有 30 多度，停車的時候，整個車頭朝下，人幾乎直立起來，猛轟油門，汗噠噠滴地倒進車位，如果，手剎壞掉的話，小「毛驢」會不會像失控的犀牛一樣衝向山坡下的唐人街？

我去找「King」，但是「King」在哪裡？找了一圈，大腦發蒙，在定位的地方，發現一家英語名字叫「Queen」（王后）的川菜館，門口還有兩個中文招牌叫「麻辣一品」、「重慶小麵」。正好有兩個廚房大媽模樣的人出來，我就直接用中文問，「King」是這裡嗎？「對！」她們和中國廣場舞大媽一樣中氣十足，氣宇軒昂。「那麼，King 就是 Queen 囉？」「對！！對！！！」她們熱情地說，「King 就是 Queen!」「King 就是 Queen!」。

這個有四個名字的川菜館佈局非常中國鄉土氣息，竹凳木桌，油煙四布，一種家鄉人民的可親可愛的煙火氣。剛才找 King 的時候，穿過唐人街，是那種熟悉的髒和亂，內巷裡紙屑一地，油光可鑒，都是飯館和雜貨鋪子，唐人街一會上坡一會下坡，多數店都是很老舊的中式裝修風格，我有一種穿越到了 1996 年的山城重慶或是香港旺角的感覺，那時候重慶還沒有大建設，朝天門碼頭附近佈滿了密密麻麻的蒼蠅館子，香港還沒有回歸，旺角的店招和全世界唐人街一個模板。

坐到了竹凳子上，就不用再說不地道的英語了，頓感一份舒坦，我給店小二說，給我來一份毛血旺，一盤夫妻肺片，一碗白米飯，一瓶冰啤酒。

要的量這麼大，一看就是餓瘋了。那盤黑乎乎、油汪汪、火辣辣的毛血旺端上來的時候，我馬上續命了，一大口鴨血，哇！爽！辣得我眼淚鼻涕全

部奔流下來，馬上猛就兩口白米飯，老套路。這盤東西的味道實在很一般，但是夠勁辣，辣補百味吧，能在美國吃上毛血旺已算是吉星高照祖上有德了。

在記憶中最好吃的毛血旺在大學後街一個公房的底樓，1月份上海很濕冷，穿格子襯衫的矮個子光頭哥在他的小廚房裡忙活，一地骯髒的雞鴨血，不一會兒端出一碗熱騰騰、麻辣鮮香的毛血旺，輕輕晃動的泛著亮色的鴨血，油汪汪的紅湯，剁碎了的朝天椒，一把細如螞蟻的花椒，再加上幾塊肥腸，簡直是讓人欲罷不能，吃完嘴唇皮發顫發酥，好像在打微型機關槍，整個人都能沸騰起來。

King 的夫妻肺片燒得也還湊合，據說，目前這道菜在美國某些地方也略有知曉度。如果你看到一家中餐廳來了一對美國情侶，坐定，看菜單，他們以前通常會說，「給我來一份左宗棠雞吧！」以後不排除這樣的場合，「給我們來一份史密斯夫婦吧！」「來一份史密斯夫婦」？這是什麼鬼？原來，美國《GQ》雜誌發佈了某「食神」親口吃出的美國餐飲排行榜，休斯敦一家川菜館招牌涼菜「夫妻肺片」榮登榜首。最牛逼的是，這道菜的英文名被翻譯成「史密斯夫婦」（Mr and Mrs Smith），沒錯，就是畢‧彼特和安祖蓮娜‧祖莉主演的那部電影。這個神翻譯，瞬間讓清末成都街頭巷尾挑擔提籃叫賣涼拌肺片的小販穿越了去了荷里活的星光大道。

問：「在美國人中最知名的兩個中國人是誰？」答：「毛澤東和左宗棠」。為啥是左宗棠？因為左宗棠雞，北美第一中華名菜，居然就是一個雞，把什麼「麻婆豆腐」、「宮爆雞丁」等都蓋了去。有做事頂真的紐約人出差來上海，一定要找到最正宗的「左宗棠雞」品嘗，結果令他吃驚，全上海沒有一家餐館做「左宗棠雞」。左宗棠雞和清末將領左宗棠沒有半毛錢關係，湘菜大師彭長貴為美國將軍雷德福做菜，他心血來潮將雞肉切成大塊，先炸了金黃半焦狀，再下了醬汁佐料去炒出一道新菜。雷德福品味後大為驚艷，問這是什麼菜？彭隨口編了個名字，左宗棠雞。

即使像我這樣偏愛糖醋里脊的中國人也吃不下去「左宗棠雞」。據說美國還有「李鴻章炒雜碎」，終於有一天，他們會真相大白：這些東西原來都是中餐館專門用來對付老外的「假中餐」。

——這似乎和肯德基在中國推「新奧爾良烤雞翼」如出一轍。所有的中國人都認為新奧爾良地區的一道名菜是烤雞翼，我問了從路易斯安那州來的英語老師凱文，問他喜歡家鄉的烤雞翼嗎？他完全一頭霧水，等我解釋後，他笑得前仰後合的。

今晚吃得太撐，很有犯罪感。於是，從山坡上踱下去，在附近的唐人街逛一逛。

一路上看招牌，五花八門，有廣東雜貨店、北京商店、龍宮古物店、共和旅社，最多的還是叫皇宮酒樓或者湖南又一村之類的餐廳，滿街的中文招牌，美國人會說：「你看，這哪裡是在美國呀，你們中國人在美國的土地上，居然把美國變成了中國。」

路上走著可以聽到廣東話、客家話、閩南話。孫中山「天下為公」四個大字，懸在馬路當中的牌樓上，附近五星紅旗、美國星條旗、青天白日旗和紅燈籠都掛著，另外，附近小街還有看面相、手相的招牌，整個場景非常和諧、幽默。特別是有一處，破敗矮小的電影院，上面赫然寫著「明星大戲院」幾個粗楷體，讓我感到30年代的周璇和胡蝶香魂雙雙結伴回來了，汗毛立起來。

人行道旁的攤位有賣白菜和蘿蔔的，也有賣玉器鐲子的，我在一個攤位前，仔細看了看這個大媽賣的東西，藍得不真實的綠松石手鏈，金得黃燦燦的銅佛，以及比綠毛龜還綠的翡翠，所有價格都不高於10美元。大媽一口東北口音說，「試戴一下嘛，不要錢！」說完，雙目熱切地看著我。

這個場景對我來說熟悉得有點溫暖感。

唐人街最大的好處就是你一句英語不會，也可在美國生活一輩子。據說，一個長年生活在這裡的哥們，一次在路上與人撞車，情急之下就打了911報警。他不懂更多的英語單詞，於是就說「our car，嘣！啵兒啵兒come」。意思是講，我們的車撞了，警車快來。他不知道「撞」和「警車」怎麼講，於是就擬警笛聲。警察莫名其妙之間竟然也搞懂了，把警車開了來。

我當香港記者的時候還看過一部英語禁片，叫《妓院裡的中國姑娘》，

就講一個中國女孩來到美國接受一間餐廳聘請，好像是她已故的叔叔請她來的，她來了以後才吃驚地發現，它其實不是餐廳，而是一個妓院，就在舊金山唐人街！

——這可能是美國導演的意淫吧，權當是給唐人街打免費廣告。

大街上，一位中國老闆模樣的大腹男人和朋友從廣東餐廳裡面魚貫出來，幾乎碰到我，他剔著牙，回頭對朋友說，「這家正宗！」一口酒氣幾乎噴到我，我突然想到，對多數國人來說，「正宗」對一家餐廳的讚美程度是要超過「好吃」的。

前些年，是不是「正宗」的中國菜，只需要拿出一根銀針試一試。變黑了，「哇，絕對正宗！」。

35 回答同樣問題的兩個中介

在舊金山逗留的四五天裡，一個人悶得透不過氣來，想找人說說話，哪怕遇到一個絮絮叨叨的話癆，也是一種心理安慰。猛然想起房地產中介，他們是最熱心的人，一邊跟他們看看房子，一邊或許可以說說話、聽聽故事。

街上有一些鐵皮玻璃箱子，裡面翻出一本中英文對照的「舊金山房屋信息」中介大全，這本印刷粗糙的冊子，除了刊登房源信息外，還刊登了臉上塗著厚厚白粉、明顯曝光過度的華人女中介照片，或者西裝筆挺的、三七分髮型、作風老派的紳士型男中介。

我打了電話過去，照片上那個臉白得不太正常的女中介不接電話，還有一個自稱「最值得信賴的夥伴」的中介接了電話，說沒有空；只有一個英語叫「老鷹」的福建口音的人說可以，大概問了我的預算範圍，說明天帶我去看一些房子。

第二天，我開著「毛驢」到了聖布魯諾附近，停在一家華美銀行隔壁的星巴克咖啡，一個中等個子的敦實男子走進來，他前額頭髮微微捲起來，笑容像一隻殷勤的鸚鵡而不是老鷹，我們坐在咖啡館門口院子的圓桌子旁，外面是來來往往的車輛，大家只聊了幾句話，就一見如故。

捲頭髮的「老鷹」原先是福建的一個中學物理老師，早些年和妻子雙雙去了新西蘭打工，那裡的市場「小得像一個馬路跳蚤市場」，於是，兩人再轉戰美國（就這點看，還是很有「鷹」派作風的）。看房前，他先帶我去了隔壁的華美銀行，那櫃台後坐了個圓嘟嘟臉、操廣東口音的女人，他們好像挺熟的。捲頭髮「老鷹」讓我就貸款問題諮詢圓臉女人——這一舉止是否是讓我對他產生了信任感？確保我不會被賣掉或者被做掉？我的推測。

然後，我坐上捲髮「老鷹」漂亮的道濟車去了得利城。

　　第一處帶看的獨立屋在得利城的山坡上，一片大霧瀰漫，房子都看不見在哪裡。

　　我看見他在迷霧中摸出鑰匙開門，勉強可以看到他的手。他說這裡是加利福尼亞洋流冷氣和加州地表熱氣交匯的地方，我說，這好像電影《小島驚魂》的場面。我伸手去摸房子的外表，一把水。老鷹說，你的預算只能選這裡的房子，他的一個上海客戶去年花了 90 萬美元，買了一棟類似三個臥室的，如今市場價要 110 多萬了。除了夏天，在霧裡面穿來穿去這個缺點外，其他都是不錯的。

　　這間屋子的餐桌上放了些五顏六色的糖果和各種來過此屋的經紀人名片，我抓了顆糖扔進嘴巴裡，吧唧吧唧，酸甜酸甜的。想起有一次某個中介帶我看一個空屋子，他急急忙忙地直奔洗手間，砰地一聲關上門，然後我聽到了驚天地泣鬼神的聲響，很久他才出來，對我說，「對不起，帶看了半天了，其他房間都有主人在。」

　　我又坐上捲毛「老鷹」的車去了第二處，路上已經開始堵車，這是從舊金山去矽谷的要道上，一路車尾紅燈，好容易才爬上密爾布瑞的陡峭山坡上，奇怪！原來這裡陽光明亮，一點點霧都沒有！別墅前花開草長，蔚藍的太平洋在面前盡情釋放著迷人的瀲灩波光，仿佛香港的赤柱山坡上景致。這麼好的住區，價格已經飆到得利城的一倍以上了。

　　老鷹很努力地開車帶我去第三個房源，因為太堵了，又在遙遠的東灣，我都有點不想去了，但是，他很熱情而且堅持說我一定要看那個房子。最後，我們的車子完全陷在去聖荷西方向的車海中，完全沒有想像中的浪漫──堵車時，大家偶爾有相互留電話的艷遇，只有他和我兩個陌生男人，一個光頭一個捲毛，肩並肩擠在他的道濟車子裡。

　　於是，我們就開始嘮嘮嗑嗑聊聊家常。他說來了美國，就沒有辦法照顧家鄉的老人了。父母目前年事已高，非常擔心家裡人打來的長途電話。

　　我問，「選擇住在舊金山灣區，你覺得怎麼樣？城裡很多流浪漢，安全嗎？」

老鷹說，「舊金山總體上治安還是不錯的。但是，晚上出門要小心。去年他就碰到一件差點丟命的事情。」

他說，那天，他去給東灣一個客戶看裝修的房子，弄得晚了，大概是晚上 12 點左右，下樓來，到附近露天停車場去拿自己的車。只有一些昏黃的路燈，這裡的居民本來就不多，到了夜裡更是稀少。他拿一個多餘的花瓶下來，繞到車子的後面，打開後備箱，打算把瓶子放進去。低頭的一剎那，突然感到一樣硬邦邦的鐵傢伙抵著自己的腰間。瞬間，渾身一震冰涼冰涼，頭皮炸開了。一個聲音說，「錢！」他感覺自己的心咚咚地劇烈跳動起來，像是安裝了一個鼓在心房邊上，腳開始發軟，顫動，然後汗就刷地下來了。他說，錢包在我的前座位的包裡，我去拿。那個人用槍頂了頂他，說，「快！去拿！」於是他被頂著走到副駕駛，打開門，把包拿出來，翻出裡面的錢包，那個人抽出裡面的幾百美元，然後把錢包丟在地上。說，還有嗎？老鷹話都說不出來了，搖了搖頭，腿肚子一個勁的不爭氣地抖動著。他從側面看過去，那是個黑人，身高並不高，黑暗中臉完全看不清，只有兩個發光的眼珠子在黑暗中泛著微弱的光。「你把手放到車子上去！」黑人揮舞著槍，老鷹說，「別開槍，別開槍，千萬別開槍。」他把雙手伏在車門上時，他聽到一陣腳步聲，等了許久，沒有了聲音，他轉過身子，發現那個人已經跑得無影無蹤。

他說，「我當時坐回到車子裡面，許久，手腳都在不聽使喚的顫抖。」

我同情的說，「我能體會這種恐懼。」

我們的車子一點點往前挪，終於拐上了去東灣的大橋，最後看的一處房子巨大，足有 450 多平方米，有一個開間 8 米的客廳，佈置著簡約的水晶燈和漂亮的波斯地毯。站在二樓臥室，窗戶外就是堵車嚴重的東灣大橋和透藍透藍的海。我們出來的時候，遇到了這個屋子的隔壁鄰居，居然是一個黑人，他穿得非常考究，雪白的襯衫外面一件意大利面料的黑西裝，西裝口袋上把手帕插成自然隆起的花朵。

老鷹說，他是一個建築師，足足花了三百萬美元買了隔壁的大屋。

他似乎認識老鷹，我們握手互致問候的時候，我看見他的眼睛很溫軟，自信的陽光灑滿裡面。他說話優雅、緩慢，和我心目中的黑人樣子完全不一樣。

這次來美前，我上海朋友給我介紹了一位他在舊金山的親戚「大善」，也是一個房產中介。第二天，大善也來酒店接我去看房子。

他模子很大，肚子像六個月的孕婦，我目測他體重足足有一百多公斤，五官倒是眉清目秀，笑起來很可愛，手臂上的毛髮很旺盛，他說自己有 1/8 的德國血統。開車往聖布魯諾方向走，遇見堵車，他就拿出一個 4.5 升的淺藍色礦泉水桶，舉在面前，嘴對嘴，在方向盤上方「咕咚咕咚」牛飲一番，把我看得一陣咂舌。

我們當天看了兩個非常便宜的房子，一個是鐵路員工家屬賣出來的，就在鐵道旁，還好火車好像不多，否則估計會因為「哮嚓哮嚓聲」患上嚴重的失眠症；一個是老寡婦的帶兩間臥室的小平房，推開門，全是老式的陳設，一股 30 年前時光的氣味，儘管經紀人已經做了些佈置，但是我還是可以嗅出那股味兒，依稀聞出當年男主人和女主人在廚房做飯、在客廳裡面看電視吃薯片的味道，窗外有一個荒草叢生的小院子。

看累了，我們回到舊金山一家唐人餐廳吃晚飯。

點好我喜歡的麻婆豆腐和青菜米飯後，我問大善同樣的問題，「舊金山那麼多流浪漢，治安好嗎？你覺得怎麼樣？」

大善說他模子大，肚子大，流浪漢從來沒有找過他什麼麻煩。但是，前些年，他遇到了一件極其驚恐的事情，一輩子都忘不了。

他啜了口熱茶，慢慢說起這件事情來。

那時候，他還不在舊金山，住在德州附近的一個小鎮。他家是那種最常見的聯排房屋中的一套，大概已經晚上 9 點左右了，他在餐桌上寫報告，那是白天沒有完成的一部分工作，妻子正在陪 7 歲的兒子在二樓臥室，二人正在閱讀一本童話書。此刻，他聽到一陣的急促敲門聲，這個敲門聲不同尋常，粗魯而急躁。他心想，這麼晚了，還有誰來呢？就打開了門。

門口四把黑洞洞的槍對著他。

四個大漢，滿身酒氣站在門口的台階上，他們都穿著便裝端著半自動步槍，第一個人把手指放在扳機上，眼神不善。

大善說，他當時一下子渾身癱軟，手劇烈地控制不住的抖動起來，心像

有隻兔子在跳，顫抖著聲音說，「你們要幹什麼？」「我們是稽查隊的，有人舉報你家窩藏了偷渡的越南客，我們可以進來搜查嗎？」領頭的中年人揮了揮手上的紙頭，他一張黑黢黢的臉，人很粗壯，黑夜中表情看不太清楚，但是聽聲音有一點急促和緊張。

他無法看清那張紙頭上寫著的是什麼？那個黑色的槍口又衝他揚了一揚，這樣一個關頭，如果不放他們進去，他們會不會立即開槍？他只好點了點頭，一側身，那四個人中的三個馬上魚貫而入，一個人站在門口守著。

他們端著槍進屋立即一間一間房子搜查起來，這樣的嘈嘈聲把大善的妻子和兒子都驚動了，他們跑下樓，看到幾個持槍的著便裝男人在樓下亂闖，孩子頓時就哭了。

大善說，他當時的第一擔心就是他們會不會借搜查的名義綁架他的妻兒，因為家裡是不可能有躲藏的越南人的。他心裡極度擔憂，特別是他臉色蒼白的兒子已經瑟瑟地躲在媽媽身後了。

一樓沒有搜查出來什麼東西，稽查人員又上二樓，兩間房門踢開，所有的櫃子門都被打開翻查，裡裡外外足足搜了半個多小時。一無所獲的人從樓上下來，其中那個領頭的黑臉中年人對大善說，「我們搜查結束了，你家沒有非法移民，這是我的名片，如果你看到非法移民，請給我打電話。」然後，還沒有等大善反應過來，已經揚長而去了。

大善看那張名片，上面只有一個名字和一個電話，沒有任何工作單位和職務。奇怪了。他安慰了一下妻兒，就去門口裡看看動靜。那幾個人早就駕著車呼嘯而走了。

門口的甬道上站著一個老頭，定睛一看是隔壁鄰居羅伯特。

羅伯特說，「剛才那幾個人開車來你家，我都看到了，我還想跟你說，不用同意他們進去搜查。」大善說，「他們端著槍，還有證書，我哪敢啊？」羅伯特說，「他們是民間的私人緝拿組，不是警察和移民局的，那張紙頭啥也不是，所以完全可以不讓他們進去。如果他們執槍硬闖民宅，那屬違法行為，理論上，你可以開槍擊斃他們的。」

「難怪剛才他們四個人那麼緊張！他們酒氣衝鼻子。」

「是的，他們可能喝點酒壯膽。他們也知道沒有真的搜查令私闖民宅的危險。」

羅伯特告訴他，「你知道嗎？他們其實是五個人，有一個人開了一輛車停在你家後門，你沒有看到，如果有人從裡面逃出來，將在後門被活捉。」

大善說，這個鄰居老頭羅伯特活像個北京胡同的小腳偵緝隊老太太，看得好仔細，他剛才特地騎自行車到大善家後門，看動靜呢。

我插嘴問大善，「這些私人稽查組到底是誰啊？」

大善說他後來終於搞清楚，他們是給移民局幹活的私人組織，可能是民兵。他們可能得到信息，有偷渡客在我們這幾個房子裡面，就來搜查了，因為一旦查到非法移民，他們將他扭送至移民局，移民局會發一大筆錢給他們作為獎勵。非法移民太多，移民局管不過來，所以就用這種擾得人不安寧的民間稽查組織。

大善說，那天，他回到家，關上門，終於長噓出一口氣，不爭氣的手也漸漸停止了顫抖。時間已經快 11 點半多了。

聽到這裡，我嘟囔了一句：「這些闖入大善家的私人民兵不就是以前西部的賞金獵人嗎？居然，到了 21 世紀，美國還有幹這個工作的人。」

——冒死替政府抓人掙銀子。

美國是一個多愛發動私人力量的國家啊。

我膽子太小，否則如果生活在美國，也要去練練槍法了。

最後我問大善，如果我問多數美國人同樣的問題，他們會不會都有一個關於槍的故事告訴我。

大善揉著他的大肚子說，「很有可能，因為美國的槍就是中國人的麻將。」

36 張愛玲和原子彈

8 月 6 日在舊金山，霧都。

我凍得瑟瑟作抖地爬上「毛驢」，駕去柏克萊大學，這是我心目中古怪精靈的聖地：曾有兩朵自由生長的奇葩在這裡開放過，他們一個是物理怪才、一個是碼字精靈，一個製造出最具毀滅性的危險炸彈，一個描繪著人間柔軟的心，一個曾是紐約的猶太人，一個是上海的民國女。這兩個八竿子打不著的人啊，卻曾在同一個地方工作過。

後者是我最喜歡的女作家。

白色的「毛驢」載著我，跟著無聲的車流，進入了舊金山對海的柏克萊地區。

奇怪，這裡沒有一絲霧氣！沒有舊金山的陰冷，沒有密集的高樓，天色藍得像剛剛刷過漆的幼兒園牆壁。柏克萊附近的馬路窄窄的，街上的咖啡館招牌迅速向後掠去，還有一對黑人兄弟在街頭上吆喝著跳躍著打著籃球，看見我的車過來，就收了球，原地拍著。

趕在一輛雪佛萊之前，在馬路邊搶到一個停車位。

停車位旁邊有一個髒兮兮的水泥柱子，柱子的底部貼了一張紙頭，上面手寫著「Doggies please piss here（小狗狗們請衝著這個撒尿尿）」，這行字的下面，寫著一個大大的名字──「Trump（特朗普）」。

哇，我想，自由的柏克萊！

柏克萊薩瑟門上的星辰環繞著希臘風的無名花。

陽光把樹上跳躍的長尾巴像伙染上亮色的剪影，這天氣，不出門都感覺

對不住自己。想到上海 8 月熱得宛如沙丁魚罐頭，這柏克萊夏日的清涼就翻倍了。

在校門口的甬道上，有個髒辮子的哥們試彈一架風吹雨打的小鋼琴，彈得好像是貝多芬的鋼琴奏鳴曲，還不賴，估計貝多芬也會喜歡這個人的彈奏，因為他也聽不太見。無人賞識似乎絲毫沒有影響髒辮子小哥的表演，他的雙手一起一伏在鋼琴上，頭還不時地拗來拗去。

校內那兩棵巨大的橡樹，估計要幾個人的熱烈環抱才行，樹冠大得像格林童話中的小森林，隨風自在地搖曳。看到它，我老是想起《飄》裡地名：十二橡樹。

背後那幢柏克萊高聳的尖塔，帶著每一個人不一樣的心情，直插天際。

1 點鐘，塔鐘按時當當敲打起來，鐘聲送至柏克萊的教室、樓梯和各個角落。

我一直覺得，柏克萊是天才、極客、自由靈魂的天堂。

柏克萊迄今誕生了 97 位諾貝爾獎得主，但是，最有魅力的人卻是一位沒有得獎的主，一個叼著煙斗、整天咳嗽不已，被柏克萊學生模仿搞笑的倔強天才，他改變了歷史的進程。

他，搞出了世界上第一顆原子彈，引爆在了新墨西哥州的沙漠裡。

在我看來，他是柏克萊的縮影。

據說，這位奧本海默在讀大學的時候，就是神神叨叨的。有一天，他的老師、著名物理學家馬克斯·玻恩在報考廳發表物理演講，用粉筆在黑板上運算完一道量子物理方程式，然後，拍拍手，掃視著學生們，開始給大家講這道演算的思路，此時，突然看見一個黑頭髮的猶太人從無數個腦袋中騰地站起來，像個移動中的黑蘑菇，但見他用力擠出座位，閃電一樣衝上台來，打斷他的演講。台下頓時一片騷動，這個猶太學生拿起粉筆，唰唰唰板書了一個新的演算方程式，對老師說「這樣的計算方式會更好！」。玻恩被搞得目瞪口呆，怒火中燒，但是，他看見了他清澈的眼睛和單純的眼神。這個學生就是奧本海默。

學神奧本海默印證那句名言－－「哥就是個傳說」。他以十門全優的成績畢業於紐約菲爾德斯頓文理學校，接著，他三年神速讀完哈佛大學，後以量子力學論文獲德國格丁根大學博士學位，據稱論文發表當天，在座評審的有白方蒼蒼抑或正值風華的物理學家，大家聽了他的報告都靜默了，像是一群不會唱歌的夜鶯，竟無一人敢發言反駁。後來他來到柏克萊任教，並創立了「奧本海默理論物理學中心」，站在了世界理論物理學最前沿。奧本海默的大腦結構估計異於常人，他研究範圍很廣，從天文、宇宙射線、原子核、量子電動力學到基本粒子。

這位「哥」還像一隻聰明的八哥，通八種語言，尤愛讀梵文《薄伽梵歌》。他常常穿著深色西裝，撐大他那雙濃眉大眼，站在一堆《量子論的物理學基礎》之類的書前面，用高亢地、奇怪口音的梵語朗讀：「那些認為靈魂是屠夫的人是無知的，靈魂永遠也不會去殺人或者被殺。」

校園內部道路的一個十字路口，我看到地上鑲嵌著一個銅質的圓形紀念牌，上面寫著「紀念為第二次世界大戰工作過的柏克萊的學生、老師和職員。」看時間，此圓牌已經立了 20 多年了，被無數雙腳摩擦得發光了。我想，這裡面需要紀念的第一位可能就要算奧本海默了吧。

二戰期間，德國和美國進行了一場曠世的造原子彈比賽，歷史的天平會向哪裡傾斜？在海森堡的主持下，德國進行了秘密的原子彈研究，而羅斯福總統成立了最高機密的「曼哈頓計劃」，目標是趕在德國之前造出原子彈。奧本海默作為「曼哈頓計劃」的首席科學家，他招募 4,000 名頂尖科學家進駐洛斯阿拉莫斯基地，開始研製核武器。成千上萬的男人、女人和孩子，在那個荒無人煙的絕密軍事基地中，與世隔絕度過了戰爭年代，他們得向他們的家人和朋友撒謊他們的去向。要把原子核裂變理論，變成軍事上的原子武器，須克服理論、方法、材料、技術工藝等無數難題，談何容易？這是一個龐大、恐怖而且驚人的計劃。結果，德國海森堡（也許是故意）算錯了製造原子彈的關鍵數字，讓奧本海默搶先一步造出原子彈，隨後在沙漠地區引爆，引爆的當天，奧本海默看著緩緩升起的蘑菇雲，用奇怪的梵語喃喃：「漫天奇光

異彩」。緊接著，美國朝日本廣島、長崎投下了兩顆原子彈，迅速結束了戰爭。奧本海默的成績，被杜魯門總統盛讚為「一項歷史上前所未有的大規模有組織的科學奇跡」。

在我看來，他更是柏克萊自由思想的代表。

當原子彈試爆成功的那一刻，奧本海默認為自己錯了，後來他神情低落至極，驚慌失措，覺得自己打開了一個潘多拉魔盒，認為自己「成了死神，世界的毀滅者」。在聯合國大會上，他對著聯大主席，對著無數要員，對著新聞媒體的鎂光燈，他脫口而出：「主席先生，我的雙手沾滿了鮮血！」。氣得當時美國總統杜魯門大叫「以後不要再帶這傢伙來見我了。無論怎麼說，他不過只製造了原子彈，下令投彈的是我。」

面對壓力，奧本海默和他讀大學時一樣不屈服，他攏著不羈的黑蘑菇頭：「無論是指責、諷刺或讚揚，都不能使物理學家擺脫本能的內疚，因為他們知道，這種知識不應當拿出來使用。」

午後 2 點鐘，我走過圖書館門口的大草坪，看到一些在樹蔭下看書的學生，還有幾個在四仰八叉地躺在草坪上，呼呼大睡。陽光下澈，令人四肢溫軟，血脈自由舒張。

我拐去了校門附近的小街，有一個賣小商品的憲法廣場，樓高三層，底樓拉著一個巨大的橫幅「所有的玻璃器皿全部打七折哦！」，這個發舊的小樓，外牆油漆斑駁，貼著三四個市井氣的招牌，散發著古怪的氣味，門前行人寥落，抬頭望去這裡的三樓，那就是當年的柏克萊大學東亞研究所？

這就是張愛玲待過的柏克萊嗎？

那個玲瓏心的女子。

張愛玲在美國的這個後半生，真的是急轉直下。真應了她對胡蘭成說的，「我將只是枯萎了」。

東亞研究所這棟小樓是個里程碑。張愛玲曾經穿著精緻的旗袍，裹著消瘦的身影，走進我眼前的樓梯——1969 年到 1971 年她在柏克萊找了一份活

兒，做文學研究。這時她的第二任老公美國作家賴雅已去世，喪偶的她，開始過一種離群索居的生活。

她在這座樓裡工作時，小樓估計還沒有今天如此雜亂。

她避免與同事碰面，曾經與她共事的人說「任何一個外人所釋出的善意、恭敬，乃至期望與她溝通的意圖，對她來說都是一種精神的負擔和心理的壓力。」

她希望遠遁人群，一個人的生活。

一個台灣作家兼記者試圖去美國採訪她，租在她隔壁的房子，一直沒有機會接近她，就給她留了一個條子從門縫裡面塞進去，上面寫「如果可以的話，明天中午 12 點鐘我來採訪你」，結果，過兩天，她發現隔壁已經人去樓空，張愛玲悄悄搬走了。

胡蘭成別了，賴雅走了，她只想和過去的那個世界在物理上告別，不再想有任何接觸。

她一個人在自己的精神世界悠然。人類登月那天，她坐上公車專門去附近的一個商場買電視，回程時錯把路牌當成公交站，恰好被路過的朋友發現，得以搭車回家。

在柏克萊期間，她在那張簡陋孤寂的書桌上，寫下了《小團圓》的第一個字。

我猜想，她在遙遠的柏克萊開始寫《小團圓》時，這個時候文革正席捲大陸，東西方冷戰，故國國門緊鎖。她是沒有愛人、沒有家、也沒有國可以大團圓了，只有在文字裡，夢回故鄉，和自己的愛人團圓了。張愛玲 17 歲時說過：「生命是一襲華美的衣袍，爬滿了蝨子。」她說，「我寫《小團圓》，這是一個熱情故事，我想表達愛情的萬轉千回，完全幻滅了以後還有點什麼東西在。」

我走在柏克萊的小街上，一個人異國旅行很久，我忽然就很能理解這種精神上的小團圓意味著什麼？

張愛玲在柏克萊期間的寫作興趣放在《紅樓夢》考證上，因為她有機會在大學圖書館看到脂本《紅樓夢》，她完全醉心於自己的世界，窗外的萬丈

紅塵，與她何干？她曾經被捲入過紅塵，49年那年她其實是留在了上海，次年還作為上海文藝代表團一員，到蘇北農村參加土改（即土地改革運動）兩個月，可是林妹妹終歸無法愛上焦大的，最後的她只好遠涉重洋。

一個不開車的人，她卻在美國頻頻搬家；她的書在港台、大陸和華人世界風靡的時候，她卻住在汽車旅館裡面，住在混亂的街區。她是多麼愛美愛優雅的人，後來因為公寓跳蚤（或者皮膚病），不得不剪去自己的頭髮，穿得像一個燈籠。

我很能理解她，她的過去都死亡了，愛都幻滅了。

她的摯愛是汪偽政府的文人，胡蘭成，她喜歡他，他是那麼有才華，懂得她，他們相愛的那一年，胡蘭成38歲，張愛玲24歲。一天，他向張愛玲提起刊登在《天地》上的照片，張愛玲便取出來送給他，還在後面題上幾句話：見了他，她變得很低很低，低到塵埃裡。她心裡的歡喜，從塵埃裡開出花來。──兩人熱愛，歲月靜好的時候。胡蘭成在《民國女子》中這樣描述：「夏天一個傍晚，兩人在陽台眺望紅塵靄靄的上海，兩邊天上餘輝未盡，有一道雲隙處清森遙遠。我與她說時局不好，來日大難，她聽了很震動。漢樂府有『來日大難，口燥唇乾，今日相樂，皆當歡喜』，她道：這口燥唇乾好像是你對他們說了又說，他們總還不懂，叫我真是心疼你。又道：你這個人嘎，我恨不得把你包包起，像個香袋兒，密密的針線縫縫好，放在衣箱藏藏好。不但是為相守，亦是為疼惜不已。隨即她進房裡給我倒茶，她拿茶出來走到房門邊，我迎上去接茶，她腰身一側，喜氣洋洋地看著我的臉，眼睛裡都是笑。」

抗戰結束，全國人民抓漢奸。胡蘭成一路逃亡到溫州，並愛上了一個寡婦，張愛玲從上海一路顛簸著尋去，最後發現，他對她的愛沒有了。於是她說，「我將只枯萎了」。

到美國，她遇見了同樣被美國主流文化不容的第二任丈夫──65歲的落拓作家賴雅，兩人相依為命，賴雅年老多病，中風癱瘓在床，張愛玲不得不從文人閨秀變成了食人間煙火的家庭主婦。幾年，賴雅去世，張愛玲來了柏克萊，此後越發遠離人群。

我在東亞研究所小樓前轉悠的時候，忽然明白張愛玲在這裡的一切足跡其實都已經消失了，生命的溫度都只曾在另外一個維度裡。這時期的《小團圓》原是她寫給她自己的，她希望這本小說能夠一把火燒掉，消失殆盡，無人知曉。

她曾有一次回國的機會。某年，北大學者樂黛雲在哈佛訪學，想請張愛玲到北大做一次「私人訪問」。張愛玲回信致謝，說「我在大陸沒有什麼牽掛……」經歷了戰爭、運動、離亂，她記憶中的上海、大陸，一切面目全非了。

正像她年青時候寫下的句子，30 年前的月亮早已沉下去，30 年前的人也死了，然而 30 年前的故事還沒完。

在柏克萊自由的空氣中，張愛玲走完遁逃社會前的一個過渡，宛如一座短短的橋樑，她在橋上歇了一會兒，然後就不回頭的離開紅塵了。

下了橋，那顆靈魂，要飄到更遠更冷的地方去了。

現在我所看見的柏克萊是不是還是當年張愛玲看見的那個柏克萊？

無論如何，此番駕車北美亂躥，能在柏克萊觸摸到一點點她當年的氣息，也是幸運至極的事情。不知為何，她一直是我心儀的女子。

我太愛她的自由意志，那種堅決，曾像閃電一樣照亮黑夜中沒有方向的我。

1995 年，張愛玲在美國的友人林式同接到警察通知，說 Elieen Chang Reyher 去世了。他是第一次走進張愛玲那間小得不能再小的公寓。根據他的講述，這是張愛玲告別世界的場景：這是一個安詳的世界，照皮膚的紫外線太陽燈還開著，電視機卻是關著的。張愛玲躺在房間裡唯一的一張靠牆的行軍床上，她身穿一件赭紅色的旗袍，身下墊著的是一張灰藍色的毯子。她合上了眼，神態安詳，只是出奇地瘦。她走了。走得寂靜……她走的時候，仍是一個上海女子。

柏克萊大學有奧本海默和張愛玲兩個異類，不是一個偶然。

因為柏克萊是美國西海岸高校的異類。柏克萊多元與包容，讓每一種聲

音都可以有自己的講台，——這裡擁抱異類。自由意志的血液，在奧本海默身上流淌著，也倔強地流淌在張愛玲身上。

太陽快落山了，有點涼意，估計溫度掉進 20 度以內。

我問一個學生，咖啡館在哪裡？熱情的他立即領我去一處帶露台的咖啡館，那個露台上，記得仿佛可以遠眺舊金山。一種毛茸茸小尾巴的松鼠在最後一抹太陽光影裡面跳來跳去，有一陣子，牠居然倏地一下跳到了我的大腿上，向我討吃的，我被牠的利爪刺入褲子，抓痛了腿，頓時一聲驚呼。

此刻，風在咖啡館後面的樹林裡面慢慢地吹來，那些橡樹、紅杉、銀杏、桉樹，還有叫不出名字的樹都仿佛輕輕地飄蕩起一層層褶皺。

這個咖啡館就是言論自由論壇咖啡。1965 年柏克萊發起的席捲全國的言論自由運動（Free Speech Movement），該運動改變了一代人對政治和道德的看法。

咖啡館外面，我吃驚地發現，校園的閱報欄裡，居然赫然張貼著當天北京出版的英文《中國日報》，柏克萊居然鼓勵共產黨的英文黨報在每天公開閱讀，這是西方大學中極其罕見。這讓我想起柏克萊一個禮堂的門，是沒有把手的，那是象徵著言論自由。

據說前陣子，柏克萊還舉行過盛大的反特朗普遊行。遊行的人集結了不少，不過這次挺平和的，一些人上台作了抨擊式演講，說特朗普不斷撒謊，而且也沒有履行競選承諾！下面人一半人鼓掌，一半人都在舉著手機拍照發INs。

警察叔叔則在旁邊悠閒地吃著熱狗，

柏克萊的校訓是，Let there be light，我翻譯成，「讓光明普照大地。」

跳上我的「毛驢」，看見一隻野貓路過我前面，以為牠在四處覓食，我把手上的麵包渣渣留給了牠，但是牠只是聞了聞，就走開了。

連貓都這麼個德興。

牠沐浴在最後一道金色的光線中，喵喵叫著，看我一眼，越進叢林。

37 舊金山的不動產也會動

　　驅車前往舊金山，天空中突然一聲巨大的恐怖聲響，窗外的樹木與路燈東倒西歪，錯亂不堪，劇烈搖晃之後，緊急剎車後跳下車子，頓時被眼前的景象「震趴下了」：公路被一條深不見底的黑魆魆的深溝切開，這條深溝足有幾百米深，更倒吸一口涼氣的是，一座房子被硬生生地撕裂成兩半，隔著「深溝」遙遙相對。再往城市裡面走，整個舊金山 CBD 已經變成一個大煙囪了，大火映紅了天空，聯合廣場附近的大樓像積木一樣坍塌，到處都是尖叫逃命的人。

　　——這還好不是我在舊金山的親歷，這是電影《加州大地震》的場景。

　　昨天晚上，我和同學老孟微信裡面聊聊舊金山，我問：「聽說華人喜歡炒舊金山的房子？」

　　我的這位地圖指揮官說，「我們德州人才不買那地兒的房子呢，舊金山要來大地震，你知道嗎？」

　　我驚愕道，「大地震？」

　　他說，「這是全美國人都知道的秘密！《加州大地震》看過嗎？」

　　我說，「看過啊，一部大爛片，兩次黎克特制 9 級地震引發的海嘯淹沒舊金山，誇張的是，水位已不可思議地到達城市最高建築的頂層，無數大廈像泥巴巴捏的，瞬間被震成了碎渣，搞得美國好像都是豆腐渣工程。還有彈幕說，強森女兒的「奶震」比地震好看，她只穿一件吊帶衫到處跳跳蹦蹦地逃難，她誇張的胸部數值和超誇張的地震數值一樣離奇！」

　　老孟說：「這電影拍得是有背景的，因為，整個舊金山灣區的確就是建在幾個地震斷層帶之上，宛如把房子建在一個搖椅上。」

他發了一個資料給我，我一看，是聖安德列斯斷層（San Andreas）介紹，這橫貫加州上千公里的斷層，地質學家形容該地區已「懷胎 10 月」，而且「已遠遠超過預產期」，斷層地區每 150 年就會發生一次大地震，但該地區已 300 年沒有發生大地震了（1906 年舊金山地震是其他斷層）。未來 30 年中，約有 70% 的可能性會發生 6.7 級或以上的地震，不排除 8 級以上。

老孟說，「現在加州人對地震風吹草動很敏感，最近最好別買房。地震來了，才知道不動產也會動，而且動起來要人命啊！」

傍晚，海邊一片緋紅。

遠處的金門大橋在餘暉中沐浴，大海墨墨藍，宛如《22 世紀殺人網絡》結尾，病毒特工被殺後的夢境。

我駕著小「毛驢」，開上巨大的紅色斜拉大鐵橋，像是一群螞蟻正列隊通過食蟻獸的長長紅舌頭進入牠的身體，然後被消化在各個部位。

因為好幾天沒有好好洗澡，後面幾天我就奢侈了一小把，住在了市中心的宮殿酒店。

這家酒店位於新蒙哥馬利大街上，是一個充滿古典主義色彩的老派賓館，年長的拉門員舉手投足很優雅，讓我覺得小費給少了都有點慚愧。

9 米多高挑空的大廳，大理石羅馬柱子和凡爾賽宮一樣的走廊，處處是巴洛克風格的紋飾，地上鋪著土耳其手工繡花款式的大地毯，最誇張的是大廳天花板上有十個巨大的水晶吊燈，每個都有一個大圓桌面這麼大，讓每個走進去的人，產生一種自我陶醉或者某種「高貴感」，有人把這家酒店翻譯成皇家宮殿酒店，那也是有道理的。

因為有免費早餐，所以，第二天早上 9 點半，我就坐在大廳裡喝著紅茶，嚼鬆餅。

猛一抬頭，看見高懸的巨大水晶燈正在我的腦門正上方，7 到 8 米的高度，一種心驚肉跳感，我想，如果此刻發生大地震，這個桌面一樣巨大的水晶燈晃落下來，根據自由落體公式 $V2=2GH$，水晶燈砸向我的末速度是每秒 13 米左右，也就是這麼重的東西以大約每小時 46 公里的速度直落我頭頂，如果無

虞可逃，我肯定就是一個肉餅夾饢饢，早茶杯子會是這個饢饢上的一朵青瓷碎片花。

1906 年 4 月 18 日清晨 5 時 12 分，這所酒店的人還在做大夢，7.9 級大地震突然光臨。舊金山灣的海浪劇烈翻滾，整個城市的大地也跟著翻滾、舞動起來，拱起又跌下，跌下又拱起，形成 2 至 3 米高的波幅。一位美國記者這麼描寫他的地震感受，「在房間上下左右搖晃時，我聽見玻璃的破碎聲、家具的撞擊聲、地板和牆壁的錯位聲、鋼琴的沉重跌倒聲則又為這一長串難以忍受的噪音增添了一個音節。」「當時我在睡夢中被巨響聲吵醒，驚慌地發覺自己的身子在床上被高高拋起，又重重落下，黑暗中周圍的一切都在被地震肆意地搖晃，摔倒，房子裡的嘈雜聲像幾十個發脾氣的人在摔東西洩憤，就像世界末日到了一樣！」

大地震仿佛一隻在地下行走的暗獸，持續行走了 48 秒，很多地方被夷為廢墟，市政廳像紙牌一樣倒塌在地。接著，煤氣管爆裂，引發全市大火，舊金山變成一片無法控制的火海，整個城市籠罩在攝氏 1,500 度的高溫下，鋼筋軟化，沙岩裂開。火焰在 80 公里外清晰可見，沖天濃煙高達數公里。

我所在的這家酒店老闆，很幸運地發現大樓在 7.9 級地震中歸然不倒，暗喜建築質量之高超，但是高興了沒有幾小時，卻被隨之而來的大火迅速吞噬，燒為一片灰燼。

這場地震帶走舊金山三千條人命，並讓舊金山成為一片黑黢黢散發著焦臭的廢墟，那些亮晶晶的鐵軌變成扭曲變形的爛鐵。但是，僅僅六年時間，舊金山的重建工作大部分已經完成，再過三年，「太平洋巴拿馬世界博覽會」在舊金山舉辦，一座亮閃閃、散發摩登香氣的城市，已經取代了焦黑的廢墟。

我目前所住的宮殿酒店是災後在原址上重建的，推測大約八九十年前重新開業的，落成剪綵時，華服、裙裾、美車擠滿了新蒙哥馬利大街。這就是生命，野火燒不盡，春風吹又生。

但是，人人好像都有健忘症，好了傷疤特別容易忘了痛，酒店室內設計師一點兒也沒有吸取上次的教訓，要在客人七八米正上方掛這麼大、這麼重的水晶吊燈，難道聖安地列斯地震斷層是紙糊的嗎？

難道設計師都是西安人的後代嗎，那麼喜歡肉夾饃？

我親歷了三場大地震。

唐山 7.8 級大地震，全國有震感。記得大概是 7 月的一個傍晚，天氣酷熱，不知道為啥爸爸那天沒有去鄰居家串門，可能是天氣太熱了，哪也不想去，反正晚飯後，我們兩個人都赤膊坐在床上呼呼呼扇蒲扇，床是那種很破很薄的木板床，床頭上方吊了一個照明的電燈泡，我爸爸突然踹了我一腳，說「別抖腳！」我委屈的說，「我沒抖啊！」，他說「床都被你抖晃了！」，我說「我真沒有抖啊！」這時，我們兩個人同時看到，頭頂上那個電燈泡在繩子上來回劇烈晃動，像一個到處飛舞的巨大螢火蟲，我瞬間很委屈，這明顯就不是我晃得出來的嘛！此刻，我就聽到爸爸說了一句，「不好了！是地震了！房子要倒！！」

起身拉著我的手就下床，到了地上，我發覺地在動，根本站不穩，一瞬間，我怕得要死，腳立馬就軟了，嗓子眼發熱，好在那時候的爸爸才四十來歲，身強力壯，使勁拽著我可能就像拖死狗一樣的往門外猛躥，我們住的是農場的一個平房，八九步路就躥到外面去了，一跑到外面，我就聲嘶力竭地喊：「地震啦！地震啦！地震啦！」那是一種小動物瀕臨死亡前的恐懼叫聲，也是一種小動物給自己壯膽的呼喊，我一路跑一路喊，我這才發現鄰居都出來了，由於天氣實在太熱了，很多男女都和我們一樣半光著身子只穿條大褲衩跑出來的。

等我平息下來，躲在爸爸身邊的時候，發現很多阿姨穿了平時看不見的內衣，害羞地躲在人後面。那是一場 5 級左右的餘震，房子沒有倒，我們在外面呆到半夜，終於抵不過睡意，很多人撐不住，還是回去睡覺了。現在，幾十年過去了，想起那場地震，就是自己的那個聲嘶力竭的呼喊，那個劇烈晃動的電燈泡，半光著身子的人群，還有爸爸有力氣的大手。

2008 年汶川 8 級大地震，我清楚記得 5 月 12 日是一個工作日，下午，我假裝去見客戶，其實翹班和一個朋友去看剛上映的電影《鋼鐵俠》，那是南京西路的一個電影院，白天看電影有種「偷得浮生半日閒」的快樂。當天，

裡面坐的人估計一大半是溜號的，大喊一聲「老闆來了！」，立馬能走一半人。立體聲效果特別好，小羅伯特·唐尼和恐怖分子進行槍戰大火拼的時候，火力十足，我感覺到這個票買得很值。那一刻，因為連房屋都劇烈震動起來，等我們看好電影走出大樓，外面天光很亮很刺眼，我吃驚的發現，寫字樓雲集的南京西路上都是人，大家都西裝革履地站在馬路上交頭接耳，像集會一樣，我當時還很好奇，走上去，問了一個辦公室女郎模樣的人，她說，「你不知道嗎？剛才地震了，寫字樓晃了好幾下呢！」

後來，我回想起來，才發現槍戰場面房屋搖晃不是影院效果，而是真的地震來了！這立體效果也配合得太天衣無縫了吧！回去，我的一個同事告訴我，當時他正在打客戶電話，很鎮靜的告訴電話那頭的客戶：「我這裡好像地震了！」客戶在那頭停了停，也很鎮靜的告訴他：「那就掛了嘛！」後來，看到一條花邊新聞，上面說，5月12日那天，重慶有四個婆婆在打麻將，突然發現桌子在搖晃。婆婆們二話不說，分頭各自去找了些硬紙板，墊在桌腿下面。然後坐下來繼續打！估計是重慶最強悍的幾個老太婆了。

2016年4月16日，大阪櫻花怒放時節，我卻趕上熊本大地震。

那天也是鬼使神差，我居然住在288米高的日本第一高樓裡——位於天王寺「Harukas」的萬豪酒店，我的房間大約是在52層，這座樓是360玻璃帷幕，窗口遠眺，大阪的迷離夜色盡收眼底，甚至可遠眺關西國際機場，由於相對高度太高，有一種仿佛站在大阪半空中的感覺。半夜，突然從酣睡中驚醒，在最初幾秒鐘，只有一個念頭如雷電般在我腦海中閃過，地震了！大樓正發出「吱——」「吖——」的恐怖聲音，並在緩慢的左右搖動，床也在晃，人在床上根本睡不穩，遠處低矮的大阪城市在夜色中搖擺，那一刻，非常擔心大樓會這麼直挺挺地倒下去，和大地接吻。

好在日本的酒店裡面，沒有任何懸掛物，連五斗櫥都是死死釘在牆上的，一時半會兒也沒有東西會砸向我的光頭。我心驚肉跳地打電話到酒店大堂，前台很平靜地說，「不好意思，請在客房裡等候，因為電梯已經自動停止運行。」哇！想跑都沒有門了！我心裡一陣哀歎！我當時就在責備自己，傻啊！日本在火山地震帶上，地震這麼多，我還選這麼高的樓住。「吱——」

「吖──」「吱──」這大樓恐怖的聲音又來了。時間只有一兩分鐘，但是好像過了很久很久，我打開電視，NHK 新聞裡面播報，九州地區發生了大地震，關西有感。電視裡面有一個地震地圖，地圖上有一個個紅點點，像是蚊子叮咬過腫起來的一個個小包，那都是正在發生餘震的地方。

後來，我聽說一個日本人路過大阪的豐臣秀吉的雕像，突然看到豐臣秀吉在向他招手，他差點被嚇死，撒腿就跑，等停下來才知道是發生地震了。

這個上午，我想休息休息，在可怕的大吊燈下喝了一會兒茶，發了一陣子呆，亂想一通。拿著杯子時想到，人其實也是一件容器，哪怕是最輕微的震動，最小的顛簸，都可能讓它破碎。

地震也給了我「無常」的思考，即沒有什麼是可靠的，沒有什麼是不變的，沒有什麼是永恆的，即便是我們腳下的大地。

地震也考驗人民的智慧，比如，有一句中國土土的「名言」可以分享給舊金山人，「專家叫蛤蟆不叫，可以安心睡覺。蛤蟆叫專家不叫，趕緊玩命逃跑！」

38 寂寥的卡車與再不需要老公

8 月 12 日清早，離開舊金山，繼續沿海岸北上，方向西雅圖。

我把車窗打開，讓大風橫衝直撞地吹進來，把腦袋吹醒。

突然，鼻子裡聞到一股怪味，臭臭的、騷騷的，一陣一陣地鑽進來。我扭頭看見旁邊車道上有一輛雙層運貨車，我超車過去的時候，看見無數個豬腦袋被關在貨車的鐵柵欄裡，牠們在車裡拱來拱去，也有幾頭豬正好奇地張望著外面。我看到一頭豬闊闊的鼻子被卡在兩根鐵柵欄之間，那個表情好搞笑。

我踩油門遠去的時候感歎，這些豬大概不知道自己是被送往屠宰場，被送往做漢堡的廚房，牠們還在享受生命的最後一段歡愉的旅行。轉念又一想，我們和這些豬的差別何在呢？最後都是死亡，牠們是不自由的生命，我們又有多少時間是自由的呢？

這是一天漫長的駕車，途經北美最壯麗的一段公路——穿越紅杉國家公園。

車裡放著《逍遙騎士》的那幾首老掉大門牙的歌，「我更願旅行在鑽石般的新月下／穿過聖山山谷／漫步穿過叢林／在那樹木有光澤的地方……」我想和人說說這部電影，談談裡面那快樂的長辮子、高把手的摩托車，在漫長公路上的自由飛翔，這種感覺，會有人明白嗎？理解這種感受的會不會越來越少？我讀苦逼高中時，在上海東北角的那所學校裡，每天像關在籠子裡的豬一樣刷 200 道題時，曾偶爾讀到一句「每個人，都是一座孤島」，瞬間被擊中了，後來我明白，那些孤島即使聯結起來，也不是一片大陸。

一度，太平洋方向吹來涼爽濕潤的風，吹進我的喉嚨，緩解了汽車裡面的太陽曝曬。一度，我把兩隻手都放在方向盤上，頭半趴在方向盤上。

　　這樣漫漫的一天行駛。

　　公路的盡頭還是公路。

　　到了傍晚，路兩旁開始出現直挺挺插向雲霄的紅杉樹，它們碩大的身影遮蔽了天空，最後一抹陽光斜 30 度穿過樹林裡那些巨大的軀幹，微弱地照下來。

　　黑夜漸漸來臨，我仿佛把車開進森林巨獸肚子。

　　剛開始還有幾輛車開在我前面，但很快，他們拐到岔路上去了，四周一片漆黑。

　　夜投一間叫「綠寶石」的森林小木屋旅館，推開估計 20 年沒有裝修的木門，吱吱呀呀的。前台一個鶴髮雞皮的老奶奶接待了我，她的頭髮灰白色枯萎地捲曲著，眼睛身陷在大的鷹勾鼻子後面，說話很慢很清晰，只是聲音有點兒微微發顫，聯想起這是一個森林深處的小木屋，她這個樣子活像一隻老貓頭鷹呆在她的木質巢穴中，而我就是上門的那條蟲子，而且亞洲品種的瘦小蟲子。

　　她讓我填一張表格，我在「來自於」一欄順手填了個「上海」。辦好事，問好我租的小木屋的方向，我正打算拖著自己的行李要離開貓頭鷹的窩，她突然咕嚕了一下子，從櫃台後面探出細細的脖子問我：「上海是一個國家嗎？」

　　亞洲蟲子頭上頓時滾出一滴碩大的汗。

　　我不知道這位老太太是怎麼度過她的生命的，每天夜晚她都一個人睡在森林裡嗎？她的鼾睡聲只有森林的紅杉樹和那些北美雲雀可以聽見。假如一個人睡在這樣的森林裡久了，完全習慣一個人的生活，是不是就不想遷就他人，不想再回到喧鬧的城市了呢？

　　次日一早，離開紅木國家公園，繼續北上。

波特蘭不遠了，你在公路上就能感受到他作為港口城市的雄性脈動，一輛又一輛巨大、錚亮的集裝箱卡車在我的身邊呼嘯而過，我見過一個車頭拖著三個集裝箱的，像開在我旁邊的一列火車，非常震撼。

路邊，高聳的廣告牌映入眼簾，黃色的底色，黑色的字，「成人店」兩個巨大的英文單詞在高速公路上觸目驚心，引人心猿意馬。

我把車從車道上緩緩地開下來，駛上路邊的一條小匝道，這條匝道的盡頭就是那家「成人店」，這家店不受人打擾，顯得很隱蔽。

停好車，上幾節台階，就是那棟大房子。

上台階的時候，我無意瞥見台階下居然有一大堆花花綠綠的男性內褲，這些髒兮兮的短褲有的是三角的，有的是平腳的，但是尺寸不小，看來肥碩的主人們出了大門，就隨手把它們丟在台階下面，和雜草碎石垃圾丟在一起，它們是從哪裡來的呢？

推開成人店的玻璃大門，這家店足足有八百平方米大，前台站著幾個導購姑娘，她們各種膚色，沒有統一制服，白天店裡人不多，她們嘻嘻哈哈地在說笑著，看來在成人店工作是個歡樂的地方，這或許對治療抑鬱症有幫助。

我裝作行家一樣，在她們的櫃檯前仔細看那些比例明顯是亞洲人受不了的 18 檔變速的仿生按摩棒、粉嘟嘟的假陰道、堪比警察用品的手銬以及帶流蘇、亮晶晶鋼扣的皮鞭，均做工精緻，良心作品，看來不是淘寶貨好比的。

遠在美國的西北海岸公路的一個隱秘的成人店裡看這些東西，人會很放鬆，不像在上海的金匯路地區逛成人小店，昏暗、潮濕、散發異味的店裡，廣東口音的鴉片鬼長相的男人守著破敗的「性用品店」，其實就是一牆花花綠綠的塑料廉價貨，那樣質量可疑的東西塞在下體，所冒的風險相當於找江湖郎中做結紮手術，而且，很多人捂著臉偷偷摸摸一出店門，往往還會碰見一個國企老單位領導背著手在附近踱步，要多尷尬有多尷尬！

現在，這北美明亮的高檔的成人用品中心，背景音樂都是輕鬆的爵士。

「一屋子精品啊！」我由衷讚歎了一句，櫃檯裡面一個戴眼鏡、乳溝深陷、波浪黑頭髮姑娘突然開口，用中文對我說：「你好！需要什麼幫忙嗎？」嚇了我一跳。

「你是哪裡學的中文？」我有種被熟人捉住的感覺。

「我媽媽是台灣人，我爸爸是俄勒岡人，我是美台混血兒。」

於是，我在成人店有了一個中文導遊。

她的淺褐色臉上仿佛洋溢著一種巴西人式的笑容，這讓我推測他的父親可能是拉丁裔或者西班牙人後裔。她先領我看 A 片區（美國學名為 RC-17 或 XXX），無數 DVD 的 A 片被佈置成整整幾堵牆，牆高目測在 5 米以上，產品估計有幾千部，高的地方估計要使用梯子爬上去拿片子，像公共圖書館一樣，盛況令人乍舌，來到這裡，你才知道美國的 A 片產業也是很龐大的。那些強壯的肉體和奇葩的女人身材，閃亮閃亮的，各種姿勢、衣著扮相在奇幻的場景中，肉體交織橫陳、槍林彈雨，滿滿一屋子原始獸性。最後，我看到了島國鄰居的作品，在一個角落裡，稀寥寂寞地歪斜著，極不起眼。

接著這位美台混血給我展示了一張巨大的功能雙人床，她說，這張床開關打開就會像波浪一樣的搖動，讓男女主人公躺在上面，他們親密的時候，會到達一種極致的快樂。說著，她打開床側面的開關，但是床沒有動，她關掉一次，再開，床還是沒有動。「可能電源掉了！」說著，她撸起袖子管，撅起屁股，爬到床地下去弄電源了，搞得我非常不好意思。她的服務意識像她的頭髮一樣迷人，因為她應該知道眼前只是一個駕車旅行的傢伙，是不可能扛著這個波浪式男歡女愛按摩床在美國各地到處去晃悠的。

面對一屋子的奇奇怪怪的性用品，我更多的是小學課本第一冊裡的表達：「What is this?」「What is this?」她總是不厭其煩。其中一個巨大的女性打炮機，我看到了盒子上的廣告語：「夜夜有他，我再也不需要老公了！！」有一個女性按摩棒上寫到：「我也不知道，我有如此強烈的需求！」她著重向我介紹了那些充氣娃娃，全是粉色的矽膠金髮女郎，有半身的，也有全身的，胸部比例比較魔幻，據說通電後，會發出令人驚詫的叫聲，鄰居王大媽李大爺要小心心臟。

商品區的後面是放映區，一個個隔成三四個平方米的小放映室，大概有十多間，奇葩的是每個放映室一面牆上下同時安裝了兩個顯示屏。美台混血兒告訴我，5 美元可以租一部成人電影看 20 分鐘。我估計，兩個顯示屏是顧

客同時租兩部片子看，一拉簾子，就是自己的瘋狂小世界。我問什麼人最多，她說什麼人都有，很多卡車司機。我聯想起台階下那些被丟棄的髒褲頭，明白了這家成人店的主營。

那些集裝箱卡車司機，從南到北呼呼呼地猛開，每天全是熟悉的景物，已喪失了新鮮感。無聊的旅途會發困，他們有時會嚼一塊口香糖或是一塊朱古力，實在沒辦法了，就在車裡嗷嗷大吼幾聲來提提神。儘管很多司機有家庭，但是實際上，他們卻是常年一個人在單調的公路上來來去去，車裡放著耳朵聽出老繭的歌。夜投汽車旅館，在走廊上、在小圓桌前，和同行胡侃一通，喝兩杯老酒，沉沉睡去，次日早早起床，滴滴兩下告別，各奔東西。這種日復一日寂寞的旅途，容易讓人發瘋。

這些成人店在港口城市波特蘭附近特別多，不是一種偶然。

離開成人店的時候，想起一位無名詩人的詩，寂寞而傷感：

因為寂寞而伏在她身上

揮汗如雨，一言不發

事畢倚在床頭點了根煙

靜靜的吸一口，輕輕的歎息

不小心跌落了火星在她的胸口

她依舊平靜，沒發出任何聲音

然後看著她一點一點的癟了下去…

成人店是波特蘭瘋狂而快樂生活的一面鏡子。

據說，這裡還是西海岸人民「奇葩大會」所在地：這裡有全美國最早的同性戀市長，流浪音樂人落腳這裡，人均啤酒廠宇宙第一，抽大麻合法，到了夜裡，人妖主題俱樂部、同性戀吧、脫衣舞廳紛紛亮燈。

人們常說，身體和靈魂，必須有一個在路上。

而來到了波特蘭，身體和靈魂都將放鬆。

我的小車子跟在那些巨型卡車屁股後面，飛馳過波特蘭，這裡的一句誘人名言，「年輕人去波特蘭退休吧！」

次日早起，繼續鞭笞「毛驢」，往北、往北。

9 點，開車路過一片海，在暗灰色的海面之上，漂浮著沉重濕潤的霧氣。有幾隻海鷗的叫鳴聲，孤傲而神秘的聲波掠過礫石沙灘，掠過遠處的深林，吸引我停下了車。太陽還沒有力氣刺穿霧氣，礫石沙灘上，海浪翻滾，遠處孤單單一個灰色的身影，路上孤單單一輛老式吉普車。停好車，路過這輛車，發現它破舊不堪，土綠色的油漆已然斑駁，方向盤估計還沒有助力，是那種只有收音機連 CD 都沒有的老爺吉普，但是，車頂上卻綁著一個鮮紅鮮紅的衝浪板，是那種純度很高的正紅，在鉛灰色的海邊，顯得如此耀眼。

踩著一路碎礫石、鵝軟石、沙土、小貝殼、羽毛和鳥糞，走近海灘，那位灰色的身影，居然是位白髮老人。他一個人在海邊躑躅，漫步，我們交錯的時候，彼此只是用眼神打了一個招呼，都不想破壞這片海的寧靜。這種窵寂，宛如電影《鋼琴課》開篇的那片鉛色的海，一些不規則的鵝軟石睡在泥濘的沙灘上。

那一刻，海鷗繼續在我們的頭頂嘎嘎叫著盤旋而過。海浪和著霧氣無休無止地翻滾上來，齊刷刷地消融在沙灘上，留下一點白色的泡泡。

風吹過來，我看見開吉普的老人銀髮散亂。

愛極了這片鉛灰色的海。

想起了 1845 年梭羅眼裡的瓦爾登湖，他在那裡開荒種地時發現，每一種水面至少有兩種顏色，一種是從遠處看的，另一種是近看的。在天氣好的夏季裡，從稍遠地方望去，它呈現出蔚藍色，特別在水波蕩漾的時候，但從很遠的地方望去，卻是一片深藍。

28 歲的他撇開金錢的羈絆，獨自去湖畔建一個小木屋，一個人生活了，兩年多。他是孤獨而自由的人，擺脫一切世俗的通道，但是，其實你仔細讀他的書，發現在他的瓦爾登湖邊的屋子裡還是有招待一堆朋友的時光。

我很能理解一個人獨處的滋味。

由於父親政治平反，我是從安徽的大山回到繁華的上海讀高中，因為說的上海話口音比較重，一開始就被同學取笑，加上那時候人也很內向，沒有啥朋友，只是每天機械地活著，記得有時候突然看到一件很有趣的事情，竟

然發現身邊沒有人可以說給他聽，只好把那個笑話吞回肚子，爛掉。畢業那年，班長組織同學們去高橋的海邊野營，到了基地，大家又說又笑在借來的帳篷裡打撲克，鬧了一個晚上，我沒有去湊熱鬧，獨自一個人坐在海邊，聽那黑黢黢的海水翻滾了一夜，那無休無止的循環往復！直到半夜，才回帳篷沉沉睡去。那一刻，感覺自己的靈魂是我自己的，就無其他了。18 歲夏天的晚上，下了晚自習，自己沖好涼再洗衣服，到窗口晾衣服的時候總喜歡默默地看天空，星星基本是看不見的，只看看月亮，是殘月還是滿月，一個人能看很久很久。

那年暑假，我看了 5 遍《這個殺手不太冷》，那個女孩跟 Leon 說，自從遇到你，我的胃痛就好了。我想那個胃痛的感覺就是孤獨了，我也曾有這種痛感。

我們都是孤獨的行路人。

我也在想我自己，我離開上海，離開朋友家人，離開工作，把自己拋在路上，要追尋什麼？自己其實都不知道答案。

只是冥冥之中，仿佛一直有個聲音在我耳邊說：再走遠點兒吧，什麼都別怕！

踩著鵝軟石和碎石，從海灘上回到公路上，霧氣依然彌漫著大海，遠處的森林樹木面目迷離。我告別那輛老 Jeep，繼續往西雅圖趕路。

一輛錚亮的大卡車呼嘯著從身邊開過去，留下一陣風。

在海邊開車時，我堅守一個信條：一定要開窗，因為打開車窗就等於擁抱了大海。

午後，海不見了。

過了格蘭德蒙德，我聽到逍遙騎士唱這麼一句，「真的沒有價值／最後她會明白／我生來就不循規蹈矩。」

「I wasn't born to follow」（我生來就不循規蹈矩），我也五音不全地跟著哼了幾遍。

39 首富仙蹤

今天在快速道路上開車時，突發意外。

正在用谷歌地圖導向麥迪那街，猝然發現手機只剩下最後 1% 的電池，趕緊去找那根充電線，一摸更慌亂了，可能是昨天晚上帶到民宿充電忘記從牆上拔下來了，頓時一頭冷汗出來了，如果沒有手機，我連西雅圖的東南西北都不認識，在大馬路上開，完全是兩眼一抹黑。不要說去麥迪那大街，就是回民宿都困難。

再開了一陣子，手機突然黑屏了，徹底變成了一塊石頭。

我一片混沌地順著車流往前開，心想該怎麼辦？

還好看到右手方向有一個加油站，趕緊下去，9 美元買到一根充電線，插上去一試，手機毫無反應，居然不兼容！我頭上的汗又冒出來了。找服務員交涉，這是個膀大腰圓的黑人妹子，毫無表情地看了我一眼，走到一堆充電線商品前，拿出一個扔給我說，豪爽地說，「再試一下！」這下紅色的電池充電標誌終於出來了。

續上救命的谷歌導航，沿近千米的橋穿過一個大湖，車子就上了小坡，在逼仄的山林小道上轉兩下，車子就下坡朝著華盛頓湖的方向駛去了，一條幾乎只容兩車勉強通行的小道，兩列樹陣，樹枝幾乎打在車門上，一股密林的濃蔭撲面，周邊開始出現一些別墅，路突然沒有了，一座巨大房子的側面橫臥在山林下，突兀的橘色條木外牆，橘木色算是西北地區的風格嗎？不清楚。

西雅圖麥迪那東北 73 街 1835 號，我仔細核對了谷歌上的地址和照片，確認這就是比爾‧蓋茨的家。

一座約六千平方米的巨宅，像一隻爬在華盛頓湖畔喝水的巨型食蟻獸。

下了車，這裡一切都靜悄悄的，蓋茨家入口處立著一個牌子「私人住宅，禁止入內」。我知道儘管沒有保安揮舞著大棒出現在你面前，但是，他們此刻肯定正在某個地方監視著你的一舉一動，腰裡別著擦得錚亮的格洛克 17 手槍。我想，如果我像走向火刑柱子的聖女貞德，抑或如江姐大踏步走向刑場般跨過大門，他們會不會當場擊斃我？

這個入口估計是比爾‧蓋茨每天回家的路，距離他的公司只有 15 分鐘車程，他的辦公室看上去既無趣且無聊，我在美劇《矽谷》中看到過，所以，他要搞一個有想法的家。

我正想著，突然身後有汽車的馬達聲打破湖畔的靜謐。

我反光鏡一看，哇！好像是輛勞斯萊斯，是首富先生回家了！

啊呦，我差點兒叫了起來！我頓時腎上腺素劇烈分泌，心怦怦加快跳動，血管嘩嘩流淌，激動得有點發抖的感覺，能夠看到地球上最牛掰的人的幸福感湧上來，一瞬間，腦子裡面已經出現和比爾‧蓋茨合影，發朋友圈，獲無數無聊吃瓜群眾點讚的熱血畫面。

那輛車慢慢靠近我，經過我的一瞬間，我發現車子裡面坐著兩男兩女，看不清臉。他們很快超過我，除了駕駛員，其他人突然都和我一樣，搖下車窗裡探出半個身體，拿著手機在咔嚓咔嚓狂拍，興奮的表情仿佛把臉化開了，我仔細一看，他們開的車也不是勞斯萊斯，而是一輛長一點的克萊斯勒而已。等到他們也下車來，我發現駕駛員也和我一樣，是一個光頭，戴著高度近視眼鏡，看見我注目於他，他對我咧嘴一笑，他的眉毛黝黑，是一個墨西哥裔計算機怪才的模樣。

這個巨大城堡的橘黃色非常不自然，和周邊的湖光山色反差很大。太像一個永遠穿襯衫牛仔褲、頭髮亂蓬蓬、戴著碩大的啤酒瓶眼鏡的「理科宅男」的成人玩具。

而且，我個人覺得這個智慧建築物也太費電，比如配戴大頭針傳感器隨時調節自己所在空間的溫度和濕度，人又不是蠶寶寶，這麼精貴對身體好嗎？這個建築物也太不人性，比如客廳養有大型古老虎鯨，假如有一天，這個大虎鯨突然死了，不是變成客廳非常恐怖的事件嗎？這個建築物太像公共建築而不像個家，比如供 200 人同時進餐的私人餐廳，以及藏有達芬奇《萊斯特法典》手稿的私人圖書館，每年還要交付 100 萬美元物業稅！

　　現代人，追求自然、簡約、空寂，這不才是居住的最高境界嗎？

　　比爾·蓋茨是不是考慮到自己會像前任世界首富保羅·蓋蒂一樣，自己的私宅在他自己百年之後，成為西雅圖的參觀勝地？畢竟，他 30 多歲就是世界首富了，連續做了 20 多年，谷歌和百度上關於他的最多問題之一就是——「比爾·蓋茨還活著嗎？」哈哈。

　　蓋茨的想像力，以及他對未來的前瞻能力，簡直就是一個魔鬼天才。

　　考慮到這一點，我就明白了他建造此屋的用心良苦。

　　我一直覺得比爾·蓋茨手上有一個水晶球，因為他預測未來的能力，比那些巫婆可要厲害一萬倍。

　　他還在讀中學的時候，他就預測自己將成為「班草」。因為他編寫排課程序將自己排在了全是女孩的班級；

　　當別人還在為一個簡單的財務目標奮鬥時，他就預測「每一個家庭，每一張桌子上都會有一台電腦，而這些私人電腦將使用統一的軟件」，各位，他有這一想法的時候，時間大約是 1975 年！於是，他開始搞微軟。1975 年，這一年越戰才剛剛結束，中國還在文革最後的混亂中。

　　我為他惋惜：他沒有找到很好的建築設計師。因為，他的家門口缺一個巨大的水晶球雕塑，這個雕塑應該紀念他的偉大預測。

　　他在 1996 年出版的《未來之路》，就魔鬼般地預測：未來人可以親自進入地圖之中，方便的找到每一條街道或每一座建築。（這不就是 GPS 和谷歌地圖嗎？）

他預測，未來人們在觀看電影《飄》時，可以用自己的面孔替換片中的嘉寶等知名演員，實實在在體會一下當明星的感覺。（這是多麼美妙的想法啊，比卡拉 OK 可有意思多了，我想當一回《22 世紀殺人網絡》的尼奧！）

《未來之路》預測音樂銷售將出現新的模式。那些對光盤等耗材感到頭疼的用戶將不會再受到磨損的困擾，未來的音樂將存儲在一台服務器上，供用戶通過互聯網下載。（這不已經完全實現了嗎？）

《未來之路》中寫道：如果您的孩子需要零花錢，您可以從電腦錢包中給他轉帳 5 美元。此外，當您駕車駛過機場大門時，電腦錢包將會與機場購票系統連接，檢驗您是否購買了機票。（前者就是微信支付和支付寶，後者的功能也基本實現了！）

《未來之路》中寫道：如果您計劃購買一台冰箱，您將不用再聽那些喋喋不休的推銷員嘮叨，因為電子公告板上有各種評論。（如今的亞馬遜、淘寶、大眾點評等任何購買行為，都會看其他人的評價！）

這簡直太神奇了，他提前十多年想到了今天的樣子！

我不能不懷疑他手上有一個巫師的水晶球。

退休後，這位科技巫師預測和想像也是一樣的爆棚。

他預測未來人們，可以飲用大便提煉的水。他自己當眾喝下了一杯「5 分鐘前還是屎尿」的大便提煉純淨水，並說「味道不錯！」。原來，他為解決非洲地區衛生問題，發起了一個馬桶設計大賽，最終英國團隊設計出可以在 5 分鐘內把糞便轉化成飲用水、並且無需沖水的馬桶。

他預測未來的避孕套更薄，而且可以殺病毒。於是他砸 100 萬美元，懸賞設計能夠防止愛滋病的、超薄的人類第二代避孕套，這種新套套將使用突破性材料，「非常非常薄」，感覺如皮膚，還可以提升快感。

比爾・蓋茨家圖書館穹頂上刻著《了不起的蓋茨比》中的一句話，「他經歷了漫長的道路才來到這片藍色的草坪上，他的夢一定就像是近在眼前，他幾乎不可能抓不住的」。書架上方，巨大的英語字母環繞著穹頂，這似乎就是比爾・蓋茨自己的寫照。

我走回「毛驢」的時候猛然想到，蓋茨百年之後，我如果再來西雅圖參觀他的橘木紋私宅，就可以進去看到圖書館穹頂上的這行字，他作為一個魔鬼天才預言家，對自己身後事的預言，就是這座巨大的房子啊！

　　從比爾‧蓋茨家的小道出來，太陽還沒有落山，再次開過大橋，越過那片巨大的藍盈盈的湖面時，發現遠處居然有一處雪山，那白色的蓋子被金色的太陽點亮了，悠悠地浮在蒼青色的天空中。

　　這就是雷尼爾雪山吧，我想。

　　過橋，我找了一個地方停下來，喝口罐裝咖啡，仔細遠眺這座雪山，金字塔型的雪蓋下方被太陽燃燒成了金黃色，中間是米黃色，頂部是米色的，腰間還纏繞一堆雲，像是花式腰帶。西雅圖真是一個不賴的地方！不但處處有湖，有漫長的海岸線，居然還有一座橫亙的雪山在天上罩著當地人。

　　雷尼爾主峰的積雪終年不化，山下是廣袤森林。聽老孟說，他的一個美國朋友為了能登頂這座雪山，花了近一年的時間在登山俱樂部接受訓練，然後才費老大勁登上這座山峰的。我突然想起了《進入空氣稀薄地帶》的作者喬恩‧克拉考爾，他從珠峰撿回一條命後，就是在西雅圖寫完全書的，他在登珠穆朗瑪峰之前在雷尼爾雪山做了訓練，他最終能夠寫出《走進荒野》這樣的偉大作品，也都是恐怕沾染了這座雪山的福氣。

　　一座雪山，漂浮在一座城市的半空，會給這座城市帶來完全不一樣的靈感，不一樣的胸襟。

40 刷鍋水和西雅圖的童話

　　比爾‧蓋茨和霍華德‧舒爾茨（星巴克創始人）被人用繩子吊著，在街頭瘋狂跳舞。

　　一個滿頭髒髮的男子在路邊彈吉他唱歌，同時還用腳指頭提拉著兩個小玩偶，小木偶人看來被綁上了提線，在地上又蹦又跳的，我湊上去一看，正在完成各種高難度動作的小人，一個頭上貼著比爾‧蓋茨的臉部畫像，另一個則是霍華德‧舒爾茲——流浪藝人用臭臭的、估計三天沒洗的腳趾頭控制著西雅圖的兩位超級大佬，讓他們隨著他的腳趾頭和音樂幹這又幹那，比爾‧蓋茨和霍華德兩個小人偶披頭散髮，手腳亂抖，忙得不亦樂乎。

　　我樂顛顛地站在那裡看了很久，心想，這有點莎翁年代英國市民廣場諷刺劇的味道。

　　這一幕發生在去西雅圖派克市場的拐角處，8 月 15 日。

　　陽光像被清洗過一樣的醇淨，和煦的清風親吻著港口，我渾身每一個細胞都仿佛張開嘴巴在用力呼吸，每一滴血液都卯足了勁在血管中嘩嘩嘩地奔騰，特別是從霧霾之地過來的人，更能加倍體會到這種愉快，長期吸霧霾的好處在這裡集中回報了。

　　西雅圖的人民都是好演員。

　　萬頭攢動的海鮮攤位上，正在上演「美男計」。

　　一位鼻子高聳、帥氣的魚檔夥計，穿著白色圍裙、黑高幫雨靴，笑容溫暖如初春的驕陽，一抬手都是脹鼓鼓的肱二頭肌，抓舉起一條碩大的鮭魚，用了一個「空中大騰挪」手勢飛擲向前台，一邊高聲喊著「飛往明尼蘇達州

的鮭魚」，其餘的夥計像星宿老怪的徒弟一樣「謔謔」齊聲應和。此時，站在櫃檯後面的高手也宛如大內高手一樣，單手穩穩接住飛來的魚，並手腳麻利地把魚像奪命暗器一樣扔向前台售貨員，瞬間，那魚在空中飛來飛去數次，速度之快，接魚手法之穩，看得人眼睛都花了，都只能齊聲喝彩，其中幾個女遊客看見如此四肢發達的帥夥計表演，更是興奮得刺耳尖叫，宛如黑貓在春夜的叫床。

此時，再扭頭再瞅瞅那些攤位上的東西——各種生蠔、帝王蟹、鮭魚、鱒魚、鱈魚，都赤條條地睡在冰裡面，會讓嘴饞的人腿軟得邁不開步子，口水橫流。

從農貿市場的帝王蟹、鮭魚堆裡走出來，穿過明亮得晃眼的小街，對面有一家永遠在排隊的咖啡館，這是全球第一家星巴克，無數朝聖者奔到此地，那門口還是老款的標誌——棕褐色的雙尾美人魚正浮出水面，含情脈脈，仿佛手上捧著刺殺王子的匕首。整個店是墨綠色的牆體、門框、窗戶，整個外形都保持了 70 年代的原始狀況。

我在人行道上排隊，看到了一雙失落的眼神。

這個眼神來自緊挨著星巴克咖啡館的一家眼鏡店經理，他無精打采地趴在玻璃櫃檯上，眺望著窗外。長長的買咖啡隊伍穿過這家眼鏡店門口，隔壁萬頭攢動，而這家店裡卻一個顧客也沒有，估計每天都上演這樣的場景，——可能是西雅圖反差最大的兩家小店。

星巴克門口，兩個意大利男中音在飆意大利歌劇，其中一個穿暗紅格子西裝、絡腮鬍子的矮個子，唱到高潮副歌部分的時候，眼睛和眉毛都會劇烈地抖動，像是喉嚨裡面的小火山馬上要噴發。1981 年，霍華德·舒爾茨第一次走進這家店的時候，他就看到兩個藝人在演奏「莫札特曲目」，他頓時為意大利的咖啡文化所傾倒。後來，他收購了老東家的咖啡店，並在全世界推廣這種改良的意大利咖啡。而意大利人並不買帳，他們認為，星巴克的過濾咖啡，就像「一杯沒有味道的髒水」，類似於中國人形容食堂的湯叫做「刷鍋水」。前陣子星巴克宣佈將在米蘭開設首家店，這讓咖啡聖地的意大利炸

開了鍋，有國人評價，「那基本上等同於一個美國人在成都開一家川菜連鎖快餐店，還是用微波加熱的那種」。

但是「刷鍋水」提法，並不妨礙我對星巴克的喜愛。

曾經有人在辦公室做過一個小實驗，請十幾個人，盲測來自星巴克和 Costa 的咖啡。結果是大部分人根本無法區分出來，一杯咖啡到底是來自星巴克，還是 Costa。很明顯，只是優質的咖啡，是遠遠不能變成一家 800 億美元上市公司的。

那麼是什麼成就的呢？

我個人認為霍華德‧舒爾茲從咖啡中揣摩出了什麼是人性，並用人性的思考，來販賣他的意大利「刷鍋水」。戴爾‧卡內基的《人性的弱點》揭秘：在人類的天性裡，最深層的本性就是渴望得到別人的關注和重視。

人們渴望和他人溝通，渴望傾述情感，有的時候可能就是渴望說說廢話。

意大利人喝咖啡也只是為了喝咖啡，他們拿著清晨剛發的羅馬小報，與咖啡師寒暄幾句，然後點上一小杯濃縮咖啡，站在面對大街的窗口小口啜飲著，接著和旁邊的人開聊尤文圖斯隊昨晚那個被射飛的點球，或是貝魯斯科尼的選美小姐出身的內閣部長，間或，向路過的長腿辦公室女郎發出「你的眼睛漂亮得像兩把刷子！」之類讚美之詞。

星巴克也學到了這一點，你走進一家「星爸爸」，咖啡師會和你寒暄，「你是在這附近工作嗎？」「這是你的中飯嗎？」儘管，多數內向的中國人好像不太習慣這一點。另外，我仔細看過很多本星巴克的留言本，這是情感宣洩的廣場。一個中學生寫：「整天考試考試考試，頭好痛！」另一個說，希望今年能夠交一個靠譜的男朋友。個別留言簿上出現了很多交友留言，有的還留下了聯繫方式，仿佛「相親登記簿」。翻一翻可以看到，有不少人寫下了「祝李裕如早日脫單」「王夢瑤今年要嫁出去呀」的字樣，甚至還有「勇士」直接留下了聯繫方式。

我看到最感人的星巴克傾述留言是一位女子的筆跡，她足足寫了四頁紙頭，都只是一句話，「張超宇，死鬼！我好想你！！！」「張超宇，死鬼！我好想你！！！」「張超宇，死鬼！我好想你！！！」「張超宇，死鬼！我

好想你！！！」「張超宇，死鬼！我好想你！！！」。我數了一下，足足有100多遍，那些驚嘆號像被大海一次次拍打上岸的浪花。至今，我都在想，這個張超宇是死是活？那些驚嘆號後面埋著怎樣的一個故事呢？

星巴克的每一個員工都被稱為「夥伴」，這有點像歷史上的某些秘密結社組織的做法，如郇山修道會、共濟會，這些男性結盟組織，互稱「兄弟」，他們關係親密。激發出員工、客戶的個人情感需求，這才是厲害之處。就這點而言，星巴克的理念，超越了咖啡本身，假如用這種理念來經營「武大郎牌」燒餅鋪子的話，也一樣會成功。

我大約排了足足40分鐘的隊伍，才進入店堂，發現裡面依然是要排隊，大約十多位星巴克員工在櫃檯後面像流水線一樣地給客人做咖啡、拿紀念品，如此密集的工作強度，他們估計都累得翻白眼，已經沒有一個人關注我的情感需求，毫無閒情向我打招呼、問候了。

端著拿鐵，我拿著一個紀念缸子滿頭大汗地擠出這家店的時候，不禁感歎道，全球最不像星巴克的店，就是這個全球第一家星巴克店！

坐派克市場外的馬路牙子上喝那杯咖啡，發現口味很尋常，抬頭看見「Public Market」的招牌，霓虹燈做的大紅字，一副老派樣子，和電影《緣份的天空》裡長得差不多，這裡是西雅圖的時空穿梭機，把各個時間到達的人們都通過這個不變的市場連結起來。

那部電影讓當年閉塞的中國人知道了美國除了紐約、舊金山，還有個叫西雅圖的地方。當年，我關於西雅圖的全部美好印象都源於這部電影。

《緣份的天空》說一個喪妻的男子在他的小兒子的幫助下通過全國廣播的談心節目，在茫茫人海中找到了自己的新伴侶。該片是在93年拍攝上映的，那時候通訊不發達，電台是互相交流情感的地方，電影裡，那個平安夜，鐘聲響起，女主聽到了一個來自西海岸的厚實聲音，是一個叫「西雅圖不眠人」的陌生男子對著電台訴說著他對亡妻的思念。就是這個聲音，這個真摯的情感，這個刻骨銘心的哀傷震撼了她，讓已經準備結婚的她突然想去尋找這個

素未謀面的陌生男子，不遠千里、橫跨美國。

影片結束並不在西雅圖，而在帝國大廈的頂樓。那是雙方第一次見面，就立刻明白了對方是自己要找的伴侶。這時，頂樓觀光要關閉了，所有遊客必須離開。保安人員低聲咳嗽，暗示他們不得不離開。山姆說：「我們該走了。」安妮有一種失落。就在這時，山姆卻向安妮伸出手說：「不一起嗎？」安妮激動的眼裡泛出淚花，接著把手放在山姆的手中。他們一起走向幸福的未來。

這是很荷里活式的情節，一次次地錯過，一次次地失之交臂，但是，最終兩個相隔千里從未相見的人卻最終牽手，那就是冥冥之中存在著的童話一般的緣分嗎？很多年後，我們漸漸知道電影裡面的故事都是假的。但是，我們的苦逼生活、我們每天計算收入與開銷的日子、我們每天被老闆和客戶追趕著奔命的日子、我們不停吵架、不停分手、不停和不幸戰鬥的日子，還是依然非常非常需要童話，需要美好來引領我們，即使被騙。

來西雅圖的路上，我還是再次看了遍 iPad 裡面下載好的《緣份的天空》，依然頗有感觸，是男主山姆的傷逝喚起了自己的封塵往事嗎？還是想起年輕時候多少個不眠之夜？

記得那些年，我們宿舍的同學在寢室熄燈後，都和電影中一樣，上床靜靜地收聽電台的深夜情感熱線「今夜無眠」。大學畢業後，我夜裡常常從床上爬起，走到虹口一個小區的院中，抬頭仰望灰亮灰亮的天空，整個宇宙都是一片混沌和孤寂，這讓我特別思念一座遠方的城市，那是我自己的西雅圖──泉州。

半年前，我途經廈門，鬼使神差地出現在泉州的街頭。

我 25 年前大學女友的老家。我在思考 25 年前的泉州影子還有嗎？

這 25 年，中國大興土木，城市大拆大建，老巷子和舊房子一夜之間往往就不見了，泉州這樣重商的地方可以說都變成另外一座城市的模樣了。

25 年前，一個寒冷的冬天，我們曾經一起去過她的老家，那時正值春節，還是大學生的我清瘦單薄，鼻樑上架著廉價的塑料眼鏡，女友則剪著齊額的童花頭，拉著一個寫著「上海」兩個字的帆布箱子。我第一次來到了這座南

方的小城，摩托車和自行車穿梭如過江之鯽，放眼望去都是低矮的鋪子、老式的幌子和騎樓雨廊，不遠處寺廟的香火嬝然而起，主街上的一家肉粽店人頭攢動，閩南語嘰里呱啦宛如外語。穿過仄仄的石板路、牆壁長有苔蘚的小巷子，再拐七八個彎，就是她家的一棟平房了。

女友家的爺爺是一個小有名氣的私家眼科醫生，但是從她的父親起就不做醫生了，於是全家都住在爺爺留下的一個舊診所裡，父母、兄妹每人一間房子，都是當年的診室，而我臨時住的客房就是當年的藥房，所以，還有一個小小的發藥窗口對著外廊，她的母親為了監督我們有否親密舉動，常常從這個發藥的小小窗口偷窺裡面的情形，以至於我拉住女友手的時候，時不時要看看那裡有沒有一雙黑黢黢的眼睛。

女友帶我去吃泉州當地的粽子，這家「鐘樓肉粽」裡面的餡有蝦米、蘑菇和肉，蘸一種特別的微酸辣的醬料吃，我能一口氣吃三四個。吃撐了，再沿老街走過去四五百米，就是唐朝留下來的開元寺，和南方的寺廟不一樣的是，這裡的大殿是唐代供法，東西南北中五位大佛一溜排開，特別壯觀。

半年前，48 歲、人到中年的我又出現在泉州的東街上，放眼望去都是高樓大廈了，那些仄仄的石板路、長苔蘚的逼仄巷子和一層樓的老房子基本都消失了，東街蓋了新的騎樓，星巴克咖啡的招牌豎起來了，遠處傳來購物商場的喇叭聲，滿街的汽車替代了當年的摩托，唯一不變的似乎只有馬路的名字了。

溫度還是料峭的初春，雨飄下來，南方是如此陰冷。

我走著走著，突然站定不動了，看到了一樣東西，眼淚就嘩嘩地流下來了，那是中山路上的一間小書店，叫樹人書店，居然還是 25 年前的位置，25年前一樣的的行書招牌，25 年前一樣的髒兮兮的塑料簾子，和 25 年前一樣只賣歷史和人文書，我上前打聽，老闆還是當年的那位。我的前女友，是商人文化泉州的另類，她喜歡看小說，喜歡讀歷史，喜歡思考，25 年前的整個泉州就只有這樣一個地方是她的精神家園，我記得一回來，她就急急忙忙拉我去這家樹人書店，仿佛這裡有她的許久不見的老友，我們也不急著買書，先在書店裡面靜靜地看啊看的。回來五六天，倒去了三四回。臨別時，在那家

書店撿了本張承志的《北方的河》，那是我最喜歡的作家。後來，我曾經在上海的一個打折書店裡面看到過它，發黃的《北方的河》被堆在了大特價處理品當中，五六塊錢的樣子，心中一陣陣的抽搐。

現在，整個過去的泉州都不見了，只有這家書店居然還在，幾乎和過去一模一樣，它似乎就是靜靜地等我回去，在同樣的地方靜候著我的不期而遇，在 25 年激烈動盪變化的時空中，它在那裡無聲地堅守著，似乎就是等這麼一天，告訴我過去的一切美好都是曾經真切存在過的，並沒有完全灰飛煙滅。

我當時眼淚就嘩嘩嘩地流下來了，一種抑制不住的橫流。

這種感覺就是一個時空穿梭機把你帶回了 25 年前，帶回了那個海外歸僑最多的城市，帶回了話也聽不懂的人群中，帶回了那年閩南的濕度和溫度中，帶回了那個南方多雨的小城，帶回了那個懵懂青澀的時光，帶回了那個心地明亮略帶寂寞的韶華，帶回了那個甜美安詳的一刻，帶回了那個曾經有我愛人的地方。

這個書店就是一部時空穿梭機，而人已經不再。

後來分手後，我二十多年來再也沒有看過她。應了這首詩：此去經年，應是良辰好景虛設，便縱有千種風情，更與何人說？

終於，在西雅圖要結束我第二年夏天縱貫美國的旅行了。

最後一天早上，我在愛彼迎的海邊民宿收拾好行李，沿海邊的仄仄小街走一走，坐在無人的海邊花園，再看一眼西雅圖的海，海浸漬在薄薄的霧氣裡，不過太陽似乎要升起來了，潮褪去了，海邊沒有白日的喧嘩和夜晚的迷離。想起顧城說，「走了那麼遠，我們去尋找一盞燈。你說，它就在大海旁邊，像金橘那麼美麗，所有喜歡它的孩子，都將在早晨長大。」

濤聲很遠。

我不知道此去西雅圖，有生之年是否還有機會再來。

不過，我可以記住這個地方的模樣——

西雅圖，一個可以一年下九個月的雨的地方，憂鬱而纏綿，以至於到處都是湖，到處都是海，到處都是水。西雅圖，一個印第安酋長的名字，一個

生長出微軟、星巴克、亞馬遜的土地。西雅圖，那裡還曾經住著一位頹廢的男人，日夜思念著他的亡妻。西雅圖，也有一位幸運兒，找到了自己的童話結局。

西雅圖也是一部時空穿梭機，它讓你勾起一段思念。那裡存放著可能是遠方的一座城市，可能是一輛飛馳的列車，可能是一個寂寥的窄巷，可能是一個過去住過的小屋，可能是一些封存良久的舊物，那就是我們的西雅圖，那裡安住著我們往日的記憶，往日的朋友，和往日的愛人。

又有誰會知道呢？

那曾經是明亮的，憂鬱的，是藍色的，還是灰色的？

反正，每個人的心中都有一座屬自己的西雅圖。

美墨邊境隔離牆的終點，破鐵皮一直延伸到海裡，
一個男子對著牆，彈著憂傷的曲目。

97歲的前海軍陸戰隊「售貨小妹」
茲姆蔓給我看了一張她74年前的
照片，清純、漂亮得不輸那些明
星。很多老奶奶都有小姑娘時候
的不尋常往事。

洪都拉斯「推土機」把我的頭髮剃成了 zero，她的髮廊開在一個沒有水
的小屋裡，沒有水給客人洗頭，她依然很快樂。

全球第一家星巴克在西雅圖的派克市場，人頭攢動，是最不像星巴克的星巴克。

比爾‧蓋茲的未來之屋在西雅圖的湖邊，上書閒人莫入，閒人只能留影。

史丹福大學裡收藏的羅丹雕塑比垃圾桶還多，圖為《加萊義民》。

3 第三夏 *The Third Summer*

Into an Unknown America

41 柏克萊教授（上）

　　他整個人鼠瘦鼠瘦的，戴著一頂鼠灰色的帽子，穿著一件鼠黃色的有領 T 恤，還戴著兩個亮晶晶的銀灰色耳釘，走起路來肩膀一聳一抖，身體一蹦一跳的，怎麼看都像一隻碩大的澳洲袋鼠，或者是舊金山使命街上手拉手的「同志兄弟」。

　　他是加州柏克萊大學[4]的《社區發展》課的教授，叫 Jeff，因為這個發音和中國的「姐夫」有點相似，所以，我私下裡就和個別中國同學叫他「姐夫老師」。

　　這是我在美國的第三個夏天。

　　我於 2018 年 7 月 22 日趕到加州柏克萊大學，開始了四門暑期大學課程，這也是我從復旦畢業第 N 年後，頭童齒豁之前，第一次重返校園。

　　「姐夫」老師的第一堂課上來照例是點名，當叫到我名字「Leo」的時候，他突然停下來說，「很巧！我的女兒也叫 Leo，我特地給她取了一個男孩的名字。」

　　他補充說，「這樣我會很容易記住你名字！」

　　他上課的時候喜歡在講台前劇烈地走動，一會在左邊，然後一會又跳躍到右邊，我看到他銀灰色的耳釘一會兒被日光燈照亮了，一會兒又暗下去。他每 5 分鐘要聳一次肩膀，時不用手做比劃的時候，還翹著蘭花指。

　　我覺得他儘管有女兒，但應該是個同性戀，至少是個雙性戀。完全憑直覺，我發現他的眼神和一般的男人不一樣，有一種非常強烈的不確定性。

4　加州柏克萊大學（中國大陸翻譯：加州伯克利大學）

這堂課講舊金山街區的高檔化運動、人群的融合，內容枯燥無聊，令人昏昏欲睡，我乾坐了兩個小時，突然想起高中某位同學的「無聊課應對大法」，他通常對著班裡的盆栽，開始數樹葉，如果風一吹，或者被老師嚇一跳，忘記數到多少時，不要擔心，他可以從頭再開始，這樣還沒數完，保準下課鈴聲響起來……

姐夫老師佈置的一篇作業是回家觀看一部叫《教會街區》的電影，電影講述舊金山拉丁裔族群的故事，看完寫一篇觀後感。

我不準備看這樣的電影，上完第一堂，我想換課。

根據柏克萊大學的規矩，你如果不滿意課程，可以在一周內去課程管理辦公室換，這時候不會產生課程的費用。

於是，第二天中午，我斗膽來到管理辦公室，負責的老師很熱情地接待了我，並在電腦系統上查詢我要改上的《加州文化》課有沒有空位置，並把「姐夫」的《社區發展》課從我的選課桌面上剔除，正在這個時候，虛掩的門突然打開了，我看到了一個大大的鼠灰色帽子和一對亮晶晶的耳環，「嗨！Leo!」居然是「姐夫」突然闖進來了，我嚇了一跳，作賊心虛地用半個身體傾斜過去蓋住電腦，希望他不要看到我正在換掉他的課！「請問米歇爾老師的辦公室在哪裡啊？」他問道。原來，他是路過管理中心，是探頭進來問路的。換課的老師給他指了一個方向後，「姐夫」說了聲謝謝，他的一身鼠黃色的衣服跳躍著消失在走廊上。

換課老師幫我聯繫了《加州文化》課的米歇爾老師，米歇爾是一個熱情的老太太，她在電話裡說明天你直接來「生命科學谷大廈」2023 室來上我的課吧。

於是，第三天下午，我走進米歇爾的教室，我吃驚地發現，這個教室就在「姐夫」班的隔壁。看來米歇爾的課非常受歡迎，裡面坐的滿滿當當的，連一個空位置都沒有，於是，個子瘦小、頭髮枯萎的米歇爾說，Leo，你可以幫我去隔壁教室搬把凳子嗎？

我一臉尷尬，低著頭推開「姐夫」的教室，裡面坐著和我上過一天課的同學，我希望沒有人可以認出我來，也希望姐夫還沒有到達教室，因為，現

在離開課還有幾分鐘時間，根據柏克萊的上課習慣，如果課表上寫兩點鐘上課，那就是兩點十分上課，整個學校的時鐘會撥後十分鐘。

突然，在課堂的角落裡，一個鼠灰色大簷帽子突然升了起來，他直起了身，熱情地說，「嗨！Leo，你來了啊！」原來他已經來了，在那裡彎著腰插電腦。我只能尷尬地說，「我可以借一把椅子嗎？」「姐夫」很疑惑地看著我，我二話沒有說，扛著講台前的一把小椅子，飛奔出教室，我的頭上不是一滴汗，而是一堆汗，我看上去更像一隻濕乎乎逃竄的袋鼠。

整個暑假，我發現「姐夫」幾乎是陰魂不散，如柏克萊鐘塔的聲音一樣久久縈繞，成為我揮之不去的心結。

一天中午，我推開圖書館的沉重大門，我發現有一個人很友好地幫我拿著門把手，我一眼就看到了那對耳環，以及那個標誌性的打招呼「嗨！Leo」。還有一天，我在鐘塔附近的大草坪上睡午覺，作為一個人到中年的學生，我每天都會在那裡睡一會午覺，藍天、草地、鐘塔、大圖書館，朦朧間，我突然看到一個鼠黃色跳動的身影正在面前的甬道上越來越近，我馬上判斷這就是「姐夫」，於是，我一個鷂子翻身，背對甬道，用衣服掩面而睡。

終於，有一天，我把那部 2009 年的拉丁裔同性戀題材的《教會街區》看完了，一部舊金山變遷的縮影，觀念極其傳統的父親 Che 是墨西哥裔移民，他強烈反對他的同性戀兒子和另一個同性戀小哥談戀愛，雙方之間起了強烈衝突，甚至到了拳腳相加。於是，我鼓起勇氣跟「姐夫」寫了封信，算是完成了第一堂課的作業：電影觀後感，我說我很同情同性戀男主角，還有那個有暴力傾向的父親，那個被時代逐漸淘汰的人，那個還生活在過去的價值觀中的人，他們無法溝通，有的時候，同情別人就是同情自己吧。

僅一天後，我收到了他的來信：「嗨，Leo，今天很高興見到你。你做了一個有趣的評論，我們同情他人就是同情自己。我很欣賞這部電影的一點是，Che 既沒有被描繪成好人或也不是壞人，而是一個複雜的人。他會向前走幾步，然後再向後走幾步。我也喜歡結尾的含糊不清，因為他開車去洛杉磯看望他的兒子。他兒子真的準備接受他了嗎？不清楚。祝一切順利……傑夫。」

奇怪的是自從我收到這封信之後，我好像再也沒有在校園裡看見過那個

戴著大檐帽、鼠灰色跳動的身影。儘管我的目光經常在校園裡面搜索他，他好像就從我的身邊消失了一樣。

於是我換課去了「姐夫」隔壁的米歇爾老師的《加州文化》課。

米歇爾是一個熱情的老太太，人乾瘦乾瘦的，枯乾枯乾的褐色頭髮，皮膚乾巴巴的，但是眼睛卻是閃亮閃亮的，特別有神。她大概只有 158 的身高，卻總是背著一個 60 升左右的黑色大背包。上課前，我就親眼看她從這個黑色的大包裡面掏啊掏的，掏出過一疊複印好的鮑勃・迪倫的歌詞，一本十年前的洛杉磯人物檯曆，一本《美生中國人》的書，一盤 CD，一堆讓我們去調研的表格，甚至還有幾塊供我們上課品嘗的加州的餅乾、點心和糖果。

我在想，她背這麼重的東西，腰會不會受傷？另外，包包裡面這麼多吃的，會不會招蟑螂？

她是體驗式上課法的代表，通常只呱啦呱啦講半小時課，然後就背起她重重的黑色的「殼」，帶我們出發去看博物館、藝術館。她帶我們坐地鐵去了加州奧克蘭博物館，這個不起眼的小博物館，以前打死我也不會去的。但是，這裡我卻看到了一個較為完整的實物加州史。

站在博物館門口，米歇爾問我，「你發現最有趣的加州歷史在哪裡？」

我說：「最有趣的是 1510 年西班牙人剛剛發現加利福尼亞時，有人居然這樣介紹加州——『這裡有一個島嶼，叫加利福尼亞。這裡非常接近於地球的天堂。這裡充滿了黑色皮膚的女人，在她們中間沒有男人！沒有男人！！她們的手臂上都是金子，因為這個島嶼除了金子外，沒有其他的金屬。』」這是一個叫戈西亞的西班牙英勇騎士 16 世紀初時眼中的加利福尼亞，我猜想他或許並沒有真正來過加州，這段描寫是他對加州的無限意淫吧。但是這段意淫卻是多麼神奇而富有想像力，是歷史上最佳的廣告語，比戛納廣告節的任何作品都要好，這段話裡暗示的性和金錢，激發了所有具有野性的男人，他們均幻想有生之年能夠去加州探詢。

在加州，你最好不要和人討論政治，因為，很有可能觀點不一，雙方吵起來甚至大打出手。

我在柏克萊期間看到這樣的新聞：一個遊行上，特朗普的支持者與反特朗普人士就爆發了肢體衝突。穿著護目鏡、戴著頭盔和防毒面具的雙方人員互相推搡、揮拳，甚至用舉著標語的杆子相互擊打，最後發展到相互擲石塊，有些人頭破血流。加州是美國最富裕的州，精英人數在美國各州之首，也是反特朗普的大本營。早在一年多前，加州的一次數萬人遊行盛典時，天空沒有一絲白雲，天藍得宛如在一場悠長的夢中，這時一駕飛機嗡嗡嗡嗡劃過長空，飛機在身後噴射出幾個巨大的字：「美國很偉大！特朗普真噁心！」把所有人都看呆了，成為整個盛大慶典的高潮。活動期間，天空中這幾個噴射出來的巨大的白色的字懸浮在空中，宛如凍住了一樣，久久沒有散去。

　　前兩天讀到了一篇有趣的原創推文，說美國郵政打算發行特朗普總統的紀念郵票，但是剛剛發行不久，就宣佈中止使用，理由是寄信人不知道應該往哪一面吐唾沫。

　　我發現柏克萊大學多數老師都一致反對特朗普。

　　米歇爾是極其討厭特朗普的一族。

　　上課的時候，她說特朗普修建美墨邊境牆，讓很多家庭分離；她說特朗普退出氣候大會，導致全球環境惡劣。「他怎麼可能讓美國再次偉大？他摧毀了美國的民主法治，傳播了種族主義，散播了仇恨和恐懼。」「他就是全世界的一個笑柄！你聽聽他的最近一次演講，35 分鐘裡面，多數時間在吹噓自己的成績，然後就是批評這個批評那個，他就是試一試美國還可以得罪多少人？」

　　一次課後，她和我在聊天的時候，突然想起他的又一條罪狀，「最近他要和中國進行貿易戰，真的非常瘋狂！」然後她又補了一句，「中國的習近平好像不願意對他讓步，對！這樣太好了！我們需要有人和他對著幹！！」「對！就是不要向他讓步！」她的眼睛放著光芒。

　　柏克萊的夏天，校園裡流動的八成是中國學生，米歇爾最關心的是華人學生在美國逐漸「文化丟失」的現象，她安排我們去看一本書《Amercian Born Chinese》（美生中國人）。該書中的男主美猴王，就是美生中國人的縮

影，他們黑頭髮、黃皮膚，能說一口流利的英語，漢字卻不識得幾個。中國人會對他們說：「你是中國人？那你怎麼不會說漢語？」外國人會對他們說：「你是中國人？你的英語怎麼說這麼好？」他們變成一個獨特的夾心餅乾群體。

該書作者楊謹倫，是個已經不懂中文的二代華裔，這聽起來如此憂傷。他這本書以孫悟空開頭，探尋讓大部分中國移民糾葛一生的身份難題：你當然已經不再屬中國，但是你肯定也沒法屬那群幾乎沒有民族傳統的白人。那你到底屬哪兒呢？

答案是：找到心中那個「自有者」，你會發現你自己就是你自己。

課程快結束的時候，我才知道米歇爾單身，我問了她一個很傻的問題：「你的家在哪裡呢？」

她說她是一隻「候鳥」。因為她只有夏天的時候才像候鳥一樣回到加州柏克萊大學上課，而平時她都遠在土耳其安塔利亞的一所大學裡當老師。我第一次聽說這個地名。她說安塔利亞位於地中海旁，被無數群山環繞。成行的棕櫚樹林蔭大道，極其漂亮的海邊老碼頭，一座迷人的歷史城市，當地的人非常友好。「只是最近越來越不好，因為土耳其出了一個非常壞的總統，他對新聞媒體進行大清洗，現在已經有幾十家新聞媒體被總統查封，他逮捕了很多很多記者。土耳其里拉暴跌了四成。」

我問她，你以前大學是什麼專業的？她說是新聞專業。我一下子跳了起來，我也是新聞專業，太巧了。

我說，你生活在兩個國家裡，都出現了你非常不喜歡的總統。她說，是啊，這也沒有辦法的事情。「這一點上，我太不幸運了！」

她希望我有機會去土耳其旅行，有機會去她的大學看看。

我問你在加州有家嗎？她說這裡的房價太貴了，動輒一百多萬美元，她買不起這裡的房子，再說土耳其里拉跌得像墜入大海的流星，已經快要不值錢了。我想，一個打兩份工的教授也買不起加州的房子，這情況和上海多麼相似。不過，她說她的朋友在柏克萊這裡有很大的漂亮房子，她每年回來都

住在他的大房子裡，順便幫他看房子，「這一點，我又太幸運了！」

　　我們在奧克蘭博物館館門口告別，她問我，「你會來安塔利亞嗎？來那裡找我吧。」我知道這是猴年馬月才能實現的事情了，但嘴巴上說，「會的！」

　　那是她的最後一堂課，全體同學在博物館門口散課。

　　我看她慢慢走遠，乾癟、瘦小的背影和碩大的黑色雙肩包消失在門口馬路的人群裡。

　　再會了，米歇爾。

42 柏克萊教授（下）

光著白花花的屁股，扯著蛋，在柏克萊校園中裸奔是一種什麼感覺？

最近這幾周，我每天路過古希臘風的大圖書館時，總是一通胡想。

據說，期終考試的前一周，dead week，晚飯後，大家正在各種教室看書、做題目、冥思，甚至半昏迷狀態地打瞌睡，突然收到一個短信，「圖書館集合！」，頓時精神像被大麻點燃了。時間緊迫，書和本子也不收拾了，撒腳丫子穿過教學樓甬道就往大圖書館跑，到了圖書館先找個角落，把褲子一脫，丟在樓梯下面或者一排書架後面，然後就「謔謔謔」叫著往大廳那光溜溜的人堆裡衝過去。

大廳裡面有少數人戴著面具，個別奇葩男子頭上套一個塑料袋，一上來，參加者會擔心自己的小弟弟太小，擔心肚子上的贅肉丟人，擔心自己的腿太細，擔心自己的下體毛太密，後來發現每一個都不是完美的身體，每個人都有這樣或者是那樣的身體缺陷，於是，羞恥心被丟到垃圾桶去了，信心大漲，或是呼嘯著騷動著或是跳躍著靜默著，混在各式人群中。一大堆大腿丫子、一群大汗淋漓並歡聲雀躍的肉體，大家像狂風暴雨一樣穿過理工科書籍的排排書架，明亮的燈光照耀著肌膚上每一根毛孔。

有個別小哥會帶著滑板，在人群中摔個白嘩嘩的大屁股蹲。裸奔群眾通常會跑到柏克萊南門小街上，街上有人喝彩，有人拍照，有人嚎叫。參加者都說，那一刻感覺太美妙！跑完後是一陣坦然和鬆弛。

記得有一個女生的背後用中文寫著：你們穿衣服的慫蛋！！

這種拋開所有束縛的感覺！

可惜我是夏天來美遊歷，參加的是暑期課程班，所以就趕不上學生們的裸奔時間了，這是在柏克萊最大的遺憾。

從 7 月下旬開始，每週兩次，我都在午後急匆匆趕到生命科學谷大樓 4104 教室去聽布萊登的課，由於沒有課間休息，我都在上課前先尿個尿，這樣上課的時候可以確保完全沒有尿點。

布萊登人很高，足有一米八五左右，金褐色頭髮有些稀疏，高聳入雲的鼻子上夾著一副老牌作風的金絲邊眼鏡，略微有點兒像電影《月黑高飛》中的主演蒂姆·羅賓斯的年長版。他走路很慢，舉止優雅，說話是帶點兒捲舌的加州口音，和紐約口音完全不同，慢條斯理的，每個音都發得倍兒清晰，宛如二戰的電台廣播員，這讓我這樣的外國學生都可以聽得如沐春風。他習慣的一身行頭是：淺色長袖襯衫配老款的牛仔褲。

第一堂課自我介紹，他說他不是在柏克萊念的書，他是史丹福畢業的，說這話的時候，他很誇張地用食指放在嘴唇旁，噓——讓我們不要聲張。哈哈哈，明明他自己在聲張，我們都笑了。

他的課在下午 2 點開始，也就是柏克萊時間的 2 點 10 分，他拿著咖啡，篤定地走向教室，在教室門口停頓一下，撈一把頭髮，再甩一下頭。他向我們說「Good Afternoon!」時，「Good」、「After」、「noon」之間的音拖得長長的，聽起來特有誠意和教養。他通常把他的雙肩包放在講台邊，然後往座位上完全靠下去，雙手背在頭後面，先來一個 120 度的舒展姿態在椅子上，先和我們聊天，「傑克，上個星期天，你過得怎麼樣？」「露西，你去了那家餐廳了嗎？」大約五到十分鐘後，再坐回 90 度，開始他的《美國幽默文化》課。

他的幽默課超級受歡迎，因為，每節課都會像系列脫口秀一樣，講述他和他的印度尼西亞老婆的捧腹故事。他顯然對美國的「Talk Talk」文化很有研究，這是到西部探險的人說給「紐約佬」聽的、早期英國冒險家說給「倫敦佬」聽的「誇大的奇聞趣事」，這些奇聞影響了美國的國家精神，從某種意義上說超人、蝙蝠俠、異形這一類都是這種文化的間接衍生物。

兩個小時的課，他完全沉浸在個人「Talk Talk」脫口秀時光中，講故事的時候，他完全變成了另外一個瘋狂的人，他站在我們面前，眼睛神經質地盯著教室的最後一排，眼神完全淹死在他緊張的故事和有趣的情節中，他雙手

配合著做著大幅度的比劃，簡直有點手舞足蹈，剛剛捋得整齊的頭髮也散亂開來，到關鍵的時候，會猛地甩一下，回到它們本來的位置上去。

我儘管曾做過十年香港記者的嚴謹訓練，但估計還是不能 100% 完全復原他的講述。我記憶中最深的幾個，其中一則是他第一次帶她的印度尼西亞老婆回美國，如果和他的原版略有出入的話，就當是我給你講了一場我的「Talk Talk」吧。

布萊登老師說他的老家在科羅拉多河邊上，附近有一個小得不能再小的鎮子，鎮上有兩個名人。一個是小酒吧的主人叫「卟比」，不知道為何叫這麼一個奇怪的女人一樣的名字，「卟比」卻是一個壯得如牛，大光頭，一肩膀紋身的傢伙。他的小酒吧是小鎮上人的聚會場所，幾乎所有的人都認識這個「卟比」。在卟比的酒吧裡掛著一張發黃的大照片，那是他雙手抱著一條巨大的黑色怪魚，邊上放著他尖尖的魚叉，他對所有的人說，這是他用魚叉在科羅拉多河裡抓到的。這條黑乎乎的大魚足有一米五多，大約有幾十公斤，看了令人乍舌。但是，酒吧裡面所有喝酒的村民知道那不過是「卟比」的「Talk Talk」，因為那魚根本不是他抓的，而是死了被水沖到在岸邊，他只是跑過去抱住拍了一張照片而已。不過，小鎮上人的一致認為，科羅拉多河裡有怪魚，這些藏在河底的怪魚，有時會殺人。

當地還有一個名人是小鎮「首富」，我忘記了他的名字，就叫他羅伯特吧，他在小鎮上推銷他的大力吸塵器，幾乎家家戶戶都買了他的吸塵器。他通常帶著他的助手咚咚咚來鄰居家敲門，說有一種新發明的吸塵器吸力無比的大，大到可以把倒在地毯上的一盆番茄醬吸得乾乾淨淨。他說，如果吸塵器吸不乾淨的話，他就趴在地上用嘴巴把地毯舔乾淨。說話間，他的助手就會高高舉起一盆血紅血紅的番茄醬，大聲說「我倒了哦！我倒了哦！」準備傾倒在主人的客廳地毯上，通常主人都嚇得心驚肉跳地說，算了算了，我相信我相信，只是別毀了我的地毯就行，就買了羅伯特的大力吸塵器。

所以，在小鎮上羅伯特的吸塵器和「卟比」的抓魚照是家喻戶曉的。

布萊登說他 31 歲那年，帶著他的印度尼西亞老婆從外面旅行結婚回來，回到他科羅拉多河畔的房子。沒有想到，那年科羅拉多河氾濫，他的房子正

好在河邊上，完全遭了殃，整個底層都是浸過腰部的大水，汪洋一片。他和他夫人從二樓的窗戶爬進去，然後試圖從二樓的樓梯下去，吃驚地發現客廳已經變成了一個巨大的水塘，更恐怖的是，水潭中有黑乎乎一團大東西，看上去是一條巨大的魚，正在來回不停地游動著。他跟他夫人說，科羅拉多河有吃人的怪魚。他的夫人也嚇壞了。他馬上想起酒吧老闆的「卟比」，他有大魚叉，他會抓魚。於是，他們馬上開車去找「卟比」。「卟比」好久不見了，熱情地擁抱了他，鬍子紮得他臉痛，聽說有怪魚，「卟比」超級興奮，拿起他生鏽的大魚叉就直奔布萊登家。

布萊登描述的最後一個畫面是，「卟比」從二樓的樓梯上舉著魚叉，貓著腰，一點一點地靠近一樓客廳的水塘，布萊登和他的夫人屏住呼吸在樓梯上瞪大了眼睛。「卟比」撩起褲腳管，半個身子浸在科羅拉多河冰冷的水中，他使勁全身的力氣，把魚叉高高舉起，猛地向那條怪魚投擲過去。布萊登說到這裡的時候，喘了一口氣說，大家可以想像一下，「卟比」插中了那條怪魚，那條魚在劇烈地翻動和掙扎的時候，他勇猛地撲了上去，抱著魚在水中搏鬥、翻滾，打得水塘狼藉一片，打得家裡的家具四處漂流，浪花激蕩，布萊登和他印度尼西亞老婆站在樓梯上，心臟都要跳出來了，一會兒看見怪魚翻動上來把「卟比」壓在下面，一會看到「卟比」佔了上風，把怪魚死死卡在水裡，一場生死大戰，最後終於兩樣東西都不再掙扎，時間慢得仿佛過了一個世紀，是「卟比」，他慢慢直起身子，渾身濕淋淋地從水中站起來，他這輩子又戰勝了又一條巨大的殺手怪魚。

布萊登老師描述這個故事時是如此投入，入定的眼神仿佛他還在那個現場，身體前傾著，揮舞著手勢，甩動越來越散亂的頭髮，血管裡的血液都湧現在臉上，這已經完全不是優雅推門而入說「Good——after——noon」的布萊登了，這仿佛是在和那條大魚搏鬥中的「卟比」附體。

最後，他也終於平靜下來說，好了好了，前面描述的只是「卟比」的想像和他酒吧裡講述的故事的一部分，你們想知道此事真正的結局是什麼嗎？

——我們再回到搏鬥的那一刻，原來，「卟比」使勁全身的力氣，把魚叉高高舉起，猛地擲了出去，那條魚一點反應也沒有，他們三個趟水過去一

看，哈哈，竟然是羅伯特的吸塵器在水裡作怪！還記得那個小鎮「首富」和他挨家挨戶推銷的吸塵器嗎？原來，不知為何，吸塵器浸水後在不知疲倦地工作，吸力形成了巨大的洄游式漩渦，看上去像是有一條大魚在客廳水塘裡來回游動一樣！

我坐在教室裡，聽完這個故事，看著筋疲力盡的布萊登，他似乎正醞釀著下一場演講，這是大戰之間的平靜間隙，不知為何，我的腦子裡面突然浮現著名電影《大魚》中的經典台詞，「河中最大的魚永遠不會被人捉到的。」

「抓魚」後第二周的一個下午，在生命科學谷大樓教室裡，我記得是一個陽光晃眼而充滿睡意的下午。

布萊登說起他是 80 年代末在印尼的巴厘島結婚的，他的婚禮現場宛如一場巨大的災難。「Disaster」，他說這個詞清晰而緩慢，我猜我沒有聽錯這個單詞，於是，我瞬間睡意全無。

夫人全家希望舉行一個西式婚禮，他到現在都不知道為何，一個巴厘島的人要求舉辦一個西式婚禮，可能是為了向布萊登全家表示友好吧。於是，布萊登的父母從遙遠的科羅拉多州輾轉多地，飛到巴厘島。此行，他們還特地邀請了一位牧師好友一起同行，打算由這位牧師主持婚禮的儀式。

他的新娘父親是一位黑黝黝的當地人，身體壯實得很，記得結婚前半年，布萊登向他父親請求他女兒嫁給他的時候，他用英語說完請求，他的未來岳丈突然用當地話發表了一篇長篇大論，布萊登不太聽得懂巴厘島話，在岳丈吧啦吧啦地長篇大論中，他依稀聽到了「女兒」「圍牆」「樹」「貓」幾個詞，此外就什麼也都聽不懂了，他足足講了半個小時，而且他看上去越來越激動、越來越慷慨激揚的樣子，布萊登心理惴惴不安，不知道他父親是同意這門婚事呢還是不同意。

在他父親長篇大論快結束的時候，有一隻胖胖的黑貓突然出現在他父親的腿前面，看樣子是慢騰騰地路過這裡，牠喵地叫了一聲，他突然從座位上跳了下來，使勁飛起一腳，咚地一巨響，把貓一腳踹出了一條長長的弧線，直直地飛過樹叢，飛過圍牆，喵地一下消失了。

布萊登嚇壞了，覺得是不是他的求婚，令他父親感到非常生氣。後來，他的未婚妻跟他說，他父親這樣子就是表示，非常好，他父親同意了。他不理解，同意需要一篇越來越激動的長篇大論，需要一腳把貓踢飛嗎？不管怎麼樣，同意就好。

　　新娘的外婆非常反對西式婚禮，她是個矮小，意志堅定，而且非常傳統的巴厘島老婦人，她堅持要在西式婚禮裡面加一個當地的傳統情節：殺豬，而且是當場宰殺。印度尼西亞是穆斯林國家，不吃豬肉的，但是巴厘島卻是印度教徒，豬肉是重要食物。婚禮當天，女方父母為了防止老太太在基督教婚禮上殺豬，就把老太太鎖在一樓她自己的房間裡。

　　開始一切都很順利，嘉賓安靜地坐在數排白色的椅子上，周圍佈滿了潔白的百合花和各種叫不出名字的當地鮮花，新娘穿著潔白的婚紗，婚紗長長地拖地，牧師也穿著白色的長袍，外披一件紅色的披巾，場景莊嚴、聖潔，宏大的音樂響起。

　　布萊登的父母親感到幸福而且異常的興奮，可能這是在遙遠的巴厘島參加兒子的婚禮，一切充滿了好奇和新鮮。

　　證婚儀式正式開始，牧師問：「布萊登，你願意與你所愛結為夫婦，遵照上帝的誡命與她度日，無論她有病無病、你會尊重她、愛惜她、安慰她、保護她、單與她相守，終身不離開她嗎？」

　　布萊登正打算說「我願意」的時候。突然，人群中出現了一陣巨大的騷動，他和新娘都扭頭望去，吃驚地看到，一頭渾身冒血的大黑豬不知從何處冒出來，正呼哧呼哧地衝向人群，牠的身上好像插了三把刀，刀已經被顛歪了，血像湧泉一樣往外冒，這頭大黑豬一下子拱翻了鮮花拱門，接著拱得客人全部驚叫著四處逃竄，撞得椅子倒了一地，接著向新娘和牧師哀嚎著衝過來，這頭豬的後面跟著一個拿了殺豬刀的矮小老夫人，正是新娘的外婆。

　　原來，她前幾天就讓人偷偷在婚禮旁的樹林裡面綁了一頭豬，婚禮當天，她偷偷溜出屋子，跑到小樹林裡面，按照當地的風俗現場殺豬，用刀宰豬時，豬受了幾刀沒有死，居然痛得玩命地掙脫了繩索，四處亂躥，嚎叫著顫慄著血淋淋地高速衝向人群。

最終，那頭豬一頭撞上了新娘，新娘潔白的婚紗被烏紅的血搞得一團糟，牧師企圖躲避，但是最終還是沒有躲過，幾乎被撞倒在地，牧師試圖去推開豬，豬的血沾滿了他的雙手。

　　新娘看見自己的婚禮被搞成這樣，婚紗狼藉一團，她再也控制不住自己，趴在布萊登肩膀上失聲痛苦，而這一刻，雙手沾滿豬血的美國牧師，看著自己的雙手，不免啊啊啊啊仰天大叫，「天哪！上帝啊！天哪！」。

　　只有布萊登的父親覺得這一切都很有趣，他一直覺得這頭豬就是當地人婚禮的一種，而這一糟糕的婚禮依然充滿了異域風情的快樂。

　　說完這個災難的婚禮，一個同學問布萊登老師，「請問這都是真的嗎？」我看見布萊登停了停，休息了一下說，認真地看著那個同學說：「這都是真的。」

　　我記得美國西部人給東部人說「Talk Talk」的時候，估計也是這樣特別認真地回答的。

　　這段時間我搬離了瑪麗・安家，住在柏克萊山上，每天早上 8：00 左右，我背著電腦包徒步 45 分鐘從接近山頂的地方下來，沿途是該地區最漂亮別致的山地別墅，以及旱季怒放的三角梅，還有無處不在的劍麻。

　　大約 8:40，我從學校的北門步入校園，北門外的小超市門口，會遇見那個比雍正皇帝還勤奮的流浪漢，他頂著一頭十年不洗的亂髮，已經開始上班──攤著手向路人要錢。

　　接著，8:45 路過主圖書館的草坪前，總是看到一個熟悉的身影在長凳子上打電話，是布萊登，他悠然地翹著二郎腿，半靠在椅背上，背景是大圖書館的羅馬柱，看上去他很享受這個通話時光，我跟他打了一聲招呼，他捂住手機對我說，他正在和他的妻子通電話。每個早晨，從不間斷。或許，暑假的時候，他的夫人回去了印度尼西亞？我說，向你的妻子問候，他很高興地說，我會轉告。

　　三周的課程飛逝，最後一堂課是集體上台主題演講，其實就是演講各類

有趣幽默的故事，我講了一個北京某奇怪的建築被媒體曝光像一個男性器官，還有一個同學分享了生活大爆炸裡面「謝耳朵」學中文那一段，他想和老闆說「陳皮在哪，陳皮在哪」，而他剛學一點漢語，估計是錯把陳皮記成鼻涕了，所以老是說「鼻涕在哪？」「你的鼻涕在哪？」。

記得有一個美國同學，講了一個希拉里和特朗普的故事。

他說，有一個主持人問希拉里和特朗普喜歡什麼樣的女人。希拉里回答說，這個問題不能一概而論，我們每個人對女性的審美標準都是不同的，每一個女性都有她獨特的美，每一個女性都有展現她魅力的地方，無論是膚色、髮色、種族還是宗教信仰……吧啦吧啦。後面輪到特朗普了，他只說了一句：「我喜歡金髮大胸白人美女。」

一個加州女生說一則趣聞，說「紅脖子」邁克爾是一個新自由主義分子，有一天他在樹林裡抓來一隻野兔，高興地對老婆說：「我們回家煮了吃吧！」老婆說，「鍋是中國生產的。」邁克爾說，「那麼，我們烤了吃吧！」老婆說，「點火用的打火機是中國生產的」，另外，她補充說：「燒烤用的設備也是中國生產的！」邁克爾大怒，一把把野兔扔了出去，那隻野兔在空中劃了個弧線安全落在草地上，牠高興地一蹦老高，舉起右前爪，高呼「新自由主義萬歲！」

整堂課大家笑得前仰後合的，我後排的同學說好高興，課程結束了，可以去洛杉磯荷里活旅行去了。笑完後，我發現全班只有布萊登老師一個人表情有點幽暗，他破例一本正經站在講壇後面，用他緩慢而捲舌的加州口音說，「時間過得好快，我們的課結束了，我很傷感，我會很想念大家。祝你們好運！」

我看到快樂的他，眼睛裡第一次有一種憂傷，很明顯的憂傷感。

看得出他是如此眷戀，甚至是迷戀柏克萊的這個講台，癡戀北美的「Talk Talk」文化，這位史丹福的天才，酷愛天下的趣事，酷愛向人們講述趣事，給各地學生講授美國幽默文化課或許是他快樂的大集成，柏克萊似乎給他提供的不僅僅是一個暑期授課工作，而是一個無比熱情的舞台。

這個課堂凝結了他全部的心血、癡與愛。

記得，那天課結束的時候，我找他合影時，我問他：「你平時都在哪裡上課呢？」

　　他停了停，頓了一下，聲音有點兒低，說：「我平時在索諾瑪縣的一所中學當歷史老師。」「歷史老師？」我吃驚道。

　　他接著說：「我只是在暑假的時候，來柏克萊給大學生們上三周或者是六周的暑期課。」

　　我問他，「你其實很喜歡在大學當老師是嗎？」

　　他說：「是啊！我愛這裡」，但是，他略帶傷感的語調又出現了，「我不在柏克萊任教，因為索諾瑪的私立中學給我的幾個孩子和妻子全部都提供保險，而柏克萊大學是公立的，則沒有這些，那裡的待遇要好很多。」

　　「麵包有時候也很重要。」我同情地說。

　　他淺淺地笑了一下，沒有回答。

　　「人不總都是如意的」。

　　看著布萊登的米色身影在柏克萊的主甬道上漸漸走遠，消失，校園大鐘叮叮噹噹地響起來了。我不知怎麼突然想起我的一位小學美術老師來，30 多年過去了，我都幾乎忘記了他的存在，但是，看到布萊登不知怎麼讓我又想起了他，在加州的土地上，讓我想起了我安徽山裡的一位小學老師。

　　他也和布萊登一樣，曾經多麼癡愛一件事。他影響了我。

　　我的小學美術老師，我已經記不得他的全名，好像是姓沈，就覺得他教我們的時候年齡已經很大很大了。人不高，很敦實，皮膚黝黑。我們的那個小學在安徽的一座山裡面，挨著長江的一個國營工廠的子弟學校，很多老師都是從上海下放來的，只有這個老師，聽口音他好像是安徽本地人，因為他說，「同學你們在幹什麼啊？」是這麼說的，「藤血啊，革麼斯啊？」，說作業本塗得很黑很黑，他說「喝七麻烏地。」

　　這位美術老師上課的特點就是擼著袖子在黑板上畫呀畫的，畫得不好的地方，他就用袖子擦掉，一堂課下來，袖子都黑了。他說，同學們今天我們畫一個圓錐體，圓錐體怎麼畫呢，他就在黑板上吭呲吭呲先給大家畫幾個不

同的圓錐體示範；他說，今天我們畫一個房子，於是，他又在黑板上吭哧吭哧給大家畫好幾個房子。我們最喜歡美術課，因為不用背課文，不用動腦筋，而且沒有作業，還可以亂畫八畫。通常我們在埋頭畫畫的時候，一抬頭，發現美術老師也在黑板上猛畫，一堂課下來，整個黑板都被他的畫給填滿了，當時，我就想，他該有多喜歡畫畫啊！

由於學校裡面缺老師，他還兼職教了一段時間的地理。地理課，他居然也是畫呀畫的，他最喜歡畫地球，他一筆就可以畫一個很圓很圓的大圓圈，他好像很陶醉於他可以一筆劃得那麼圓。有一堂課講雲，我記得他畫了無數種雲，我第一次發現雲居然是那麼多種多樣。地理課，只要是可以畫的，他都會用粉筆在黑板上面解決。所以，別的課老師都是唾液橫飛，面紅耳赤的，而我們的課堂多數時間是靜悄悄的，只有他的粉筆吱吱呀呀的，以及下面竊竊私語的交頭接耳。

學校裡面多數老師都是有家室的，還有孩子也在我們學校裡讀書，只有沈老師老大了好像也沒有老婆，一個人是住在學校裡走廊盡頭的一間小宿舍裡的。記得，我們小小的學校只有門房間老頭和美術老師是住在學校的。他一個人住在學校破敗的宿舍裡面，有一次，我路過他的寢室，就在挨著一樓走廊的男廁所斜對面第三間，我探頭往裡面看了一眼，我嚇了一跳，這哪是個住的地方嗎？亂得像一個倉庫，到處都是畫板、顏料和煙頭，我想，他是怎麼爬進自己的蚊帳床的，至今都是一個謎。那時候，學校破樓的夏天很悶熱，連個華生牌電扇也沒有。有一次，他跟我們說，他宿舍的窗戶被哪個同學調皮搗蛋，用石頭砸了一下，碎了一部分，但是居然沒有掉下來，於是，他也不去換這塊玻璃，他說他現在躺在蚊帳床上，翹著腿，欣賞這片玻璃的破碎，這碎玻璃開片出去的紋路真的很好看。

那時候的美術期末考試，校方規定有一部分是美術常識問答題，由沈老師負責監考，他把考卷發下來後，就說，我出門溜達溜達去。然後，我們全都拿出美術課本，堂而皇之地大抄特抄起來。等我們抄好，他踩著方步回來了。

每年春末，他跟我們說他下周要請一周的假，由某某老師來代課。我們

都知道他是要參加某個考試，好像是去考安徽的一所美術院校。他說，如果他考上了，第二年就不能來教大家了。星期一的早上，我在上學路上，居然撞見他，穿了一件白色的襯衫，那可能是他唯一一件乾淨的白襯衫，可是，袖子還是有點粉筆灰遺跡導致的「喝七麻烏地」。他手裡提了一個上海牌灰色的布口袋包，神情嚴肅而緊張，步履匆匆，似乎根本沒有看到我，直奔汽車站方向而去。那時候我們去省城的話，要先坐長途車翻山越嶺到繁昌縣城，然後再從縣城去蕪湖，再從蕪湖坐車去合肥，繞得很。

沒過多久，他就回來了，回來後，他總是在課堂上念叨：「如果我今年被錄取了，下學期就不能來教你們了！」但是，下學期，下學期的下學期，他總還站在我們破敗的小學教室的黑板前，用白粉筆吭吱吭吱畫呀畫的，他從來就沒有被任何一所，哪怕是三流的美術院校錄取過。

但是，他的那份癡愛是那麼深刻影響了我。

我開始知道畫畫是一種很令人著迷的東西，而且人一旦有了很著迷的東西，你就不會感到孤獨，不會感到害怕。

那些年我家裡常常沒有大人，媽媽在遙遠的上海，我們一年見不上幾面。父親在一個船廠看大門，常常值通宵的夜班，姐姐在鄉下的老家，家裡到了晚上往往只有我一個人。我非常害怕一個人在家獨自過夜，好多次，風把窗戶猛烈地砰上的時候，我都會嚇得跑出門，到外面無人的甬道上待很久。後來，我也學沈老師，一個人回到家，拿出紙筆，畫啊畫的，用水彩，用蠟筆，畫了山水，畫了雲彩，畫了貓狗，畫了畫報明星，很多時候都不知道自己畫了些啥，就這樣度過很多難熬的時光，過了很久很久。那一刻，我忘記了媽媽不在身邊的不如意，一個人的少年時光，忘記了夜晚的鬼怪，忘記了沒有夥伴的孤獨。

不知道為何在加州看到布萊登老師，卻老是想起這位沈老師，現在 30 多年過去了，不知道美術老師後來有無成家，他還畫畫嗎？

43 機器人老太‧曇花

早晨 9 點不到，空氣中飄著一絲清冷，柏克萊正從清晨的寧靜中漸漸醒來。

清瘦的瑪麗‧安坐在一輛小車的後排中間，這是一位活潑健談的 79 歲老太，她的邊上分坐著朋友的兩個孩子，瓊斯在開車，他們趕去參加一個社區的活動。在柏克萊大學城附近開車，是不會太快的，瓊斯記得大約是時速在 35 英里左右。前面就是一條寬闊的橫馬路，快到路口的時候，突然有一輛橫向行駛的車突然右轉，逆向衝向瓊斯的車道，歪歪扭扭正面撞擊過來，瓊斯的車小，車體比較輕，當場被撞出馬路，車子完全失控，輪子飛轉，在地上翻了一個完整的跟頭，等一切死寂下來，卡在位置上的瓊斯驚嚇壞了，以為自己要死了，等她發現自己還活著，趕忙去看兩個孩子，她們好像都可以，只有皮毛之傷，再去叫瑪麗‧安，發現她綁在座位上一動不動，整個頭耷拉下來，臉部垂在胸口，「頭像斷了一樣恐怖」，完全失去了意識。

瓊斯心裡怦怦地劇烈跳動，眼前一邊漆黑，她以為瑪麗‧安死了。她們從車子裡爬出來的時候，發現車頭完全撞癟了，像被壓縮或者是切掉了一樣。救護車趕來後，她被送往醫院，醫生發現瑪麗‧安的頸椎完全骨折，但居然動脈沒有大破裂，她還活著，生命極度危險，於是，馬上對她進行搶救，複雜的頸椎手術之後，她在醫院昏睡了三天三夜，終於醒了過來，醒過來的第一話是，「我怎麼在這裡？」

現在，這位從「斷頭」車禍中倖存下來的瑪麗‧安老太太就坐在我的對面，頭髮枯槁，臉色如白紙的她正優雅地小口啜著咖啡，她是我的愛彼迎房東，一個快樂、豁達的單身老太，她邀請我共晉晚餐。

看得出，她的脖子像被鐵鐐鎖住了一樣的，幾乎不可以轉動，所以，她起身去廚房拿碗碟的時候，走路姿勢非常僵硬，「機器人的姿態」，她自己解嘲道，「我成機器人老太了。」

「後來那個車禍肇事的人去哪裡了？」我問。她說，「他是一個白人酒鬼，早晨 9 點多就喝醉了，請注意不是晚上 9 點多，這是真正的酒鬼。」「車禍發生後，他駕車就逃走了。後來，柏克萊的警方根據錄像找到了他，他現在在監獄裡面。」

「我真是太幸運了，居然可以從這場車禍中活下來。你知道，我們兩輛車是以 35 英里的時速正面撞擊，那也就是 70 多英里的撞擊速度，極度危險。當時，我的脖子就折斷了，居然沒有大出血，我是不是太幸運了？」

我發現在講述整個事情的過程中，她平靜中透露著豁達和樂觀，她覺得活下來就是很好的事情了。我沒有聽她說太多責備那個酒鬼的話。

她說她花了六個多月的時間才恢復到現在這樣，很長時間她都不可以做愛彼迎生意。最近兩個月開始好轉，而且脖子好像漸漸可以轉動 10 到 15 度了，所以她又恢復愛彼迎的經營。

作為一個 79 歲重傷恢復中的老太太，她每天在一台 27 英吋白色蘋果電腦前收發郵件和回覆民宿客人的各種提問，比如附近有輕軌嗎？比如走到柏克萊大學需要多久？然後，顫巍巍還抱著床單、被套、浴巾走下樓梯，挺著僵硬的脖子，去洗滌、烘乾，然後吸塵、清掃客人的房間，一絲不苟。我提出要幫助她的時候，她總是說，她完全可以勝任，這就好比是在鍛煉身體，是恢復性治療的一部分。

她這套純木結構房子大概是 70 年代末的建築風格，只有一層樓，三個臥室，外加一個大客廳和一個敞開式的廚房，佈置了許多大幅淺綠色的抽象油畫和粉色的地毯，牆上、地上都是幾何型圖案，這把所有屋子潛意識中連結在一起，顯得年輕而生機勃勃，你如果不知道主人是誰的話，你或許會認為這是一個年輕人的房子。

所有的房間都有一個玻璃的天窗，所以我坐在客廳的時候，一抬頭就可以看到瓦藍瓦藍的天空。樓梯下的半地下車庫變成了工具間和洗衣間，那裡

停放著她的一輛躺車，也就是那種躺著騎的三個輪子自行車，她車禍前常常在柏克萊附近騎上一二個小時。

她好像沒有丈夫，但是，客廳裡面卻有她的兒子和女兒的全家照片，唯獨沒有她的丈夫的任何照片和一點點痕跡。在美國探詢別人隱私是一件不太光彩的事情，但是，我不是美國人，所以，還是可以充滿中國人的好奇心。

隔天的早晨，在我去柏克萊上學之前，她問我，今晚我有幾個朋友來家裡聚會派對，你如果想來的話，一起來參加吧？

傍晚，我偷懶，在街對面抱一個「美式意大利」披薩回家參加老太太家的聚餐，馬修看到披薩，說：「瑪麗·安，你現在也接受披薩這樣的快餐了嗎？」瑪麗·安正在搞蔬果沙拉，她說，「當然，我已經不反對了。」我看看他們帶來了什麼，其實也比披薩好不了多少，麵包、烤肉和幾種叫不出來的醬。他們都說這個蔬果色拉如何如何了得，裡面是加州當地的一種我叫不出名字的蔬菜，我也頻頻點讚，但是，最後，我發現無數隻手率先伸向了我的「美式意大利」，結果披薩是最早被消滅掉的，這是偷懶的好處嗎？哈哈。

當晚在座的馬修是一家建築公司的技術員，大家拿他最新的女朋友開涮，說他的女朋友太年輕了，他一點也不生氣，毫不介意大家的「指責」，還大吃特吃我的「美式意大利」。另外有一對很優雅的夫妻，其中的妻子當瑪麗·安嚴重不能自理的時候，曾住她家照顧過她一陣子；一個英國的移民，他常常說那裡的天氣、人和舊金山如何不一樣，儘管他已經過來十多年了。

瑪麗·安很開朗，喜歡說笑話。她說，前年投票的時候，她看到有一個「特朗普／彭斯」的牌子，前面的一個拄拐杖的老太太突然回過頭，對她說，「我之前一直都不知道，特朗普原來姓彭斯！」

作為一個年近 80 的單身老太，她毫不介意拿男女問題開玩笑。吃甜點的時候，她問馬修，「現在有兩個選擇，你必須要選一個的話你會選哪一個？」馬修說，「哪兩個呢？」瑪麗·安說，「第一個選擇是修一條高速公路，從舊金山跨過太平洋到夏威夷？」馬修說，「哇，那太難了，那麼第二個選擇呢？」「第二個選擇是讓你去了解一個女人的內心世界。」馬修想了想回答說：

「夫人，請問你要的高速公路是雙車道還是單車道？」

　　馬修後來告訴我，瑪麗‧安的前夫很多年就和她離婚了，和一個有孩子的人結婚重組家庭，前些年，他的前夫也因癌症去世了，這段愛似乎在世界上永遠消失了。但是，瑪麗‧安和前夫後來再婚的家庭一直保持著友好往來，她車禍期間，他前夫家庭的那個孩子還特地跑來看望她，送給她一件親手繡的沙發巾。這份帶一點點特別意味的親情式友誼讓瑪麗‧安十分欣慰，常常拿出來展示給她的客人們看。

　　我想一個女人可以和前夫新家庭的孩子建立友情，這得多大的一顆心啊，在中國大地幾乎是不可以想像的，以「開明人士」魯迅的家庭為例，他的原配夫人想見一眼魯迅後來的老婆許廣平的兒子周海嬰，哪怕只是看一眼，都終身未能實現。

　　朋友聚會到 10 點多還沒有散去，我因為第二天一早有課，所以早早地去睡了。晚上大概 12 點左右，我起夜時發現客廳的燈居然還亮著，透過門縫我看到瑪麗‧安居然沒有睡覺，還在客廳翻閱她的手機，發短信。要知道，柏克萊的夜是非常安靜的，靜謐得宛如住在森林的深處，這種靜謐略帶一點寂寥，甚至是寂寞。

　　我想，她這是要給自己所有的朋友都發完短信，說好晚安，才沉沉去睡嗎？

　　第二天一早，我去上學之前，看到瑪麗‧安已經在客廳穿戴整齊，一件淺色的薄西裝，脖子裡特地繫了一條彩色的高級圍巾。我問她，你這是要去哪裡啊？她說她上午有一個會。有一個會議？我沒有聽錯吧？是的，我有一個會議，我去給別人做一個兩個小時左右的培訓講座。我說是哪一方面的，她說是設計心理學之類的。今天的客戶是從聖荷西來的。她說，她以前就做培訓的，現在依然有一些人找她做一些培訓工作。除了經營愛彼迎，這是她的另一份工作。我肅然起敬，我跟她說，在中國七八十歲的老人，通常都是練練氣功，公園裡下下棋吹吹牛，最多家裡燒個飯，很少還有正式工作的。她笑了笑，說，我完全可以啊！我很幸運，我還可以工作哦！我還可以身兼

數職，對嗎？然後，她慢慢地移動到大門口，緩緩地鎖上門，扶著樓梯扶手，一點點小心翼翼挪下樓，走到甬道上，去等她的出租車了。

我後來漸漸發現，美國的老頭老太都是打不死的「小強」，真的有人會幹活幹到臨死的那天！

現在想想，這些年長的打不死的「小強」都不是偶然出現的：山德士老哥六十多歲重新創業，白鬍子一大把，還開著老福特到處推銷他的肯德基炸雞配方；倔強的老頭喬治・米歇爾，瘋狂搞挖頁岩油氣技術，年近 80 時終於用水力壓裂法提取石油獲得成功，使得美國石油產量突然變成世界第一。甚至美國的大學終身教授也沒有明確的退休年齡，只要有項目做，他們就可以一直做下去，做到路都走不動！還記得那個黑人老頭摩根・費曼嗎？拍《非常盜 2》的時候已經接近 80 歲了，如果不是性騷擾困擾，他估計 90 歲都會有更大的成就。還有一個摩西老奶奶，她是紐約州北部偏僻的農村主婦，這個「小強」77 歲才開始作畫，80 歲到紐約舉辦個人農場畫展，她說「人生永遠沒有太晚的開始」。

我看到一張公佈於眾的明信片，是摩西寫給一個日本青年的，上面有她畫的一個穀倉和親筆寫的一段話：「做你喜歡做的事情，上帝會高興地幫你打開成功之門，哪怕你現在已經 80 歲了。」

這是美國人讓我最欽佩的事情，沒有之一。

瑪麗・安作為 79 歲的受重傷的老人，我在她家住的二十多天內，她只麻煩過我一件事情——讓我幫她擰開一個需要蠻力擰開的果醬瓶，事實上，我花了九牛二虎之力，也沒能夠打開這瓶子。由於無法開車，她很多事情都是靠步行完成。最近的「7-11」超市有 1 公里多遠，一個午後，我看到甬道上有一個緩慢的身影在一點點挪動，推著一個購物小車，我一看，是瑪麗・安，她的小推車裡面是愛彼迎常用的捲筒紙、沐浴露等生活用品。我說，你每次都自己去買嗎？她總是說，這是很好的康復性運動啊！

她的精神和活力常讓我感到吃驚。

從她家到柏克萊大學的生命科學谷教學樓大約 3 公里左右，我早晨步行

過去有點趕，我就問她，能夠借輛自行車嗎？於是她說，「你跟我來！」

　　她摸著扶手一點點下樓去，來到工具房，在一堆雜物中，找到一輛山地自行車，只是輪胎都是癟的，我打好氣，發現後輪胎還是癟的，她說，沒有關係，我們來換胎，於是，她先東摸西摸，摸到一隻自行車備胎，然後又找到一隻撬外胎的扳手，她讓我扶著輪子，慢慢地蹲下來，挺著僵硬的脖子，用力撬起外胎，幫我換起胎來，我看見幽暗的地下室裡面她的膚色一點血色都沒有，蒼白蒼白的。不過，我們忙了半天，也沒有成功，不知道是哪裡出了問題。但是，一位年近 80 的老太面無血色、直挺著脖子使出全身力氣幫我換胎的樣子著實震撼。

　　她只有一個地方是柔軟而一點不像「小強」的。

　　我住在她家的第一個星期五早晨，她好像有點兒興奮，清晨就起來在廚房裡忙活，她說她兒子今天要回來了。她還拿一塊紅磚放在客房的窗口支著窗，把房間通氣，給臥室換上乾淨的床單，然後又把一雙男士黑色拖鞋放在門口。

　　我很想知道他的兒子什麼樣？是不是和她一樣瘦瘦小小的呢？

　　那是一個 40 歲左右、令人舒適的文藝酷叔，穿著水洗的牛仔褲，足有一米八四，臉上的神態和瑪麗·安一樣的溫和安詳。他從波特蘭開車過來。他的母親受傷後，他一直堅持每一二個月過來看看她。他帶著他的金毛愛犬，行車 861 公里回到柏克萊，我去年開過這段路，這可是漫長而艱苦的經歷。他是一個很有魅力的男人，到家後，帶著他的狗在柏克萊附近的公園裡去跑步。第二天的晚餐我沒有看見他身影，我問瑪麗·安，你兒子呢，她說去看望他兒時的好朋友去了，因為他在這裡長大的，很多兒時朋友都在這裡附近。

　　轉眼星期天，陪母親吃完早中飯，他兒子又要趕回波特蘭去了，因為後天週一是要上班的。車已經泊在門口了，她兒子扶著瑪麗·安慢慢地走下樓梯，她一點點蹲下來抱著那條金毛的頭，摟在懷裡，那條金毛才 2 歲多，眼睛好活潑，然後她再仰起頭抱抱她兒子的頭，於是，她被摟在高大兒子的懷裡。上車後，狗也自動跳在後座位上去了，車子在甬道上發動起來，她兒子

說了聲，「媽媽，保重！」，車就走了。狗從後車窗裡面探出小半個腦袋，金色的毛被風吹動著，牠向外張望著什麼，很快車子在樹蔭圍合的甬道間，拐一個彎就不見了。我在客廳的玻璃窗看出去，看到她一直站在甬道上，久久地望著車子消失的地方，大概足足十分鐘，她才慢慢轉過身，去抓上樓梯扶手，一點點挪回來。我怕被她看見，馬上抱起一本書坐在客廳上的沙發上。

她回來，什麼也沒有說，又去看她的 27 吋蘋果電腦去了。

一周後的某個傍晚，空氣乾燥，攝氏 20 度左右的氣溫略帶涼意，想想上海人正在 38 度酷暑下面熱得口吐白沫，我卑鄙、暗自慶幸的幸福指數飆升得像喜瑪拉雅山一樣高。

我在柏克萊大學後山的別墅區山道上散步，對面遇見一個亞洲面孔的老太太，擦肩而過的時候，她直接用中文問我，「你好！」我一驚，這可是地道的北京口音！「儂好！」我回她一個地道的上海口音。

於是我們站在山路上攀談起來。她說她老公原來是德州大學奧斯汀分校的老師，現在退休了，移居加州，因為他們的兒子也在舊金山灣區，這樣和兒子住得近一點。加州的房子好貴，於是他們賣了北京的公寓，湊了兩處房子的錢，大約 120 萬美元左右，打算在這裡養老，說著，她指著她家的那棟房子，是地道的加州山地風格的房子，深褐色的樹皮狀的外立面看上去有些年代悠久，掩映在柏克萊的山色裡面，遠處舊金山的海也能盡收眼底，一片墨色反射著落日的餘暉，波光粼粼。

我們臨告別的時候，她突然說，你想不想來我家看曇花？我家的曇花開了。

我吃了一驚，在美國可以賞到曇花，這可是難得的境遇。說來慚愧，我在國內都沒有看過呢。

我有些迫不及待了。

她家門口的小院子裡，果真有一盆大曇花，我也第一次看到曇花，原來葉子很大，黃蠟蠟的東一片、西一片，上面一片葉子還有蟲斑，左邊一片葉子都枯黃了，葉子如此橫互粗野看上去全然不如牡丹、君子蘭的葉子一樣端

莊整齊，但是，四朵大花朵卻是開放得異常艷麗，宛如一個芒果大小的花筒，從原先的緊緊包裹著到層層怒放，20多片尖尖的花瓣，一層一層，一片一片，一重一重，絕美而妖嬈。神奇的是，外面的花瓣是淺紫帶粉色的，而最裡面的花瓣卻是潔白無邪，既有雪的純淨，又有鶴的傲白。可惜這樣超然美物只能夠開一個晚上，然後瞬即合攏垂下老去，所以老美叫它「Night blooms」（夜晚開花）。

我不知道，這絕美的花為何只開放一個晚上？而牡丹花一開往往就是一個月。

曇花一年只為這一個晚上，她的絕美是不是因為她的開放得極其短暫呢，是不是因為多數人都沒有機緣欣賞到她的美呢？她這一個晚上又是為誰而開放呢？如果沒有我來看她，她的這一個晚上的生命意義何在呢？在東方，曇花是生命的象徵，如人的短暫一生。

賞夜月美人，看見的是自己的生命，審美和哲學糅在了一處，無比愉悅而又極致悲哀。

北京老太的丈夫李教授也從屋裡轉出來，他正像保險推銷員一樣，到處打電話，給他的兒子、他的朋友們，希望他們都來看一眼曇花，但是兒子忙，儘管在灣區，也是明天才能趕來，「明天來，明天來，明天曇花就要閉上了！」。李教授說的時候，眼睛看到別處去了。山那邊，月亮升起來了，別有一番清韻。

賞曇花的時候，李教授又問了我一些國內的事情，看得出他人在美國，心卻還在大陸。我們站在院子裡扯東扯西，北斗七星落下山頭，轉到一處高坡別墅房子下面去了。

我告辭出來。

走出院子，整個柏克萊後山萬籟俱寂，夜風拂過樹濤的聲音一浪浪地傳上來。

我慢慢地踱回住處，因為有月亮，外面的山路不算太黑，我又看見了那顆紅色的火星，那顆在西點露營處看到的火星，讓我想起了山上的看店人派

特，不知道他此刻在忙什麼。在後來的旅行中，漸漸的，我發現到哪裡似乎都可以看到這顆橘紅色的星星，除了位置高低不一樣、角度不一樣外，它在各地的天空都探著頭。

此外，我也邊走邊搜索著夜空，希望可以看到一顆流星，大大的眼睛，長長的尾巴，劃破天際，瞬間的光芒照亮天和地，然後歸於無盡的黑暗之中，

我突然想到，流星不就是曇花嗎？

都是瞬間的絢爛。

瞬間的美也是一種永恆。

44 派特和火星

我蜷成一團，像一具死屍一樣，塞進兩座汽車的後排行李廂，這個和駕駛座位連在一起的幽閉小空間裡，我能夠感受到這輛迷你大眾車在山地起伏路上狂奔，猛轉，上坡，下坡，遇紅燈急停，半小時後，死屍在後面頓時感到頭暈、嘔心，我忍不住探頭問，什麼時候能夠到？

開車的美國大叔叫馬丁，60多歲，目光炯炯，鬍子拉渣，頭髮灰褐而凌亂，從後腦勺看去，很多頭髮黏在一起，估計有一百天沒有梳過頭。他說，很快。

他要把我帶到米爾伍德國家公園附近的一座山上，他說那裡的風景是讓你尖叫的美，叫「西點」，我可以在那裡露營，或者住在那裡的小木屋旅館。他的駕駛副座位上因為還端坐著一位他的女性朋友，於是，我就只好蜷在狹小的行李廂裡面。

馬丁是我房東老太太的「活雷鋒」朋友，他自願開車從柏克萊校園出發，送我去露營點度週末。

出發前，「活雷鋒」馬丁告訴我，他是一個會開攪拌混凝土的老司機，年輕時經常操作巨人般的手臂混凝土車，那些混凝土車會咕嘟咕嘟瘋狂地轉動。蜷成一團的我在車廂後面劇烈晃動了幾下，有些液體要晃出身體，這讓我突然想起了他的那些混凝土。

在房東家，他還告訴我，他的妻子七八年前和他離婚了，嫁給了同一條街上的另一個男人，只隔了幾個街區。我當時忍不住，問了一句不該問的話，「那麼說她改嫁給了你的鄰居嗎？」他停頓了一下，看了我一眼，思考了兩秒鐘，說，「也可以這麼說。」

我終於忍不住在行李廂裡大聲說，「馬丁，可以開慢點嗎？」無數急轉的山路再加上 VIP 座位，搞得我要吐了。

他說，「7 點鐘之前你要到達登山口，因為上山還要徒步一個小時，你需要天黑前趕到西點山上唯一的住宿點。」

說完，他又猛踩油門。

痛苦的這一刻，令我想起了他改嫁鄰居的妻子。

我被放在一條登山小徑的入口處。

從汽車行李廂裡面爬出來，拉伸折疊過的四肢，感覺腿都不太麻利了，血液在身體內四處亂爬，局部肌肉有上過麻藥的感覺。馬丁說了一句，「玩得開心！」就開著車往柏克萊走了。

背著雙肩包，我看看遠處青灰色的山巒，再看看天色，太陽早就在山那頭了，最後一抹餘暉還勉強在天上掛著。

山林靜悄悄的，一個人影也沒有。

入口小徑旁，貼了一張提示告示：「小心山獅！」一張兇狠的山獅手繪圖，上面說這一地區有山獅出沒，牠們會在非常突然的情況下向人發起攻擊，所以，請特別注意三點：1. 讓孩子在自己的身邊，不要走遠；2. 徒步山林的時候發出聲響以恐嚇山獅；3. 避免一個人徒步旅行。

我盯著第三條看了幾遍，又看了看天色和自己的簡單行囊，突然想起了《水滸傳》中那個最著名的黃昏，「這輪紅日，厭厭地相傍下山」；官府的告示也寫道「單身人士，不得過岡！」——和景陽崗的片段如此相似，一樣的日落時分，一樣的告示，但我不是武松，也沒有棍子，我頓時一陣冷汗。

全速上山，天黑前趕到！我一路急走。

這一地區很久沒有下雨了，草都是枯黃枯黃的，隨著高度的增加，遠處的舊金山灣區一點點清晰起來，盡收眼底。天邊的雲像漂浮的棉花毯子一樣壓在灣區附近的山巒上，那雲是晚霞的玫紅加上一點煙灰的黑色，好像葡萄酒黏到了塵土，我聽說，那是優詩美地附近的山林大火數周不滅，導致煙灰

漂浮在舊金山附近山巒的空中，形成了奇特而壯觀的景象。

上山的土路好像沒有盡頭，拐了一個又一個彎，那最後一抹暗紅也沉下去了，風漸漸大起來，氣溫在迅速垂直下降，我感到剛出的汗被冷卻了，後背的 T 恤衫變得濕冷濕冷的，黏在後背和背包之間。

一陣風掃過叢林，我聽到一陣樹枝碰撞的聲音，有山獅？我猛一回頭，山林裡面已經很暗很暗了，一片模糊，什麼也看不清。

我加緊往山上趕路，這時候，電話鈴突然響了，是山上小木屋管理員 Pat（派特）打來的，問，「天已經黑了，你到哪裡了？」我說，「還在路上，不知道多久才能到。」說話間，我一抬頭，看見不遠的山坡上立著一個黑布隆冬的東西，從輪廓線看，那是一座房子。

整個「西點」木屋客棧和周邊的山巒一樣黑黢黢的，幾個面目不清的背包客在黑暗的露台上橫七豎八躺著坐著，聊著天，一陣山風刮過，木窗呼啦呼啦地被扯動著。

「你終於摸上來了啊！我們這裡不通電，歡迎回到自然。」足有 1.85 米以上的派特一把握住我的手，這雙手要比我的大一倍，而且很有力量，他手上提著打算給客人們送去的馬燈，就著這點光線，我發現他戴著美國老人最常見的一副老式的金屬框眼鏡，頭髮灰白，臉上的皮膚枯瘦，肚子很大，大約接近 70 歲的樣子，但是，從頭到尾，他都有點兒鎖著眉頭，臉上沒有一絲色彩，也沒有一絲笑容。我想這是不是在山林裡面待久了的原因。

我說，路上的標識寫這裡有山獅出沒，危險嗎？有人被襲擊嗎？他說，不用太擔心，我在這裡十多年了，也沒有親眼看到過山獅。只有一兩次，在附近的山林裡面，發現過山獅吃剩的一點野兔子的殘骸。上個月，有人曾向警方報告，說發現一隻山獅在聖馬刁某居民家後院散步，一大堆警察趕去抓住那隻大動物，關押期間，可憐的山獅居然一直在流淚。

木屋客棧的廚房點著大蠟燭，卻有一個「通電」的畫面——一對 17 歲左右，熱戀中的少年男女，每過 5 分鐘就當眾親一下嘴。

這是一家四口，一對中年父母和兩個 17、8 歲的大孩子，他們是從舊金

山附近來西點爬山野營的。爸爸下廚切麵包和熱腸，媽媽在備刀叉和餐盤，兩個 17 歲的孩子啥也不幹，他們雙目對視放電，不一會就黏糊糊地擁在一起，「吧唧」、「吧唧」親兩次嘴。原來，那個眉清目秀的男孩是他們家奧地利的遠房親戚，來加州過暑假，一來二去，成了他家女兒的男朋友。於是一對熱戀中的小獸，在父母面前上演少年的激情，父母好像也理解並且享受這一場景，受此感染，父親還高興地哼起了歌。我仿佛也曾有過 17 歲！在教室裡日夜刷題，和前排的女生都沒說過幾句話，至於在父母面前和女孩子親吻，這簡直就是外星球事物。

木屋外面有個長廊，對著漆黑的山巒，坐在那裡可以看星星。

一顆顆星星用微弱的光，鑿開巨大的黑色宇宙幕布。

派特突然走過來，對我說，「你看到火星了嗎？」

「火星？」

我跟他來到走廊外的空地上，他指著一顆位置不太高的橘紅色星星說，「那是火星！」

「哇！火星！火星怎麼這麼亮？」我很差異。

他說，「你運氣很好！今年的七八月，是 15 年來距離地球最近的一次。」

火星看上去亮得像盞小燈，亮度超過周圍所有的星星。這顆傳奇色彩的星星突然離我這麼近，我有點激動，因為記得上一次我看到它的時候，我還是一個高中生，那年我天文大賽獲獎，比賽後稀里糊塗參加了一個天文夏令營，扛著死沉死沉的望遠鏡去一處大山，看了三個晚上的星星。

現在，在加州的夜空，它懸浮在那裡，宛如一塊紅寶石閃耀在黑色山巒上方，驚艷天地。

派特問我，「你知道火星人嗎？」

我說，「我從前一直訂閱一本叫《飛碟探索》的雜誌，上面好像會說起。」

派特說，「『勇氣號』火星車拍了幾張照片傳回來，其中的一張，看起來是一個赤裸的火星女人站在岩石邊，伸著胳膊，好像在等公交車。後來，『好奇號』火星車又發回來一張照片，上面有一個穿斗篷的女子，也伸著手，

好像在着探測車一樣，對了，她還有降起的胸脯。」

我說，「為啥拍到的都是火星女人呢？」

派特說，「可能是湊巧吧。從很久以前，我就相信有火星人的存在。我甚至有幾晚睡不著覺，就是因為有人聲稱在南美洲的某某沙漠裡發現了火星人，那是身高僅 15 釐米的一具乾屍，據說，那裡還有火星人的臥室！說他們的身高才 15 釐米，說得有鼻子有眼的。我那時候想，不就是和一隻大土豆一樣大嗎？！」

我哈哈大笑，聲音飄蕩在黑黢黢的山嶺間。但是，派特的臉上似乎並沒有太多的表情。

那顆神秘的星星突然離我這麼近！

小時候，我和我爸搶著看那本風靡大街小巷的雜誌——《飛碟探索》，說它是科幻雜誌也好，胡編亂造雜誌也罷，那時候的中國沒有汽車、沒有相親節目秀、沒有手機、沒有奢侈品包包，沒有美劇，大家都關心地球以外的生命，我們常常在夜晚用獵犬般的眼睛仔細搜索天空，希望能第一個看到不明飛行物。

那時候的星星和現在我在西點山上看到的一樣亮。

戶外的空地有一二處草地圍欄，我和派特斜靠在欄杆上，眺望了很久。

他拿出他的蘋果六手機，說，「有一個叫『Star Walk』的 App，你知道嗎？」

我說，「沒有聽說過，怎麼用？」

他說著，打開 Star Walk，對著夜空，哇！每一個星座全部標注出來了，我被強烈震撼了！大熊座變成了一隻大熊，每一顆星星都有它對應的天文學名稱，以及它們的運行軌道。對著射手座的時候，頻幕上出現了用星星連接的半人半馬的射手齊倫，我想到了他的那句名言：再鋒利的箭也會被軟弱的心包容。他的身體化為無數的星星，形成了人馬的形狀。

我說，「讓我來用一下！」我用手機對著北方的天空，找到了北極星，找到了 W 形狀的仙后座，然後又找到了金星。

派特說，「你用手機對這地下看看！」

於是我拿著手機對這地面下掃了一掃，發現基於 GPS 辨識的手機，照樣會顯示那些已經落下去的星座的名字，「我們把星星從地板下面挖出來了！哈哈」。

最讓人讚歎的是，半空中有一顆中等亮度的星星，Star Walk 顯示它就是哈勃太空望遠鏡，它正展示著太陽能雙翼在空中移動。據說，一個多小時，它就會繞地球一圈。

派特說，「哈勃的太空照片你看過嗎？有蟹狀星雲，奇怪的柱狀星雲，還有⋯⋯」

我補充，「還有《魔戒》中的索倫魔眼。」

但是，派特說，「傷心的是——哈勃就要墜毀了！」

「真的嗎？」

「是的！」他說，「哈勃的軌道據說近年來越來越低了，最後會被地球吸下來。」

「這可是我今年聽到的最傷感的事情！」

「是啊！！偉大的哈勃，將墜入大氣層，燒成灰燼⋯⋯」

星星做媒，我們在黑夜中無拘無束地攀談起來。

等聊天結束，我發現前面的火星話題都只是這個神奇不通電夜晚的鋪墊而已。

我問派特，你為何在這家不通電的山林客棧？長期在這裡工作，心情如何？

微弱的月夜下，我依稀看到了他眼角宛如峽谷一樣深的皺紋，他的眼神漸漸更憂鬱起來，蒼老的臉上在黑暗中浮現出一種不安定性。

他接著說了他的故事。

他說他曾經患有嚴重的心理疾病，很久都沒有好，因為 17 歲那年，他參加了美國的越戰。

「這麼說你是越戰老兵？」我好奇地問。

「是的。」他說：

「1965 年，那年我 17 歲，到達了越南的峴港。那時候的我很瘦，沒有大肚腩。」他翻出手機，給我看了一張已經嚴重褪色的彩色照片，年輕的他很陽光，瘦高瘦高的，面孔清癯，穿著便裝和當地人在峴港海邊的合影，還有一張是他在衝浪。

「峴港有漫長、迷人的海灘，那些海灘似乎沒有盡頭，我在休息天的時候會去美軍基地附近的海灘衝浪。」我仔細看了看照片，當地越南人只到他的肩膀高度，就問他：「你有多高？」「我有 1.86 米。」「這個身高在越南人當中，絕對是鶴立雞群！」他補充道，「但是，我的這個身高在打仗的時候不是優勢，是致命的問題，因為別人很遠就可以判斷出你是美國人，這樣，你很容易成為別人的靶子。」

「在峴港，那裡發生了一件我終身都很悲傷而且無法擺脫的事情。」

「當年，我服役美國海軍，負責開運輸船，這艘船和當年諾曼第登陸用的登陸艇是一種型號，專門給海軍陸戰隊運輸各種補給品，這些補給品包括糧食、彈藥、衣服、各類用品，我負責運輸最多的是汽油，所以這艘船上焊了一個巨大的儲油罐。

越南河網密佈，我們那裡不是叢林山地，是開闊的農田。越共游擊隊會在夜晚的時候出來活動，有時候會襲擊運輸小隊。我的一些同事死在了偷襲活動中，有些區域非常危險。

我的船常常因為會停靠在峴港郊外一個村莊碼頭，休息的時候，我認識了一個村裡的小男孩，那是一個 12 歲左右瘦瘦的男孩，黑黢黢的臉上有著兩顆明亮的眼睛，細細的胳膊，由於長期營養不良，他看上去只有七八歲的樣子。我常常跟他玩變戲法遊戲，把糖變出來給他吃，我們成了好朋友，有時候還一起打鬧開開玩笑。後來我知道這個男孩是個孤兒，在村子裡撿破爛為生。

大概是來峴港一年多的一天，我正在河上執行運輸汽油任務，當時，這艘船上還有一支 20 多人的海軍陸戰隊，被運去峴港附近的小鎮。船停靠在村

口碼頭的時候，那個男孩突然跑過來說，前面河道裡有水雷，你們當心一點。原來越共游擊隊在他們經常航行的河道上安置了一枚水雷。我們立即對河面進行了搜索，小心翼翼地檢查了附近所有水域，發現主河道上有一個黑色的小小的懸浮物，不仔細看，會以為是樹枝或者垃圾，真的發現不了，這顆雷的威力據說可以炸掉一艘軍艦，天！那個男孩救了我們的命！救了我們 20 多個人的命。

可是不到一周，我再次開船停靠這個村子的時候，我發現那個男孩不在那裡了。問了很久，有一個村民偷偷告訴我，他被越共游擊隊槍斃了，因為他洩密了水雷的位置。我一時懵在原地，頭暈目眩。那個村民帶我去河對面的田野旁的亂墳堆旁，我看到那個男孩的屍體就那樣暴露在炎熱的熱帶高溫下，正在迅速腐爛，細小的胳膊，黑黢黢的面孔，身上都是黑色乾枯的血跡。我想像他平時又蹦又跳的樣子，當時就崩潰了，那一刻我感到無比的絕望，窒息，抽搐的痛苦。

戰後，這件事情的陰影一直籠罩在我的心頭，揮之不去。

一種恐懼、抑鬱和不安的情緒長期困擾著我，讓我無數次從噩夢驚醒過來。你知道我那個時候才僅僅 18 歲。後來我被調離峴港的海軍，到峴港的消防隊又工作了一年零六個月，然後再回國。第三年，我回到了家鄉，那個時候，美國全國就越戰問題正在激烈的辯論，很多年輕人在準備奔赴戰場，而對我來說，越戰卻已經結束了。

回國後我一直去看心理醫生，我知道這是一種戰爭心理創傷，這種創傷甚至影響我後來的正常生活。直到有一天，我在加州認識了一位護士，我們相愛了，結了婚，有了家庭生活。現在即使已經過去了 50 年了，我在經營這個山林裡面的「西點」木屋客棧，但是，身心依然還是在恢復的過程中。不過，每次對人說起越戰往事，比如像今晚這樣，我都會覺得釋放一些負面的東西，心裡好受一點點。」

聽完，我不知道該說什麼好，我覺得說什麼都是多餘的。我抬起頭，和這位老人一起繼續看著黑黢黢的山，山在陰影裡靜謐著。。

第二天早上，太陽從山那邊升起來，天色呈現出一種迷人而深邃的幽藍，我坐在走廊的木椅上，俯眺整個舊金山灣區和附近山巒的風景。坐在那裡，視野超越了舊金山的密密樓宇和遍地的房屋，視野越過附近的小鎮、公路、田野、森林和山巒，山風吹過，我很享受這些。

一陣嗡嗡嗡的聲音吸引了我，原來是一隻彩色蜂鳥，正懸停在空中，啄食掛在走廊上的糖水瓶子。嗡嗡嗡的翅膀瘋狂地拍打著，難怪英語叫「Hummingbird」，然後倏地一下，才一秒鐘，就消失得無影無蹤。飛得好快的鳥！

派特給我端來一個煎得微焦的雞蛋，一片土黃色的芝士和麵包。他說，送我一份免費的早飯。於是，我倆又坐在長廊那邊聊起來了。

「我是 1948 年出生的，父親是美國駐韓國的炮兵上校，他二戰後，有很長時間駐紮在三八線附近，他的指揮部離北朝鮮只有幾十公里的地方。」

他一打開話匣子，就能說很久。

「我還很小的時候，我就知道我父親的職責很大，當時，他曾經接到最高機密級的指令，說如果朝鮮軍隊再次撕毀停戰協議，衝過三八線，他們就用原子彈把平壤從地球上抹掉！這是我的父親在他晚年時親口告訴我的，那時檔案已經完全解禁了。這項空前絕後的決定據說在當時是絕對絕對的機密，只有很少的人知道，父親在朝鮮前線的軍隊職位非常重要，因為早期的原子彈的使用，屬炮兵部隊管理。」

話題不知不覺又轉回去越南戰爭。他說美國當年陷入了一場愚蠢的戰爭，簡直蠢透了！接著，他發表一個震撼的觀點：「那年，我們應該支持胡志明的！南越的政府非常腐敗，而且沒有戰鬥力。我們站錯了邊，導致了我們在越南打了十餘年的仗，花了無數的錢，死了五萬多人的代價，卻沒任何成果，太愚蠢了。我們應該站在胡志明一邊，就對了。」

我問，「如果有機會，你還想去越南看看嗎？去峴港嗎？」

他說，「會的！一定會的！有生之年，我會回到峴港，再去看看當年的那片土地。」

我說，「那麼你為啥這些年都沒有去呢？」

他說，「因為我沒有太多餘錢了，因為我的老婆買了一輛特斯拉。」

「護士老婆嗎？特斯拉？！哇——」

「是的，她退休以後只是呆在家裡，去年，她幾乎拿出所有的積蓄買了一輛新的特斯拉。所以，你看，我現在得努力的工作。我除了經營這個小木屋客棧外，還兼職做山林火警觀察員，消防部門也發給我一點點的費用。等一會兒，我就要爬到附近那座山頭上去看看附近哪裡有火，如果看到了火，馬上報告，會來滅火的飛機。」

「你後悔給你老婆買特斯拉嗎？」

「不，那是她應得的，她以前的工作太辛苦了。」他非常肯定地說。

我們說著這些家常里短的話的時候，天邊煙灰色的雲漸漸又厚重起來了，他說，「你知道了嗎？我們這裡的污染也很嚴重，一部分是山林大火燃燒的灰燼，由於不下雨，它們四處飄散，此外，還有一部分嚴重的污染物，你知道是從哪裡來的嗎？」

我好奇地問，「哪裡？」

「北京！我們這裡 70% 的空氣污染都來自北京，北京的污染飄過大氣層，飄過大洋，直接就落在加州頭上！」

我聽了哈哈哈笑了起來，這是我聽了最有趣的一件事情。

笑完，我看看他的眼睛，不知道他是在說笑話，還是他真的這麼認為的。

派特似乎被我哈哈聲感染了，沒有一絲笑容和色彩的臉上，也微微起來一點點漣漪，但表情依然嚴肅。

45 搭車記

　　第二天午後告別派特後，我站在西點山坡上，風吹過山巒吹過我的臉頰，低矮的針葉林抖動著一身暗綠，淺灰色的雲薄薄地壓在天際。最後，再猛看兩眼舊金山灣區的壯麗景色，努力把這份壯闊刻在大腦記憶溝裡，這有點兒大麻癮者在告別大麻前夜猛抽兩口的意思。

　　背著包沿著土路摸下山後大約已經 2 點半了，根據派特的指引，沿一條小徑前往繆爾布瑞國家公園。這條山溝裡的小徑蜿蜒而下，沿途都是參天的紅杉樹，加州大舊金山地區沿太平洋一路北上到波特蘭，遍佈這樣的巨大紅杉樹，動輒幾百年的年齡。

　　下午 4 點多，我還沒有到達預計中的國家公園。手繪地圖上的線路彎彎曲曲的，本打算穿過一段密林山路，找到連結國家公園的小路，但是在一段林間小道上，忽然發現自己完全迷失了方向，再想用手機看谷歌地圖，發現關鍵時候，手機 T-mobile 沒有信號了，手機就是這樣不靠譜！我忽然想到這個世界上還有兩樣更不靠譜的東西：男人的嘴巴和女人的相片，瞬間，心也就平了。

　　四周都是參天大樹遮蔽出來的幽暗。遠遠看見兩條小路旁有塊牌子，奔過去一瞅，指向的方向都是莫名其妙的小地名。

　　看了一下時間，已經 5 點 10 分了，林子外面的天色還是很亮的，只是感覺到氣溫在急劇下降，背後剛才出的汗變得冰冷撩人，我知道這裡夜的溫度會在十度以下，我一件薄衣服是頂不住的，我開始發急，山林的出路在哪裡？

　　有株被砍伐下來的樹樁子留在路邊，估計樹倒之前防止傷人，被人鋸走了，我依稀知道看年輪可以判斷方向，我從北面下來，知道北面有公路，於

是我蹲在那裡仔細地研究了半天年輪，發現多數圈圈都很均勻，往某個方向的年輪稍微闊一點點，但是，年輪是闊的一面朝南還是朝北，我倒給忘記了，我於是下意識地又去摸手機，摸到手裡，發現一點信號都沒有——這是一塊石頭。

又盲目地走了一陣子，突然想起，剛才都是下坡路，那往坡上爬說不定會遇到公路，於是在一個岔路口找了一條蜿蜒往上的小路。

走著走著，林間的幽靜被打破了，突然間我聽到了汽車的聲音，這溫暖的聲音啊，這比鋼琴還好聽的汽車聲音，我沿著聲音的方向，一個勁地往上躥，手都被樹枝拉出血了，也不管不顧了。

15 分鐘後，我終於出現在一條馬路上。

馬路附近有一個小小的停車場，我在那裡遇到一個工作人員，我問他，「有回舊金山的巴士嗎？」他帶我來到一張公共汽車時刻表前，研究了一下，說最後一班從斯丁芬海灘開往市區方向的班車已經在 5 點一刻左右開走了，「這麼早就沒有公共交通了？」「你要知道，我們這裡的公共交通還停留在石器時代啊！」他調侃地說。「那麼，我怎麼才能回到柏克萊啊？」我急了，這時候已經 6 點多了。他聳了聳肩，「或許你可以去馬路上試試運氣。」

6 點 20 左右，我站在馬路牙子上有些遲疑、有些害羞地向過往的車輛舉起手，豎起大拇指，向高速行駛的、陌生的車輛招手，的確挺考量勇氣的。

這是我第一次在北美嘗試馬路搭車。

那些車都開得飛快，估計還沒有看清楚我，沒有減速，都迅速開走了。後來，我仔細觀察了地貌，發現如果走到山坡的頭上去等，那裡汽車上來的速度相對要慢一點點，而且一路緩坡而上，或許可以看到我在這頭害羞的揮手。

我不清楚開車的人會不會停下來，或許看到暮色四合的時候，有這麼一個異國人在馬路上揮手，會不會感到不安？我想起我很久很久以前看過的一部美國電影《搭車》：那也是西部的某條公路上，一個司機正載著他的妻子在黑暗中行進，車載廣播正在播放一條連環殺手的消息。不久，他看見一名

女子攔車。一番猶豫過後，他搭載了這名女子。誰知這名司機正是廣播中的連環殺手，熟睡中的妻子也不過是其又一名犧牲者⋯⋯

終於有人停車了，居然是一輛小卡車，司機是一個男人，副駕駛的女人搖下車窗，我說，「你們可以帶我去附近的小鎮，或者任何能夠叫到 Uber 的地方嗎？」女人搖了搖頭說，「你看我們只有兩個位置，已經滿了，你如果想坐的話，可以坐到後面的拖斗上去。」我看了看後面裸露的車鬥，裡面一堆雜物，想像了一下自己在山路上被風吹得東倒西歪，雙手緊緊捉住矮小的鐵扶手的悲慘樣，說，「那算了，謝謝哦。」

有一輛車看到我的招手，試圖有停下來的意圖，我心中湧現一片溫暖，正要迎上去，她卻突然一腳油門，加速開走了，可能是最後一秒改變了主意。

連續好幾輛車都過去了，失望讓我變得有些擔憂，抬頭看天，正漸漸變暗的天色。

突然，有一輛日式小車吱地停在了我面前，是一個和藹的帶一點點絡腮鬍子的年輕人，我又重複了一遍我的要求，他把副駕駛座亂七八糟的東西往後面一扔，豪爽地說，「跳上來吧！」

他告訴我他叫戴維，他有家小的廣告公司開在舊金山，客戶是美術館之類的，我說，「太巧了，我也是開廣告公司，我們是大同行哦。」他平時住在舊金山市區，他在斯丁芬海灘附近買了個度假用的小別墅，所以，每個週末開車路過這個山區，然後去海灘附近的家。他說很他喜歡這裡的風景，很自然野趣，同時那個斯丁芬海灘真是美爆了。聽說我是一個自駕縱貫北美的中國人，他熱情地問：「你想不想看一下斯丁芬海灘的全貌？我帶你去。」

於是，我們很快開上一個山坡，那裡有一個突起的懸崖，是最佳的觀景點。我下車後，發現風很大，這個懸崖高於海面大概 90 米，下面整個海灣的壯麗風景都盡收眼底。那無邊的海墨墨藍，在數公里長的海灘旁捲起白色的一道鑲邊，紅頂、灰頂、白頂的小房子肩並肩挨在海灘附近，附近有一些小山環繞著。海浪拍打著懸崖的根部，我聽到海鷗在嘎嘎地歡快地飛著，「快看！」戴維說，順著他手指的方向，我看見懸崖下面的白色波浪中，有幾條

海豚在逐浪前行，牠們時而歡快地躍出水面，時而排成一排，踏上波浪逆風而跳。看到海豚，我已經忘記了自己剛才差點迷失在森林裡。

戴維最後把車停在斯丁芬海灘小鎮上，他說「你或許在這裡可以找到 Uber 回市區」，說著，他朝他家的方向開走了。

斯丁芬海灘有一點點手機信號，依然沒有 Uber，這時我饑腸轆轆，肚子在咕嚕咕嚕叫，也顧不上其他的了，索性先去酒吧喝一杯，吃點東西吧，再想辦法回去。

小鎮酒吧裡有個大黑鬍子酒保，包個紅色頭巾像個海盜，他端上來一大盤清蒸青口貝，盤子有籃球這麼大口徑，青口貝個個肉頭豐滿、滑潤細膩，蒸得白裡透紅，蘸上醬料，放入嘴裡，細細地咀嚼，再配一大口冰啤酒，瞬間，舌苔去了天堂！這時候才有一點心情望著窗外小街的景色，不遠的海浪聲傳來，海鷗在風中叫喚。這個面向太平洋的小鎮，夢幻一樣。

那麼一大盤肉鼓鼓的青口貝，加上麵包，兩瓶冰啤酒下肚，我幾乎是扶著牆走出酒吧的，略有一點點飄然地走向斯丁芬海灘，這個步子走得有些歪斜，不知為何總讓我想起金庸筆下的凌波微步，可能是酒後自我感覺良好，想起「體迅飛鳧，飄忽若神，凌波微步，羅襪生塵。」這樣的描寫，不覺有些神往。

天幾乎黑了，最後一點點餘暉也浸入大海。

那片海，好長好長的海灘，賊鷗翅膀一動不動，從頭頂迎風盤旋而下，冰冷的海水無休無止地翻滾著，一種霧氣在遠處生成，月亮升起來了，海灘上的人漸漸散去。

這個夏天的海如此冰冷，如此安靜，像北野武《那年夏天，寧靜的海》，一模一樣的沉靜和墨藍，一模一樣的涼意和白浪的翻滾，只是沒有執著在海邊守候的貴子。

現在回到現實，要去鎮口搭順風車回柏克萊了。

有了第一次的經驗，我搭車的自信心變得滿滿的。很快就有一輛吉普車停了下來，開車的是一個快樂的高個子青年，他戴了一頂很潮的直角帽檐的運動帽，他轉頭的一瞬間，我驚喜地發現他長著一個中國人或者日本人的臉。他告訴我他叫賈斯丁。我們一路往舊金山方向疾馳，每一個彎道，他都用一點點飄移技術，開得飛快，同時還和他鄰座的黑人朋友開著玩笑，嘻嘻哈哈的。

知道我是從中國來的後，賈斯丁告訴我他的父母都是香港人，他們在他15歲的時候正式離婚，母親離婚後就帶他改嫁了一個老美。從此，他就搬到美國來，一直和母親、繼父在聖諾瑪郡居住。他的英語口音是非常地道的加州口音。

我用英語問他：「你還會說廣東話嗎？」他說，「我現在說的機會很少，只有和在香港的父親通電話的時候還說一點點廣東話，而且，現在通電話頻率也沒有以前那麼高了。」

他說他在香港度過了自己的童年，來到美國後，和原來的生活幾乎完全不一樣了。他的繼父待他還是不錯的，他和母親在家裡也改說英語了……「我的廣東話正在一點點的失去，很多詞匯漸漸都想不起來了。」說這話的時候，快樂的他似乎想起了什麼往事，陷入了短暫的沉默。

他的經歷好像那本風靡北美的漫畫書《美生中國人》中的少年王謹，後者在聽媽媽講完「孟母三遷」的故事後，從住了9年的唐人街搬到了純粹的白人社區。那裡，他是唯一的華人，老師叫不準他的名字，他沒有任何朋友，受盡了欺負。更糟糕的是，他還愛上了一個白人女孩艾米莉，由於靦腆，他一看到艾米莉就口吃……不劇透了，故事撕開了這麼一個殘忍的現實，美生中國人 ABC（American Born Chinese）成了「夾心人」，美國人不認同他們是美國人，說他們是中國人，但是他們對自己的文化也並不認同，甚至中國話都漸漸忘記了。有時候，他們的確也不知道自己是什麼。其實，以我來看，管他媽的什麼人，都無關緊要！最重要的是做一回自己吧！人生短暫，不做自己，去做別人去隨波逐流，這買賣也太不划算了！

賈斯丁把我放在繆爾谷的一個大超市門口，說這裡可以打到 Uber 回柏克萊，臨別時，我改用國語和他說：「再見！」，還用廣東話說了句「多囉！」，他笑著從車窗裡探出腦袋，用廣東話說，「唔囉！」（不謝！）。

　　搭上 Uber 往柏克萊開的時候，我忽然想起了一位署名為「FOB」（French off the boat 的縮寫，指剛來美國的華人或移民）對《美生中國人》的評論：「從今天起，做一個幸福的猴──就算生活在猩猩群裡。」

46 大神餐廳

　　加州文化課上，米歇爾老師說到美食，她問：「你們知道柏克萊最有名的餐廳嗎？」下面人一片沉默，她又來了一句：「你們不知道潘尼斯之家的餐廳嗎？——它可是加州最好的餐廳啊！他們家的菜單每天都不一樣！也就是說，你每次去都可以吃上不同的菜。」

　　過了兩天，我的房東瑪麗·安在一次晚飯的時候，不知說到什麼話題，她也提到了「潘尼斯之家」，她很驕傲地說，「那是全加利福尼亞排名第一的好餐廳啊！它用的食材全是有機的。」

　　幽默文化課的布萊登老師也對我說起「潘尼斯之家」，他說，奧巴馬夫婦是這家餐廳的座上賓，這個餐廳太神奇了，這可是全美排名前五的餐廳！

　　還有馬修，也指著屋子的西北方向，就差咋吧嘴巴了，「那兒！柏克萊校友愛麗絲·華特斯創辦的潘尼斯之家，吃客評它為世界前二十！」

　　他們是不是小地方的人愛吹大牛呢？

　　我特地去查了一下維基百科，發現到還真不是，上面清楚寫著，2001 年，美食雜誌評選 Chez Panisse（潘尼斯之家）為美國最佳餐廳。它被《餐廳》雜誌評為世界前 50 名餐廳之一，2003 年排名第 12。

　　這麼多人說起這家餐廳，我不去都有點對不起加州人民、愧對江東父老的感覺，在我遇見下一個人說它是太陽系最棒的餐廳之前，我還是咬緊牙關，揣幾百大洋，去一趟這家餐廳吧。

　　我忽然詭異地發現它中文名諧音就是「盼你死！」，一家「盼你死」的健康餐廳。

從柏克萊大學的西門走上 20 分鐘不到，就看到一棟很普通的房子，門口立著一個老式的拱形入口，上面等寬的黑體字已經被太陽曬得褪色，淡淡的「CHEZ PANISSE」幾個字，不仔細看還真不容易發現。這可是加州的小小文化地標。多數人用完餐，抹好嘴後，都會和這個樸實的木質拱形入口合影。

由於一樓的預訂需要提前一個月，我只訂到了二樓的咖啡廳。一樓每天的菜單是不一樣的，二樓則提供餐單式的點餐，菜單都標注有日期，菜式估計和廚師的心情有關吧。據說，克林頓夫婦來這裡沒有提前預訂，只是臨時起興來用餐，所以也沒有特殊待遇，他們和我一樣沒有預訂到一樓的餐廳，也是在二樓的咖啡廳用餐。

服務員和書上介紹的一樣——笑容春風般洋溢，不知為何，我去的這天，餐廳裡面用餐的很多都是銀髮老人，我坐在其中，居然顯得很嫩！如果是在一輛公共汽車上面，我估計我會被拎起來給他們讓座。

我點了一道詹姆斯牧場的羔羊腿肉。詹姆斯牧場是加利福尼亞北部一個優美迷人的牧場，水草豐美的牧場餵養的羊肯定肥，但也註定倒霉，命運有點悲慘，因為吃得好、養得棒、長得美，就要源源不斷宰殺後被送到最好的餐廳了，供人品嘗，這個胎投有點怨啊——「紅顏薄命」嗎？

我的詹姆斯羊腿肉應該是羔羊的前腿，因為通常羊的前腿用力小，後腿用力大，前腿肉質嫩，後腿肉質略緊，口感前腿好。此外，這道菜還配有法式薯仔煎餅，外加菠菜，盤子邊上有一勺紅酒蘑菇醬。

這家「美國最偉大餐廳」的菜單單詞很多來自法語。創始人愛麗絲·華特斯也說，潘尼斯之家是結合加州本地食材的改良法國烹飪。

大概叫愛麗絲的都愛旅行吧，她本人年輕時到歐洲旅行，有兩件小小的事情改變了她的人生軌跡。

第一椿事情發生在土耳其，某個農民家門口，貧困的小男孩拿出他僅有的一塊芝士，分給愛麗絲吃，那塊小小的芝士是如此可口，更賦予了情感色彩，讓她大為感動，這個孩子的分享精神影響了她的餐廳理念；

還有一椿事情是，她遊歷巴黎期間，當時結識了幾位廚師朋友，並得到一本很重要的「武林秘籍」——《法式烹飪大法》，她如獲至寶。回國後，

她在 1971 年創辦了這家餐廳，希望把加州最好的食材分享給她的顧客，並讓人們感受到家庭般的用餐氣氛。她提倡有機食物，她和大量的本地牧場、農莊、蔬菜種植戶建立友情。

她和蔣介石還是好朋友，據說她向蔣介石學習過燒中國菜。不過，那個中國菜估計不會太好吃，因為，蔣介石會給前方部隊空投西瓜，但是未必是一個好廚子。

美國是世界上吃垃圾食品最嚴重的國家之一，愛麗絲公開呼籲克林頓夫婦在白宮開設有機菜園，推廣健康飲食，可惜，克林頓因為忙於拉鍊門危機，沒空採納。

她又接著呼籲奧巴馬夫婦，結果，居然成功說服奧巴馬的夫人米歇爾在白宮南草坪上開闢了一片菜園子，這就是著名的「白宮菜園」。這個 102 平方米的菜園，有 55 種有機蔬菜，還有兩個養蜜蜂的蜂箱。奧馬巴夫婦開始在全美推廣有機食物和健康飲食，因為，在大家的成見中，美國人住得好，吃得糙，美國人體重超重情況嚴重，「大將軍」處處可見，大約是每四個人當中就有三個人體重過重的，而且是越窮越胖。邁阿密一個叫蘭羅絲的中年女人，體重暴漲到約 286 公斤，她 16 年足不出戶。由於胖到找不到尺寸適合的衣服穿，她只能整天赤身裸體的坐在床上，宛如「赤膊巨人」一樣，全由孩子們照顧她的飲食。想像一下，這個畫面有多香艷多雷人。

白宮菜園的出現更像總統夫婦的一場行為藝術，呼喚美國底層勞動大眾吃有機食物，甩掉一身肉。

可是吃有機食物，比較貴啊！誰不想吃呢。

奧巴馬離任後，一度傳聞特朗普要揮舞大鏟子剷除這片菜園，最後還是在輿論聲中保留了下來。特朗普夫人梅拉尼婭接管了白宮菜園，這位有史以來最美艷最性感的美國第一夫人親自操刀上陣，帶著小朋友們去種菜，聽起來像童話《巫婆種菜》中的情節，因為她戴墨鏡穿名牌、鞋子乾淨潔白的樣子大大地露了餡，美國吃瓜群眾發現她紅色格子襯衫是歐洲某某奢侈品牌，售價高達 1,380 美元，相當於一個美國農民半個月的收入！網上「全疤通紅」

的「拍磚黨」（發表批評和反對的意見）紛紛蹦出來，說這是「種菜秀」，「裝模作樣，特朗普一家都是戲精！！」。

夏天傍晚的太陽還斜在天上，熱乎乎地從窗戶外曬進來，佈滿整個餐桌，對面座位上的一位神態安詳的銀髮老人，頭髮被陽光點亮了，銀得熠熠生輝，他的眼神柔軟地落在他的老伴身上，這一刻，老年時光的祥和、淡定，令人神往。

我最後點了一道甜點，紅葡萄酒調出的蜜桃、草莓果凍，挖一勺子，放入口中，涼涼軟軟地馬上要化掉一樣的，草莓和蜜桃的甜被壓抑了，然後一點點紅酒味道從舌頭下面溢出來，最後混合成一股美好的感覺在味蕾和舌苔間流淌。

從我個人來說，這道甜點是潘尼斯之家最棒的一道菜。

就主餐羊腿肉而言，固然鮮嫩，澆上去的紅酒蘑菇醬汁的口感也不錯的，但是如果這種烹飪水平要在世界上名列前茅，怕還是有些距離的，對於一個來自有幾千年烹飪歷史國家的我來說，這樣的口感似乎太簡樸了，烹飪的方法也是簡約至極。

好在潘尼斯之家是一家重視食材勝過烹飪的餐廳——這是很好的藉口，如果有食客如我一樣的挑剔，就說，你看我們是重視食材的呀！

什麼是我心目中最好的餐廳呢？魂牽夢繞的餐廳呢？

不是北京 TRB 這樣的幽深胡同裡面的一座寺廟改建的法式美食，那個餐廳更像是一個舞台；也不是新天地朗廷酒店裡面米芝蓮三星的唐閣粵菜館，那一道三蔥爆龍蝦也的確征服過無數中外刁嘴；不是日本大阪排名第一的河豚館，藏在一座江戶時代的老宅子中，10 道不同的河豚吃法，那只是精緻無邊；而是中國西部的一個非常不起眼的小城，藏漢雜居之地，一個破敗的小街上一個不起眼的川菜館子，那是我心中世界上最好的餐廳，而且不是之一，就是最好的。

那是 15 年前了，我和女友從四姑娘山下來，一路勞頓，摸到這個小店，大概只有 20 個平方米大小，廚房就在入口處的一個玻璃隔間，看見廚師穿得

猥瑣不堪，為了保險起見，我們就點了一道川菜中最常見的魚香肉絲，一道麻婆豆腐，一碟青菜，兩碗大白米飯。由於店小，我就親眼目睹他在我面前起油鍋，猥瑣的神情變得專注，手勢飛快，鹵過的細肉飛進了鍋子，飛東西的時候他居然翹著蘭花指，一陣油煙吱吱升起，把切好的黑木耳絲、紅的胡蘿蔔絲，手腕一翻抖進去了，還沒有看清手法，鍋子就翻動起來，一團火一度升到頭部這麼高，白茫茫間，豆瓣醬、泡紅椒、蔥蒜不知都用什麼打「暗器」的方法飛進去了，香氣四溢。端上來的時候，一股魚香味道強烈刺激著我的味蕾。一口下去，那個肉嫩、那個絲滑，嘴唇皮子辣得發麻，麻後發抖，抖後發顫，再過一口四川盆地特產大白米做的飯，入口的香糯，和著辣、麻、酥，宛如把我帶到了一個味覺的極樂世界。

那道麻婆豆腐也是神了，土黃色外一層包漿，伴著肉糜和辣椒醬，嫩得入口即化，麻、辣、燙、香、嫩、鮮六字全部都有，我控制不住誘惑，連吃幾口，燙得直咂舌頭散熱。最後那碟青菜則起到中和前面刺激的作用，宛如一個跌宕，用清苦、純淨來過濾前面的瘋狂。

說這家小店是我的世界中最牛掰的餐廳，遠超那些米芝蓮餐廳，是因為它具備了四大王者品相，第一，每次腦子裡面一想到這道菜，舌頭邊上就自動流口水，嘴幫子起反應，經年不退，以至於有上癮的傾向，這牛掰（即了不起）不？有幾家米芝蓮餐廳可以做到這樣呢？

其二，他家是最簡單、最樸素、最通俗的家常菜，最普通的本地食材，不用「上九天攬月，下五洋捉鱉」般的去取特殊食材，這牛掰不？宛如《射雕英雄傳》中的黃藥師，一套樸素無華的長拳，打遍天下高手。

其三，價格僅 21 元人民幣，魚香肉絲 12 元，麻婆豆腐 6 元，青菜 3 元，米飯免費。儘管是 10 年前的價格，那也是吃瓜群眾喜聞樂見的價格。

還有更關鍵的第四條，那頓飯有愛，鐘意的長髮清癯的女友坐在身旁，給她夾菜，看她吃辣豆腐瞬間痛並快樂的表情，這飯要多香有多香。四大條件同時在一個時空裡出現，那是種可遇而不求的神仙境地，蟲洞啊，一個再也無法回去的時空。

第二天回到柏克萊校園，上課的時候，布萊登老師隨口問了我一句，「去了潘尼斯之家，覺得怎麼樣呢？」我能說什麼呢，想了半天，擠出一個「Excellent！」（很棒！），他很滿意地點了點頭。

　　我知道我不可以說，和一個擁有幾千年歷史的烹飪王國來比，美國烹飪水平還是停留在石器時代，仿佛是荷里活電影和中國電影的差距，中國乒乓球水平和美國乒乓球水平的差距，這也可能是美國極少數稱不上帝國的地方吧。

　　也許，國人把太多的精力放在了吃上面，其他方面就弱了，宛如《天龍八部》裡薛神醫，只顧學醫，武功就不濟了。

　　離校前的一天早晨，我最後一次跑步去學校，看見馬路拐角處有一個中學，探著頭往裡面看了兩眼，忽然發現這就是愛麗絲帶孩子們種菜的地方。幾處蔬菜園子的茄子長得圓頭怪腦的，還有一些叫不出名字的葉子菜，在柏克萊乾爽的晨風中，蔫了吧唧（即植物缺水萎縮下垂）。

　　「種有機的也不容易。」我嘟囔了一句，就跑過去了。

反對特朗普的人在紐約時代廣場
遊行，說他是一個叛國者。

一個女作者平時做布魯克林藝術街區的導遊，她和淘寶賣家一樣，
希望我給她在貓途鷹網站上留一個五星好評。

柏克萊大學老師「姐夫」正在上課，我在後排昏昏欲睡。

李教授家的曇花開了，
可惜他的孩子們太忙，
無法趕來欣賞，倒是便
宜了我。

4 第四夏 *The Fourth Summer*

Into an Unknown America

47 哈佛的五品官

2019 年 7 月 15 日，我的第四個夏天，再次入境紐約。

海關一位面無表情的檢察官仔細翻看著我的護照，突然盯著我的眼睛，問，「你帶了多少現金？」

我以前還沒碰到這樣的問題，遲疑地說，「大概一萬多吧。」

「那你要去申報！」他警覺地看了我一眼，見我非常猶豫，安慰我，「不會沒收你的錢的。」說著，他沒收了我的護照，領我來到了一個大房間。那裡有一堆亞非拉人民，填了表格，都翹首在等一個窗口叫號。

我坐在一個皮膚黝黑、精瘦的拉丁裔男子旁，他一直緊緊拽著有一個巨大無比的蛇皮袋，裡面鼓鼓囊囊不知道裝的是啥，我揣摩是帶到紐約來販賣的東西，我以前的一個同學也幹過這個。我們開始了漫長的等待，那個窗口的海關人員一會不見了，我猜想是不是去解大號了？好久才回來。這樣，大約一個半小時過去了，房間裡的人漸漸稀少，最後只剩下幾個人了。我突然聽見窗口大喊「睏！」「睏！」，我扭頭看看旁邊的拉丁男子，他也扭頭看看我，我突然明白，這是在叫我的名字，我的名「QUN」他們發音發成了「睏！」。我急急忙忙跑上去，「睏來了！睏來了！」

離開大廳的時候，瞥見那個拉丁男子還緊緊拽著他的大蛇皮袋。

如果美國警方跟蹤我的軌跡，會發現「睏」每年夏天都像候鳥一樣準時降臨，然後，東竄西蹦，行跡非常可疑。

7 月 21 日「睏」帶著他的神秘記事本，從紐約飛波士頓。

背著那個陪我多年的滾石雙肩包，我走進了哈佛的課堂。

繼西海岸柏克萊讀書，今年夏天，我打算再嘗試一下東海岸的短期課程。

大約 35 個同學坐在位於哈佛廣場旁的布萊托大廈的二樓，這是哈佛的一個學院，繼續教育學院，我這樣頭有反骨的人的確是需要「繼續教育」。環顧了一下這個班來自 17 個國家的同學，大家都操著各種口音的英語，除美國各地的同學外，其中母語是西班牙語的較多，我後面那個洪都拉斯的老哥，討論的時候一直說「佛姑絲」這個，「佛姑絲」那個，我冥思苦想「佛姑絲」是個什麼東東？後來，恍然大悟，原來就是「Focus」（聚焦）。

這個管理課程，居然有一老一少兩個老師在黑板前交替演講。

老的叫約翰，大約有 67 歲往上，半頭白髮，說話中氣略有不足，講課溫吞水一樣，沒有一點點抑揚頓挫，好像隨時要吞服一片阿士匹靈，但是年近七旬也不退休，精神可嘉，我暗地裡覺得他像裝病垂簾的司馬懿，於是偷偷叫他約翰・司馬懿；年輕的叫邁克爾，40 歲上下，正值壯年，皮膚紅彤彤地冒著疙瘩，很謙遜，儘管沒有氣吞河山的演講氣場，但是很敬業，像是一個書呆子正在圖書館看書，突然被人拖出來，硬生生推上了講台。

我想他們兩個人結伴在哈佛打獵是有原因的。說相聲要兩個人撐場子，唱二人轉的也是要兩個人。一般來說，假如約翰・司馬懿很能講的話，如著名的脫口秀主持吉米，他是希望桌子旁邊還坐著另外一個主持，還是讓他趕緊滾蛋呢？

我暗自推算，如果這裡不是哈佛，而是「哈魯」，大概沒人會願意花一筆不菲的錢，聽他們兩個在一堆圖表前嘮嘮叨叨。那個約翰・司馬懿還有一個特點，喜歡拿他 90 年代的管理案例來進行分析，這情況和我就讀大學的情景很像，我原來講授新聞採訪的老師，總是介紹他文化大革命期間踩自行車當記者的老掉牙經驗，我當時一個同學毒舌一句：「老師喪失了學習能力，比男人喪失性功能還可怕。」

課後難得清閒，在哈佛附近到處溜達是一件樂事。

從老校園出來，一拐彎就是神學街二號的哈佛燕京圖書館，門口站著兩

個孤獨而奇怪的中國石獅子。即使是暑假，裡面還是人頭攢動，全是查東亞資料的學生、學者。美國大學是很難讀的，搞不好就讓你掛科畢業不了，學生天天忙得像條狗。相比之下，內地某些文科院校則太輕鬆自在，個別簡直就是一派秦淮歌聲。

燕京圖書館是西方保存中國古籍最多的地方，據說，該館受益於一位清朝的詩人戈鯤化，他是哈佛第一位中文老師。

1879 年，這位特立獨行的老兄在哈佛開堂教中文，他上課的時候頭戴花翎，胸口是一團耀眼的刺繡白鷳補子，足登厚靴，著完整的清朝五品官的衣服。他會從《水滸傳》的一篇小說，或是蘇東坡的一首古詩開始給美國學生授課。他上課的時候，在教室裡昂頭踱著大步，讀詩的聲音抑揚頓挫，期間用一口流利地道的英語做解釋，講完課，一個深深的 90 度全場鞠躬，這個場景估計要雷死人不償命的。略帶戲精的老師，還是位詩人，把李白杜甫之風帶到了哈佛，——他四處寫詩會友，結交高士，受到了老師同學的一致喜愛。

可惜，這位五品大員老師，教了三年中文，就得肺炎蘧然去世了。（看來，任何時代，肺炎都是冷血殺手。）

我在圖書館時獲悉，如今，燕京 5.3 萬卷中文善本特藏全部可以網上免費下載看了，這意味著，中國學者不必買飛機票來哈佛求讀紙質善本了，這也讓不少大學老師失去了一次出差美國的藉口，估計他們要口上稱讚，心中暗罵燕京糊塗了。

燕京圖書館門口的佈告欄宛如高級的小菜場——大家都來這裡吹喝、做中國人的小生意。

我看到一個老外用 2 號大小的中文，打印張貼了一張小廣告「英文學術文章潤色服務，本人芝加哥大學博士研究生，長期旅居中國並擔任大學老師，精通中文，可為高校老師、學者提供英文學術文章的潤色服務，價格公道，保質保量。有意微信聯繫。」

多事的我加了他的微信，他叫彼得，一個美國小夥，朋友圈裡曬了張新婚照，比他的新婚中國老婆足足高出兩個頭。時下，他好像正忙於在美國各大學搞推廣會，瘋狂地推廣他的潤色服務。——看來給中國學生論文潤色，

這是一門很大生意！但是，隱隱的，這個怎麼讓我想起了《圍城》中的方鴻漸通過報紙中介廣告，從那位愛爾蘭老兄搞來的「克萊登大學」博士學位的情節。

上課的最後一天，那個看上去中氣不足的約翰・司馬懿老師突然給我們看了一張「中氣很足」的東西，讓我對他肅然起敬，推翻了我對他的所有成見。

這堂課講到人的自我管理，他用 PPT 放了他的一張人生清單，這張清單上標注著他的所有目標，其中定期目標是，1）每週堅持瑜伽、網球和健身；2）成為「ASC board」（美國細胞病理協會）的志願者；3）幫助「盧旺達基金會」，支持 1994 年盧旺達圖西人種族滅絕中被強姦婦女生出的孩子的教育，宣傳反對種族滅絕和性侵；每年 3 次參與資金的籌措；4）每年嘗試挑戰一個新的事物，如在波士頓大學教學；5）一年讀 30 本書籍。

一個 67 歲的教授要幹這麼多事情？

這個氣色不佳的司馬懿讓我側目，果然有司馬懿的性格：隱忍，不出手而已，一出手就石破天驚！

我想如果是中國的一個大約 67 歲的退休教授會幹什麼，多數是不是回家弄弄花草，看看養生書，帶帶孫子？這個約翰老先生看上去血脈不旺，身體估計也不會太好，但是目前還是一家諾夫勒斯醫藥諮詢公司的執行副總裁，同時在哈佛大學和波士頓大學兩所大學任客席教授、指導。

近距離觀察美國的教育，類似「美國高考」的一項必考內容就有——在中學時代做義工或積極參與社會事物，一來培養孩子的社會責任心，二來永遠去嘗試新鮮事物。這種思維影響了很多人的一輩子。這位客座教授約翰・司馬懿，退休年齡仍在積極幫助盧旺達難民；熱心社會公益、嘗試新鮮事物，好像一切和年齡無關，這在朱克伯格、比爾・蓋茨等人身上似乎都可以看到相似的軌跡。

聯想起我日前遇到一個叫傑西的法裔美國朋友，好像也是這樣的人。他遇見我第一面，就和我說中文「你好！」，然後用奇怪發音的中文和我攀談

起來，讓我吃了一驚。原來，他在弗吉尼亞的熊貓快餐當經理，平時學習一點中文。我和他吃飯期間，我們旁邊當時還坐著一位聾啞女士，他馬上又用手語和她上下比劃起來。他跟我說，他的父親老家在法國西班牙的邊境，但他出生在美國，母語是英語和法語，但同時他還會西班牙和德語。

我問傑西，「你在什麼學校學習的中文？」他說他全部都是自學，幾門外語都是在網上學的。他說，熊貓餐廳的工作非常繁重，他經常替同事加班到夜深。但是，在此期間，他還寫了一本長達幾十萬字的科幻小說，打算今年出版。為了出版的事情，他自己組織了發行小組，目前在網上已完成了一二千本的訂購。他說，他的目標是嘗試成為職業科幻作家，儘管目前在餐廳打工，一旦時機成熟，他就自己去完成自己的夢想。聽說我來自中國，他說他讀過劉慈欣《三體》，他希望有一天中國人也可以看到他傑西寫的科幻小說。

美國充滿了嘗試新事物的人。

哈佛上課最好的地方，是每過 30 分鐘左右，就強迫我們和陌生人進行分組討論，根據上課講義，解決同學們自己手上的頭疼問題，所以，沒花多久，大家都相互熟悉了。

這個班一半是公司出錢來深造，一半是自掏腰包來的。這些同學看來都是自我要求比較高的人，沒有一個肥頭大耳的，不少還挺帥，這讓我很吃驚，有一刻，我會自卑地覺得自己是坐在一堆戰狼中一條「中華田園犬」。

我左手的同學是一個身高 1.88 米左右的金髮男子，喬治亞州人，長得有點像年輕版的畢·彼特，穿著筆挺的細條紋白襯衫，我側眼望去，胸肌鼓鼓的；右側一個黑頭髮的哥斯達黎加帥哥叫約瑟，大大的酒窩，眼睛有點點奇洛·李維斯的犀利。

最可怕的是，第一排坐了一個秘魯的同學艾力奧，人很高，穿著白色的襯衫，他的黑色頭髮梳很齊整略帶一點點小波浪，配上暗紅框的板材眼鏡，活脫就是基斯杜化·李夫扮演的超人！

我問艾力奧，「有沒有人說你長得像超人？」

他說，「很多人說！不過我覺得做超人扮演者沒有啥好的，一個超人演員晚年變成了癡呆症患者了，口水都控制不住；還有一個超人扮演者從馬上摔下來，癱了半輩子，我希望我不是他們。」

我笑了，又問，「你的漂亮的超人眼鏡在哪裡買的？」他說，「在秘魯。」我說，「你可以給我戴一下嗎？」我戴了下，大家都說好，我說「貴不貴？」他說還可以，「需要我可以從利馬給你買。」

「利馬？」這是地球上離中國最遠的首都了吧，我想，拿著超人的眼鏡翻看了一下，說，「好像不用秘魯代買了，因為上面極小的小字寫著：中國製造。」我拿出萬能的淘寶，用圖片掃了一掃，淘寶在哈佛大學的 WiFi 幫助下，滴答滴答兩秒鐘就找到了。

我說，「只要 79 元人民幣，就可擁有一副秘魯超人的眼鏡！」艾力奧笑歪了。

我問秘魯超人，你在利馬做什麼生意？他說他是迅達電梯的總代理。我說利馬有很多高樓嗎？他說，好像不是特別多。我覺得挺有意思的，在一個高樓不多的地方賣電梯，還跑到哈佛來學管理。

他可能是太帥了，來哈佛讀幾天書也不得太平，他說他老婆專程從利馬拍馬趕到紐約，要和他一起過週末。我問你們結婚多久了，他說很久了。我說，你老婆看來很愛你的。他笑著眨了眨眼睛。

中午休息大概有一個多小時，有著大酒窩的約瑟說給我們大家品嘗一個東西。

他從教室茶歇廳的冰箱裡，取出十多瓶彩色的啤酒。原來，他是一個狂熱的啤酒製造商，自己釀製、自己灌裝、自己推銷，他在哥斯達黎加的聖荷西有自己的啤酒品牌「35」，不知道為何叫 35，是不是他 35 歲的時候開設的？這是我見過的最漂亮的啤酒瓶子，有粉色、綠色、藍色各種款式，他說，「粉色檀巴爾！這是聖荷西女孩子都愛點的啤酒。」

於是，課間休息變成了一個啤酒試品會，我們啜著啤酒，聊起了天。

約瑟有著南美人的熱情奔放。當著所有人，他給我看了一張手機裡的照片，是一個大鼻子年輕男人懷裡摟著一個嬰兒。

「誰的孩子？」我問。

他說，「我的女兒，一歲，很可愛吧！」

我看了一眼照片裡的那個大鼻子，好奇地問「這是你男朋友？你是同志？」

「不不！」他爆發出一陣陣抽動的大笑，「他是我的好朋友，讀書期間，我委託他去看看我的女兒。」

我說，「看不出來，你已經結婚了。」

「不！我沒有結婚。」

我頭暈了。

約瑟接著說，「去年我交了一個女朋友，才相處了兩個多月，有一天，她突然對我說，她懷孕了，她要把孩子生下來。我說，我還不想結婚。她說，她想要這個孩子。我說，好吧，就生下來，但是我不想結婚。」

說這個的時候，那些品啤酒的同學都圍攏過來看看手機上他的孩子。

約瑟接著說，「我後來給她租了個房子，現在她和孩子住在外面。」

「你們不住在一起？」我確認了一下。

「對！她住在我家附近的一個地方，這樣我過去看孩子也方便。」

「你不打算和她結婚？」我好奇地問。

「是的。我目前不想和任何女孩子結婚。」

「你喜歡自由，這樣還可以交其他女朋友，對吧？」

大家明白了我的問題，都哄地一聲笑了起來。

他很淡定地看了看我，很確定地說，「當然。」

那一刻，我想，來這裡讀書的人，看來都有一肚子的故事。

課程快結束的那個傍晚，波士頓的太陽掙扎著還沒有落下去，氣溫被餘暉加熱得有一些乾熱。我們一群同學在哈佛廣場附近的一個屋頂酒吧喝酒。

「秘魯超人」艾力奧忽然和我說起了馬丘比丘，我想起我的大女兒卓爾小的時候有一個玩具地球儀，上面在南美洲只有一個旅遊景點，就是馬丘比丘，我經常猛地旋轉一下地球儀，然後考她：「告訴爸爸，馬丘比丘在哪裡？」

艾力奧告訴我，從他的老家利馬先坐飛機到達一個地方，然後從這個地方坐火車去馬丘比丘，路途遙遠。我問，「印加帝國為何要在這個鳥不拉屎的荒山上建一座巨大的城堡？」我希望他能夠以秘魯人的答案回覆我，但是，他笑眯眯地回答我，「你應該自己去看看。」我想，這大概就是秘魯的國家廣告！

一個叫拉瑞的美女同學坐在我對面，她是熱情洋溢的土耳其人，說起話來滔滔不絕，很幹練，現定居德國柏林，任一家五百強企業的市場經理。估計已經喝了許多酒了，她的臉有些泛紅，然後，她脫去了外衣，我發現她有傲人的胸部，挺拔如夏初怒放的繡球花，我都忍不住多看了兩眼。她說她去了幾十個國家和地方旅行，還去過南非和韓國，但是她在柏林找不到丈夫。這樣好的職業，這樣美麗的臉蛋，這樣閃閃放光的胸脯，這麼強的能力，為何卻沒有男朋友？三杯下肚，她說她太男人性格了，個性厲害得雷霆萬鈞，男人最後都被她嚇跑了。

她說她是一個執行力特強的人，說走就走的性格。

「下一站去哪裡旅行呢？」「中國，上海。」

我說，「太好了，說不定，上海可以遇見你的另一半！」說完，我發現自己是在瞎說，因為我想起來，其實，上海很多厲害的姑娘也一樣找不到男朋友。

從酒吧出來，哈佛廣場這裡永遠有人在發傳單和宣講。

這一個晚上，一個穿橘色的西裝、橘色的西裝短褲、戴著橘色尖尖帽子的瘦高中年男子，拿著一隻白色的廉價塑料話筒，一隻腳站在花壇的台階上，一隻腳站在台階下，滿臉漲得通紅的通紅的，喉結一上一下的，聲音極大，聲嘶力竭，感覺是在發表一場激動人心的廣場演講。他的口水飛得「遠開八隻腳」（滬語），足足有 1 米開外。他好像講動物保護什麼的話題，是要保

護美國的犀牛嗎？美國好像沒有犀牛。由於口水噴得太厲害，而且手舞足蹈，行走路過的人們避之不及，紛紛繞行。遠處花壇那裡，音樂大作，來自美國各地的愛好者，正在進行一場廣場莎薩舞蹈大會。

這場演講，只有兩個聽眾，我和一個老太太。我倆並肩站離他 1.5 米左右的地方，遠離一點口水，試圖搞清他在說啥子東西。

聽了很久，老太太向我搖了搖了頭，眨眨眼睛，說，他嗑藥了。

於是，我倆一個往東，一個往西，回家了。

48　與魯道夫的爭吵

　　前排座位上有一個棕色、長波浪頭髮的姑娘把頭扭過來，我以為她要和我組隊相互介紹對方，剛要說「嗨」，但她的頭轉了 45 度就停止在空中了，哦，她是選中了我左邊一頭溫軟金髮、眼睛大而明亮的喬治亞州高個子帥哥，他們馬上熱情地「嗨！」「嗨！」攀談起來。

　　剛才約翰・司馬懿老師說，你們隨機找一個同學，相互介紹一下自己的情況，等會兒分別介紹對方。我環顧了一下左右，發現多數人都找到了伴，只有最後一排中間的位置上，那個後腦勺紮了一個辮子、消瘦的小個子亞洲男子還一時沒有搭子，於是我走上去，拍了他一下，「嗨！」。

　　說了兩句英語，發現魯道夫的口音很熟悉，於是，我改口問，「你會說中文嗎？」他說，他是湖北人，定居休斯頓 20 多年了，是一家 IT 公司的會計經理。在一堆美國人、拉丁美洲人、德國人、印度人、土耳其人當中，突然聽到普通話，我頓生親切感。

　　課間休息，金黃色的蛋撻熱騰騰擺在茶歇間的桌子上，美式咖啡的香味鑽入鼻孔，我們站在那裡聊了一會兒。

　　這次我仔細觀察魯道夫，大概三十五六歲的樣子，對開頭髮梳得很整齊，面孔消瘦，黑眼珠子有點點暴凸出來，額頭上布著兩根青筋。我擔心他是不是有點甲亢？上身是穿著長袖的深色襯衫，最上面一粒鈕子居然扣著，下身牛仔褲。他說自己在新奧爾良大學學的會計，但並不喜歡，他本人熱愛哲學和政治。在德州打了很久，慢慢留在那裡工作。我問「德州的天氣是不是很好？」他說，「糟透了！太乾。門窗要關好。有一天，一隻螞蟻爬進來，咬了我一口，結果，整個手臂都腫得像一個藕，許久才消退。」

傍晚，照例是活躍的哥斯達黎加大哥約瑟召集大家去邊上屋頂酒吧喝啤酒，看得出他在老家應該是一個意見領袖。於是，一群人浩浩蕩蕩地走在哈佛廣場旁邊的小街上。

哥斯達黎加大哥他們都說西班牙語，我和魯道夫兩個說漢語的人坐在這群拉美人當中，像是兩隻山蛙坐在一群田蛙當中。說西班牙語的同學有個特點，就是每5分鐘就會爆笑一次，他們的基因裡面好像安裝了笑的定時器。我們則看上去過分現實而憂鬱。

對飲著啤酒，我問魯道夫，「你怎麼起了一個德國人的名字？」

「我讀書時喜歡哲學，尼采、叔本華、黑格爾、海德格爾都是德國人，而我中文又姓魯，就改了一個德國名字魯道夫，算是向他們致敬！」

「你家怎麼來的美國？」

「我的母親死得比較早，1988年就走了。父親本科畢業於清華大學，是國內最早一批讀生物學的，他一個人先申請去了賓夕凡尼亞州，十歲那年我才被接過來的。父親續弦了當地的一位大齡的北京姑娘，後來定居德州。」

魯道夫喝酒很厲害，咕咚咕咚兩大杯下去了，眼珠子就更突出了，話匣子也打開了。

他說，「我後媽就是那個大齡的北京姑娘，她嫁給我爸的時候35歲了，她對我要求很嚴格，我挺反感她的。從見她的第一天起，我都一直喊她阿姨，為了這個，我爸曾罵過我、揍過我，讓我改口，我咬緊牙就是不改。」

「你夠強的啊！」

「媽只能有一個吧！我媽在國內病重臨死前，她把她那些年攢的二千七百多塊錢，都偷偷存了我的名字，交給外婆，她知道我爸可能要另娶。她死得太早了，才29歲。她臨死前對我說，她對不起我。」說著這裡，他解開了襯衫最上面的一個扣子。

我唏噓了一番。我覺得他畢竟是學會計的，數字記得那麼牢。

我們碰了杯子，又咕咚咕咚喝了好些。

喝到七八點鐘，桌子上堆滿了酒瓶子，我們話鋒一轉，聊起哈佛大學了。

我問他：「你怎麼報了這個管理課程班？」他說，「我工作年資比較長了，這是公司的獎勵。」他沒有問：「你呢？」我自己自說自話，「我是來體驗一下哈佛的讀書氛圍。」

　　「我們也只能來讀讀課程班，哈佛的本科可不是普通人可以讀的！」他說，「進哈佛也是一場權力的遊戲！」

　　我很好奇，「此話怎講？」他的眼珠子往外面鼓了一鼓，說，「如果你家超級有錢，孩子讀書腦子還夠用的話，就可以塞進哈佛！」

　　「塞進哈佛！？」我懷疑我的耳朵，「塞進」兩個字在內地以前好像挺流行的。

　　「哈佛大學是超級玩家俱樂部啊。錄取標準一直是一個秘密，比外星人還神秘。校長每年有一張 Z-list 名單，這些孩子的家長都是給學校捐錢的大佬或者有來頭的大靠山。只要孩子的成績還勉強可以，VIP 的綠色通道將向他們開放。奧巴馬的女兒就是這樣被錄取的，你覺得她可以考取哈佛嗎？！」

　　「但是，哈佛不也錄取很多貧困生嗎？我看到一個材料，說一個窮人家的孩子在飯店洗盤子、做小丑，後來被錄取了。哈佛說是看中他成長為小丑領班，堅持幹一件小事情——這對窮人還是挺公平的啊！」

　　「這些錄取並不能掩蓋超級玩家子女被塞進哈佛的現實吧。舉個例子吧，特朗普的女婿庫什納，就是他的紐約地產商爸爸向哈佛捐贈了 250 萬美元，這個成績平平的人也進了哈佛；約翰・甘迺迪和羅伯特・甘迺迪都是被他那個父親運作進哈佛的，在此之前，他父親已經硬生生幫約翰塞進了普林斯頓。甚至連中國的土豪潘石屹也這麼幹，我看媒體說他向哈佛捐了 1,500 萬美元，他兒子也進了。」

　　「這畢竟是少數吧。《風雨哈佛路》的莉斯・默里從一個吸毒和愛滋病家庭出身，到處流浪完成了中學學業，不也進了哈佛嗎？」

　　「哈佛錄取委員會的成員都是《一千零一夜》裡的阿拉伯國王。」魯道夫額頭的青筋有點跳動的感覺。

　　「什麼意思？」我好奇地問。

　　「他們都愛聽動人的故事。如果故事像莉斯・默里一樣跌宕起伏，能夠

賺取錄取官員的眼淚，那也是一條入哈佛的捷徑。但是對於多數普通家庭的優等生來說，沒有那麼多故事啊！」

「比爾・蓋茨 SAT（美國大學入學考試）成績是以接近滿分進哈佛的，朱克伯格也是高分進入哈佛的，這說明學術成績哈佛還是非常看中的，這算相對公平吧。」

「你不在美國！你不太懂！高分的學生太多了，每年有幾萬名學生報考哈佛，而哈佛只錄取 2,000 名，除了看成績外，再看你的課外社會活動、愛好、家庭背景、性格等等，這當中就是有運作的空間了！」

「哈佛一直把學霸、豪門、理想家、生意狂都攪在一鍋，讓它亂燉，這個攪拌亂燉的辦學思路，我覺得挺牛啊。」我反駁他。

「是豪門就可以進哈佛，那也太沒有公平可言了吧？！這對亞洲學生不公！因為這隻醜惡的無形的手，搞得亞洲學生錄取率很低，如果沒有歧視，哈佛會像柏克萊，亞裔將達到 40% ！」魯道夫眼睛看著我，眼珠子都要瞪出來了。

我被他衝得夠嗆。

「如果那麼多亞裔人在哈佛，哈佛還是哈佛嗎？」我突然很後悔說出這麼一句話。

「你看看，你看看！！你自己都歧視亞洲人！！！」說到這裡，魯道夫特別激動，幾乎要跳起來了，黑眼珠子突出到眼白外面一樣，我能感受到他的憤怒，他當年報考大學的時候是否受到了此類的挫折，他是不是覺得自己應該進常春藤或者前 20 的大學？但現實是，他卻被迫在南方到處都是橡膠園的鄉野之地，在一個名不見經傳的普通大學耗費了青春。

他的嘴巴接著開機關槍：「如果你出生在一個普通家庭，又是一個亞裔，你想進哈佛的話，靠！那麼你只有優秀到完美，優秀到招生官員看到你的材料想哭，優秀到可能被上帝招去的地步！！」

說到這裡，我發現魯道夫有種控制不住的激動，讓我害怕。

旁邊的「超人」艾力奧同學看到這個場面，連忙舉著酒杯付過身子來，說，「什麼事情這麼興奮？你們說的話好快，完全不可以理解，哈哈，來來，讓

我們為了健康，乾杯吧！」

我猛喝兩口苦澀的啤酒，終於從這個沉重的話題翻了一頁過去。

太陽落山了，一群人在屋頂上唱起了西班牙歌曲羅薩（Rossa），輪到我完全聽不懂了，我用手機音樂捕獲這首歌，想大概明白他們在唱什麼，西中對照，裡面的兩句「今天把心放下，什麼也不想」，這不是給今天的我寫的嘛！

黑色的天空籠罩下來，黃色的燈光慢慢變亮了。

大家一群人又無邊地閒聊起來，說課程結束後，大家去哪裡玩去做什麼？

艾力奧說上完課後要繼續在波士頓進修。大家笑他，你都哈佛進修完了，再去進修啥呀？他超人一樣的臉龐上露出了憨厚的笑容。

約瑟說要回去忙他的啤酒生意，同時，他要抱抱他的孩子。

還有一個說要等他的妻子從紐約過來，一起去附近的鱈魚角玩。

後來說起了緬因州。

魯道夫的氣好像來得快，去得也快，他說，「緬因的夏天海邊很舒服，據說，島上有些漂亮的避暑房子，還可以坐老式的帆船出海釣龍蝦。」

我說我後面幾天就要去緬因州，因為想去心目中的老怪物——史提芬·京的老家轉轉。

魯道夫說，「這麼巧，我也要去緬因州。」

約瑟聽後插了一句，說，「你們可以租輛車結伴去呀！」

我看了一眼倔強偏執的魯道夫，他微微凸起的眼珠子，心裡不太樂意——我們才剛剛爭執結束呢！

倒是魯道夫滿不在乎剛才的爭執，他已經平靜下來，看樣子他經常和人這樣。他說：「我們一起走吧，兩個人分擔租車費用，會便宜一半。」

到底是會計經理，就是會算。我看了看他，說，「那——好吧。」說完這句話，我看了看魯道夫的額頭，看見他的眼睛裡透著某種厲害的光亮，我心裡隱約有些後悔。

49 被警察活捉

那輛旋轉著刺眼燈光的警車停下來時，我就該引起注意。

但是，我沒有。

黑暗中，足足高我一個頭的警察走向我，命令我雙手高舉過頭頂，然後他的兩隻手在我身體上上下下摸了幾把，把我口袋裡的紙幣、卡包、餐巾紙都全部掏了出來，一件一件仔細的檢查，看完後又塞了回去，然後，把我的雙手倏地一下用力扭在身後，說了一句，「你被捕了！」才一秒鐘，我感覺自己被戴上了手銬，涼冰冰的硬傢伙在背後卡住我的手腕，動彈不得。他用一隻手拽著我的胳臂，推推揉揉地來到一輛警車前，打開後排車門，讓我坐進去，然後給我繫好保險帶。他坐上前排駕駛座位，砰地一聲關上門，警笛呼叫著，帶著我駛入一片漆黑的夜中。

這事發生在波特蘭的海邊碼頭餐廳附近，美國東北角的緬因州。

8月3日，我和哈佛進修班的魯道夫同學商量好，當天合租了一輛白色的道濟，從波士頓開車近兩個半小時，趕到了波特蘭。這位穿長袖襯衫的老兄，頂著「向德國哲學大師致敬的名字」，一路上滔滔不絕地抱怨他對公司印度老闆的不滿，我聽著聽著，覺得他可能有點觀點偏激。後來，我發現他喝了酒後，脾氣和德州七八月份的天氣一樣暴熱。

那天傍晚，我們摸到海邊的一家甲板餐廳吃海鮮，喝啤酒。波特蘭海邊碼頭的景色是一團雜亂，釣蝦船、倉庫、碼頭、餐廳都混在一個區域，完全沒有波士頓的優雅。

可能開了一整天的車，兩個人都有些累了，吃了幾口青口貝，已經五六瓶酒下肚。喝得太猛，漸漸覺得舌頭有點大，思維模糊，大家智商都開始嚴

重的「掉線（即走神）」。我看出去的魯道夫比昨天胖了一圈。他的話比平時就更多了，無法剎車，我們在敏感的美中政治話題上爆發了激烈的爭吵，氣呼呼的魯道夫連餐廳的小費都沒有付，就唬地一下走了出來。

我頭有些暈，一腳高一腳低地跟出來，腦袋越來越重，似乎無法控制四肢。魯道夫可能也有點斷片了。

我們站在亂哄哄的碼頭上提高了嗓門，兩人聲音越來越高，我完全沒有注意到，幾個餐廳吃完飯出來的人已在遠遠圍觀了。

魯道夫頭髮搭在額頭上，黑眼珠子突出來，額頭青筋盡現。

我們彼此的酒氣都幾乎噴在對方的臉上，我說了一句酒話，馬上就後悔了，我說「你是政治白癡！一個腦子被哲學搞爛掉了的有問題的傢伙！！」這句話似乎激怒了他，他可能也是酒後人完全失控，德州牛仔脾氣突然大發作，「Fuck！政治走狗！！」向我一腳踹來，部位不巧，正中我的下體，痛得我嗷嗷叫。我氣憤了，捂著下體，呼呼兩腳連環「螳螂飛腿」踢回去，其中一腳正中他的腰部，並借著酒勁又來了一記「詠春拳」，正中他的肚子。

這時候，碼頭上看熱鬧的人越來越多。後來我知道，立即就有一位餐廳服務員向波特蘭警方報了警。

波特蘭市區是個彈丸之地，警察估計只花了兩分鐘就從附近的哪個「洞穴」裡趕了過來，第三者服務員的口供是：看到我飛起來去踹魯道夫。口供對我不利。儘管魯道夫沒有啥傷勢，但是在公共場合打架，警方還是覺得有必要把我抓走。

於是就有了開頭的一幕。

黑暗中，我雙手被拷在警車後座，窗外，波特蘭的街道在迅速後退，然後好像樓房漸漸就稀少了，感覺出了城。不知過了多久，開過了一個鐵軌，進入一片樹林。車子停在一個倉庫一樣的大鐵門前，前排的警官和裡面的門衛對講了兩句，然後吱吱巨大的捲簾門捲起來，車子開進去，捲簾門又吱吱地放下來。那個警官下車來打開車門，讓我下車，我的手被拷得隱隱作痛。我環顧了一下這個房子，好像是一個巨大的停車庫。

警官還是一隻手拽著我，走向一扇小門。

吱吱吱，電動小門打開。我被推了進去，發現這是一間大的辦公室，前面一個長長的櫃檯，櫃檯後面坐了三四個警察，我走進去的時候，所有的人都抬起了頭，大概是看到一個中國人的臉，有點好奇。我看了一眼牆上的鐘，已經是晚上9點半了。整個警察局好像今晚只抓了我一個「壞人」。

　　我被帶到大辦公室前面的一間小房間審問，抓我來的那個警官坐在我對面的桌子上拿著紙筆，我坐在離他1.5米左右的地方的一條凳子上，他問我，「你叫什麼？」「從哪裡來？」「家庭地址？」「頭髮的顏色？」——「不好意思，我沒有頭髮……我是光頭，戴著帽子。」這樣的氣氛下，儘管我試圖努力地製造一些幽默感，並設法調勻自己的呼吸，但是，腿肚子還是完全不受控制地顫抖著，以至於說話的聲音都有些輕微變調。

　　聽說我是從中國來讀書、旅行的，又有兩個警察從裡面跑出來，圍在桌子前和我聊天。但是，他們穿的警服的顏色和抓我進來的警察的服裝顏色不太一樣，後來我發現他們是獄警。

　　不知道是這個夜晚太無聊呢，還是他們試圖安撫我的情緒。

　　一個獄警問我，「你是怎麼從上海來到波特蘭的？」我說是坐飛機到紐約，大約要14個小時，然後再開車過來。他很細緻的問我，「坐14個小時，你坐商務艙嗎？」我說是經濟艙。他說，「哦，那太累了。我的一個叔叔出差去中國，好像他坐的是商務艙。我可不要14個小時窩在一個小位置上，這跟坐牢一樣。」

　　還有一個獄警問我，「後面打算去哪裡玩？」我說要去洛克蘭。「洛克蘭？」他喊起來，「嗨，我們這裡有洛克蘭的同事，邁克爾！這裡有一個中國人要去你的洛克蘭。」這時又一個胖胖的獄警跑出來，說，「誰要去洛克蘭？」

　　他們問我為何打架，我說可能是喝多了，另外，我的那個同伴脾氣不好，無意間一腳踹中了我的襠部。襠部？哇……我對面的三個警察都露出了痛苦的表情，「哦，不！這太糟糕了。」其中兩個同情地說。

　　聽說我從上海來，他說他們有個同事的女朋友好像就是一個上海人，還挺漂亮的。

看到他們幾個豐富搞笑的表情，我突然很釋然，手腳好像也不顫抖了。但是我的手還是痛得厲害，還給拷著吶！

抓我來的警察錄完口供，就走了。這時，剛才和我說笑話的大塊頭獄警走向了我，他的眼神很和藹，他用鑰匙幫我打開了手銬。我忽然明白，他和我剛才說笑，估計是工作的一部分，是要讓我平靜下來，這樣確保我開了手銬後不會繼續情緒失控，攻擊警察。

這個大塊頭獄警問我，「你有現金嗎？」我說，「我好像有。」他眼睛突然放大了，然後很認真地問了一下，「你有多少現金？」我心裡一緊，想，他要勒索我的錢嗎？我說：「不清楚，大概二百多美元吧。」然後，他把我口袋裡的東西再次掏了出來，當著面和我清點，一個卡包和一個手機，現金260 美元。他把我所有的東西，都套進一個塑料袋。讓我簽字，歸檔了。

接著他帶我到了另外一間小房間，在有身高尺度的地方，對我拍攝、側面正面照片一張，戴眼鏡正面照片、側面照片也各一張。然後，根據電腦裡的表格，重新提問了一遍我，「你叫什麼名字？從哪裡來？家庭地址？頭髮的顏色⋯⋯」全部再來一遍。

我換位的時候，瞥見大塊頭獄警在我的地址一欄上，應該是五號樓（Building 5），他可能聽錯了，赫然寫著：Beauty 5，我住在上海的美人五號？他的大腦是怎麼想的，是不是潛意識裡，他說他們有個同事的女朋友好像就是一個上海人，還挺漂亮的。於是，Building 5 就變成了 Beauty 5。

拍完照，履行完手續，他帶我來大辦公室對面的一個鐵柵欄圍起來的一個屋子，說你先在這裡呆著吧。於是，我被關進了臨時牢房。

這個灰禿禿的牢房大概有 20 平方米大小，中間放著三個固定在地板上的塑料椅子，背面是一個敞開的洗手間，你上洗手間的時候，大廳裡面的警察大體看得出你在幹啥。捲筒紙盒子已經不翼而飛。洗手間門口是一個破敗的飲水器，我已經幾個小時沒有喝水，急忙去喝，出水的龍頭也不見了，只有一個黑色的螺帽，裡面的水管在往外冒水，像是一個嬰兒的小雞雞在尿尿。

房間的正前方放著一個電視機，在放錄像，居然是兒童看的動畫片《神奇校車》，監獄裡看動畫片來純淨犯人的心嗎？這裡啥也不能幹，手機也沒有了，只好盯著屏幕。不過，這種被放空的感覺不算太差，你不可以和任何人交流，像獅子被關在一個鐵籠子，你只能夠聽見自己的聲音，整個身體似乎也只有一種感覺。

過了好一陣子，也不知道多久了，監獄裡又關進來今晚第二個「壞人」，一個拉丁裔的人，滿口酒氣，他的額頭上、手上都是小小的傷口，眼神有點凶巴巴，估計是在哪裡摔破的。我怕他撲過來，和他保持著一個凳子的距離。我問他怎麼回事？他說他是無罪的，他在馬路上溜達，就被該死的警察給抓了進來。我估計他也是喝多了，在酒吧之類地方倒地大喊大叫，或者搞了些什麼破壞給抓了進來的。《月黑高飛》中有一句名言，所有被抓進來的人都認為自己是無辜的。

我們兩個坐在那裡看動畫片聊天。我問「凶巴巴」，「你以前進來過嗎？」他說他進來過一次，大約 9 年前。我問，「你喜歡這裡嗎？」他跳了起來，「你這是什麼 Fuck 意思啊？誰會喜歡這個 Fuck 鬼地方啊？」他的眼睛紅紅的，瞪著我，我立馬想起，美國監獄暴力是很厲害的，新犯人進去往往被狂揍一頓，打個半死，如果小白臉還會被爆菊。還好我的臉挺黑，我正在胡思亂想。這個拉丁裔的「凶巴巴」突然看著我的眼睛說：「我們每一個人生來都是天上的鳥，有的鳥在天上高高地飛著，有的鳥運氣不好，跌落在地面上，但從本質上，我們都是天上的鳥。你明白嗎？」我點點頭，心想，還好，我遇到了的是一個「凶巴巴」的哲理家。

一個長臉的警察站在了鐵柵欄門口，我們兩隻「鳥」都扭頭去看，就是那個搜去我手機、卡包的大塊頭。他打開鎖，叫我和他坐在一起。他臉色沉重地問我，「你回國的機票是幾號？」我說是本月 10 號。他說，「這次你可能回不了國了。」我心頭一抽搐，腦袋嗡嗡作響，想起我的全家人擔憂的眼神，我問，「怎麼這麼嚴重？」

他說，「根據緬因州的法律，你在公共場合打人，是非常嚴重的，因為有第三方市民的檢舉電話，公訴人將會起訴你，但是開庭日可能要在 10 號以後，所以，這段時間你是無法回國了。」

我說，「我是外國遊客，我們是朋友間的誤解。」

他說，「我理解，現在只有一個辦法可以救你，並且保釋你。」「你不是有 260 美元現金嗎？我找到了一個人可以保釋你，但是，你要保證第一出獄後不得和這個魯道夫再見面，不可以有任何電話、短信聯繫，你可以做到嗎？另外，你要保釋人問你什麼問題，你都同意，遵守，你就可以出去了。你願意嗎？」

我好像除了連連點頭，也不可以說啥子了。

夜裡 12 點鐘左右，那個長臉警察又來了，他手裡拿著我的 260 美元現金，領我走出牢房，穿過大廳，是一個長長的走廊，走廊上有一個鐵柵欄窗戶，像是一個銀行的櫃檯，鐵柵欄後面坐著一個暗褐色頭髮的老女人，皮膚皺巴巴的，像是一個算命的吉普賽巫婆，但是戴著銀鏡，配著較好的金色耳飾，透露了她的優越身份。

她用非常純真的美音跟我說，「我不是監獄方，不是法院方，也不是警察。」

那麼你是誰？我想問，但是沒有問出口。

站在我旁邊的警察遞來我的那個 260 元美元，已經有些皺巴巴了，全部塞進了櫃檯下面的凹槽。那個褐髮雞皮的老女人收了錢後，就在窗口後面問我幾個簡單的問題後，說，「你今晚就可以出去，但是你不可以和魯道夫見面，開庭前都不可以和他有任何聯繫。如有違反，就會被取消保釋，送回監獄。你明白嗎？你 10 號回國，所以開庭日放在 8 號，這是我可以找到的最近的時間了。」最後，她通過凹槽遞過來一張紙，上面寫著開庭的日期和地點，她說，「簽完字，你就可以走了。」

我當時一直納悶這個褐髮雞皮的女人是什麼身份。這件事情過了很久以後，我才搞清楚，她是保釋經紀人，靠抽取 10% 保釋金為生。夜裡往往有像

我這樣沒有保釋人的客戶，所以，深夜也在監獄戰鬥。如果我 8 號按時出庭，260 元保釋金將會退給我 234 元。

我被這個大塊頭又領到一個攝像機前，重新拍了一組照片，然後他把一個塑料袋遞在我手裡，我低頭一看是我的卡包和手機，像兩條沾水即活的死魚。

然後他帶我來到一個大鐵門前，巨大的電動門「吱吱吱──」緩緩打開，進入這道門後，立馬又「吱吱吱──」關上，我眼前的一道鐵門「嗒！」一聲，跳開了鎖，我一推門，一股植物的清香、攪和著夏夜的涼快撲面而來，喔──我輕歎一聲：終於獲得自由了。

我坐在監獄的門口，看了看手機，已經夜裡 1：00 左右了，谷歌地圖顯示出我的位置：緬因州坎伯蘭縣監獄。這裡只有兩盞鬼火一樣的路燈，連個人影都沒有。我想這一夜該去哪裡呢？怎麼離開這個鬼地方？不如試一試優步。

居然，8 分鐘不到，就來了一輛車，載著我駛離完全籠罩在夜色中的監獄，我回頭望去，那片房子只有一片朦朦朧朧的輪廓。

我到海邊碼頭餐廳一帶，黑乎乎的沒有啥路燈，牧馬人（Jeep Wrangler）正孤零零地停在一個碼頭的甬道上。

波特蘭的海邊旅館居然大多客滿，半夜三更連個床位都沒有。我只好開著車到處轉，好在也沒啥睡意，終於找到一家，他們說有一間房，不過要 300 美元，天呐！我看了一下這家小酒店的客房，在上海最多 350 元人民幣，但是，不住在這裡，住哪裡呢？

我正在辦理入住手續，酒店的大門突然被推開了，我一抬頭，錯愕間看到進來兩個警察，一個是瘦高個子，他開門見山說：「今晚你會不會去找魯道夫打架？」我沒好氣地說，「不會！」他說，「那很好，我們就是確認這件事情。因為根據以往的經驗，會有人保釋出獄後怒不可遏，把對方報復性打傷。」我說，「我好像不是這樣的人，對不起，我要睡覺了。」兩個警察關照了幾句，就退去了。

我心裡伸了下舌頭，天呐！我從黑乎乎的坎伯蘭監獄出來的時候，門口

一個人都沒有，坐的也是優步，後面也沒有警車跟著，我還一個人步行去碼頭找車，兜了一個大圈子，東拐西拐找了許久旅館，他們是什麼時候神不知鬼不覺地跟上我的？難道在我身上安裝了定位器？也不太可能。我完全沒有察覺他們在跟蹤我。

美國警察也太神了。

根據保釋條例，我不可以打電話給魯道夫，當然更不可以見面，但是第二天，在我去先前住的酒店取了行李之後，我還是違反美國的法律，斗膽給魯道夫發了短信，說那天喝多了，非常抱歉，給他帶來不方便了。他說他理解，他先打我的，兩個人都喝多了。

我問他，「你放下怒氣了嗎？」

他說，「酒勁一過，我就覺得自己好愚蠢。」

我說，「我也是的。」

他說，「我不該先打你。」

我說，「是我先提那個話題。」

他說已給波特蘭監獄方和檢方打了電話，希望他們取消起訴我，因為，這是我們朋友間的爭執而已，而且他先攻擊我在先。

他對檢方說，「我們已經心平氣和地寬恕了彼此。」

我說，「謝謝，另外，不好意思，你只能自己再租輛車接著旅行了！後會有期！」

他嗯嗯了兩下。

我似乎看到他穿著長袖襯衫，第一粒鈕子依然扣著的樣子。

8月5日，我繼續開車往北，打算去洛克蘭航海。途中，我收到一個電話，說我不用再去開庭了，因為，此案被檢方撤訴了。我知道是魯道夫打了電話的原因，一方面慶幸自己的解放，另一方面也惋惜，因為失去了一次在波特蘭法院近距離面對陪審團的機會。

洛克蘭正在搞龍蝦節，到處都是龍蝦的招牌。

海邊的美食大棚和遊樂場旁邊，趴著一隻 3 米高的橘黃色大龍蝦雕塑——這顯然是一隻已被蒸熟的龍蝦，我想。

德州的同學老孟來電問我，「在波特蘭入獄，有何感想？」我說，「這裡的司法程序很嚴格，像一部機器，另外，獄警都很會搞笑，人情味滿滿的，可能波特蘭小地方吧，感覺上他們都樂呵呵的，盡可能在法律允許的尺度裡幫我。」

「被警察拷起來是什麼感覺？」

「小腿肚子會顫抖，真的，停也停不下來！我以前不相信，現在絕對相信，監獄是一個國家的縮影！」

老孟說，「你知道嗎？史提芬·京就是出生在波特蘭，他的《月黑高飛》就是發生在那裡的一所監獄裡。」

「那會是我呆的這所監獄嗎？！」我幾乎叫了起來。

50 航行在緬因州海岸

8 月 6 日，7:58pm，我看了一下手錶，太陽徹底沉入大海。

黑夜漸漸完全籠罩海面。

正前方深邃天空下，一顆明亮潔白的星星耀眼奪目，發著迷人的光芒，「金星！」我脫口而出，我的天文知識告訴我，天上除了月亮以外，最亮的星星就是金星，我為我自己能夠叫出這顆星星的名字感到滿意。

一頭銀髮的老太太朱迪站在我身旁，她哈哈大笑起來，露出一隻白色的獠牙，她說，那不是金星！你仔細看看，那是對面帆船主桅上的頂燈！！

我凝目望去，「金星」下面隱隱約約有一艘縱帆船的鬼影，「金星」似乎還在隨波輕輕蕩漾。

甲板上，看星星的幾個老太太都樂了。

出了波特蘭的監獄，我花了 690 美元報名參加這艘「美國老鷹」號老式帆船為期三天的航行，從緬因州的洛克蘭出海。

這艘有 90 年歷史的縱帆船，純木結構，大約有 40 多米長，兩個巨大的主桅上，掛著兩列蔽日的米白色斜縱帆。船長約翰是個 75 歲的老人，一位真正很「老」的老船長，他鼻子下留著灰白的一字鬍，如果再長一點，那完全就是尼采的翹嘴鬍子的樣子。約翰船長滿臉褶皺，戴著灰色的帽子，總是站在船的尾部，雙眼凝視著前方，握著深駝色的方向舵。

尼采說，真正的男人想要的只有兩種：危險和遊戲。大航海兼而有之，給男人提供了無限的快樂——但是在這艘船上，退休的老太太大概佔到了六成，她們在享受這一切。

除前面長了隻奇怪牙齒的朱迪這樣的老太外，也有個別單身女性，其中一個獨自旅行的 60 多歲的澳大利亞單身女人簡，一臉幹練，說話條理清晰，她總是在甲板上戴著墨鏡、身姿優雅地讀一本書。簡說，她正在長達 18 個月的環球旅行中。之前，她已經到過南非、埃及、英國、瑞典、土耳其和美國各地，退休前她是布里斯班附近一家財務諮詢公司的高管。她有時也放下書和老太們聊天，講有趣的旅行故事，逗得沒牙老太們哈哈大笑。她獨自旅行，但不孤僻，而且善於和陌生人打交道，從她的身上，我彷彿看到了很多錯過婚期的上海獨立女性的影子。

　　我們在緬因州彎曲、多島的海岸附近航行，密密匝匝的原始森林覆蓋著北方的島嶼，島上都是松樹和白樺，在海邊枝葉茂盛，呼吸著透徹的陽光。

　　我從上船第一天起就納悶，約翰船長站在船尾把方向舵，視野非常不好，我站在他旁邊往前看過，前方被桅杆、突出的艙體部和微微翹起的船頭擋住了前方海面的視野，海面上到處是浮標和捕撈龍蝦的小裝置，他是如何做到不撞船的？

　　後來，我找到了答案——發現他的身邊有一大堆望遠鏡，一旦前方水域看不清楚浮標，或者複雜水域，他就會像一位大將軍一樣，拿起望遠鏡仔細觀察水面。我想，如果我惡作劇，把他的望遠鏡鏡片全部塗上牛油，他會不會像塞住耳朵的蝙蝠一樣，四處撞鈴？

　　我問他，明天我們航海的目的地在哪裡？

　　他說他也不知道，因為要看風向——帆船航海就是看風吃飯。

　　「美國老鷹」號完全靠風力航行。早晨，北方明亮的陽光灑在甲板上，海風如初戀的情人吻臉，15 個遊客和 5 名水手一起站在兩側船舷，成平行的兩列，升帆！「1、2、3」，巨大的米白色帆布在主桅上似乎不情願地往上蠕動著，緩緩到達了頂部。船頭和船尾還有小的三角帆，也一併升了起來。

　　我問了老船長兩個愚蠢的問題，帆船遇到逆風怎麼辦？他說，若要往逆風方向走，可以用「Z」字形的路線到達目的地。他說，「帆船不是簡單地被風推著往前跑。它需要調整好迎風角度，讓側逆風推在帆的弧面時，產生一

股向上向前的力，這叫『伯努利效應』。」

「如果海上一點點風也沒有怎麼辦？我們會不會困在海上？」我宛如一個問十萬個為什麼的孩子。

老船長的一字鬍動了動，其實那是嘴巴在說話：「那就啟動馬達，我們船上備有發動機的。」他衝我做了一個有趣的鬼臉。

上午 8 點，與太陽一起升起的還有一團濃濃的黑煙。

那團黑煙是前艙底部的一個煙囪裡冒出的，廚師長和他胖胖的女助手正在燒木材，做早飯。「美國老鷹」號還保留了 100 多年前的燒柴做飯的傳統。

大廚是一個娘娘腔的 30 來歲的白人男子，穿著略有緊身的 T 恤，頭髮微禿，我估計他是一個同志。早飯做好了，我們像民工傳磚頭一樣，人肉接力，把烘焙點心、麵包、水果、烤腸、煙肉、刀叉、餐巾紙以及壓餐巾紙的石頭，一樣樣從廚房傳到甲板上，「娘娘腔大廚」一隻手反叉著他的腰，並不看我們的臉，只低頭看那些麵包、烤腸，一道道地介紹他的早餐，然後，「噹！」地一聲鑼響，大家開始「餵腦袋」。

在船上的 3 天 7 頓飯，沒有一天是一樣的，這麼局促的空間裡，大廚用柴火給我們燒出令人垂涎的美食，不知他是怎麼做到的，你不得不說同性戀中出人才啊！最令人淌口水的是一天中午的墨西哥芝士玉米餅：盤底有一層錫箔紙，鋪上一層玉米薄餅，混著一層醬料、芝士、黑橄欖、蔬菜，然後再是一層玉米薄餅，如此重複成兩層。我小心翼翼地切下一塊，放在嘴裡，味蕾頓時開心得跳起了弗拉明戈，厚著臉皮，我足足添了三次盤子。應該說，面對著波光湧動的大海，海鳥在頭上嘎嘎叫囂著盤旋，站在甲板上咀嚼墨西哥芝士玉米餅，覺得人活著真不賴，特別是剛剛從監獄裡出來的我！

同船有一個 90 歲的瘦小老太太，叫麥格莉特，和她的孫子一起出來旅遊，他們來自伊利諾亞州。美國老太太和中國老太太的區別是，美國老太太一眼就看出來有 90 歲，頭髮稀疏，眼睛深凹，皮膚沒有血色，皺得像泥地上拱起的河床。

航海第二天傍晚，我們要去荒島煮龍蝦，聽說將從懸梯上爬下船，然後

奮力划船上岸，我擔心一把老骨頭的麥格莉特能不能去？

4點多，「美國老鷹」泊在離荒島三四百米的海面上，船員放下小艇，老船長約翰第一個爬下懸梯，坐上小船，獨自劃著小船先出發了。

我問大副，「這個怎麼回事？船長為何拋開我們先上岸了？」大副是個金髮的假小子一樣的姑娘，叫克里斯蒂娜，她告訴我，「船長這是去定位，為大家找到登陸點。」

過了一陣子，大概是約翰船長的登陸地點確認了，於是，水手們再從側舷放下小艇到海面上，大家手腳並用從4米高的懸梯上爬下去，我看到90歲的麥格莉特，不用任何人幫助，手腳利落，三下五除二就站到了小艇上。我們大概八個人一艘艇，每人發一把1.8米高的大木槳，出發前，先都要豎立起來，形成了槳陣，如羅馬軍團攻城的大長矛，瘦小的麥格莉特也豎著大槳，然後隨大家一起把槳架在鐵扣上，奮力劃起來。她蒼老沒有血色的臉，胳膊細得宛如要折斷，但劃起來似乎也很輕鬆，完全可以跟上我們這些壯勞力的劃槳節奏。

大概十多分鐘後，登陸一個荒灘。

我們把鐵灶、活龍蝦、葡萄酒、芝士、沙律、麵包、餐具一一運上岸，水手亞瑟用肩膀扛來一捆劈好的木材，老船長開始生火。

這時，我往海面上望去，「美國老鷹」號獨自在海上蕩漾，遠遠瞥見假小子克里斯蒂娜縱身跳入冰冷的海水，這個時候海水的溫度大概只有六度左右，她趁著逆流，霹靂吧啦自由泳，奮力游向我們這片荒灘。我看見海面上兩隻手在上下翻飛，大約一刻多鐘就到了。

但是，老船長好像非常不高興，等她上岸了，他嘟囔著嘴巴，衝上去狠狠地批評她，「很壞！非常壞的想法！」「如果所有的人都學你要游過來的話，該怎麼辦？」克里斯蒂娜像水獺一樣甩甩她金色頭髮上的水，低下頭，一言不發，去燒火了。

45隻垂死掙扎著的龍蝦被放進了鐵蒸鍋。「娘娘腔」廚師長蓋上蓋子之前，在海邊撿了一大把墨綠色的海草塞住龍蝦的上面。

趁著晚霞，我、朱迪、簡在荒灘附近散散步，但是，幾隻嗡嗡嗡的大蚊

了把我們逐出了叢林，簡說，「這裡的蚊子可以燒一盆菜！」

兩支煙的功夫，龍蝦好了，我和麥格莉特圍上去，看見鍋蓋被打開，紅彤彤的龍蝦散發著誘人的香味。大廚胖助手向我演示了吃龍蝦的方法，頭拔掉，雙手把龍蝦身子一側壓，殼就碎了，去筋，剝出完整的白嫩白嫩、香噴噴的龍蝦肉，澆上船員為我們準備好的牛油汁，拋入口中，享受一通瘋狂的咀嚼！船員們還為我們準備了加州的白葡萄酒，龍蝦配上一口酒後，肉感細膩香滑。我一口氣吃了兩個龍蝦，丟殼時碰到麥格莉特，問她吃了嗎？一個嗎？我覺得像她這樣的年長者吃海鮮會消化不良的，估計吃不下啥，但是，她蒼白的面孔毫無表情，告說我說：「兩個半！」。

咀嚼龍蝦的時候，我像猩猩一樣坐在一塊突出的大岩石上，太陽漸漸離海面近了，金色跳躍在海面上，氣溫大概只有 20 多度，如果沒有蚊子，這個荒島將是緬因夏天的天堂。

離島前，我看見「娘娘腔」大廚蹲在地上，撅著屁股，把多餘的熟龍蝦肉一條一條全部剝出來，認真得像是一個搭樂高的小孩或是一個在埋地雷的士兵。

「美國老鷹」號在緬因州附近的海岸線上航行，穿過佈滿針葉林的大陸和無數島嶼，海岸邊是黑色的岩石。

眺望伊斯勒伯若島，一些維多利亞式的大別墅掩映在森林和海岸旁，那些大房子我目測大概有 1,000 平方米到 2,000 平方米之大，臥室在 5-12 個以上，這是小城堡和度假村規模的私人住宅。老船長約翰告訴我，這些獨立島嶼上的別墅一百年前就有人開始營造了，經幾代人繼承或轉手，很多屋主都是紐約和波士頓的富人，其中不乏著名演員、政客、銀行家，他們買下這些歷史性的夏屋，一年大概僅僅使用 5、6 個星期。冬天緬因北部白雪覆蓋，平時沒有什麼人。如此巨大的房子，而且是在島上，一年到頭需要人打理的，否則房子就爛掉了，維護成本也極貴。

「一年只在夏天用幾個星期？天！美國有錢佬的生活，難以想像！」說話間，我看到對面島上一戶大宅四五個人，走向私人碼頭去開船。

約翰說，「你知道嗎？從這座島到紐約，要足足開上一天時間的車。」

「這樣的房子作為資產，是不是有點麻煩？特別現代人的家庭都是小家庭，不像一百年前的社會，這些房子一定不太好脫手。」我不免計算了一下。

於是，我上網搜了一下伊斯勒伯若島，蘇富比地產拍賣行正在公告轉讓島上的 17 棟房子，公告時間好像挺長了，價格從 580 萬美元到幾十萬美元不等，這些島上的數百萬的巨大房子的確並不容易易手，看來富人也有套牢的時候——我獲得某些陰暗的滿足。

船上的最後一個傍晚，泊在伊斯勒伯若島對面的海面上，太陽沉下去後，天空還是燃燒，海面輕輕翻動著藍黑、紅粉、紫金等顏色的微波，一輪新月已迫不及待地出來了，刺破天幕，高懸在天上。

晚飯後，所有人聚在甲板上，金髮假小子克里斯蒂娜拿出吉他，哼起了民謠。後來大家輪流唱，他們要我也來一首，我看了看天上的月亮，於是翻出手機歌詞，硬著頭皮哼了一首鄧麗君的《月亮代表我的心》，沒有想到，美國人大概都是第一次聽到中國的歌曲，立即被優美的旋律打動了，好幾個老太太都跟著哼了起來，大廚胖助手還想學這首歌。

最後老船長也上場了，他拿出本磚頭一樣厚的詩集，嘴上的鬍子一撇一撇，朗讀起是羅伯特·塞維斯的詩，詩的大意是：花 10 美元，找了一個妓女，我把她的臉畫在教堂的壁畫上，大家都說她聖潔，世界上最美麗的聖潔。

大家都哄地一聲笑了，我看見銀髮的朱迪，笑得獠牙都要掉下來了，還有獨立旅行的簡，她的臉上蕩漾著矜持而優雅的笑。

近 9 點，人群才漸漸散去，老船長拉住我跟我說，他有一個歷史秘密要告訴我。

「歷史秘密？」

「對！我的爸爸去過中國，他見過毛主席。」

馬燈的燈光下，我看著這個 75 歲一臉認真的面孔，覺得這不太像是一個笑話。

他接著說，「我爸爸是迪克西使團的成員，二戰期間，他訪問過Yunna！」

「迪克西使團？」我腦子突然想起多年前看過的一篇文章，說是國共合作期間，羅斯福曾派了一個軍事代表團在 1944 年訪問延安的故事，這是美國人第一次正式拜訪中共的根據地，「迪克西」是南北戰爭期間南方叛亂諸省的代稱，美國人拿著個詞來暗指延安。

「我的爸爸是美軍的上校，他的官銜比較高。在 Yunna 他參與會見了毛澤東、周恩來。他們送了他一套延安的軍服，這套衣服一直保存在我家。」約翰的發音不太準，他無法判斷他爸爸曾經去的「Yunna」還是「Yan An」，因對美國人來說，這兩個音有點兒搞腦子。

我對他說，「你爸爸去的一定是『Yan An』。」於是，我用手機翻出迪克西使團的老照片，一張一張地劃給他看，讓他找爸爸。在一張有十幾個腦袋的日常自然場景的照片裡面，毛主席在一個右邊的角落裡，在最左邊，有一個身材明顯高出所有人一頭的帥氣的美軍軍官，這張照片裡，他好像搶了毛主席的風頭，約翰用粗粗的手指頭戳了一下，說「這是我爸！」

「我的爸爸戰後回到了紐約，在那裡他成了華爾街的金融經紀人，賺了很多很多錢，他後來成了一個資本家！」

「可是，那是他的生活，我有我的生活。」——約翰的這句話似乎有點意味深長。

就他父親的話題，他就這麼突然戛然而止了。我後面再詢問一些他父親成為資本家的後續故事，他似乎就不樂意談了。我感覺他有不平凡的往事，他不說我也可以想像，一個日漸長大的兒子和一個很能幹很屬害的父親之間的成長衝突是怎樣的？

他的父親是紐約資本家，周旋於華爾街，而他卻鍾情於緬因州荒蠻的離島和大海，這是多麼截然不同的一對父子！他的童年發生了什麼，不清楚。

對於往事，有些時候，糊塗一點是很好的。

糊塗沒有傷害。

老船長約翰說，他大約在 80 年代，他 30 多歲的時候貸款買下了「美國老鷹」號，從此，開始了他遠離都市、回歸自然的海上人生。

最後一個夜晚，到了凌晨兩點左右，我突然胃不舒服，睡不著，於是我起身去甲板呼吸一下空氣，順便揉揉肚子，小心翼翼上樓梯時，樓梯下突然傳來了一個警惕、蒼老、威嚴的聲音，「誰？！」我知道樓梯下的床位是船長的。「我！Leo」，「啊哦……」聲音一下子釋然了。我想，半夜三更的老船長都是如此的清醒，看來他一點都不糊塗。

靠港的那個最後一頓早午飯，「娘娘腔大廚」給我們端上了一大鍋羹，他又著腰，並不看我們，充滿愛意地看著他的鍋，說「這是龍蝦芝士粟米羹。」我終於知道，昨天海灘上的多餘的龍蝦肉都去了哪裡。

這頓是我迄今吃到的最令我無法自拔的、簡直要讓我沉淪進去的芝士羹，即使龍蝦肉卡在我的牙縫裡，摳了一個白天，也無怨無悔。

提著大包下船的時候，我已經是最後一個了，在洛克蘭的碼頭上，我看見獨自環球旅行的澳大利亞的簡還一個人坐在她的大箱子旁，看樣子在等接她的車，我知道這個小地方幾乎沒有出租車，優步也沒有，不知道她該怎麼辦？心想，一個人的環球旅行還是有點難度的。

我估計前面朱迪等人的車子一定都希望載她走的，被她拒絕了。

於是，我也悄悄地走向我的車，沒有去打擾她一個人的安靜。

附詩

我們出海吧！

我們出海吧
與羈絆風流的大陸
不辭而別
讓一切疼痛都埋葬在大西洋猛烈的季風中

我們出海吧
橫渡彼岸無人的荒島
寂寞的北極星永沉大海
讓一切沉默的鐵錨全都浮出水面

我們出海吧
忘記歸途
讓殘月燃盡黑夜的最後一滴燈油
我們在濤聲中
沉沉睡去

LEO！劉群
2019.8 月深夜 胃痛時記於緬因州海上

51 三遇南菲

8號，從「美國老鷹」號下來，被一片橘紅色的海洋包圍了。

遊客在巨大的洛克蘭龍蝦節的雕塑前擠作一團拍照，然後在臨時搭建的大棚裡，牙床發力，大嚼龍蝦，廚師們則在廚房後面開足馬力蒸煮殺戮。

這是一個跟龍蝦「有仇」的小城。

滿肚子龍蝦的人們飯後找樂子，在簡陋、快速旋轉的鐵皮摩天輪上發出陣陣的尖叫，我在想，緬因人的胃真的是好，那些龍蝦居然不會翻出來。

龍蝦節有些攤位門口羅雀，在一個茶葉攤位上，我第一次遇見了南菲。

她一身黑衣服，膚色像泰國人一樣黝黑，高個子，眼睛、鼻子都很大，如果不是那一頭烏黑發亮的頭髮，我不會認為她是中國人。她突然開口說，我叫南菲，是天津人，我嚇了一大跳。她的中文已經有點變音了。「我來美國很久了，平時很少說中文了。」「這裡的中國人很少！」「是的，這是緬因州比較偏僻的小城了，中國人都在波士頓。」

南菲旁邊是個金髮的小夥子，「他在跟我學漢語！」「他想在洛克蘭做茶葉的生意，我幫幫他」。我掉轉頭，去和那個小夥子說話，於是，他努力地往外面蹦漢語單詞，但是，擠牙膏半天，只出來幾個「你好」、「我叫」、「謝謝」，像極了我小學三年級剛學英語的情景。

「你在這地方教中文？」她說一週一次到兩次。我腦子立即出現了，幾個大舌頭緬因州小鎮人坐在教室裡，嘴巴裡往外蹦著奇怪的發音，重複著「一個人、一隻猴子、一頭豬、一匹馬」或者「我叫李明」之類的。

第二天中午，我在洛克蘭轉悠，胃開始執著地思念中餐，於是用谷歌搜

了一下，附近只有兩家中餐館，一家是香港餐廳，一家不記得名字了。於是，我就開車去了香港餐廳。那是一個很普通的平房，牌子很小，不仔細找還找不到。裡面掛了些老式的燈籠和香港維港高樓大廈的燈箱畫，但是門口卻有兩幅特別先鋒的當代油畫，反差強烈。

我進去坐下，就看見一身黑衣服的服務員走了過來，眼睛、鼻子都很大，依稀和南菲有點像。她先開口了，說，「你的車一進院子，我就認出你了。」我說，「你同時還在這裡打工？」她點點頭，她說她每週來這家餐廳打兩天的工。她人特別好，跑進廚房跟廚師說，「給他做中國人口味的中餐！」然後，還安排給我的蔬菜裡加了些免費的豆腐，她說，「如果按給老美做中餐口味的話，估計你完全吃不慣。」

吃完飯，她領我在餐廳裡面轉了轉，說，你看看我的畫，原來門口兩幅當代油畫居然是她畫的，色彩絢爛，很多有趣人物的小腦袋從植物中綻放出來。

我驚訝她畫得這麼專業，她說她是職業畫家，畢業於某大學油畫專業，曾在中國美術館辦過展覽。作為職業畫家，在美國是很難謀生的，所以，她就打兩份臨時工養家。

我說，我認識很多油畫家，對當代繪畫很感興趣。

她說，那你想不想去看看我的工作室，就在我家，離這裡不遠。

到了傍晚，我按照南菲給我的地址，摸了過去，就在去龍蝦節的必經之路上。一棟灰白色的、木結構，有些年頭的別墅前，一臉和藹、半頭銀髮，看上去 60 歲左右的美國人給我開了門，他用流利的中文問候我：「你好！從上海來嗎？」我吃了一驚。我估計他就是南菲的老公，他自我介紹：「我是老杜！」，那可是地道得帶點兒化音的北京腔。

南菲家一屋子都是她的繪畫作品，畫架在角落裡支著，即使我這麼一個挑剔的主兒，也覺得她的繪畫水平絕對是中國當代一線的。其中那些用油畫繪成的中國山水，特別引人注目，她用白色和灰色畫了巨幅的古代山水「寒山雪景圖」，但卻是丙烯油畫作品，在這幅山水畫裡，有兩個帶墨鏡的黑社

會分子，把黑色的車停在冰面上，進行了槍戰，一個人被當場打死在寒山雪景圖中，鮮紅的血流在冰面上——這是中國山水畫中第一次出現謀殺現場！從最最傳統的中國傳統山水美學出發，添加了衝突、誇張的現實主義題材，十分震撼。那些雪山、冰面、寒樹、黑社會人物都畫得非常細，顯示了作者極高的造詣，也很吃畫功。

看來，畫家大隱隱於緬因。

南菲還沒有回家，她聽說我要來吃晚飯，另外，老杜還有「老兵戰友」家庭趕過來，所以特地去超市買東西。

老杜就和我坐在院子裡面聊起了天。那是一個種了向日葵、葡萄、薰衣草的溫暖小院子，甚至還有兩棵罌粟花在餘暉中隨風搖曳，木頭架子都經久失修，灰灰土土的，但是，我們坐在那兩把戶外破椅子上閒聊，特自在，感覺是在上海的莫干山路 50 號或者是北京的 798，而不是遙遠的緬因州西北小鎮洛克蘭。

老杜說，他是在夏威夷大學中國哲學讀碩士，後來去北京認識了南菲。他在首都「漂」了 15 年，當時，他是《中國日報》的編輯。2008 年北京奧運會，那些「北京歡迎你」之類標誌的英語翻譯，很多出自他的手。我跟他開玩笑，以前曾有人把「請在一米線外等候」翻譯成「Please wait outside a noodle」，是不是他的惡作劇？他哈哈大笑，說自己對北京戶外標誌的標準英譯還是有很大貢獻，說到這，老杜露出對往事追憶之情，手不由自主地摩挲兩下他的滾滾圓的肚子。後來，《中國日報》不可以有外國編輯，於是他就失去了工作，在北京待了陣子後，先回了一段時間的休斯頓，那裡太炎熱，最後，再搬來緬因州定居，可能這裡的氣候更像北京。

說話間，南菲吃力的拎著兩大塑料袋東西回來了，說今晚給我們煎牛排，她的拿手活。

熱騰騰的牛排端上來了，老杜吃牛肉很專注，他用叉子用力一掰牛肉，牛肉韌勁大沒斷，叉子的柄不知怎麼斷了，斷的一頭嗖地一聲飛了出去，一塊牛肉還濺到了桌子邊上英語版的《宋詞選》上，他說，「對不起！」然後拿起斷叉子，笑著說：「這叉子是中國生產的。」我頓時很窘迫，但是，他

絲毫沒有覺察，他接著說，「中國生產」四個字對他有特殊意義，因為曾經救過他的命。

於是，他跟我講起他的越戰傳奇，這是第二個美國人跟我講起他的越戰。

老杜說，他大概 19 歲時參加了越戰，他當時在越南靠近老撾邊境的美軍中服役。他的工作是通訊兵，五個人一個小組，一旦發現越共部隊，馬上呼叫空軍來轟炸，就幹這個。有一個悠閒的休息天，他拿著伏特加和一本雜誌，正和兩個戰友在河岸下的田埂上休息，他帶了把有刺刀的步槍，腰裡別了顆手雷，但是沒有帶子彈，因為這一帶最近沒有啥越共活動。

午後，太陽灼熱，空氣中彌漫著一種燥熱，他正在一棵樹下躺著，突然，槍聲大作，他爬到河岸上去看，發現越共小股部隊發動了進攻。真倒霉！沒帶子彈，他趕緊找了小坑躲了起來，這時候越共射出的子彈就在他頭頂上呼呼亂飛。但是，他的槍缺子彈啥也幹不成，丟在了一邊，他沒有電台，不能還擊，啥事也幹不了，於是就喝一口伏特加壯壯膽。過了許久，突然坑口上方站著一個人，是個越共，他拿著一把中國步槍指著他的腦袋，嘰里呱啦了一句話，立即扣動了扳機。當時還是小杜的老杜心裡一片涼，完了，完了，我死在這裡了。但是，老天保佑，那個人的槍只是「呀嗒」一下，並沒有響。這一遲疑間，老杜拿出自己的步槍一下子捅了過去，那個人的槍掉在地上，那人就拼命往回跑，老杜取出手雷，拉了引線，扔了出去，轟地一聲，那個越南兵當場被炸死，他自己算是撿回一條命來。後來，他撿起越共的步槍，檢查了槍膛，發現有一顆啞彈呀在了那裡，他親吻了一下這個子彈。「你知道，那個時候越共的子彈基本全是中國製造的，是中國製造救了我的命啊！」他說，「我感謝武漢兵工廠的某一個憤怒的工人，是他造出了啞彈，救了我！」

我正在推測，他說的故事中有多少是真實成分的時候，他的朋友瑞克一家來了。

「我們看好龍蝦節了！」他的戰友的女兒大約 8 歲，蹦蹦跳跳進來了！

瑞克是個聾子，瘦瘦高高像根竹竿，眼睛很亮，他的老婆是一個印第安人和韓國人混血的後裔，膚色黝黑，渾身一股土族人的熱情。瑞克說起話來

也是滔滔不絕，我不敢相信他是聾子。

我說「一般的聾啞人都是啞巴，為何你的說話這麼好？」他說他耳聾是後天事故造成的，他當兵之前一直都是一個正常的人。他說這些話的時候，眼睛盯著我的口唇，原來他沒有聽力，完全靠讀人唇語來判斷。特別是我這樣的外國人，說的英語發音不準，不知道他是如何看懂意思的。在交流的過程中，他回覆我的速度和正常人幾乎一樣，沒有啥子疙瘩，真的非常驚人。

「你的耳朵是怎麼回事？」作為一個記者，我總是好奇地問這問那。但是，瑞克明確回覆我說，他不太願意提及往事。

瑞克的老婆在旁邊悄悄告訴我，「瑞克年輕時是美國原子彈部隊的！」

「原子彈部隊？」我瞪大了眼睛。

「他當年駐紮在亞利桑那州，那時，國際局勢非常緊張，他是負責按原子彈按鈕的士兵。」「按原子彈按鈕？」我不敢相信，又問了一遍。

「是的，按按鈕的！」她說，「當總統同意後，將軍批准，再一層一層地往下傳達，最後有兩個人在一個大屋子，兩個按鈕士兵，一個人負責一個，只有兩個按鈕同時按，原子彈才可以發射升天。」

「那麼他怎麼失聰的？」

「有一天，他在火箭燃料倉庫裡忙活的時候，有人操作一個危險氣體瓶時出現了洩漏，突然間發生了爆炸，火光中他聽到一聲巨響，從此就逐步進入了一個寂靜的世界。倉庫裡的幾個戰友當場被砸死，場景非常恐怖，他一輩子都極其不願意再提及這段痛苦的往事。」

南菲後來告訴我，瑞克的聽力在過去十年裡面越來越差，最後完全聽不見了，他一直申請美國傷殘軍人撫恤金卻遲遲沒有發放下來。她說，「他不能工作，近十多年裡，全家人的收入來源你知道是什麼嗎？」我說，「靠什麼？」她說，「就是靠瑞克老婆在一個按摩店做按摩工作，每天工作很長時間，完全靠雙手賺錢養活瑞克和兩個孩子，他們全家一直住在廉價的租賃屋中，日子過得非常艱難。直到去年，他們才拿到了姍姍來遲的撫恤金，年底班戈附近，買了一個稍微像樣點的二手房。」

不過，瑞克的失聰傷殘、她夫人按摩店打工的苦難生活似乎並沒有在這

家人身上留下烙印，他們吃牛排時，不時講笑話哈哈大笑，他們的孩子也很會找樂子，不停地撲到我懷裡。他家小女兒大概 8 歲，爬到我的肩膀上，要我抱抱，還把我的帽子搶去戴著玩，頑皮得很。看來，瑞克是對的，不談及痛苦往事，遺忘傷痕，是最好的生活態度。

「吱——」南菲把牛排扔進平底鍋，我從來都認為：飯店煎的牛排超好吃，自己煎的牛排超難吃。但是，南菲的牛油煎牛排，嫩得滿嘴流汁，我一口氣吃了兩大塊，加上一大堆薯仔，胃都要爆炸了。我揉著肚子，突然想起十年前我的一個叫安迪的朋友，他是個長髮飄飄的文藝青年，他也煎牛排給我吃，但是發生了事故——他從冰箱裡拿出凍鮮肉直接丟進了煎鍋……

快晚上 8 點了，南菲送我出門，我對她說，「我很喜歡你的畫，期待你來上海辦畫展！」

她說，「希望有機會。」但是，她的眼睛裡面好像有一點不確定的遙遠。

「後面，你要去哪裡？」

我說，「班戈！」

瑞克太太有著印第安人的熱心腸，她說：「我們住在離班戈 15 分鐘的地方，你跟著我們的車吧！去班戈會路過一座特別美麗的大橋，我會指給你看的，你一定會驚歎它的美麗！」

他們家四口人上了一輛白色的小本田，瑞克不可以開車，這個曾經按原子按鈕的軍人，如今安靜地坐在副駕駛上，他們的兩個孩子則從後排車窗探出腦袋，和我做著鬼臉，尖叫著告別。

瑞克太太車開得飛快，像她活潑的性格。她在前面帶路，天色漸漸暗了，洛克蘭的房子不知何時都不見了蹤影，緬因大地露出無邊無際的墨色而悠遠的森林。

大約僅僅開了 15 分鐘，拐上一條大道，幾輛車子飛快地超過我，等這幾輛車子過去，我的眼睛再努力地在公路上搜尋，發現瑞克家的車子徹底沒了蹤跡。

那輛小本田車和瑞克兩個孩子的歡笑都不見了影子。

我終於還是沒有看到那座「美麗得令我驚歎的」大橋。

52　去史提芬·京[5] 的老巢

8 月 9 日。

一輛貼著血色驚悚小丑臉的 12 座麵包車「吱——」地停在我面前。

中年胖子和他圓滾滾的肚子一起跳下車，自我介紹叫斯圖，我探頭看看車裡，裡面還坐著一對脖子上都是紋身的年輕情侶。

斯圖開車帶我們在班戈地區轉悠，十多分鐘後，一大片陰森森的墓地出現在眼前。站在高處望去，滿眼都是整齊排列的灰黑色墓碑，估計有上萬具屍體被埋葬在這裡，密密麻麻，多數墓碑看上去似乎幾十年沒有清理了。「這是班戈的公共墓地」，斯圖推了推快要掉下來的小眼鏡，口水幾乎噴在我的臉上，「從 1835 年起這裡就開始埋葬死者了」。我瞥眼望見遠處巨大的松樹間，有一些黑色的鳥撲啦啦掠過，心想，那些鳥是不是馱著已經轉世的人的靈魂？「看到墓地入口的景象了吧？那就是史提芬·京恐怖小說《禁入墳場》中的一個拍攝點。」我覺待在這裡，凌晨 2 點，一定可以聽到小孩的尖叫和野貓的啼哭聲。

頓時毛骨悚然。

紋身情侶的女子突然在墓地裡一聲尖叫，我一扭頭，發現前面墓碑上出現了一隻血淋淋的手，血從蒼白而纖細的指尖流下，搭在碑上已經風化的名字旁邊，「不要害怕，這是我帶來的道具！」斯圖笑著把血手拿下來給大家看，那是一個塑料做的東西，看上去挺高仿，傳給我的時候，我手賤，翻看白色的商標，上面小字寫著「中國製造」！紋身女遲疑著，上來摸了一把假手，我看見她的肩膀上刺著青色的蛇髮美杜莎，張著嘴，露出野豬獠牙。

5　史提芬·京（中國大陸翻譯：斯蒂芬·金）

斯圖說，「請仔細看看這個墓碑上的名字吧。」古碑主人的名字非常模糊，風吹雨打170年左右，C和R很難辨認了，但依稀還是可以讀出「C-A-R-R-I-E 嘉莉」。「對！這就是史提芬·京成名小說《魔女嘉莉》裡嘉莉名字的出處。」這本書講內向怯弱、備受霸凌的小羔羊嘉莉，有一天，突然擁有一種不可思議的超自然能力，當她在舞會中被同學一桶豬血從頭澆到尾，她開始瘋狂報復，用意念把同學們花樣百出的殺死，舞會頓時血流成河⋯⋯」

　　「史提芬·京的靈感往往都是來自班戈真實的事物。他說，魔鬼是存在的，他停在我們的體內，有時候還把我們打敗！」

　　通俗小說大師史提芬·京在出版《魔女嘉莉》之前過著非常艱難的日子，他寫的稿子多數被無情地退回來，他在一家洗衣店養家糊口，經常洗到一大灘血跡的床單和噁心的桌布，夫妻倆帶著兩個孩子住在一個搖搖欲墜的拖車房裡面，女兒耳朵發炎需要支付阿莫西林的藥錢都出不起，直到有一天，他突然收到僅一面之緣的編輯打來的電話，告訴他，圖章出版公司願意出版他的書，並分給他20萬美元的稿費，要知道這是在1973年！一座房子只要2萬美元（喬布斯養父大約在此期間買了一棟房子，花了2萬美元大洋）。史提芬·京當時渾身顫抖，「腳下一軟，但準確地說並沒有跌倒在地，只是在過道裡原地滑坐下去」。

　　到了90年代，史提芬·京已經成為全美國最有成就的作家，「恐怖小說大王」。一種誇張的說法是，美國的家庭中除了《聖經》外，你可以找的另外一本共同的書，多半是他的小說。他的小說銷售量迄今達到了3.5億本，幾乎多數作品都被搬上銀幕，其中，包括恐怖小說《閃靈》、《禁入墳場》、《小丑回魂》，奇幻小說《末日逼近》、《綠里奇蹟》，另外，根據他的短篇犯罪小說改編的《月黑高飛》，在IMDb和豆瓣都排名第一，成為公認的影史上最好看的電影之一。

　　矮矮胖胖的斯圖是史提芬·京在緬因州班戈的鄰里，他告訴我他大概10年前賣掉了他的書店，開始了「史提芬·京之旅」（SK-Tour）的生意，每年有成千上萬的讀者從各地來參加他組織的旅行。你只要交上45美元，就可以像我一樣跟著他，訪問班戈20-30處和史提芬·京小說中有關的地方、以及

現實中史提芬‧京的住址，聽到許多有趣的背景故事。

午前，斯圖帶我們去了一家史提芬‧京書的專賣店，裡面有一扇巨大的破爛木門，門上已經被砍出一個大豁口，旁邊倒放著一把斧頭。我像電影《閃靈》中發癲的傑克，站在門旁獰笑，然後舉起斧頭瘋狂砍門，喀喀喀——略有不同的是，我是在手機鏡頭前完成。

在小小的班戈城區，我們還路過了史提芬‧京夫妻二人捐贈的圓拱狀銅頂的圖書館、正在修繕的兒童醫院、帶水上滑滑梯的兒童遊樂場……班戈處處是史提芬‧京捐的東西，「他真的非常慷慨，對班戈很好。」斯圖說。

「那麼班戈和緬因州人一定很喜歡史提芬‧京吧？」我問。

「並非如此。」斯圖坦言，如果你的家鄉經常被寫進恐怖小說——在那些靜謐的小鎮學校裡面，充滿了屍體和鮮血；或者在班戈人行道旁，冒著煙的下水道，突然爬出一個吃人的小丑；抑或是這樣的——鄰居家花園月季怒放，那棟維多利亞風格的優雅別墅最常見不過，但裡面卻住著一堆流血的怨鬼。你會怎麼想？你會對作者有好印象嗎？

部分美國人現在談緬因「色變」，甚至產生直覺：這裡終日陰霾，很多房子鬧鬼，監獄鐵窗暗淡。而「恐怖州」緬因的實際情況是，夏季這裡陽光明媚，大地上覆蓋著綠色緞子一樣的森林，悠長而彎曲迷人的海岸線，民眾淳樸、熱情。但是，外界沒來過的不這麼看，主要是緬因出了一個「把大家屁都嚇出來的」恐怖小說大王。

「所以，一些緬因州的人討厭他。」

忽然間，我就有點兒理解了，他在家鄉這麼賣力地捐贈圖書館、捐醫院、捐兒童樂園，也是為了心理上的某些彌補吧？他即使成為奧巴馬的座上賓，獲得美國國家藝術勳章，但他內心深處，最渴望的或許是家鄉人對他的認可？希望鄰居看他的眼神不要太異樣。

太陽升得很高了，即使是在北緯 45 度左右的班戈，中午時分，依然能夠感受到太陽的灼熱。

這次，斯圖帶我們來到一個停車庫的樓頂，往下俯瞰，嚇了我一跳，街

道上矗立著一個巨人，目測有 7 米高，這雕像是個穿紅黑格子襯衫、藍褲子，扛斧子的奇怪大鬍子。據說是當地傳說故事中的伐木工人，這在森林覆蓋的美國，常有類似的形象。斯圖說，你們知道最新的電影《小丑回魂 2》嗎？小丑惡靈突然出現，坐在他肩膀上，並坐氣球降落下來，在街道上追殺小孩。史提芬‧京總是把他了解的事物信手拈來，放進小說或者劇本。

史提芬‧京筆下的恐怖並非來自驚悚血腥的場面，而在於人的內心。他並不是帶你去鬼屋嚇你一番，而更像一場無比真實的惡夢。這種恐懼猶如一隻無形之鉗子，他會在故事開始不久就埋下陷阱，然後逐層渲染，讓你在驚奇中害怕，在悚然中期待，既脊背發涼又掌心出汗，最後他用這隻鉗子突然死死掐住你的脖子……

這一切都要歸功於史提芬‧京那如同手術刀一樣的心理描寫。

「讀者在閱讀我的小說時，因心臟病發作而死去，對我來說，是最佳的效果！」他的名言。

我們此行的最後一站是看看這位心理手術大師的住所。

門口已經停了好幾輛車子，人們都探頭探頭地往院子裡面張望。

院前的鐵柵欄上趴著兩隻張牙舞爪的鐵蝙蝠，院子裡一棵觸目驚心的被砍頭的死樹，這顆死木估計曾經活過 150 年以上，不知怎麼「死於非命」了，使得這幢紅磚帶羅馬柱的老式兩層樓大別墅，顯得沉穩中透露著一點點的古怪味道。整個柵欄的大鐵門永遠是大開著的，據說，只有在萬聖節的這一天晚上，才會關閉。這一天晚上，班戈的很多人會帶著孩子來史提芬‧京家玩「不請吃就搗蛋」，但由於人太多，他家將只允許孩子進去討糖或搗蛋。

在恐怖小說大王家裡玩萬聖節，這是一個好主意！但是，記住，請不要先被他嚇死。

72 歲的他依然每天在蝙蝠柵欄後的紅房子裡瘋狂碼字，而蝙蝠柵欄外面則是一堆讀者在瞎轉悠。人們很少見到他本人的尊榮。現實中，他也極少遇見狂熱的讀者衝進他大門敞開的院子，大喊大叫他的名字，或者戴個慘白的

女屍面具去窗口嚇唬他。不過，他曾經自己腦補過一個小說《頭號讀者》：流行作家保羅落入了一個女精神病崇拜者之手，被困在一個偏遠的農場，這個偏執狂、大塊頭女粉絲還養了一頭公豬，一頭和作家同名的豬，保羅備受摧殘並被打斷了雙腿。

我問斯圖：「讀他的《睡美人》和《月黑高飛》，他對美國監獄是如此熟悉，感覺上他在監獄裡面服過 30 年的重刑，他是怎麼做到的？」

「事實上，史提芬‧京只在監獄裡待過一個晚上，那是他 20 歲左右的時候，他喝醉了酒闖禍，被警察抓了進去關了一晚上。」斯圖回答。史提芬‧京對監獄細節的了解，看來主要是出於研究，他認為，任何小說，細節要永遠準確。像《月黑高飛》中，安迪的女神麗塔‧海華絲，估計就是史提芬‧京自己本人的夢中情人，她酥胸半露，一頭捲曲溫柔的金棕色長髮，倏地甩起來，迷倒了整整一個時代。所以，整個小說中她的海報這個關鍵細節，非常逼真，——那是那個年頭軍隊士兵和監獄犯人打飛機的對象。

午後，滔滔不絕了三個小時的斯圖要走了，說下午還要拉一個大團。

「老哥，你的生意不錯啊！一年幾千人下來，就是近百萬美元收入啊！比開書店賺太多了！」我最後問他，「史提芬‧京對的你工作認可嗎？」他說，「當然，他非常支持我！有人在家鄉玩命地幫他宣傳，他還不開心啊？！。」

他的大肚皮一抖，跳上麵包車。

大概晚上 9 點多，我在超市買好東西，心想，夜裡的史提芬‧京家應該是什麼樣子？按照他自己說的時間安排，他會打開燈看書嗎？還是寫作癮發作，坐在一個空蕩蕩的大屋子中間，打字機上只永遠打出一行字：「只工作不玩樂，傑克成了傻球（All work and no play makes Jack a dull boy.）」？

好奇害死貓，我在谷歌地圖上輸入「史提芬‧京房子」，僅僅花了幾分鐘，我就又開車轉到他家門前的那條寬大甬道上，這一帶已經完全浸在黑暗中了，幽暗如鬼火的路燈隔得老遠。我看到他家門口的廊道燈還亮著，衝馬路這一面的屋子全都沒開燈。

他每天寫 2,000 字左右，這個美國勞模（即勞動模範），一年只有生日、

感恩節和聖誕節三天不寫東西，當然，據說這是對媒體說的話，如果他高興，這三天也會寫上一點。

我想，史提芬‧京如果不寫作，他會徹底發瘋，脫得赤條條的，高舉著斧頭在大街上狂奔，口裡喊著「只玩樂不工作，聰明人也變傻球！」

突然，一輛巨大的越野車開著大光燈由遠而近，在他家門口的鐵柵欄前戛然停止，大光燈打在柵欄頂部的兩隻黑蝙蝠身上，現場雪白雪白的一片晃眼。車上跳下來兩個年輕人，穿著一身黑衣服，跳著蹦著，到被照亮的柵欄前。原來他們是來和黑漆漆的大屋子合影。

到了夜晚，和史提芬‧京黑黢黢的房子合影，才更符合恐怖小說讀者的口味。

史提芬‧京也不嫌煩，還很配合，他讓讀者粉絲看到的是一個沒有光亮的黑色大屋，恐怖大王的屋子是不是就應該這樣？！

——或許更符合吃瓜群眾的意淫？

是夜，我住在一個前台服務員頗為粗魯的小旅館，離史提芬‧京家才1公里多。

旅館旁有一個加油站，加油的時候發現那個女孩很有活力，棕黑色的頭髮，大眼珠子，穿著背心一樣的工作服，胸脯發達，以拉丁裔的熱情來招呼著我。

我說，「你看到過史提芬‧京嗎？」

她說，「史提芬‧京有時候也來這個加油站加油，偶爾看到他。」

她說，「《小丑回魂》在班戈上映的時候，他坐在最後一排，像電影中的人物一樣，拿著一串血紅色的氣球，突然出現在前排觀眾中，把大家嚇得夠嗆。」說完，她哈哈大笑。「他是一個非常有趣的人。」

「這倒是！」我說。我想起史提芬‧京有一次去澳大利亞偏遠的小鎮愛麗絲泉玩，他無意間走進一家書店，看到了他的書，於是他忍不住從口袋裡掏出一支筆，在自己的書上簽起了名字，結果被憤怒的店主當場抓獲，一把揪住他，說他破壞公物。

我一直在想，一個「恐怖大王」的內心世界是怎樣的？

史提芬·京酷愛寫恐怖題材小說，或許他本人就是膽小鬼？

因為只有膽小到極點的人，才能如此細微地體察到內心的恐怖。反之，一個躍馬揚刀的蒙古大漢是不可能覺察出內心這麼多恐怖的。膽小鬼才會怕黑、怕鬼，而且怕到了極致，精神會越來越抓狂。在某些空間，只有膽小鬼才會有神經質的恐怖臆想症，史提芬·京似乎就是這樣的一個傢伙。

有個著名導演和史提芬·京一起看電影，那位導演後來說，看到片中緊張的一幕時，史提芬·京居然在自己的位置上瑟瑟「蠕動」，導演說「這是有史以來最好的經歷」。

我推測，「恐怖大王」作家是不是有一個極其恐怖的童年？

回到他的童年。史提芬·京自己說，他小時候有一位保姆，喜歡把他扔在沙發上，用穿著羊毛裙子的屁股壓住他的小腦袋，大聲地說一聲：「開炮！」瘦小的京就像被埋在臭氣熏天的沼氣火焰裡，眼前一片漆黑，幾乎窒息死亡。

這位保姆給京煎雞蛋，京覺得好吃就多要了一個，保姆就一口氣讓他吃了七個，然後笑盈盈地看他嘔吐得滿地都是。她還猛打他的腦袋，還把他鎖在衣櫃裡面，等媽媽回來，保姆正在沙發上呼呼大睡，而小史提芬·京則在衣櫃裡睡著了，滿櫃子都是嘔吐物。

史提芬·京的奇葩媽媽也是他恐怖童年的一部分。

他 5 歲的時候，問媽媽見過死人嗎？媽媽向他詳細地描述，她看到一個人從旅館的樓上跳下來，啪地一聲摔在大街上，「他的血濺得滿地都是的，他身上流出的東西是綠色的」。誰的媽媽會對一個 5 歲的孩子講這個呢？求小史提芬·京當時的心理陰影面積。

童年的心理影響人的一生，恐怖大王最大的恐怖還是來自他的父親。

一天，小史提芬·京爬上吱嘎吱嘎的閣樓，昏暗的斜屋頂天窗下，翻開一個積灰的箱子，發現裡面有幾本舊書——他爸留下的 H.P. Lovecraft 出版的恐怖小說集，書的封面有一個魔鬼，此後，他常常抱著這些書在昏暗的屋子裡看得瑟瑟作抖，這些成人才能閱讀的恐怖書，陪伴了他的少年時代。這也促使他最終成為一個恐怖小說作家。

而更恐怖的是，他的父親，居然在他 2 歲的時候，說是出門買巧克力，就再也沒有回來過，甚至沒有路過看過他一眼。沒有父親的童年，會極其缺乏安全感，因為沒有人為這個家庭遮風擋雨。再加上一連串的恐怖成長事件，這或許構成了史提芬‧京精神世界的基礎。

每次有人問小史提芬‧京，「你父親去哪裡了？」他的母親都說，「他去當海軍了，在海上。這不是謊言。」

我不知道，他聽了這個是怎麼想的？

一個受了恐怖驚嚇，一個沒有父親的男孩，要走多少路才能長大成為一個真正的男子漢？

心理學家認為，沒有父親的孩子，在成長中會自卑或者拼命地刷存在感，希望引發別人的關注。史提芬‧京已經 72 歲，名滿天下，卻絲毫沒有退休的徵兆，依然玩命地奮戰在寫作第一線，這是不是超級強烈的童年心理原動力在起作用呢？

——或許超級成功的人，都不是一般普通人的心理吶！

離開班戈的那個晚上，我喝了一瓶啤酒，肚子脹鼓鼓地躺在小旅館硬吧啦嘰的床上。

回想起我小時候，在安徽的鄰居兼同學曉秋，她和史提芬‧京一樣也沒有父親。

她爸在她才 9 歲的時候就去世了。

我們有段時間常在一起玩。有天，她問我，你想不想你媽？我說，想！我好小時候，她從外地坐長途車趕來看我時，我每次老遠就奔過去，一把緊緊抱住她的大腿，把鼻涕黏在她的褲子上。我又問她，你想不想你爸？她說，好想！每次看到人家爸爸騎自行車馱著孩子，就想起他。她說，以前，我爸爸常騎了一輛 28 吋的永久，去附近的幾個小鎮推銷茶葉和瓜子，他在前杠上做了一個小小的木頭凳子，那是我的專座。他騎著我，走大街，穿小巷子，叮鈴鈴打著鈴回家。那時候，我的頭靠在他的下巴，蹭到他的毛拉拉鬍子。

我記得，她爸爸車禍死的那天傍晚，她還在做值日生，有一個同學奔進

來，對著班級裡面還沒走的人，吼了一句，「曉秋，你爸出事了！」她好像正在掃地，慢慢地直起身，抬頭茫然地看著那個同學，手上的掃帚掉到了地上。後來，她又撿起掃帚，顫抖著把地掃完再去醫院。後來我知道，那是她人生最後一個還有爸爸的日子。據說，他爸爸的自行車鑽進了急轉彎不打方向燈的重型卡車的後輪，茶葉和瓜子散落了半條街。

初一，一次作文考試，發下來的題目是「我的父親二三事」，她說，她當時眼淚就撲簌簌地掉在了卷子上，濕了一片。那篇作文，她一個字也沒寫。每次看到父親的黑白老照片，還有一本他當年翻爛的陸羽茶經，她說她依然會哽咽。有天早上，她跟我說，她昨晚做夢夢到了他，好像賣出去很多很多茶葉，挺高興的樣子。她說，只是不知道何時再能夢到他。

14 歲，她的母親帶她改嫁，母女過著寄人籬下的日子，繼父討厭她那倔強的小眼神，她沒有叫過「爸爸」兩個字。她說，叫不出口。

高中放暑假，我們兩個偶爾通通信，一次，她在信裡說，她非常不喜歡小區裡打赤膊的男生。我揣測，或許是她對從未見過的事物產生的一種抗拒？曉秋說，宿舍的一個舍友總是和自己的爸爸打電話，大人一樣教育她爸爸不要抽煙，不要惹媽媽生氣，她爸爸在電話那頭應聲蟲一樣的，曉秋在跟前聽著，心裡猜想，如果可以和自己的爸爸打電話，是一種什麼樣的感覺，她會對他說些什麼呢？

她讀書要強，高考考得不錯，但因為師範類學費便宜，她就毅然去了一所師範大學。畢業後當過中專老師、賣過保險，再後來，自己開了一家理財類公司。只是她一直單身，直到後來遇到她的老公，比她大了 16 歲，一個很理解她的人，但是，不知道為何，他們在一起近十年，前幾年還是分了手。

她後來把所有的精力都放在了工作上，她每天可以工作到夜裡 10 點。2018 年，國家對理財類公司進行 13 項原則整頓，很多客戶撤資，成了她最困難的一刻，她四處打電話找人融資、疏通，為了接一個大單，她可以徹夜準備方案，次日一早帶著一堆人，奔赴會場。

我在美國的時候，她跟我偶爾還有聯繫。新聞裡說市道不佳，又倒了很多公司，我擔心地發短信問她，「最近可好？」

她回覆我三個字，「會好的！」

有一晚，我無意翻看了她的微信朋友圈，發現她頭像下的個性簽名是這句，「縱使黑夜吞噬了一切，太陽還可以重新回來。」

我仿佛看到了小時候的她，那副帶淚的、倔強的小眼神。

哈佛同學集體照，裡面的老頭是我的教授，我給他起綽號：司馬懿。

來自地球各地的同學，在夜晚的酒吧告別，
因為距離太遠，大家估計永遠也不會再相見了。

哈佛廣場上奇怪的宣講者，只有一個聽眾。

緬因州龍蝦節上扮演海盜的老頭老太，我不理解，他們的小眼鏡片怎麼那麼像算命先生。

老船長約翰讓我把一下老式縱帆船的舵，這艘船有 90 歲。約翰還跟我說了一個驚人的秘密，他爸爸去延安見過毛主席。

劃船去荒島上煮龍蝦，年輕的水手在洗鍋子，他在攢大學的學費。

老杜是一個中國通，
他家有英語版的《宋詞選》。

史提芬‧京的恐怖小說之家，73 歲的他至今仍在裡面瘋狂寫作。

The End

尋找 1985 的四個夏天

緬因州，班戈。

8 月 11 日清晨 6 點，我在一陣手機鬧鈴中驚醒過來。

今天要回國了，我一早飛紐約，然後再轉搭東航的 MU588 回上海。

迷迷糊糊地爬下床，時間不多了，我趕緊整理箱子，先把陪我旅行的書塞進去，有彼得・海斯勒的《江城》、斯文・赫定的《亞洲腹地旅行記》，還有四處收來的一些地圖，荒灘上撿的幾塊石頭，以及一堆沒有洗的 T 恤、襪子、短褲……

拖著行李箱，走過長長的昏暗的旅館走廊，洗衣間的燈壞了，鬧鬼似的在一跳一閃的。旅館前台一個人也沒有，靜悄悄的，估計服務員還在酣睡。

我開著白色的「毛驢」去機場，路上車子還很少，班戈籠罩在一層夏日清晨的薄霧之中，有些灰濛濛的，又有些清冷。

機場的還車處還沒有人，我把車停在安飛士的還車位置上，下車的時候，最後看了一眼「毛驢」，這台白色的道奇，是我美國出遊最後一夏的坐騎，如今，孤零零地在一塊藍色的 Car Return 大牌子後面呆著，我知道我這輩子可能都不會再回來班戈了。在班戈，這個緬因州的小城，結束美國的旅行，覺得有點不忍，心理隱隱覺得旅行還進行得正酣，就被外力突然終止的感覺。

班戈的機場很小，一眼望去，只停了幾架螺旋槳飛機。一早飛往紐約的小型波音飛機已經全部坐滿了，我的旁邊坐了一個大塊頭，皮帶加了一節，才能繫住肚子。他做了個自我解嘲的鬼臉。

起飛時，我看見廣袤的緬因大地上，樹木、房屋、森林、公路都無邊無際地伸展著，遠處天空的青色和大地的灰色融在一起。

好像人被硬生生塞上了機艙，飛機直插雲霄的那一刻，感覺心還留在地面。

我默默無語地看著窗外，心道，別了，別了！

回國不久，我突然發現「美國」成了一個極度敏感的詞匯，特別是華盛頓拋棄老布殊幾十年來的「對華接觸戰略」，啟動「對華競爭戰略」後，美中兩個大國的對抗，向懸崖邊又推進了一大步。

該如何解開兩個巨人之間的死結呢？

經過四個夏天，9,387 公里縱橫美國，一場磨驢式的遊歷，處處遇見淳樸而有趣的人們，那是活生生的柴米油鹽的美利堅，和我們黃種人一樣，兩個眼睛一張嘴，一樣的愛恨情仇，一樣的煙火氣息。這更讓我覺得需要讓兩個世界的人真正地走進對方，了解對方。

觸摸和理解了彼此的性格後，中美能逃脫墨菲定律註定的命運嗎？

忽然發現，早在 1985 年，東西方其實就已經找到了這道貌似死題的完美答案，那一年，地球上有了人類自我救贖的嘗試，但是時間過去幾十年，人們漸漸忘記了當年睿智的大師們的解題思路。

1985 年，地球上最美麗的一年。

那一年我還小，有天晚上，跟著爸爸去公共澡堂子裡洗澡，光著屁股搓背時，霧氣繚繞，水花四飛，忽然聽見一個正在沖淋的叔叔在拉扯著喉嚨高唱：「We are the world, we are the children.」（我們是同一個世界，我們都是地球的子民。）」接著，所有光屁股的叔叔都一起跟著用力哼起來，有兩個還把頭晃來晃去，水珠濺起，「We are the world, we are the children.」，嘶吼得走調的歌聲和著嘩啦啦的沖淋聲，一下子飛越了濕漉漉的澡堂子，穿越水汽，讓我震驚於這種音樂的力量。

後來，我知道這首歌是米高・積遜年初為了給非洲災民捐款，組織了全美國 45 位歌星共同錄製的，那麼多大腕，湊在一起只為了一個目標：救人，救地球。演唱這首歌的那天，紐約趕去捐款的人堵塞了大街小巷，所有無法動彈的車子裡都回蕩著這首歌，人們激動得淚流滿面。良知似乎都被歌詞洗滌著。除了好聽，「我們是同一個世界」似乎給我們帶來了一個大愛的境界，不僅僅是全球人開始關注非洲人的生存問題，更是傳達了「天下一家」的理念。為了這份愛，我發現連特立獨行的鮑勃・迪倫也放下自尊，非常不習慣地擠在一群 R&B 歌手當中，用力蠕動著嘴巴。

　　米高・積遜的音樂讓不同政治觀點、不同國度、不同膚色、不同宗教的人，站在了一起。

　　這一年 7 月 13 日，那場前無古人、後無來者的「拯救生命」（Live Aid）演唱會在費城和倫敦兩地接力舉行，幾十位世界級大師同台，前無古人，後無來者。簡直讓世人發瘋發狂發癲，大師們義唱的目的還是這個：拯救地球的生命，思考全人類共同命運。

　　16 個小時，全球 15 億人看了轉播，8,000 萬美元捐款。

　　無數人淚流滿面。

　　當年輕的戴安娜王妃穿著白色的格子裙子和查理斯王子步入會場時，全場開始沸騰。黑夜來臨時，前披頭四樂隊靈魂人物之一的保羅・麥卡尼彈著鋼琴，唱了一首《Let It be》；滾石樂隊主唱米・積加和美國搖滾女王「母獅」蒂娜・特納合唱的時候，積加歡快地撕下了特納的裙襬；陽光明媚的麥當娜在台上大跳勁舞，青春活力是 Lady Gaga 的（2020-1985）倍，如日中天的她連飆三首歌；鮑勃・迪倫則滿頭大汗，吉他弦斷了一根，他現場改了《答案在風中飄蕩》，這個歌詞此後再也無人能夠複製；U2 樂隊穿著黑色經典紳士裝，演唱了一首《星期天，血色星期天》。把全場氣氛推向高潮的是皇后樂隊的費迪，他穿著白色的背心、騷氣的牛仔褲，四顆齙牙和一堆胸毛，《波西米亞狂想曲》一開嗓「媽媽啊，我剛剛殺了個人」，後面接著七萬人大合唱，全場燃燒，他的那個性感的翹臀轉身動作，成了永遠的神話。最後，幾

萬人一起唱米高‧積遜的《We Are The World》，全地球人都沐浴在愛的淚水當中。

那一年，連美國的冷戰對手國蘇聯都轉播了這場世紀演出，拯救生命、用愛凝聚世界。臭不可聞的意識形態，給我滾一邊去！

演唱會期間，我看到觀眾中打出的標語是「你好，這個世界！」

1985 年 7 月 13 日，東西方社會，富裕國和窮國，無數不相似的人們忽然發現，原來我們是可以凝聚在一起的，我們是可以和解的，我們是可以包容和可以愛對方的，因為我們同屬一個世界。

到了這一年的 11 月份，白雪覆蓋的日內瓦湖又迎來了一個地球救贖日。

一個帥氣高大的人伸出手，握住了一個頭上有胎記的矮胖禿子的手，——美國總統列根和他的戰略敵人蘇聯最高領導人戈爾巴喬夫，地球上最有勢力的兩個人的手第一次握在了一起。這次握手，標誌著東西方和解的開啟，穿越了美蘇冷戰的鐵幕。過去的那些年，大家都像抄著原子彈威脅對方的小流氓，現在，兩家終於坐下來，說：「我們再也不能像以前那樣生活了！」在兩國的技術官員進行對話前，溝通大師列根忽然對戈爾巴喬夫說，「趁我們的手下在討論軍備控制的必要時，您和我為什麼不到外面去呼吸點新鮮空氣？」於是，兩個人一起冒著湖邊的嚴寒走下山，來到一個遊艇房的爐子邊，那裡生了一堆火，兩個人就在爐邊「私聊」起來。這次爐邊私聊，讓列根和戈爾巴喬夫建立了信任，這成為撬開了東西方大和解的序幕的利劍。兩個人把這樣理解對方的友好氣氛一直延續到冷戰的結束。

80 年代就是在這些人類大師的推動下，開始了大和解，這次大和解跨越了國家、政治、宗教和種族。

僅僅兩個多月後，在佛羅里達的甘迺迪航天中心，從 11,000 人中挑選出來的女教師麥考莉芙，走進了美國挑戰者號航天飛機，她的父母、丈夫、孩子、學生以及全世界的觀眾都在屏幕後面觀看直播，她將在太空給全國的中學生上兩節太空課，點火起飛 73 秒之後，挑戰者號在一個耀眼的爆炸後徹底消失，全世界震驚。當時，我是在新聞聯播上看到這則新聞，看到電視機

裡泣不成聲的學生，一種通向未知世界的失敗痛苦，刺穿了我的心。全世界的慰問信像雪花一樣飛向麥考莉芙的家人，大家覺得這不僅僅是美國的一次失敗，而是大家共同夢想的挫折和幻滅，刻骨銘心，女教師麥考莉芙的死亡，讓東西方社會都能夠共情。

以 1985 為中心的十年，的確是地球的黃金十年。後來的人，都很嫉妒生活在那個時代的人，可以看到那麼多超級大師、閃耀的人物和偉大的思想，他們給分裂的地球帶來了救贖。

東西方大和解，是這個病入膏肓的世界，唯一的良藥。

回上海半年後的一天。

我寫完最後一篇去史提芬‧京家的文章，歷時四年的遊記初步完稿，和往常一樣，我從安福路的塞外提斯圖書館裡出來，騎上摩拜單車，我的手提電腦放在一個 MoMA 買的紅色布袋裡，然後擱在自行車前叉籃子裡面，我可能太興奮了，又有點完稿後的迷茫和失落，腦子出於一種飄然的真空狀態，我騎去不空書屋檢查一處漏水的管道，然後，就在欣安大廈門口停了車，鎖車上樓。在樓上打了幾個電話，處理了好一陣子的管道問題，突然想從布包包裡找一樣東西，但是在桌子上、椅子上、門後面、地上，甚至連廁所的馬桶旁都找遍了，哪也沒有我的紅色布袋袋，我腦子裡面一黑，是不是還放在自行車的前籃裡面？這已距離我鎖車一個多小時了。

我飛奔下樓，外面有些飄雨了，慌慌張張跑出大廈，門口停了好幾輛摩拜單車，但是沒有一個籃子裡面有我的包。我完全傻掉了，多數的文章還沒有完成上傳備份，完了，完了完了，我四肢頓時麻涼麻涼的，四年的心血全部付諸流水了，我腦子嗡嗡嗡的，一種巨大的懊喪感、挫敗感像地溝水一樣從心頭往上咕咕地冒出來。

我跌跌撞撞地跑到物業的保安處，要求調看門口的監控錄像，那個瘦小的安徽保安大叔，很和氣，他靜靜地陪我坐在四個黑白小屏幕前，從一個多小時前的門口錄像看起來。那個攝像頭找不到停自行車的位置，只能看到欣

安大廈的門口走過的人，看看他們當中有沒有拿了我的那個布袋袋。我足足看了 30 分鐘的錄像，沒有任何頭緒。我發現，走過去的人都是匆匆忙忙的，而且很多包都是夾在背對攝像頭的那一面，我第一次那麼認真地長時間地看這個時代、這個城市人的走路，很多人都是急急忙忙的，像是充軍途中。

我越看越失望，心情沮喪到了極點。

我四年的心血啊。我悔恨不已。

我恨不得抽自己一個耳光。

正在這時，奇蹟出現了。

有一個老阿姨突然出現在監控室的門口，問是不是有人丟了包包？

我飛奔上去，這是一個捲頭髮、穿著不起眼的暗藍色衣服的 60 多歲的上海女人，她站在我的面前，她說她 30 多分鐘前看到一個紅色的布袋袋在自行車前籃子上，估計是有人忘拿了，就抱著這個包在門口，在微雨中走來走去，等我很久，也不見我來，就去找了警察。

我一把拉住她的手說，「你救了我！我如果想不開，說不定會從金茂大廈頂樓跳下來！」老阿姨很鎮定地說，「丟個包包就這麼想不開？當年，我去黃山玩，把兒子還弄丟過一回呢！」

「老阿姨好溫暖。」現在回想起來，我突然明白，1985 年大師們在台上高歌的那一刻，傳遞的不就是這種老阿姨式的愛心嗎？

一種樸素的友善。

我們如果還有未來，恐怕需要的就是這種樸素的老阿姨式的友善。

美國回來後的一天，我路過一個藝術展，看見八個驚悚的黃色大字，「我們的世界會好嗎？」一下子抓住了我的眼球。

這個問題的確困擾著我們當下所有的人。

瞅瞅今天這個世界，所有地方都被冠狀病毒侵襲，經濟陷入二戰後最大的泥潭；大國之間臉色難看，有時真如潑婦街戰，找對方每一個茬去攻擊對方；衝突像狼煙一樣東一撮西一堆升起，民粹主義在全球抬頭，一副二戰幽

靈的嘴臉；曼谷、東京、紐約等大都市，大量的年輕人和中年人失去工作；在歐洲和中國，離婚率都高達 60% 以上，婚姻制度瀕臨破產；城市裡，許多年輕人都淪為掙扎在辭職邊緣的社畜……這樣的世界，明天還會好嗎？

不知為何，這讓我想起瑪麗‧安，那位 79 歲的老太太，我在加州柏克萊讀書期間借住的房東。

老太人奇瘦，脖子半年前在一場嚴重的車禍中折斷。康復階段，走路僵硬宛如機器人，但並不影響「機器人老太」週末在家中開小派對。在我和周圍的人看來，她的事情夠倒霉的了，清晨 9 點遇到一個酒鬼開車，飛來橫禍，脖子骨折，有好幾個月都臥床一動不動。但是，她自己卻從來不這麼看，她說，那次車禍對撞速度已經達到 112 公里，對她來說，卻是極其幸運的。因為當時車就翻滾出去了，警察來時，發現她在座位上一動不動，腦袋耷拉下來，所有人都以為她死了，結果她卻因沒有動脈大出血，存活了下來，她說，「這簡直就是一個巨大的奇蹟。」她覺得自己可以一點點恢復到正常的生活，而且一天比一天好，生活還多了一份盼頭呢！

有天晚飯，我問她：「這次倒霉的車禍，在你的眼睛裡，居然是一件幸運的事情？」

她當時正打算往嘴巴裡扔一把藥，她停在那裡，想了下說，「當然！」

吃飯的時候，我們喝著啤酒，老太因為吃藥只能喝果汁。

她的好友叫馬修，他講了另一件關於瑪麗‧安的事。

馬修說，前年有個亞利桑那州的老朋友到柏克萊來玩，大家決定開車去海邊。去海邊的一段馬路在修，到處都是坑坑窪窪的，車輪每次碾進坑窪地，汽車就會猛地往下一衝，我們則砰地往上一彈。乒！很多次大家的頭都碰到硬硬的車頂。當時，馬修摸著頭，抱怨說，路面簡直像麻子一樣，屁股都顛痛了，腦袋該不會被撞壞吧？

他發現瑪麗‧安在汽車裡卻是完全不一樣的反應，老太每次彈起來，撞頭時，都哈哈大笑。馬修問她為何笑，她說：「你有沒有覺得，我們現在開在赫赫有名的蹦床大道上！」她說，她發現，撞頭的時候，如果開懷大笑，

頭痛會減輕許多。於是，後面一個坑，所有人的腦袋都一起彈起來飛向車頂的時候，車廂裡充滿了哈哈大笑。

「那一刻，」馬修說，「感覺頭一點也不痛，真的。」

世界好不好，關鍵看你怎麼去看它。

2016 年 8 月 -2020 年 3 月 24 日第一稿

5 月 20 日第二稿

7 月 10 日第三稿

Give Thanks

致謝

　　本書緣起於很多年前，一間擁擠的、陰冷潮濕的七人學生宿舍，一次熄燈前的瞎聊。

　　當時，我的好友方正即將離開上海前往美國西部讀書，我啪啪拍著搓衣板一樣的瘦胸脯吹牛，「我以後會來看你的，並且還要駕車橫貫美國一趟！」

　　一晃幾十年過去了，我才蹣跚上路，去兌現自己吹過的大牛。後來，我發現僅僅駕車橫貫、縱貫北美，了解的深度是不夠的，於是我又選了東西海岸的兩所大學（柏克萊和哈佛），讀一些短期課程，期間遇到了無數有趣的人，他們有教授、警察、獄卒、性工作者、船長、店主、同性戀人、商人等等，這一切促使我動筆寫下我所看到的北美，所理解的人情。

　　這份書稿花了四年多的時間出爐。

　　第一個看到此稿的是浦睿出版的陳墾先生，他是一個有情懷的伯樂，他閱稿後立即把我的書稿推薦給了博集天卷的團隊，後者是凱魯亞克《在路上》、雷克《徒步中國》等優秀作品的出版方。黃雋青、毛閩峰閱稿後，當天就從北京給我打了熱情的電話，表達了他們的出版意向，後來，我們在京詳談了7個小時。他們公司一群有思想的年輕人感染了我，除了幾位老總，還有如李穎和由賓，和他們合作有一種共赴理想國的快樂。

　　此書涉及到旅行、讀書、採訪、資料收集、寫作、修改、設計等七八個步驟，在這個過程中，得到了眾多朋友的大力支持。

　　首先感謝在書中出現的那些遇見的人物，如賽迅斯、瑪麗·安、派特、布萊登、米歇爾、老鷹、約翰、魯道夫等等。

還有些朋友為我遊歷、採訪提供了幫助，方正、老孟、衛溦、于海明、馬騰飛（美國）、邁克爾和裘思遠夫婦（排名不分先後）。其中特別鳴謝美地行總經理劉初鍔先生，他幫我接管了公司，直接推我上了路，感謝所有曾經或者目前還在美地行共事的同事好友，如王川、薛椿勇、李劼、張穎、朱靚、韓佳萍、陳斌、奚蓓娜等等，他們也無私地幫助了我。

為我資料收集、寫作、設計，提出寶貴意見的朋友，白聯步、李曉曉、Jerome（法）、張禎、楊鈺玲、宋沭陽、鄭邦謙（排名不分先後）。

感謝為本書英文版出版做出貢獻的符庭賢、唐本苑、老杜（美國）、南菲，其中最後兩人也出現在我的故事裡。

此外還要感謝支持過我的吳斐、賈曉淨、程韜、寧佐泓、吳夢媛、阿郤、周靜、程夢秋、一片雲、王雅晨、陳暢、譚遠波、琨佈雷、簡妮、金曉慶、Jacky、余翔等等（排名不分先後）。

感謝我網球隊的朋友們，Johnsun、錢里、衍宏、張甯、張浩、鴻藝、沈平等等，在我遠行他鄉遊歷的時候，他們默默地盼我回來鏖戰，為了激發我的鬥志，他們往往把我打個落花流水。

感謝劉卓爾、劉卓馳，他們兩個一直督促我，問我「你的書寫得怎麼樣了啊？」像是我問他們，「你們今天的作業做了嗎？」一個樣。

感謝我的父母，我的全家人，你們是永遠支持我的人。感激不盡。

如果說全書最令我感激的是什麼？那就是感謝把我關進緬因州洛克蘭監獄五小時的人，讓我有了一次特別的、全新的人生體驗。

參考文獻及書目：

1 《去世的總統》Dead Presidents, Carlson, Brady 2016
2 《華盛頓莊園，200年不朽傳奇》，向軍，財經時報
3 《華盛頓的神秘死亡》The mysterious death of George Washington，作者不詳，美國憲法日報
4 《美國歷史上第一位第一夫人：瑪莎·華盛頓的艱難抉擇》，木光，澎湃新聞
5 《華盛頓傳》Washington，歐文·華盛頓，湖北長江出版集團，崇文書局
6 《這是喬治·布什最後的話，最後的一刻》These were George H.W. Bush's last words, last moments》, Tony Freemantle, Houston Chronicle
7 《老布什與中國》，劉婕，環球網
8 《老布什的晚年生活》，作者不詳，世界新聞網
9 《華盛頓的北京飯店》，章小東，澎湃新聞
10 《老布什二戰傳奇經歷》，作者不詳，環球網
11 《美殘障人威脅炸自由女神像被捕》，作者不詳，鳳凰資訊
12 《生存心理》Deep Survival: Who Lives, Who Dies, and Why, 勞倫斯·岡薩雷斯，天津人民出版社
13 《像一塊滾石——鮑勃·迪倫》CHRONICLES: volume one, 鮑勃·迪倫
14 《沿著公路直行：鮑勃·迪倫》Down the Highway: The Life of Bob Dylan, 霍華德·桑恩斯，南京大學出版社
15 《放任自由的愛情》，作者不詳，簡書
16 《曾幾何時：鮑勃·迪倫傳》Once upon a time, 伊恩·貝爾，中國人民大學出版社
17 《從黑曜石到連發槍——印第安人的兵器進化史》，冷兵器研究所，李從嘉
18 《與狼共舞》Dances with Wolves, 邁克爾·布萊克
19 《印第安人的葬禮》，夜斷愁，網絡來源
20 《美國原著民樂器》，淑女屋，網絡來源
21 《狂野的比爾·希科克：手槍利厄斯王子》，弗蘭克·威爾斯塔克
22 《亂世英傑》, Cecil B. DeMille, 1936
23 《時代的審美-維多利亞時代女性服飾》，阿弍加文化
24 《死木鎮》DeadWood, Walter Hill，2004
25 《黃石公園：土狼的王國》，編劇 John Rubin
26 《黃石》，編劇泰勒·謝里丹，派拉蒙網絡
27 《異端宗教的長征路：摩門教小徑》，葉山，澎湃新聞
28 《美國摩門教增長速度超福音派》，作者不詳，基督時報
29 《傳說中的摩門教是什麼？旁觀美國摩門教》，旁觀者
30 《走近神秘的摩門教徒：虔誠和金錢的結合體》，作者不詳，南都週刊
31 《摩門教新任總會長宣誓就職，他跟中國還有一段淵源》，作者不詳，百度新聞
32 《以一敵三 生死槍戰 擊斃一人 全過程詳細披露》，作者不詳，杭州日報
33 《賭城槍擊案掀控槍呼聲：美國控槍的五大障礙》，安東尼·澤克爾，BBC 北美事務記者
34 《援引日內瓦高級國際關係與發展學院「輕型武器調查」項目提供的數據》，美國《華盛頓郵報》
35 《基努·里維斯：不是明星，是好萊塢最好的人》，時尚先生，節選自《Esquire》英國版
36 《寫作這回事》On Writing: A Memoir of the Craft, 史提芬·京，上海譯文出版社
37 《瑪麗蓮·夢露：我的故事》Marilyn Monroe MY Story 瑪麗蓮·夢露，浦睿文化／湖南美術出版社

38 《最後幾年的瑪麗蓮‧夢露：震驚我們的真實故事》The Final Year of Marilyn Monroe The Shocking True Story，基斯‧巴德曼，現代出版社

39 《金錢世界》All the Money in the World，斯科特，索尼電影娛樂公司

40 《邁克爾傑克遜的夢幻莊園被競拍出售了》，作者不詳，搜狐新聞

41 《太空步：邁克爾‧傑克遜自傳》Moonwalk，邁克爾‧傑克遜，安徽科技出版社

42 《邁克爾‧傑克遜 變臉事件》，百度百科

43 《列根自傳》An American Life，羅納德‧列根，世界知識出版社

44 《羅納德‧列根致南希，列根的信》I Love You, Ronnie: The Letters of Ronald Reagan to Nancy Reagan，南希‧列根，人民文學出版社

45 《喬布斯斯坦福大學畢業典禮演講稿（中英）》，簡書

46 《史蒂夫‧喬布斯傳》Steve Jobs: A Biography，沃爾特‧艾薩克森，中信出版社

47 《小團圓》，張愛玲，北京十月文藝出版社

48 《閱讀張愛玲》許子東，喜馬拉雅 FM

49 《今生今世》，胡蘭成，九州出版社

50 《「原子彈之父」奧本海默去世，他說自己的雙手沾滿了鮮血》，前瞻網

51 《未來之路》The Road Ahead，比爾‧蓋茨，北京大學出版社

52 《將心注入 星巴克創始人霍華德‧爾茨自傳》Pour your heart，霍華德‧舒爾茨，浙江人民出版社

53 《西雅圖不眠夜》Sleepless in Seattle，諾拉‧埃芙恩導演

54 《迪克西使團出使延安：中共與美國的非常接觸》，新浪歷史，摘自縱橫

55 《特朗普自傳——從商人到參選總統》，唐納德‧特朗普，托尼‧施瓦茨，中國青年出版社

56 《美國史事》，房龍，北京出版社

57 《展望未來》Looking forward，喬治‧布什，國際文化出版公司

58 《我的父親 我的總統》My father My president，多蘿‧布什‧科克，譯林出版社

59 《摩門經》The Book of Mormon，約瑟夫‧史密斯

60 《艾倫‧圖靈傳》安德魯‧霍奇斯，湖南科學技術出版社

61 《星巴克‧咖啡王國傳奇》，霍華德‧舒爾茨，上海人民出版社

62 《禪者的初心》，鈴木俊隆，海南出版社

63 《在路上》On the road，傑克‧凱魯亞克，上海譯文出版社

64 《橫越美國》，約翰‧斯坦貝克，人民文學出版社

65 《清教徒的禮物》The Puritan Gift，肯尼斯‧霍博，威廉‧霍博，東方出版社

66 《荒野帝國——走入美國未來的旅行》An Empire Wilderness ,Travels Into America's Future，羅伯特‧D‧卡普蘭，中央編譯出版社

67 《美國獨行——西方世界的末日》，馬克‧斯坦恩，新星出版社

68 《美國簡史 從殖民時代到 21 世紀》，羅伯特‧瑞米尼，浙江人民出版社

69 《回憶錄 我父親的夢想》，巴拉克‧奧巴馬，譯林出版社

70 《美國：原來如此 走進偉大與荒唐共存的大國日常》，華盛頓州警夫人，克萊兒

71 《花落 張愛玲下半出》，淳子生活‧讀書‧新知三聯書店

72 《簡明美國史》，陳勤，雲南出版集團

73 《風雨哈佛路》，莉絲‧默里，中信出版社

74 《老布什密友追悼會上這樣回憶》，縱相新聞

75 《老布什國葬，小布什致悼詞哽咽落淚：你是世界上最棒的父親！》（附全文）——這裡是美國，公眾號

76 「幾乎每天都通電話 克林頓大談與老布什"忘年交"」，中國新聞網

77 《敞開你的心扉》阿薑布拉姆，上海佛學書局

INTO AN UNKNOWN
AMERICA
北　美　客

Travel 022

作者：劉群

編輯：AnGie

設計：李劼

出版：紅出版（青森文化）

地址：香港灣仔道133號卓凌中心11樓

出版計劃查詢電話：(852) 2540 7517

電郵：editor@red-publish.com

網址：http://www.red-publish.com

香港總經銷：聯合新零售（香港）有限公司

台灣總經銷：貿騰發賣股份有限公司

地址：新北市中和區立德街136號6樓

電話：(866) 2-8227-5988

網址：http://www.namode.com

出版日期：2024年2月

圖書分類：社會科學／旅遊

ISBN：978-988-8743-80-3

定價：港幣98元正／新台幣390圓